当代世界学术名著·经济学系列

Evolution and Institutions

演化与制度

论演化经济学和经济学的演化

On Evolutionary Economics and the Evolution of Economics

杰弗里·M.霍奇逊（Geoffrey M.Hodgson） 著
任荣华 等 译
张林 孟捷 校

中国人民大学出版社
·北京·

翻译说明

本书由下列译者翻译：任荣华译第1～4章，张林译第5章，洪福海译第6章，徐华译第7～8章，杨永锋译第9章，岳超云译第10章，王峰译第11章。孟捷校译了第1章、第6章和第7章，张林校译了其余各章。

前言和致谢

本书研究的是前景美好的经济学这门学科的未来。书中收录了诸多围绕这一主题写作的论文，所有文章都是在 1991—1995 年间完成的。收录于本书的这些文章都作了修改和校订，有的文章改动还很大。这本书在作者早些时候的选集《马克思和斯拉法之后》（1991 年）后面出版，但实际上并不是这个选集的第二部。收在这里的文章重新进行了修订，以使它们形成一个相对一致的叙述，表现出一个共同的主题。这本选集保留了 20 世纪 90 年代初的风格，没有收录那一时期发表的其他一些文章，这样就可能使这本选集有一定的一致性和整体性。

我自己的观点也在不断发展变化。因此，这里重印的文章有一些改动，也有更详细的表述和修改。这些变动太多了，这里不一一指出，但一般都是细节上的变动而不是全盘改动。

这些文章显著的主题是现在常常被称为“演化经济学”的演化问题。经济学中一个正在成长的创新思维团体现在聚集到了“演化”这一名称的周围。一方面是索尔斯坦·凡勃伦（Thorstein Veblen）和约翰·康芒斯（John Commons）的“老”制度主义的演化理论，另一方面是理查德·纳尔逊（Richard Nelson）和西德尼·温特（Sidney Winter）的现代演化经济学，它们也联系在一起了。

这本书的标题和内容也在一定程度上反映了我长期以来的信念：虽然思想非常重要，但单凭思想还不足以改变世界。本书中的一些历史研究和个案研究支持了这种观点。如果社会科学家是与社会相啮合的，那么就像他们会制造学术思想一样，就肯定会存在对（学习中的和发展中的）制度的操纵。

本书并未包含我在 20 世纪 90 年代的所有研究领域。1993 年我已经出版了另一本文集《经济学和演化》。此外，我也发表过一些关于资本主义多样性的存在和分析的著述，引发了对后资本主义未来的可能面貌的研究（Hodgson，1996a，1998e）。还有一些文献是对制度主义理论的建设性发展（Hodgson，1997d，1998b）。

我要感谢的人有：Esben Sloth Anderson，Philip Arestis，Stephen Batstone，Stephan Boehm，Ronald Coase，Richard H. Day，Michael Dietrich，Kurt Dopfer，Hicolai Foss，John Foster，Frederick Fourie，Elizabeth Garnsey，Horst Hanusch，Geoff Harcourt，Alan Hughes，Bruna Ingrao，Neil Kay，Christian Knudsen，John Laurent，Tony Lawson，Uskali Mäki，Scott Masten，Anne Mayhew，Stanley Metcalfe，Jonathan Michie，Philip Mirowski，Joel Mokyr，Mario Morroni，Richard Nelson，John Nightingale，Bart Nooteboom，George Norman，Joanne Oxley，Pavel Pelikan，Edith Penrose，Christos Pitelis，Jochen Runde，Malcolm Rutherford，Warren Samuels，Malcolm Sawyer，Ernesto Screpanti，Colin Shaper，Gerry Silverberg，Peter Skott，Ian Steedman，Roger Tarling，Paul Twomey，Andrew Tylecote，Robert Wade，Roy Weintraub，Karel van Wolferen，Yuval Yonay，以及许多提出了颇有帮助的批评或评论的匿名审稿人。

还要感谢下列出版社和期刊允许我使用以前发表过的文章：进化经

济学学会（《经济问题杂志》的出版者）、巴兹尔·布莱克维尔出版社、《剑桥经济学杂志》、剑桥大学出版社、爱德华·埃尔加出版社、《经济学研究杂志》、克劳尔学术出版社，以及劳特里奇出版社。

非常感谢东京国际大学对我的一个研究项目以及赴武藏大学访问的支持，东京国际大学为本书文稿的最后修订提供了诸多便利。

目　录

第1章　导言：失去机会的世纪

1.1　经济学去向何方?

正如本书副标题所示，书中不仅要研究 1
演化经济学（一类经济分析方法）的发展，也要研究经济学自身作为一门学科的演化。20世纪初，“经济学”一词才开始在英国、美国和其他地方广泛使用，逐步取代了早期使用的“政治经济学”这个词。对阿尔弗雷德·马歇尔（Alfred Marshall）而言，在他的《经济学原理》（初版于1980年）一书中，“经济学”似乎意味着“一门纯科学和应用科学，而不是一门科学和一种艺术”（Marshall，1949，p. 36）。因此，其目的是使这门学科更为“科学”，但这并不是要让经济学变得更狭窄。相反，马歇尔视经济学为一个“广义词”，与“狭义的”政治经济学相对。马歇尔关注的是理解经济交易、经济过程和经济体系的本质和发展。他不会赞同后来数学形式化的扩展以及以“科学严谨”为名对该学科的狭窄化。与当今很多“经济理论家”不同，马歇尔仅把数学作为一种辅助工具，而不是把它当作经济学的本质。[1]

2 自马歇尔的《经济学原理》出版后的100年间，经济学作为一门学科已呈现出急剧的狭窄化和形式化。20世纪最后30年，这门学科已经遭受数学形式主义者的蹂躏，他们不去把握和解释真实的经济结构和经济过程，而是潜心于建立方程。那些已经或即将延续一个世纪的权威刊物，如《美国经济评论》《经济学杂志》《政治经济学杂志》和《经济学季刊》等，表明了这种变化。20世纪20年代以前，90%以上的文章用的是文字描述。到了20世纪90年代初，代数、积分和计量经济学在这些权威杂志发表的文章中已超过了90%（Stigler et al，1995，p. 342）。

1.1.1 经济学中形式主义的局限

经济学中的数学形式主义的倡导者们会说，数学赋予这一学科严谨性和精确性。但是，正如托马斯·迈尔（Thomas Mayer，1993）指出的那样，经济学中的真实和精确是不可兼得的，二者之间存在某种权衡。建模者会说，由于简化和抽象是必需的，因此理论中的现实主义或描述上的准确就是不可能的。这句话一点儿没错，但并不能证明为了模型而不顾现实是正当的。相反，我们应该在理论上努力去探寻一定的方法论标准，根据这一标准来评估所选择的假设和抽象在理论上的成本和收益。正如艾尔弗雷德·怀特海（Alfred Whitehead，1926）所强调的，一门科学对其自身的假设必须时刻保持警觉和批判。当然，这并不是说我们可以接受天真的经验主义者的观点，他们认为能够简单地从事实中发现理论。我们也不应该遵从完全相反的演绎论者的方法，他们不顾事实，随意作出假设，然后据此进行演绎推理，得出结论。

至少已有两位诺贝尔经济学奖获得者对目前数学主宰经济学的状况深表担忧。瓦西里·里昂惕夫（Wassily Leontief，1982，p. 104）质疑很多假设和数学定理的经验基础：

3 专业经济学杂志上连篇累牍地充满了数学公式，让读者从一大堆多少有点道理，但又完全是随意捏造的假设前提中去推导出精确但毫不相关的理论结论。

米尔顿·弗里德曼（Milton Friedman，1991，p. 36）特别明白地指出，数学的用途有限，而且还常常妨碍了分析：

> 我一次又一次阅读的那些基本上用数学写成的文章，其中心结论和推理可以很容易地用文字重新表述，而数学部分可以放到附录中，这样文章便可以更容易为读者所理解。

翻开任何权威的主流经济学杂志我们都可以证实，现代人探究模型特征的偏好，要远甚于探究现实特征。其隐含的研究程序大致如下：由于这个世界凌乱而复杂，首先有必要为之建立一个简化的模型。假定世界就是这样一个模型。然后对此模型进行讨论，甚至可能不再涉及现实世界。如果必须涉及现实世界，就对其预测的准确度或解释能力提出一些辩护性的主张，通常不去理会那些完全相反的解释或模型。毕竟，以自己选择的假设为基础，展示数学的威力当然要容易。这样，一个人不必过多地卷入现实的混乱与无序之中，就能获得经济学家的头衔。然而，其结果可能意味着经济学在严谨之中变得与现实无关，在精确之中形成错误。形式主义成了逃避现实的手段，而不是帮助理解现实的工具。当然，这并不是说数学在经济学中是无用的，只是表明数学不能够替代对现实经济的构成和运行的理解。

放弃对现实世界的研究而进行形式主义的理论训练，使经济学家丧失了判断与理解实践问题和复杂情况的直觉能力。在实践中，因沉迷于技术问题而不去理解现实，已经使经济学在重大的经济转型和危机面前束手无策，比如20世纪70年代的石油危机，1989年及其后发生的东欧剧变（Murrell，1991；Ormerod，1994）。同样，数理经济学模型也没有让我们理解20世纪90年代后期发生的东南亚金融危机。

当然，这并不是说理论上一点都没有取得进步。某些形式工作具有极大的启发价值。从总体上说，在20世纪最后三分之一的时间里，经 4
济学在理论上的变化是相当明显的。许多理论已经公诸于众，许多新定理得以证明，进行了无数的回归分析。我并不认为所有这些数学工作都没有价值。关键的问题是，主流大学的经济系主要的注意力并没有集中在当今世界的紧要问题上，它们通常并不培养对现实经济过程、体系和制度的研究。智力资源虽然没有完全被浪费，却严重配置不当。

即使建模者对新古典理论的标准假设前提提出了挑战（偶尔出现的

关于互相依赖的偏好关系、黏性价格、不完全信息等的正式文章），这些挑战常常也是以智力难题的形式而不是对现实现象的考察提出来的。理论家们

> 通常假定了新古典模型的其他数学工具，就像在一场游戏中已有的理论对建模者发起了挑战："如果除了一个以外，你同意其他所有标准假定，那么你又能解释什么呢？"……但是每一轮游戏又重新开始，这些结果永远不可能累积成内容丰富的可供选择的新框架。
>
> Ackerman，1997，p. 656

这种累积性进步失败的原因可以归结为，形式主义方法所"解释"的事物非常有限（如果不是全然不能解释的话）。现实不是游戏的一个部分。我们所要考虑的一切都是这样的命题形式：假定 X，然后从逻辑上得到 Y。形式主义的辩护是，如果 X 是真实的，那么很明显，这个特定的演绎推理实际上就与现实世界相关了。也许是这样。但是，不断引起混乱的问题是，这种模型始终是一个封闭的系统，而现实经济却是受制于永不停止的外部力量或者冲击的开放的系统。经济现实既不是同质的，也不是静止的；它既非机械地运行，也不能精确地预测。就像乔治·沙克尔（George Shackle，1967，p. 292）指出的那样：

> 数学家倾向于把经济学视为机械来研究。对于机械，我们总是有可能（有时实际也是如此）对其进行抽象的讨论，从而可以不顾过去与未来之间存在的差异，可以设计一个系统，在其中，把所有对象都视为确定的、预先设计好的、可计算的。

沙克尔（1972，p. 26）在其他文章中特别指出，数学模型难以结合学习与创新：

> 5 数学所能够探讨的，要么是其本身就可以隐含表达的含义，要么是已经给定的含义。社会的经济事务方面的数学模型可以把社会成员视为稳定地或者逐渐地获取知识的人。……这样一个模型无法将我们所说的创新包含在内。

因此，模型是永远不够的。模型永远不能代替说明现实的其他学术话语形式所具有的完全开放的特征和灵活性（Lawson，1997）。科学哲学家马丽·海塞（Mary Hesse，1955，p. 88）解释说：

> 一种形式上的、符号性的语言永远不可能替代思想，因为符号方法应用于任何经验实例，必须以对主体情况进行十分细致的分析为前提……也就是要抓住本质，并恰当地用语言加以描述。换句话说，这就意味着要先做一些澄清性的工作……当一个词成为恰当的和唯一的符号的时候，它所表达的另一些必要的含义也就丢失了。与数学相比，现存语言的不明确，正是它们对世界的适用性以及它们能得以发展的代价。

经济学的形式化过程现已如此全面，其自身也在设法进行自我保护，以不受谴责，或者以免让人觉得引起了学科的“危机”。20 世纪 70 年代和 80 年代初期，“经济学危机”之类的词语，醒目地出现在出版物的标题或副标题中。[2]然而，到 20 世纪 90 年代，“危机”这种提法似乎已经过时。今天，大多数经济学家在他们的学科中已看不到任何危机了。他们对这些令人沮丧的说法的反映，指出了 20 世纪 60 年代以来这一学科在理论主体上实质性的变化和它的适应性。

然而，尽管经济学出现了所有这些变化和新发展，危机依然存在。一般均衡理论已经举步维艰（Hahn，1980，1991）。将宏观经济学建立在“坚实的微观基础”上的计划也濒临破产（Kirman，1989，1992；Rizvi，1994a）。混沌理论对使用经济模型预测未来的可能性发起了挑战：非线性模型表现出对初始条件的极端敏感性，因而不可能进行有意义的预测（Grandmont，1986）。博弈论在其意义和适用性方面面临严 6
重的问题（Rizvi，1994）。确实，博弈论所引发的问题要比它解决了的问题更多——其中包括了经济学的核心假定（Bicchieri，1994；Binmore，1987，1988；Hargreaves Heap and Varoufakis，1995；Mirowski，1986；Sugden，1991；Varoufakis，1990）。

但是，这一危机的严重性并没有被广泛地意识到。使这一危机得以逃避和隐藏起来的手段，已经使经济学越来越成为应用数学的一个分支，在这里，经济学的目标已不再是去解释经济世界的真实过程和结果，而是为了自身的兴趣去探索数学技巧。好像解释世界不再是目标，现实也不再是参照对象。经济学因此成了一种数学游戏，一种用自己的语言来玩的游戏，游戏的规则是由那些带着玩游戏的人选定的，不再受到描述的充分性或者参照现实这些问题的限制。

1.1.2 形式主义的制度化

对经济学中不着边际的概念性工作的评价，需要全面而深入地掌握众多领域和历史方面的知识。这项工作，必须由那些与其他专家进行广泛交流、完成大量阅读和从事广泛而富有智慧的研究并从中积累了渊博的经济学知识的人来做，需要学者们多年的学习和工作经验。由于这些原因，学术评估人员对非形式化研究工作的评价经常出现困难，而且相互矛盾。

对形式主义经济学的评价更为直接，而且所要求的背景知识要少得多。因此，形式主义的成功，既有时尚的原因，也有机能上的原因。布鲁诺·弗雷和雷纳·艾肯伯格（Bruno Frey and Reiner Eichenberger，1993，p.186）注意到，一流美国经济学杂志“把作者在现有范式之内用形式化方式处理问题的能力作为一种低成本筛选程序，以限制不这样做可能带来的大量潜在投稿”。如果把数学视为一种科学严谨性的象征的话，就会出现对科学内容进行粗野评定的倾向。一旦数学形式主义成了确定的标准，其明显的倾向性就会成为评价所发表的文章或者审查个人研究成果的既定准则。

形式主义的做法，既不需要经济学史的知识，甚至也不需要了解现实经济的历史。一篇数学文章可以主要按其自己的方式进行评价。这样，经济思想史甚至经济史，大量地从这门学科中消失了。形式主义甚至能够在贫瘠的哲学和方法论文化氛围中繁荣昌盛。更为重要的是，形
7 式主义并不要求熟练掌握英文或任何其他主要语言，因而得以在积极效仿全球标准的非英语国家的经济系中受到鼓励。形式主义不断成长并自我强化，就像劣币驱逐良币一样。

形式主义的成长难以避免的结果是，在研究上已经不再关注理论的来龙去脉与发展，陷入了概念上的强词夺理。也许除了数学自身，对形式主义的偏爱甚至抑制了创造性，无法赋予概念以新意。鼎鼎大名的《美国经济评论》的一位前任编辑罗伯特·克洛尔（Robert Clower）在谈到他担任编辑的时代时说道：“明显的事情是，所挑选的文章绝大部分极为单调乏味，缺乏任何新的思想”（Colander and Coats，1989，p.27）。

当数学充斥在主要大学和研究生院的课堂时，经济学的学生们不再受到训练或者得到鼓励去分析现实世界的经济和制度。阿霍·克莱默和

戴维·科兰德（Arjo Klamer and David Colander，1990，p. 18）的一项调查表明，美国最好的经济学院的研究生中仅有 3%的人觉得“具备全面的经济知识”对于职业成功非常重要，同时有 65%的人认为关键是要“善于解决问题”，有 57%的人相信“数学出色”非常重要。弗雷和艾肯伯格（1993，p. 190）同样指出，研究生教育“是理论导向的，是以抽象的方式进行的，很少关注制度事实”。

1988 年，美国经济协会成立了一个关于美国经济学研究生教育状况的委员会。在一份权威性的报告中，该委员会担心“研究生培养计划可能会教育出太多极具技巧但对现实经济问题极为无知的一代白痴专家”(Krueger et al，1991，pp. 1044-1045)。委员会的成员艾伦·布林德尔（Alan Blinder，1990，p. 445）指出：

> 学生和教师都发现经济学充斥着技巧而没有实质内容。……委员会检查的很多宏观和微观理论考试……测试了解决数学难题的能力，却没有关于经济学的实质性知识。……只有 14%的学生报告，他们的核心课程确实强调了“把经济理论应用于现实世界问题”。

唐纳德·麦克洛斯基（Donald McClosky，1991，pp. 10-14）大约在相同的时候写道：

> 为了做到严谨，现代经济学过多地依据各种假定在多维空间中进行研究。……一个又一个经济系已经被形式主义者所控制，形成 8
> 了多维空间研究的集中营。只有极个别的经济学研究生课程在教授经济学，特别是对一年级学生更是如此。它们教“工具”，而这些工具每过五年左右的时间就过时了。

然而，这些警告并未引起注意。此后，形势并未好转，而是每况愈下，甚至已向世界范围扩展。

值得注意的是，有很多促进了我们对经济行为和经济体系的理解的杰出而且仍然健在的经济学家，目前并没有供职于经济系。诸如布莱恩·阿瑟（Brian Arthur）、克里斯托弗·福里曼（Christopher Freeman）、理查德·纳尔逊（Richard Nelson）、赫伯特·西蒙（Herbert Simon）和西德尼·温特（Sidney Winter）等著名的、富有创造性的人物，已在经济系以外的地方取得成功。他们的很多研究成果鲜见于最著名的经济学杂志，大多见诸商学、技术政策、公共政策和国际关系之类的出版物。经济系已经成了应用数学家的天堂，而非研究现实世界经济的学生的乐园。令人遗憾的是，经济系滋养了符号而非实质，成就了公式而非事实。

相反，20 世纪初，几乎所有试图理解和解释现实世界的社会经济体系及其过程的学者，都在大学经济系任教。这些经济系聚集了威廉·斯坦利·杰文斯（William Stanley Jevons）、阿尔弗雷德·马歇尔（Alfred Marshall）、索尔斯坦·凡勃伦（Thorstein Veblen）、约翰·梅纳德·凯恩斯（John Maynard Keynes）和约瑟夫·熊彼特（Joseph Schumpeter）之类的人物。到了 20 世纪末，情况完全不一样了。根据今天占统治地位的数学标准，20 世纪初期很多最重要的经济学家可能难以在一所重要大学获得一个教职。到了 20 世纪末，很多对现实世界经济问题的研究已经不是经济系的工作了。

看一看今天的很多经济系，特别是在英国和美国，我们见到了 19 世纪末的杰出经济学家所没有的先入之见。在这些经济系里，工作和交流的方式以及职业评估的准则，均与 1900 年的情形大不一样了。能够包容杰文斯、马歇尔、凡勃伦、凯恩斯和熊彼特等人那种广博而现实的观点的经济系已不复存在了。例如，到英国的剑桥大学和曼彻斯特大学以及美国的芝加哥大学和哈佛大学的经济系参观，可以发现它们最关注的是数学的严谨，而不是其是否恰当和符合现实。数学家控制了招生、课程安排、教师的招聘与晋升，以及在最著名的杂志发表文章的把关等（Hodgson and Rothman，1999）。他们把持着各种各样的委员会，任命
9 主席、分配资源、评估国家的或机构的研究基金的申请。他们贬低非数学家和对核心假设持不同意见的质疑者。如果你发现一位反正统经济学家，他或她会抱怨被剥夺了权力，他或她要有什么影响的话，就要从属于形式主义者的意愿及其占统治地位的准则。很多这样的经济学家已经简单地选择放弃，并采纳了主流经济学的技巧、方法和假设。[3]也许不再有“经济学的危机”了：仅剩下为数不多的反对者的抱怨。

在这样的经济系里——令人遗憾的是现在这种经济系已有很多——经济学作为一门内容广泛而极端重要的学科，就像在马歇尔时代一样，确实不再处于危机之中。如果经济学还没有死亡，也是正在死去。经济学不管是在苟延残喘，还是已病入膏肓，在目前普遍流行的经济系框

架之内，其复原的希望极为渺茫。在此以外的地方，在商业界、政府和其他非学术团体内，经济学被视为一门浸淫于技术的学科，既不恰当，也不实用。这种认识已很普遍，而且还在继续扩散，具体表现在经济学学位课程入学人数的下降和转向学习诸如商业这样的相近课程。[4]

然而，公众所持的异议，至今还不足以帮助那些希望能在经济学领域进行课程调整的人。相反，入学人数的下降和经济系预算的缩减，已使经济学教学大纲的内容进一步变窄了，实际上已经让非数学的、非新古典的、历史的、制度的、后凯恩斯主义的，或者注重方法论研究的经济学家失去了工作机会，并促使正统经济学更为顽固地进行自我辩护，反击批评。

1.1.3　经济学中的制度、演化和多样化

以上这些过程是全球性的，主要是受到在美国内部取得的发展的推动。美国在该学科的研究、出版物和最主要杂志上取得的优势，已经具 10
有了颠覆性，特别是在 20 世纪最后 25 年内，情况更是这样。[5]英语作为国际上通用的学术语言这一趋势，有助于强化美国的支配地位。在英国，经济学研究现在过于缺乏，加上资金严重短缺和支付能力极差，没有充分抓住英语全球化的有利时机。就在 1980 年的时候，英国还拥有约翰·希克斯（John Hicks）爵士、尼古拉斯·卡尔多（Nicholas Kaldor）、伊迪丝·彭罗斯（Edith Penrose）、琼·罗宾逊（Joan Robinson）、乔治·沙克尔（George Shackle）和皮耶罗·斯拉法（Piero Sraffa）等人。然而，今天他们都已离开人世，这个国家具有国际声望的著名经济学家已寥寥无几。欧洲的其他地方，经济学研究也与美国相去甚远。[6]再与一个世纪以前的情形对比一下，那时毫无疑问，两个拥有最多著名经济学家的国家是德国和英国。德国因其蓬勃发展的历史学派，及与其语言相同但观点相左的奥地利学派的不断兴起而更为强盛。因此，在第一次世界大战以前，很多美国经济学家前往德国接受研究生教育（Herbst，1965）。然而，英国和德国经济学研究的状况和声望已今非昔比。[7]

此外，经济学的境况在取得好转之前，可能还会变得更糟。形式化过程已占领并封锁了组织机构的各个层面，而且正处于不断发展的势

头。与经济全球化一样，理论经济学形式化的国际化过程，主要是由美
11 国推动的，而美国的统治可能还要持续一段时间。

可是，其他国家的变化情况则大为不同。全国性机构和其他地方性机构控制着形式化和美国化的范围和速度。其中最为重要的是英语的使用范围，另外就是能否运用一种与英语相抗衡的非英语语言进行理论研究，以及这种语言的强大程度。使用非英语语言进行经济学交流，可以暂时起到保护各自的知识传统的作用。另外，要求在最主要的、英语的经济学杂志上发表文章的全球性压力，为数学家提供了优势。如果你的母语不是英语，那么要按学术杂志的要求写文章就很困难。而数学家可以用数学获得在最主要杂志发表文章的进入权。

同样非常重要的是对教授任命进行全国集中管理的程度，以及对研究基金进行集中控制的程度。在一些国家——但不是英国和美国——教授是由全国性或地方性政府机构任命的。研究基金在某些情况下，与英国相同，实行集中管理。然而，负责任命经济学主席或分配研究基金的全国委员会，容易被那些注重提升其国内研究的“科学”信誉的形式主义者们全面接管。

这些语言的和机构的因素，有助于解释过去几十年向形式化退化的相对程度。让我们有选择地考察一些国家的情况。在美国，由于没有实行集中的教授任命和存在多渠道的研究补助奖励基金，使得为数不多的反正统经济学家在影响较小的学术边缘生存下来。但他们的人数在迅速减少，而且后继乏人。在英国，隐含在全国性基金“研究评估计划”(Research Assessment Exercise) 中的集中管理，已大大加快了形式化进程，并已达到了这样的地步：非主流经济学家除了在极个别的经济系外，已极难得到一个教职（Lee and Harley，1997）。瑞典是一个极端的例子，在那里，人们的英语普遍很流利，加上研究基金和教授任命机构都由全国集中控制，使反正统经济学家已被完全排除在经济系之外，但却在商学院和其他地方得以复活。法国、德国、意大利、荷兰和奥地利等国现存的反正统经济学家的人数也在不断减少。反正统经济学家在这
12 几个国家得以存在，主要是因为法国调节学派、“奥地利”经济学、马克思主义、后凯恩斯主义和其他已衰落的反正统学说在衰退过程中依然保有的力量。与此同时，在这些欧洲大陆国家，形式主义迅速接管的过程已显而易见。

在前东欧集团国家，随着20世纪90年代早期经济“休克疗法”带来的灾难性政策，正统理论已经败落。然而，大学教育水平依然较低，图书馆资源匮乏，按国际学术标准来看，其反正统理论的质量相应较低。那些较为聪明而且更有影响的学者游学美国，很多人回来后就成了美国经济形式主义的热情倡导者。

在经济合作与发展组织（OECD）的所有成员中，迄今反正统经济学在日本最为强大。那个国家有相对分散化和多元化的学术结构，并崇尚以日文发表学术论文。但即使是在这个国家，学术美国化的全球进程和经济学中日益成长的形式化，也已现端倪。

甚至对于主流经济学，这种危境也难以说是健康有益的。创造性的进步有赖于批判。很明显，现代主流经济学的众多发展都得益于对它的批判所带来的促进。[8]例如，批评者过去常常抱怨主流经济学家过去经常忽视制度，把公司看作是一只“黑箱”。主要作为对这种批评的回应，自20世纪70年代以来，出现了弥补这一缺陷的持续性尝试，成就了道格拉斯·诺思（Douglass North，1981，1990）、曼库尔·奥尔森（Mancur Olson，1965，1982）、理查德·波斯纳（Richard Posner，1973）、安德鲁·肖特（Andrew Schotter，1981）、奥列弗·威廉姆森（Oliver Williamson，1975，1985）及其他人的“新制度主义”的惊人发展。另一个例子是，主流经济学家过去在他们的大多数模型中假设“完全信息”。“信息经济学”——限于处理信息和知识的范围内——的研究工作已经探讨了放松完全信息假定的重大含义（Lamberton，1996；Stiglitz，1987，1994）。再如，主流宏观经济增长模型过去常常在报酬递减下进行分析，现已不再如此了（Lucas，1988；Romer，1986）。此外，新古典理论的内生偏好函数由于排除了文化对偏好形成的影响而受到强烈批评。诺贝尔奖获得者加里·贝克尔（Gary Becker，1996）为弥补这一缺陷进行了勇敢的尝试，而且在表面上——如果不是 13
从根本上的话——似乎弥补了这个缺陷。[9]

然而，当经济学不再有任何批评者的时候，情况会怎样呢？其危险是，该学科将因不再有论战和争议而失去激励。经济系里拒绝多元化，会夺去主流经济学的主要智慧之源。在思想领域，就像在自然界中一样，多元化是演化的动力。当多元化和多样化消失时，创新和进步可能会减缓，直至完全停顿。经济学中目前这种知识上的不宽容，完全是在自我毁灭。用各种异端邪说攻击反正统的著作——说“那不是经济学”——暴露了主流经济学自身的弱点。多元化是创新和科学进步所必需的。一门科学拒绝多元化，可能会享有短暂的、绝对的霸权，但最终会沉闷而亡。[10]

从这个相当悲观的形势下，我们还能看到什么呢？首先，经济学作为一门学科的演化，在一定程度上是其制度性因素的结果。本书中的部分论文更为详尽地展开论述了这一论点，史可鉴今。其次，经济科学退化到如此状况，意味着要扭转其狭窄化和形式化的进程尚需时日。这种逆转甚至可能包括要为该学科重新命名，就像 19 世纪末以“经济学”代替“政治经济学”那样。但是，重新命名的这个学科要以研究现实社会经济体系为核心，因此，不应轻易抛弃“经济学”一词。也许暂作权宜之计，可以把它命名为“制度经济学”，甚或“制度和演化经济学”。另一种选择是尝试为“经济社会学”这一学科分支寻找学术空间。[11]

14 或许这些名称都是暂时的权宜之计，因为研究现实社会经济体系的学者必须面对社会科学的完全重组和重新细分。诸如社会学等其他社会科学，也面临着迷失方向和自我定义不清这些严重的内在问题。对现实社会经济体系的运转进行符合实际的理论和实证研究，目前已是支离破碎，分散在商学院、社会学系、地理系、技术政策系以及其他地方。对整个社会科学的学科框架和院系设置进行重组，既十分必要，又迫在眉睫（Gulbenkian Commission，1996）。但是，至少由于制度上的惰性，要做到这一点还需要相当长的时间。

从总体上说，扭转社会经济系统科学的衰败局面，即使需要很长的时间，也还是可能的。为了实现这种转变，仅仅批判目前流行的正统理论是不够的。最为核心也是最为紧迫的任务，是要形成一个可供选择的替代理论。但是，这必须是一个能够持久的、基础扎实的理论。正如我们在经济学中所看到的，在略微不同的假设基础上另外建立一个模型，是极其容易的事，我们不能这样做。也正如从社会学的临近科学中可以看到的那样，发明新的术语和分类也是极其容易的事，我们也不能这样做。只要看一看那些无法获得长久关注而且很快过时的大多数有很好设想的创新就明白这一点了。社会科学图书馆的书架，正在为那些被遗忘了的理论的残骸而呻吟。

正统理论对那些持不同观点的人提出批评，认为他们在发展一个成型的且已得到认同的可供选择的替代理论方面进展缓慢，这是有一定道理的。但是，之所以过于轻率地指责别人，是因为正统理论忘记了自己的历史。新古典经济学吸取了众多具有非凡才能思想家的综合智慧，花了长达 90 多年的时间——从 19 世纪 60 年代到 20 世纪 50 年代——才有了现代的形式。同样，一门新经济学的构建是一项艰巨的任务：它需要花费数十年的时间，而且需要众多学者的共同参与。新的概念框架只能以该学科过去的文献为基础，加以适当的比较与描述。它只能吸收其他科学的方法论和主要发展成就。一个全新的、持久的理论的建设，可 *15*
能最好以思想史为知识来源，并运用现代社会哲学和自然科学哲学提供的各式工具进行归类总结和分析整理。以这种方式运用方法论和思想史并无新意，却可以建成一个坚固的理论大厦，经得起未来的现实和概念不断变迁的洗礼与震荡。

或许还需要很多年，形势才会得以好转。不过，进步依然是可能的。财富的生产和分配过程毕竟处于我们的一切生活和人类的生命过程本身的中心。应该有一门科学致力于研究这一现象。主流经济学因走向形式主义死胡同而失败的现实，终究会为有关大学和政府机构所认识，因为理论界和商业界很多人已经认识到这一点了。至少在欧洲和北美，他们强调指出现实经济学的研究已支离破碎，并主要在经济系以外的地方进行。接着可能会有人采取行动，把现实社会经济体系的研究放到恰当的位置上。与此同时，那些承担着建立与现实密切相关的经济学或更有意义的科学这一任务的人们——经常是在困难重重、资金不足和孤立无援的局面中——必然要面临建立某些新事物的紧迫任务。

本书后面章节中谈到的演化经济学，主要集中于在理论上和政策导向上都已提供了丰富资料的一个考察方向。沿着这一方面的进一步探索与发展，是我们在 21 世纪改革经济学的最佳机会之一。

1.2　本书的一些主题

收入本书的论文思考了 20 世纪主流经济学所经历的狭窄化与日益脱离现实的起因和结果。这些论文也涉及了在那些年里，一些让理论经济学朝着解决现实问题的方向发展的尝试，希望能够从这些尝试中学到一些具有恒久价值的内容。本书尤其关注的是演化经济学能否提供一种未来的分析方式。

本书着重关心的是，经济学应该避免变得狭窄化和孤立，不仅要宽容本学科的不同方法和范式，而且要真正吸取其他科学的真知灼见和贡
16 献。但这并不是说其他社会科学就没有其自身的问题。确实，如上所述，经济学与其他社会科学一样，在核心规则方面正面临着同样的危机，而这可能导致需要重新审查这些学科的范围与内容。

奇怪的是，这一危机的各种表现在19世纪末已很明显，当时人们只是逃避和忽视这些危机，等到下一个世纪末又再次显现。这些问题在一定程度上涉及社会科学和生物科学的关系，以及人们的观点之间的关系。19世纪90年代最主要的实用主义哲学家，如威廉·詹姆斯（William James）、查尔斯·桑德斯·皮尔斯（Charles Sanders Peirce），论述了这些问题，而且他们的工作影响了凡勃伦和其他经济学家。但是，他们的启发未能延续下去，很快就被社会科学的其他运动冲淡了。到了20世纪20年代，所有的社会科学都与生物学决裂，转为信奉实证主义和行为主义，实用主义哲学和本能心理学大大衰落了（Degler，1991）。经济学形式主义的兴起，是实证主义取得胜利以及寻求从技术上解决20世纪30年代现实世界经济危机的直接结果。

然而，今天实证主义哲学和行为主义心理学都已声名扫地了。此外，混沌理论和复杂性理论的兴起，已经向对复杂系统进行准确预测和还原论的形式化发起了挑战（Gleick，1988；Lewin，1993；Stewart，1989；Waldrop，1992）。生物学正在向社会科学的基础发起挑战（Hirst and Woolley，1982；Pinker，1994；Plotkin，1994；Weingart et al，1997）。可是，现代经济学对这些发展仅有最低限度的认识。正当其他社会科学尝试着——迄今还不充分——解决这些问题时，经济学甚至变得更加落伍和孤立，没有妥善面对新世纪的复杂思想，而是继续着过去时代的隐喻和方法。经济学与生物学之间的关系问题，是本书的另一个主题。

本书也涉及这样的事实，也就是，经济学由于受到意识形态变化及其自身制度结构变迁的影响，无法仅靠争辩就使其发生变化。我们通常把有关一门科学与其制度和文化环境的相互作用的研究称为“科学社会

学”，在这里应该是“经济科学社会学”。可是，这里使用“社会学”一词可能会错误地表示社会学应该是一种分析方法或程序，而不是根据现实世界的分析对象加以定义的。当把经济学看作由一组核心的（新古典）假设和方法来阐述，而不是看作对现实世界的经济这一对象进行科学研究时，就会犯类似的错误。由于这些原因，尤斯卡里·梅基 17
（Uskali Mäki）和我于 1994 年建议用另一个替代性的标题“经济学的制度”来描述对经济科学的制度和文化环境以及其发展进行研究的这一分支学科。诸如引证分析之类的技术可以用于这方面的研究。希望目前和将来有关“经济学的制度”的研究能对那些关注经济学学科改革的人们有所帮助。[12]

1.2.1　概览

这是相当悲观的一章。但是整本书积极而谨慎地向较为乐观的方面转移。书中考察了过去和现在非新古典经济思想的若干趋势，发现了最近发展的某些前景。但其中还存在一些困难。下一章讨论了具有错误导向的某些对新古典理论的批评，同时还列举了改革和拓展新古典教条的较具调和性的尝试，其中包括阿米泰·埃吉奥尼（Amitai Etzioni）的“社会经济学”。另外，还审查了对新古典资本理论的“剑桥”批判的命运，这一批判发生于 20 世纪 60 年代和 70 年代期间，似乎威胁到了新古典经济学的理论基础，但现在已几乎被完全遗忘了。探讨了这些对正统理论的挑战之后，这一章还讨论了经济学中的隐喻的实质性作用，以及该学科怎样才会由其自身的隐喻所限制，或者是得以解放。根据多元化为经济学自身的发展所必需这一基础，我们提出了经济学中多元化的通例。

本书接着转向讨论“演化经济学”中有关演化方面的内容，相信这些思想的火花对未来理论的发展最为有用。1898 年，索尔斯坦·凡勃伦沿着“后达尔文主义”路线，呼吁经济学大厦应该成为一门“演化科学”。因此，“老”制度主义带上了“演化”这一合法但非独有的头衔。最后，书中还讨论了“老”制度主义的历史盛衰。

后面的章节转向讨论演化经济学的最新发展。书里介绍了演化经济 18
学的纳尔逊-温特分支的发展，这一分支或许是 20 世纪 90 年代主流经济理论主要的挑战者。纳尔逊和温特的工作被认为是对主流理论主要的、仍然充满朝气的、极有希望的挑战。最后三章比较详细地研究了

“演化”和“基于能力的”有关思想在企业理论中的应用。正是在这一领域，演化经济学家和其他非主流思想家已经作出了重大的理论和实证的贡献，并已至少持续到了 20 世纪末。希望本书对其在 2000 年之后的继续发展和进步有所裨益。

1.2.2 六大任务

简言之，本书探讨了很多对主流经济学地位发起的挑战，但本书根本上分析的是制度和演化经济学作为主流经济学未来的主要竞争对手的局限和潜力。这就是我选择“演化”和“制度”这两个词作为本书书名的原因，并由此引出了六大任务。由这两个词产生的六个彼此紧密相关的主题是：

（1）本书关注经济演化的过程和经济制度，把它们作为经济科学要考察的真实现象。换言之，本书研究社会经济体系的演化过程和制度。这里考察的演化过程包括理性行为的演化选择。我们讨论的特殊制度包括企业。

（2）制度的演化是一个相关的主题，本书中的一些章节均有论述。制度是怎样演化的？是在什么意义上演化的？索尔斯坦·凡勃伦、理查德·纳尔逊、西德尼·温特及其他人的工作，都从这个方面进行了研究，包括讨论了诸如企业这样的制度的演化问题。

（3）本书还发展了“演化”和“制度”这两个词，把它们当作可互换或互相补充的术语，用以描述内容广泛而又独具特色的一系列经济思想。“演化经济学”和“制度经济学”被视为同义语，它们都广泛地阐述了这里所采用的方法。凡勃伦（Veblen，1898a）提出了“为什么经济学还不是一门演化科学”的疑问，他的工作促成了后来的“制度经济学”。到 20 世纪末，“演化经济学”和“制度经济学”都以不同的方式得以复活了。

（4）更为特别的是，本书探讨了生物进化与经济制度研究之间的关
19 系。其中包括研究生物隐喻在经济科学中的使用和影响及其优点和限制。

（5）本书还分析了作为一门学科的经济学的演化问题。我们怎样才能理解那些容忍并促进了目前流行的经济学教条的学术制度和其他制度在过去的演化？为什么主流经济学在某些方面如此抵制变革？在什么样的制度环境下，经济学自身在未来才可以发展？本书的重要主题就是上

文定义的“经济学的制度”。

（6）此外，作为上一个主题的延续，本书坚持认为，倡导研究现实世界经济的学术制度的演化，要求一种学术多元化的政策。从一种演化的姿态来看，与经济学自身发展有关的制度性政策结论将是对学术多样性的维持和充实。只有借助于广阔的多元化和极为重要的对话交流，经济学才能创新和取得进步。

附录　不断增长的引用量

本书进行了一些引证分析，特别地分析了 20 世纪的三个经典作品的引证率，包括伊迪丝·彭罗斯的《企业成长理论》（1959 年）、皮耶罗·斯拉法的《用商品生产商品》（1960 年），以及理查德·纳尔逊和西德尼·温特的《经济变迁的演化理论》（1982 年）。

自 1965 年以来，美国科学信息研究所（ISI）已对引证情况进行了记录。这些年，美国科学信息研究所已搜集了社会科学和其他科学方面几百份著名杂志的名单。定期发表的社会科学引文索引记录了这些著名杂志任何之一引用的所有作品的情况。

在过去的 30 年，社会科学总引用量增长了十多倍，如图 1－1 所 20
示。[13] 在引用的时间序列分析中必须考虑到引用量的激增。本书的处理方式是，用给定年份所研究作品的实际引用量，除以图 1－1 中给出的社会科学总引用量，这样就得到了图 3－1、图 7－1 和图 11－2 所示的“引用率”。

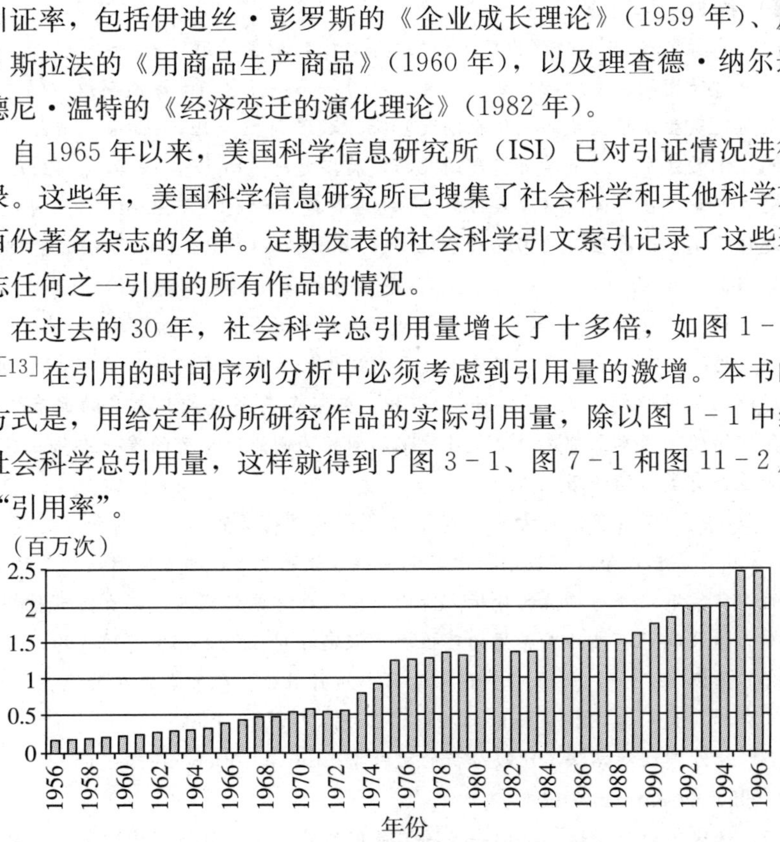

图 1－1　社会科学所有创作性刊物和专题文章的总引用量

科学信息数量的激增对科学自身的进步具有戏剧性的含义。很显然，一个危险是，学术将会被所发表的大量平庸文章所淹没。另一个危险是，相对表面性的“科学”标准——显然就是数学形式主义的程度——将主宰学术评价过程。

要发现智慧之宝，所要求的是更多的智慧。仅凭坚韧的意志还不足以应付这一量级的问题。我们不得不日益依赖制度工具，对不断增长的信息量进行筛选和处理。这加大了（以有限的信息为基础）对其他人的判断作出判断的复杂性，这是弗兰克·奈特（Frank Knight）很久以前就提出的问题（Knight，1921，p. 311；Hodgson，1998e，pp. 191－192）。

【注释】

[1] 马歇尔在1906年提出了下列准则：“(1) 把数学用作一种缩略语言，而不是用作一种探究的动力。(2) 让数学为你所用。(3) 将它们翻译成英语。(4) 然后用那些对现实生活很重要的例子来阐述。(5) 数学付之一炬。”如果主流经济学家遵从马歇尔的法则，经济学可能会因此而发展得更好（Pigou，1925，p. 427）。

[2] 罗宾逊在美国经济学会1971年的理查德·伊利（Richard Ely）讲座上的演讲题目就是“经济理论的第二次危机”（Robinson，1973b，pp. 92－105）。另外还可参见Bell and Kristol (1981)。尤其值得注意的是，奥默罗德（Ormerod，1994）著作的标题对于沉闷的20世纪90年代可能是最为恰当的：《经济学的死亡》。

[3] 为了避免可能出现的尴尬，我没有列出许多杰出的同行的名字，他们在交谈中对他们采用形式主义的方法进行辩护，但不是为形式主义本身的固有价值辩护，他们的理由基本上都是说这是让他们的研究为同事所认可的唯一办法。我不知道读者是否有类似的经历。

[4] 在这些课程里，新古典经济学可能并不为人所熟知。蒂斯和温特（Teece and Winter，1984）令人信服地指出，现实世界中绝大多数的管理问题都是动态的、复杂的，常常难以作结构性的分析。他们指出，在这些领域内，新古典那种明显的在已知的结果和可能性的世界里的理性决策假定相对来说是很少有用处的。

[5] 根据1972—1983年社会科学索引中的引用量，在著名的在世经济学家中，美国人和加拿大人占72%，而欧洲人仅占25%（Blaug，1986）。

[6] 对欧洲经济学状况比较分析的文献见Frey and Eichenberger (1993)，Baumol (1995) 和Kirman (1994)。

[7] 读者可以试一试，去问一位著名美国经济学家，让他列出国际知名的英国经济学家和德国经济学家。他的回答肯定是每个国家很难超过5个人。这两个国

家——在经济学上曾经是那么强大——为何会如此衰落！相反，任何美国之外的著名经济学家可以毫不费力地举出一打美国的著名经济学家。英国在经济学上支配地位的丧失也表现在它著名大学的经济系里。全世界以及德国国内对历史学派丰富的遗产的忽视是一种巨大的失败。

[8]“主流”这个词的意思需要加以说明（“新古典”这个词将在后面的第2章里定义）。比如，（非新古典的）历史学派从19世纪30年代到20世纪30年代是德国经济学的主流。与之相对，新古典方法则在19世纪90年代以来的英国和20世纪40年代以来的美国成为了主流。

[9] 对贝克尔方法的简要批评见 Hodgson（1998b，1998e）。

[10] 1993年成立的由诸多反正统的协会和集团组成的正在发展壮大的经济学改革国际联盟（ICARE）这一网络——作者本人是现任主席，它的秘书长是非常积极的约翰·亚当斯（John Adams）——把促进经济学的多元化作为其主要目标。

[11] 马克·格拉诺夫特（Mark Granovetter）、尼尔·斯梅尔瑟（Neil Smelser）和理查德·斯韦德伯格（Richard Swedberg）等朋友正致力于这一工作（Smelser and Swedberg，1994；Swedberg，1993，1996）。但“经济社会学”这个词还有一些问题。首先，这个词可能会建议把主流经济学的技术应用于社会学，而不是研究经济本身，就像科尔曼（Coleman，1990）所做的那样。也许“经济的社会学”这个词更好一些，但这又使“经济学”这个标题向主流让步了，而且会错误地让人认为社会学本身就提供了理解经济现象的工具。“社会学”不是一个理想的避难所，因为它缺乏一个清晰的或者足够明确的分析对象，而且它本身也面临深刻的理论危机。此外，“经济社会学”显然还不能对抗普遍存在的理性选择假定和形式主义方法这些我们已经证明了的主流经济学中的问题。也许正因如此，经济社会学只是反正统经济学家的一个临时性选择。

[12]“经济学的制度”已被欧洲演化政治经济学学会这一欧洲经济学家的第二大学会确定为研究领域之一。

[13] 这些数据是由ISI每年公布的，但没有1966—1968年个别年份的数据，这些年份的数据是估计出来的。

第一部分
经济学中互相竞争的各范式

第2章 虚假的对抗和命中注定的调和

本章涉及一系列对新古典经济学的批判，特别是关于其所称的规范立场和对市场的态度的批判。[1]在此讨论了经济学中有关实证与规范判断之间存在的不妥当关系，并对新古典或主流经济学本质上是“倾向市场的”（pro-market）这一广为流传的说法提出了批评。这样就提出了新古典理论到底在多大程度上强调市场这一更为基本的问题。此外，还简要地考查了阿米泰·埃吉奥尼（Etzioni，1988）与此相关的著名尝试，也就是发展可替代的“社会经济”方法以矫正所说的新古典缺陷。 *23*

第2.1节首先讨论事实与价值的区别。本节也定义了新古典经济学，并分析了很多有关新古典经济学的批判，其中包括反正统经济学家中极为普遍的一个立场：应该根据其规范性的结论和政策上的结果对新古典经济学进行判断（和给予谴责）。随后，我们更为详尽地讨论了经常与新古典经济学相联系的、那个特别的倾向市场的规范立场。

第 2.2 节指出新古典理论在处理现实世界的市场时存在理论上的局限。因此，把新古典理论视为是“倾向市场”的，不仅是错误的，而且还过于慷慨了。其理由是，新古典经济学事实上并不了解核心的市场特
24 性和过程。在理论上，它没有识别或包含市场的主要特征，不可能具备任何倾向市场的资格。第 2.3 节是本章的总结。

2.1 新古典经济学及其批判

2.1.1 事实与价值的区别问题

我们是简单地或主要地依据其规范立场或政策结果来对一理论作出判断的吗？反正统经济学家普遍会对这一问题作肯定的回答。他们经常得到以下论据的支持：与新古典教科书推崇的“实证经济学”相反，至少在社会科学领域内，事实的（实证的）判断和价值的（规范的）判断是无法分割的。

很明显，很多正统经济学家的思想已经陷入了意识形态的混乱之中——开始使用货币主义、拉弗曲线、理性预期等倾向市场的理论，但同时又虚伪地接受了价值中立的社会科学这一命题。而很多反正统经济学家则会犯一个危险的、表面性的错误：他们主要或完全依据理论的规范性内容，而不是其分析性内容来评价理论。

可以发现很多这类错误的例子。例如，有几位反正统经济学家全然无视 20 世纪最伟大的经济学家之一弗里德里希·哈耶克（Friedrich Hayek）才华横溢的洞见，仅仅是因为他令人不快的政策结论。另一个例子是，一些人时常无视新古典经济学，并不是因其分析上的局限，而是因为它支持自由市场制度。还可以从反正统理论主要根据意识形态范畴——诸如“保守的”“自由的”和“激进的”这种含糊的、政治化的三分法——而不是根据其核心假设和理论对经济理论进行的分类中找到其他的例子。在反正统经济理论的历史中，这样的错误比比皆是。

在社会科学中，事实和价值之间的关系被复杂化了，并已得到广泛的探讨与论争。在此，我们不能详细深入到这样的论争之中。相反，我们这里主要关心的是鉴别正统经济理论的批判者中出现的某些令人难以接受的立场。这里面包括了从其规范性结果的看法来评价一个社会科学理论：是接受还是拒绝一个理论，主要以此为基础。支持这种观点的一 25 个极端方式是认为实证的和规范的立场是等价的。一个不太极端的看法是，如果我们的批判从实证方式转向规范方式，那只是因为我们不太介意采用哪种方式。另一种看法认为，规范性价值“无处不在”，因此要对一个理论作出判断，主要应依据其规范性价值。这样的立场很普遍，在那些批评主流经济学的经济学家和其他社会科学家中间更是如此。在此，我坚持认为，这些看法都是危险而且无效的，甚至他们自己的理论也是如此。

我们在这里不是从社会科学已经过时的实证观点的角度来批评这些看法。这里着重强调的一点是，要把事实判断从价值判断中分离出来是非常困难的，甚至是不可能的。但这并不意味着它们是一回事，我们也不应该忽视它们的差别。承认我们进入了一个“后实证主义”时代并不意味着“一切都已完结”。

相反，保罗·戴尔·布什（Paul Dale Bush，1993）接受了理查德·罗蒂（Richard Rorty）的论点，认为“在真理应该是什么与真理是什么之间，不存在认识论上的差异”。这样，罗蒂和布什简直就是支持在认识“是”和认识“应该”之间不存在差异。相反，我们这里表明，这种观点显然是不可接受的。它意味着否定了科学和意识形态之间存在的任何区别。[2]

例如，知道现今世界有很多穷人，这与断言他们就应该受穷并不是一回事。“是什么”的陈述与“应该是什么”的陈述并不等同。草率地混淆实证与规范会导致极为保守的后果，这绝非激进的说法。如果实证的和规范的表述之间不存在认识论上的差异，我们就会被引向保守主义的死胡同。根据布什和罗蒂的规则，我们可能作出的有关“是什么”的任何表述都成了“应该是什么”的等价说法：任何有关世界现实情况的说明，成为等价于现存事实的道德认可。

众所周知，大卫·休谟（David Hume）认为，我们永远不能从“是”推论出“应该”。众多后来的哲学争论也已表明，尽管休谟的论点

具有正确的一面，但并不是严格意义上或绝对意义上的真（Roy，
26 1989；Proctor，1991）。例如，当我们面对在一方面是未曾尝试的和不确定的选择，另一方面是已反复尝试过的和传统的选择之间作出决定时，选择我们熟悉的一个并拒绝变化，这通常是合理的。事实上，甚至连最激进的思想家历来也是如此行事。在一个不确定的世界里，我们总是依赖习惯或先例的安全性（Dewey，1939）。从这个意义上说，人们确实经常从“是”得出“应该”。在某些情况下，他们应该这样做是可以理解的。

然而，很明显，这不是说在通常情况下和逻辑上，我们能够从“是”推出“应该”。人们有时根据习惯从“是”得出“应该”这一事实，并不意味着社会科学家也必须这样做。事实上，这一主张会妨碍科学的进步，因为它会简化对规范性偏好的解释。科学家有义务尽其所能地区分实证和规范陈述之间的不同。反对休谟的认识论，并不一定会让我们得出结论说这种区分是没有意义的或不可靠的。

实证主义作为一门哲学，是站不住脚的（Quine，1953；Bhaskar，1975；Caldwell，1982）。但是，在这个后实证主义者的时代，存在一种陷入规范困境的危险。承认实证和规范之间存在的复杂关系，并不意味着要否定它们的所有区别。遗憾的是，很多社会科学家在这方面已经走得太远了。看另一个例子。在一份反正统经济学杂志上，克莱夫·比德（Clive Beed，1991，p. 470）提出了“反实证主义”的主张：“实证科学和规范科学之间的区分是站不住脚的。”然而，这个特别的说明极不明确，因为“二者之间的区分”有各种可能的含义。例如，如果所有实证说明都受到价值的影响，那么，从完全的、封闭式的划分这个意义上说，“二者之间的区分”显然是不能成立的。但这并不等于说我们不能在一方面是内容广泛（尽管不是全部）的实证说明，与另一方面是内容广泛（尽管不是全部）的规范说明之间进行分类。这好像在说，由于企业和市场是彼此纠缠和不可分离的，因而“在公司和市场之间作出区分是不能成立的”。这是一种不合逻辑的推论。我们可以在保持明确的分类标准的同时反对绝对的二元论。此外，用所有的说明都有相同的认识论状态这种同质的一元论来代替实证主义的二元论，不仅于事无补，而且是一个严重的错误。

下面是一些反复被提及的认为价值判断和事实判断不能完全分离的

论点：

(a) 事实陈述之所以受到价值的影响，是因为研究人员或者其听众 27
不可避免地存在价值偏见。在社会科学领域特别是这样，因其所研究的现象本身就包含了行为人的价值，所作的事实说明可能带有强烈的情感因素。

(b) 事实陈述之所以受到价值的影响，是因为研究人员为了进行研究，一开始就必须对什么是重要的或有价值的作出价值判断。

(c) 事实陈述之所以受到价值的影响，是因为研究者的研究要以资料为基础，而这些资料的提供，反过来又依赖于公司、政治组织和其他社会组织的价值判断和既得利益。

(d) 社会科学的事实陈述之所以受到价值的影响，是因为研究人员本身就是人，他必然是他所考察的社会体系的一部分。

除此之外，还存在其他的命题，但不必在此一一列明。作者本人认可的这个命题，可以证明“价值无处不在”的说法。但它们不能说明实证和规范陈述在认识论上是等价的这种观点。在经济分析实践中，事实判断和价值判断总是纠缠在一起的，但并不是说二者是同一回事。

冈纳·缪尔达尔（Gunnar Myrdal）因强调社会科学价值判断的必然性而闻名于世。他写道：“即使我们假装排除了评价，它仍然出现在我们分析的问题之中。试图回避评价以消除偏见，是一种没有希望的、误导的行为”（Myrdal，1958，p. 131）。到现在为止，一切都还不错。但这是不是说，缪尔达尔就认为实证和规范陈述在认识论上是无法区分的呢？事实上，他的意思正好相反：

> 价值不会自动地出现在建立和搜集事实的尝试中。我们也不能让某个研究人员随意地选择其价值前提。价值前提，应该根据所研究的文化的相关性和重要性的标准进行选择。
>
> Myrdal，1958，p. 134

这段话显然表明，对缪尔达尔而言，事实和价值不是一回事。价值
不会从事实中“自动地出现”，价值前提的选择也不是件随意的事。简 28
言之，缪尔达尔相信“价值无处不在”，但他并没有错误地认为它们在认识论上是等价的。[3]

这里并没有表明在理论经济学中消除价值判断是可能的，或者是人们所希望的。这里表明的是，不应该用规范之车去拉实证之马。把车放

在马前头，或看不到车和马之间的区别，会使任何推动经济理论向新的方向发展的尝试无所作为。任何这样的尝试，都会仅仅因为政治上的花言巧语而受到合理的拒绝。

这些简要评论，不可能恰当地处理事实与价值的关系这个复杂的问题。不过，对科学家来说，不应该主要从意识形态的角度评价理论。把正统与反正统理论之间的本质差别看作主要是政策结果的问题，就是忽略了批判并替代核心的哲学思想和理论思想这个根本任务。

总之，在社会科学中，对事实的表述总是受到价值影响的。但这并不是说事实陈述和价值判断在认识论上是等价的。否则，我们最好还是收起科学的行囊，去做政治吹鼓手算了。对当前制度和演化经济学的复兴最为危险的，就是采纳价值和事实是等价的这种观点的主要倡导者的行为方式。

那些按其规范性结果对新古典经济学下定义的人，对该学派的批判变得无能为力。采取这种立场，就是把规范性评价看得比理解和解释现实世界的运行更为重要。他们拒绝竞争者的观点，不是依据那些观点的理论分析是否深刻，而是依据理论所包含的意识形态结果。科学的批判和努力的整个过程退化成了意识形态的宣传和表态。

这并不是说，作为科学家，我们能够或者应该放弃对恰当的价值所
29 承担的义务。规范性问题是重要的，既不应该也不能被忽视。但是，对科学家来说，对经济现象作出解释是第一位的。任何取代主流经济学的方法都保证是这样一种可以明确的经济学方法：它以深刻分析“是什么”为基础，而不是以判断“应该是什么”为基础。此外，应该根据主流经济学的核心假定和方法对其进行分析，而不是因为其意识形态就对其进行排斥。从根本上说，如果我们想改变这个世界，特别是以一种建设性的、普遍认同的方式改变世界的话，我们首先有必要了解这个世界。

2.1.2 定义新古典经济学

让我们尝试弄清新古典经济学的主要特征。这种类型的经济学已经统治了整个 20 世纪。它的代表人物之一加里·贝克尔（Becker，1976a，p.5）明确了新古典经济学的本质，他把这种本质描述为“最大化行为、市场均衡和稳定偏好这些假设的结合，并始终如一地贯彻到

底”。据此，我们可以恰当地把新古典经济学定义为这样一种方法：

（1）假定具有给定的、稳定的偏好函数的理性的、最大化的行为人；

（2）集中关注已实现的均衡状态，或者趋向均衡状态；

（3）以不存在长期信息问题为标志。[4]

有必要对第三条作简短的说明。在新古典经济学中，即使信息是不完全的，信息问题也通过使用概率风险概念而得以解决了。但新古典经济学没有考虑到的情况有诸如给定现实中不同的人的极度无知和错误感知之类的现象。新古典的典型假定是，所有人以相同的方式解释同样的信息。这一假定忽略了在使所有数据资料有意义所必需的认知框架内可能的多样性。新古典经济学没有考虑的问题还有不确定性，弗兰克·奈特（Frank Knight，1921）和约翰·梅纳德·凯恩斯（Keynes，1936）曾探讨过其典型形式。

这三个特征显然是彼此关联的。例如，第一条中稳定的最大化的实 *30*
现暗示着第二条的均衡；第一条中的理性意味着第三条中提到的不存在严重的信息问题。毫无疑问，现代经济理论的一些最新发展——比如博弈论——达到甚至超过了这个定义的范围。要对这些最新发展作出准确判断，需要就以上各条的边界条件进行仔细研究，做到精准。但这并没有削弱这个粗略且不很牢靠的定义的有用性。[5]

尽管新古典经济学已经主宰了 20 世纪，但其自身的语调、表达方式和内容都已有了巨大的变化。20 世纪 30 年代以前，大量新古典分析都是马歇尔式的局部均衡模式。随后是瓦尔拉斯一般均衡分析这种始于 19 世纪 70 年代的方法的复兴。这个世纪的另一个转变，正如前一章所述，是数学的使用日益增多。新古典假设由于易于处理而颇具吸引力。对于倾向于使用数学的经济学家而言，假设经济主体对一个外生给定而且详细定义的偏好函数进行最大化处理，似乎比任何可替代的或更为复杂的人类行为模型更为可取。在新古典经济学还原论的假定中，它一开始就已经使自己具备了被过分形式化的潜力，即使是在经过了一段时间以后这种潜力才被完全认识，并占据统治地位。渐渐地，人们越发不再依赖于基本假定的经验基础或其他基础，而是更多地沉浸在以那些因假定而变得简单为前提进行演绎推理的过程中。

不过，自 19 世纪 70 年代至 20 世纪 80 年代，以上三个特征在主流经济学中保持着突出的地位。这些特征定义了一种仍然在经济学教科书中普遍存在的、全世界都在向大学生讲授的方法。在这一章，我们着重讨论该方法的核心假设，以及批评者对这些核心假设采取的批评方式。

2.1.3 新古典理论是倾向市场的吗？

新古典理论经常被用于为自由市场政策服务。众多新古典理论家和实践家都具有市场倾向性。其所有理论看法都是以一种本体论的个人主义为基础的，这种个人主义特别适合许多自由主义思想的个人主义气质。然而，重要的是要就此止步，而且这并不能说明，例如，新古典理论是必然地、固有地倾向市场的，或者新古典理论的领域与倾向市场的政策的领域相吻合。事实上，认为“新古典经济学”和“倾向市场的政策”是一回事是错误的。

新古典经济学并不必然是倾向市场的，理由如下。首先必须承认，新古典经济理论的很多先驱，包括莱昂·瓦尔拉斯（Léon Walras）、阿尔弗雷德·马歇尔和菲利普·威克斯蒂德（Philip Wicksteed），都同情社会主义或社会民主思想。按照当今的标准，他们中的某些人会是左翼激进分子。瓦尔拉斯自称是一个“科学社会主义者”。他对经济学理论研究是想要证明对包括土地在内的自然垄断品的公有制和价格管制的经济利益。马歇尔关注维多利亚时代英国的贫困问题，同情工人合作社。威克斯蒂德也提倡土地国有化，同情社会主义和激进运动，并与之保持个人联系。

类似的情况一直持续到 20 世纪。例如，埃尔文·费雪（Irving Fisher）——领导美国经济学转向数学形式主义和一般均衡理论的新古典经济学家——在大萧条期间就积极倡导实行通货再膨胀政策。20 世纪 30 年代，以奥斯卡·兰格为代表的另一群新古典经济学家，运用新古典经济学工具说明了某种类型的社会主义计划的优越性。这样，新古典理论成了社会主义者的武器，用来反对路德维希·冯·米塞斯和弗里德里希·哈耶克等人对计划的倾向市场的批评。

甚至更晚，到了 1945 年以后，杰出的新古典一般均衡理论家肯尼思·阿罗（Kenneth Arrow）和弗兰克·哈恩（Frank Hahn）也表明了他们对各种干预主义的、社会民主主义的经济政策的同情。事实上，哈恩和其他人已经证明了整体一般均衡理论方案，作为说明市场机制的局限的一种尝试。甚至最近，比如乔恩·埃尔斯特（Jon Elster）和约翰·罗默（John Roemer）等被称为“马克思主义者”的人，尽管持有左派的政治信仰，却明确地接受新古典经济分析工具。确实也存在很多保守的、倾向市场的新古典经济学家。但是，新古典理论跨越了传统的 31
政治谱系——从极端倾向计划的左派到极端倾向市场的右派——不能由其追随者的政策立场来定义。不管有怎样的缺陷，新古典理论还是一个相对具有适应性和政治上的灵活性的工具。

其次，新古典理论可以同时被用作支持市场和反对市场的工具这一事实，表明这种理论方法的确触及了现象的本质。事实上，新古典理论教义的适应性，是其无法充分解释市场如何运行的一个征兆。认为新古典理论具有适当的理论基础，以建立任何支持（或反对）市场的政策，实在是过于抬举它了。新古典理论本质上既非倾向市场，也非反对市场，这是因为正如下面将要作出的解释，它根本没有适当的市场理论。新古典理论并不理解真实的市场，进而其真正的优点和缺陷。

2.1.4　一种经济学家分类法

上面我们已经定义了新古典经济学，并已说明其部分支持者通常是倾向市场的，而其他支持者却主张在经济中实行有力的公共干预，因此，可以把新古典经济学家大致分成两个阵营。到目前为止，我们还没有必要在倾向市场者和其他人之间作精确的划分。同样重要的是要认识到大多数倾向市场者（如果不是全部的话）是赞同对经济进行一定的（有限的）公共干预的。这里需要强调的关键一点是，新古典经济学能够并且已经用于支持各种政策立场，其中包括了市场的问题。

非新古典经济学的情况也一样：各种政策主张都可能来自非新古典的立场。例如，卡尔·马克思和弗里德里希·哈耶克都是非新古典经济学家，而他们有关市场问题的态度却是截然相反的。

第三个标准是关于经济学家使用数学的程度。到目前为止我们同样不必关心数学和非数学经济学家之间的精确划分，只需要有一个粗略的划分，以表明一些学院经济学家倾向于广泛使用数学技术，而其他理论经济学家则不然。

如图 2－1 所示，这三个标准至少将经济学家分成八类。每一个方框中，给出了 1 名或 2 名该类型的经济学家作为例子。

		支持某种程度的计划以及其他对经济的实质性干预	倾向于偏爱或者尊重自由市场政策
新古典	实质性地使用数学	肯尼思·阿罗 保罗·萨缪尔森	加里·贝克尔 罗伯特·卢卡斯
	有限地使用或者不使用数学	莱昂·瓦尔拉斯 菲利普·威克斯蒂德	米尔顿·弗里德曼 莱昂内尔·罗宾斯
非新古典	实质性地使用数学	瓦西里·里昂惕夫 皮耶罗·斯拉法	约翰·冯·诺伊曼
	有限地使用或者不使用数学	卡尔·马克思 索尔斯坦·凡勃伦	弗里德里希·哈耶克 约瑟夫·熊彼特

33 **图 2－1　一种经济学家分类法的说明**

这里要强调的一点是，把经济学家原则性地分成两类是错误的。图 2－1 表明，划分现代经济学家的根据不止一个，至少有三个主要方面。对市场的规范性态度是一个方面。经济理论的核心假设的性质是另一个方面。经济分析的发展和表现中使用数学的程度是最后一个方面。

以上三个方面很少是孤立的。例如，有的经济学家由于同情个人主义意识形态，有时就会采用方法论上的个人主义。但这并不意味着方法论上的个人主义与政治上的个人主义是相同的，可以在分析上和教义上把二者分隔开来。

令人惊讶的是，在各个方面以二元分类为基础，我们都能够找到这八类经济学家中每一类的例子。这意味着主流经济学的批判者们不得不在至少三条战线上进行批判。集中力量批判其中的一个方面，无法保证在其他方面取得成功。

2.1.5　新古典理论有其位置吗？

34 让我们把重点从对正统理论的批判转向替代性理论的构建。尽管新古典理论受到大量批判，但是对于可行的新理论或者替代性理论的轮廓仍然存在分歧。我们应该沿着什么方向探索新的思想和框架呢？

这个问题引出了另一个问题：假定能够为经济理论建立一个更好的

框架，它能否将新古典理论作为一个特别的或有限的理论纳入其中呢？换句话说，更好的框架是否会更广泛、更丰富、包含多个领域，而只把新古典理论作为一个组成部分？或者，我们会不会得到一个不同的结果，两个不相同的理论结构或范式彼此冲突、互不相容？

埃吉奥尼（Etzioni，1988）在为建立一个“新经济学”的基础而作的大量尝试中，已开始对这些广泛的问题进行有益的探讨。正如埃吉奥尼提出的那样，我们能不能在“一个道德维度上”扩大新古典理论基本的、机械论的隐喻？

下面将要证明，新古典经济学的缺陷不仅是因为其功利主义哲学在道德上和其他方面的局限，而且是因为它对时间的通常处理和对经济过程的分析方面的局限。例如，就像在经典力学中一样，在新古典理论中，时间是可逆的。结果对个人而言，就不存在真正的和不可逆的选择，经济变化的性质和意义就被破坏了。我们通过了解新古典理论有关市场分析的局限性能看到这些问题。

关于埃吉奥尼的一般性命题则不存在分歧，即在经济理论和政策中道德和规范是重要的。不过会出现一些细小的理论分歧点。对于发展研究社会经济系统的替代性方法的任何尝试，这些都是有启发的，因此这里将讨论这些问题。

2.2　不要将市场和新古典理论混为一谈

埃吉奥尼提出的问题，在一定程度上与新古典经济学不明显的道德特征有关。他认为，所有的人类选择都有一个道德的或伦理的成分：“所有对象都至少要从两方面来评价：产生快乐的能力和它们的道德立场”（Etzioni，1988，p. 254）。这样，他就把新古典经济学看作是一个 *35*
适当的“社会经济”理论的一个组成部分。新古典经济学在分析整个社会的一个子系统方面被认为是有效的、恰当的：

> 这里，宁愿不放弃新古典的概念和发现，而是将其视为对社会的子系统（市场）和特定人性（其中理性决策受到动机和价值的限制、代替和偶尔的支持）的处理。
>
> Etzioni，1988，p. 3

这种表述存在很多问题。它假定新古典经济学作为一个理论，在某种有限的意义上是可以接受的，而且可以应用于现实经济的子系统。换句话说，新古典经济学是适合于分析社会经济系统的某些组成部分的。

然而，这与新古典经济学家自己发展起来的流行的“经济学”概念相矛盾。经济学是根据其方法还是根据其研究对象来定义？自从莱昂内尔·罗宾斯（Lionel Robbins，1932）的名著出版以来，大多数新古典理论家都是根据一套理论假设和工具，而不是根据对经济或其任何子系统的研究来为经济学下定义。因此，新古典经济学家既不会将他们的学科定义为对一组特别的现象所进行的分析，也不会将其视为在本质上与诸如市场这样的特殊“子系统”相关。相反，新古典经济学家经常自诩为那种可应用于各种不同领域的“经济方法”的总传教士。他们根据该学科的核心假设和思想，而不是所研究的现实世界主体，来定义经济学。

把经济学定义为分析各种不同现象的特别方法，为现代新古典理论自称为“经济帝国主义”创造了动力；这种理论设想这些假定和工具能够应用于无数的社会现象，包括生育、结婚甚至自杀这些问题的决策（Becker，1981；Hammermesh and Soss，1974）。正如杰克·赫什雷弗尔（Jack Hirshleifer，1982，p. 52）所解释的，“经济帝国主义”指的是“运用经济分析模型研究所有形式的社会关系，而不仅仅是研究‘理性’决策者在市场上的相互作用，……生命的所有方面，最终都受制于资源的稀缺性”。

相反，反正统的理论传统经常将经济学定义为尝试解释现实世界经济的运行的科学。正如心理学是有关心理的科学，生物学是有关生物世界的科学一样，经济学就是对经济的研究。因此，制度主义、后凯恩斯主义和马克思主义的经济学家不是根据研究方法，而是根据研究对象来
36 定义他们的学科。与埃吉奥尼的协调论调相反，任何让新古典经济学家去研究现实社会经济系统的子系统的尝试，都必然要挑战目前流行的、由新古典经济学家自己对经济学下的定义。任何建构新经济学的尝试，都必须勇敢地面对这个问题。

2.2.1 新古典理论是不了解市场的

埃吉奥尼关于新古典理论由于“处理”了市场子系统而可以在一定

程度上予以保留的论点存在一个更为严重的问题。事实是，新古典经济学并没有充分地“处理”诸如市场这样的核心现象。即使不论埃吉奥尼（Etzioni，1988，p. 77－83）阐明的新古典理论存在极为重要的理论缺陷——现实世界的市场充满了以成本为基础的决策，同时道德规范也无处不在——新古典模型中仍然有大量固有的缺点，使得在新古典理论和“社会经济”理论之间的调和是很成问题的。

新古典经济学关注的重点不是市场，而是各种选择序列中给定的个人偏好的结果。[6]新古典理论主要是由有关个人偏好的假定组成的。它的实质不是关于市场的理论。不过，很多社会学家、人类学家和持不同意见的经济学家无休止地、错误地重复新古典市场的颂歌。这确实是过于抬举新古典主义了，很不适宜。新古典大师加里·贝克尔和理查德·波斯纳（Becker and Posner，1993，p. 422）写道：

> 经济学仍然被错误地认为是与有形市场中的货币交易、自私行为和短期关系相一致的。确实，经济学家假定他们试图解释的行为是理性选择的结果。……人们最大化金钱收入，或者全部或大多数时间内是自私的，或者是把物质放在第一位的等等都不是假定，只有人们具备充分预期，可以由始至终选择恰当的方式，甚至包括诸如子孙等其他人的福利在内，才是一种假定。

对于新古典经济学家而言，他们这个学科的一切就是研究有关始终 37
如一的选择及其结果。这个学科本质上并不是在研究市场，至少在财富和制度的意义上是这样。新古典理论缺乏有关财产、合同、交换和市场等的恰当概念。当新古典经济学试图讨论交换和市场时，叙述的主要内容是有关个人获得的效用的增加，而不是在法律制度框架内产权的转移（Commons，1924；Ellerman，1982，1992；Hodgson，1982b；Levine，1977，1978）。当制度出现时，新古典理论则主要是在制度为效用最大化的个人提供的激励、信息和限制的意义上来讨论。新古典理论的本体论是关于原子式的个体的，不是关于结构的。新古典分析在这一点上存在制度上的弱点的标志是，教科书中很少对市场作出恰当的定义（Hodgson，1988）。新古典分析绝不是以市场为中心的，而是不了解市场的。

新古典经济学家频繁使用“市场”这个词这一事实，并不意味着他们以恰当的或准确的方式使用财产、交换和市场这些概念。当新古典经济学家贝克尔（Becker，1976，p. 206）写道“可以假定存在一个婚姻市场”的时候便说明了这一点。请注意，对于贝克尔而言，市场只不过是一种手段，通过这种手段参与人能够以一些不明确的方式增加彼此的效用。由于贝克尔没有对财产、商品交换或市场等恰当的概念进行展开说明，这些区分在他对家庭的分析中没有予以考虑。通过把所有交易简化为彼此增进“效用”，新古典理论通常不注意包含在交易中的道德、文化和制度的区别。它没法理解人类关系商品化的现象，更不用说探讨这个现象的结果了。

没有严谨地和一致地把“市场”和“交换”的概念与诸如产权的合法转移之类的因素联系起来，已经在新古典企业理论中造成了混乱。例如，一些企业可能使用价格指数作内部核算，产品可能在内部部门之间进行“交换”。这就是一种“内部市场”。但是，这些交换通常并不包含产权的交换。企业作为一个整体，与其部门不同，是一个“法人”，有
38 权持有或交换财产。部门之间“交换”的对象的产权仍属于企业所有，其中发生的只是财务上的转移，而不是真正的商品交换。即使企业的下属部门有权与外部实体签订合同，通常在法律上也只有作为一个整体的企业才是缔约方。正常情况下，下属部门仅仅是行使代表权：它以公司的名义行动，而公司作为一个整体在法律上对所定合同的债务负责。

还有一个广为流传的新古典假设：企业中存在“内部劳动力市场”。然而，即使是最先提出这个概念的彼得·多林格尔和迈克尔·皮奥里（Peter Doeringer and Michael Piore，1971，pp. 1—2）也承认，“内部劳动力市场”并不主要受价格机制的左右，而是受“一系列管理规则和程序”的支配。戴维·马斯登（David Marsden，1986，p. 162）进一步论证道：“内部劳动市场表现出大不相同的交易安排，对其能否履行市场的作用是有疑问的。”关于企业里的“内部市场”这种不严格的说法，大多源于对“市场”一词的草率使用。不幸的是，今天的主流经济学中草率使用“市场”一词的现象比比皆是。在转移和定义产权，以及这些权利的真正交换的意义上，在企业内部很少会发现“市场”，即使是曾经发现过。[7]

对于市场和交换的性质的混淆，使新古典经济学家可以忽视资本

主义企业中的非市场组织的存在，并从“市场”的角度理解一切事物。事实上，有关交换和市场的新古典概念和新古典分析是特别薄弱的。之所以出现这个问题，是因为新古典经济学无法在市场和非市场形式之间作出恰当的区分。把新古典经济学作为一种以市场为基础的学说，是新古典经济学的批判者错误的观念，这种观念如此普遍，以至人们犹豫要不要举例说明。但是，我们这里将给出这种误解的两个例证。

罗伯特·莱恩（Robert Lane，1991）是众多批判者中的典型，他反复把主流经济学描述成“市场经济学”。同样，杰出的女权主义经济学家朱莉·纳尔逊（Julie Nelson，1996）写道：“很明显，主流经济学的核心概念是‘市场’。”这些表述的意思是要说明大多数主流经济学家有时支持倾向市场的政策。然而，迄今为止这些表述形成了误导，因为它们认为主流理论以市场为核心，明确地定义了市场，或者有一个关于 39
市场的恰当概念。

伯纳德·巴伯（Bernard Barber，1977）要正确得多，他对整个经济学和社会科学没有注意市场的概念表示不满。事实上，像市场和货币之类的关键概念都没有得到社会学家和经济学家的妥当处理（Ingham，1996a，1996b）。社会学家经常忽视这些“经济学的”概念，因为他们错误地认为经济学已经就这些概念作出了很好的分析和理解。有的社会学家则认为，他们的任务是为“经济”现象添加“社会的”和“文化的”内容。而这也正好表明“经济”与社会或文化在概念上是分离的，而且允许经济学去定义核心的话语。实际上，社会学家和经济学家都没有恰当地分析市场。[8]

2.2.2　新古典理论排斥真实的时间

对市场的现代新古典分析主要以一般均衡分析为基础。一般均衡分析由莱昂·瓦尔拉斯于 19 世纪 70 年代首先提出，在第二次世界大战以后的一段时间内经由肯尼思·阿罗、杰勒德·德布鲁（Gerard Debreu）和弗兰克·哈恩等理论家发展而成，其中二人还因为在这方面所做的贡献而获得了诺贝尔经济学奖。[9]新古典经济学没有对这个瓦尔拉斯理论进行拓展，或形成可替代的严谨的理论。这种分析假定口味和偏好与技术一起，都是给定的。[10]在一个完全虚构的拍卖者的帮助下，经济在所有市场中向均衡位置“摸索”前进，并确定出最后完整的价格向量。对这种理论构架的批判已持续了几十年，这里不可能对其进行全面回顾。我们将把讨论限制在一些相关的最为重要的部分。

继阿罗和德布鲁之后，一些文献尝试将时间和变化补充进瓦尔拉斯模型中。这些尝试的基本思想是将所有未来的产品和发展与未来市场的
40 完全集合这个假定结合在一起。此外，对于每一种可能的“现实状态”，都存在市场。然而，为了使问题更容易处理，必须把未来市场中的贸易整合成“单一的超大型一次性‘讨价还价’”（Meade，1971，p. 166）。所有市场中的一切当前的和未来的贸易都在同一段时间内发生。就像哈恩（Hahn，1980，p. 132）评论的那样：“所有临时的和或然的市场的存在这个假定，起到了把未来拖回到现在的效果。”[11]

这个方法不仅由于把未来拖回到一个单一的时点而否认了时间的流动，而且还存在其他问题。阿罗-德布鲁方法创造了“太多”的市场。要正视所有的未来市场是不可能的，这在一定程度上是因为逐步增加的复杂性和其中的信息问题。阿罗（Arrow，1986，p. 393）自己总结道：“一个完全的一般均衡系统……要求存在未来所有时期所有或然性事物的市场。这样的系统是不可能存在的。”

在一篇杰出的文章中，罗伊·拉德纳（Roy Radner，1968）表明，在一个完全特定的瓦尔拉斯系统中，拍卖者对信息必定有过度的需求。例如，如果有一千种商品、一千种可能的现实状态，以及一千个当前时点和一千个未来时点，就必须存在十亿个不同的市场。假定行为人能够观察到所有这些市场的价格，并开出合适的价码，这显然是荒谬的。与赫伯特·西蒙（Simon，1957，1959）的“有限理性”观点相一致，拉德纳认为，每位行为人假定要处理的市场数量和信息量，在任何一个可行的模型中都必须大幅度地减少。他提出的一个办法是引进与货币相应的某种东西。然而下面将会说明，在瓦尔拉斯模型中尚未在这方面取得成功。

2.2.3 新古典理论排斥货币和不确定性

根据约翰·梅纳德·凯恩斯的观点，货币是应付不确定的未来——那些我们不能计算事件概率的未来——的一种手段。这种意义上的不确定性是被排除在瓦尔拉斯理论之外的。这种排除可能会有风险，但可以

运用概率分析进行处理。由于这个原因和其他原因，货币还没有被成功 41
地纳入这样一个一般均衡框架之中。

杰出的一般均衡理论家哈恩（Hahn，1988，p. 972）已经承认了这个失败："货币理论不能经过稍微的调整就简单地嫁接到瓦尔拉斯理论中去。货币是阿罗和德布鲁原有的理论没有恰当地描述的经济的一个明显标志。"哈恩不会同意凯恩斯主义者或者其他人对这个问题提出的理论解决办法，但他对瓦尔拉斯理论的局限性的发现是正确的。

我们来看一看一个既有完全的知识，其中所有可能事件的概率又得到了很好描述和认知的世界。假定对消费者而言，货币不是效用的一个直接来源，为什么人们在这样一个世界中还会持有货币呢？货币仅仅作为一种交换工具和获取所需商品的工具而使用。用卡尔·马克思的话来说，我们会得到 C—M—C，而不是 M—C—M′。但正是 M—C—M′ 这种形式代表着资本主义下的情形，在资本主义里，货币（和它从 M 扩大到 M′）不再只是一个工具，而是目的。

在现实世界中，持有货币的一个重要原因是它可以帮助我们应付现实中的不确定性。然而在这样的情况下，我们不必知道预期的收益或损失会是什么，特别是当我们不知道也不可能估计到恰当的概率之时更是如此。如果我们能够充分地估计到所有恰当的概率，那么我们就更没有道理把货币用作一种储备资产。没有人能够通过完美的、功利主义的计算而拥有货币。史蒂文·赫尔维茨（Steven Horwitz，1992，p. 15）正确地评论道："现实世界货币的性质，破坏了经济交换的新古典理论。"总之，新古典理论没有也不可能充分地表现一个货币经济。

2.2.4　瓦尔拉斯模型描绘了一个集权体系

瓦尔拉斯式的拍卖者必须要搜集、处理和传达数不胜数的信息。所有与价格的形成有关的信息，拍卖者都必须掌握。一句话，必须将知识集中起来。很明显，这违背了市场体系的精神。

对于只是从正统的教科书中学习经济学的人来说，瓦尔拉斯模型描绘的是一个集权体系而不是与市场相联系的分散化体制，这种说法可能让他们感到吃惊。对那些所学的经济学充满了自由市场意识的

人，这种说法则会让他们感到震惊。但是，这种说法得到了很多知识
42 渊博的经济理论家的支持。在讨论正统宏观经济学的瓦尔拉斯基础时，法布里奇奥·科里切利和吉奥瓦尼·多西（Fabrizio Coricelli and Giovanni Dosi，1988，p. 130）写道："目前宏观经济学的微观基础的新古典方法是以把经济描述为集权体系的方法为基础的，这种说法可以说基本上是正确的。"同样，在讨论瓦尔拉斯模型时，克劳德·梅纳德（Claude Ménard，1990，p. 110）提出了正统理论"令人痛苦的两难处境"：

> 要么是交易过程中有一个拍卖者，我们拥有的市场经济，其一致性是由一个人们能够想象的最强有力的集权行为者提供保证的；要么是不存在这样一个拍卖者，但是模型多为一个空集，因为没有任何迹象显示价格会如何得到调整。

然而，情况甚至比这更糟。所有的经济行为人都要依赖于"默示知识"（tacit knowledge）（Polanyi，1958，1967）以形成技巧和作出判断。主要体现在习惯和惯例中的默示知识不易进行整理和传达。正如弗里德里希·哈耶克（Hayek，1948，1982）和其他人所指出的，这样的知识不仅至关重要，而且在市场经济中是极度分散的。无论是一个中央计划权威还是瓦尔拉斯式的拍卖者，要将如此广泛和分散化的知识集中起来是根本不可能的。[12]

相反，在瓦尔拉斯理论所想象的世界中，拍卖者无所不知，而他或她所不知道的东西已经在模型中省略掉了。结果，新古典理论的瓦尔拉斯模型没有反映真实的市场体系，在这种体系里，众多信息和知识是分散的，甚至无从进行集中。它所反映的更近似于一个虚构的非市场的集权经济，这里集权机关知道一切；而所有与中央的计划和观念无法相符的其他知识，则会有意地加以忽略、破坏或者使其变得无用。我们的观点概括如下：瓦尔拉斯的"市场"模型臆想出一个极权主义、压制型的集权国家的思想，而不是一个自由市场体系，尽管通常所说的与此相反。很久以前，颇有远见的制度主义经济学家莫里斯·科普兰（Morris Copeland，1931，p. 18）表达了类似的看法：

> 43 旨在实现新古典的成本核算乌托邦的那些强有力的政府政策，更可能导向类似苏联的共产主义，而不是自由放任。

2.2.5　计划大辩论的启示

回顾历史可以看出，计划大辩论阐明了新古典经济学的真正本质。在这场辩论中，冯・米塞斯（Mises，1920）认为，彻底的中央计划将是无效率和非理性的，这在一定程度上是因为所有相关知识无法由中央权威集中起来。社会主义者奥斯卡・兰格和弗雷德里克・泰勒（Oskar Lange and Frederick Taylor，1938）及其他人对冯・米塞斯作出回应，建立了一个据说可行的"市场社会主义"模型，用来模拟中央计划者对市场活动的协调，其中包括了定价。

与流行的说法以及教科书中的神话相反，现在已经表明的是计划的支持者没有赢得这场辩论。[13] 具有讽刺意义的是，20 世纪 30 年代的社会主义者对冯・米塞斯的回应，普遍运用了瓦尔拉斯理论模型。他们的准市场方案仅仅是用一个中央计划权威代替了瓦尔拉斯的拍卖者。尽管经常被描述成"市场社会主义"，但兰格式的模型却没有包括任何真正或充分意义上的市场。在兰格的思想实验中，市场的功能仅仅是模拟的，并且是受到限制的。事实上，兰格及其合作者发展的模型，包含了一个集中程度非常高的协调机构，以及排斥了所有现实世界的市场的知识。

很明显，兰格式的"解决办法"将现实世界里分散化的知识、真正的不确定性和历史时间等重要的特征都抽象掉了。与中央计划有关的问题也被粗略地忽略掉了。兰格式的方案根本就不是一个解决办法，其"赢得"辩论主要是由于忽略了对手的观点和问题的现实性。它的说服力源于新古典模型技术上的花言巧语，而不是其描述计划问题本质的能力。

比如哈耶克所发展的相反的观点是，兰格等人使用的瓦尔拉斯模型没有对现实世界市场体系给予充分的描述。关注真实市场的相关特征， 44
尤其是关注那些与分散知识、协调和变化过程有关的特性，是同瓦尔拉斯的理论不相容的。这种理论既是不充分的市场理论，也是对计划和市场体制进行比较评估的不适当的基础。

2.3　结　　论

正如在第 1 章中提到的那样，一般均衡理论的发展已进入死胡同。

很早的时候，人们就认识到个体中潜在的多样性威胁到了该理论的可行性。结果是不得不忽视个体间许多互相作用的形式。当大量的行为人的行为汇集在一起的时候，即使有了严格的理性行为的心理假设，还是要面临很大的困难（Arrow，1986；Kirman，1989，1992；Rizvi，1994a）。一个根本性的结果是，经济分析中的个人主义类型失败了，就像瓦尔拉斯类型失败了一样。

这就意味着简单地把“社会”“文化”或“道德”等新古典理论所缺乏的因素嫁接到它身上是有困难的。问题在于该理论的核心部分存在不可救药的缺陷，而不在于为新古典经济理论加入新的“内容”或额外的“维度”。需要在经济学的核心发动一场理论革命。位于正统经济学中心的瓦尔拉斯式的和机械论的假定必须被取代。

但这不是说我们从新古典理论中没有学到任何东西。而且，我们可以运用像马歇尔这样的伟大新古典理论家的远见卓识。一些正规模型至少是有启发价值的。[14]但是，新古典经济学不足以分析像市场这样的制度结构。由于这样和那样的原因，我们需要一个新的理论范式。

这样一种消极的结论无助于在主流的经济领域结交朋友。在目前的
45 风气中，还可能毁掉一个人的职业生涯。但是——特别是对科学家而言——个人的名望和职业的私利绝不应该居于真理之上。有人会否认这个说法吗？反正统对自己的职业生涯不是好事，但是，顺从会阻碍探寻真理的思想的成长，而且职业上的懦弱要受到灵魂的拷问。

时代终究会变。值得关注的是，正统经济学家的一位重要人物哈恩（Hahn，1991，pp. 48－50）已经注意到了经济学中演化理论的兴起，并预言在下一个世纪“这个学科将回到马歇尔有关生物学的类比”。他下结论说，新古典理论的继承者将不会再如此专注于“华丽的一元化理论”，也不会如此沉迷于“定理和证据的乐趣之中”。他们将转而服从“历史学、社会学和生物学的不确定世界”。他的合作者阿罗（Arrow，1995，p. 1618）作过类似的评论：“构成经济学理论的根本观念不得不发生变化。在一个世纪里，一些经济学家始终坚持认为，对经济学而言，生物学是比类似于机械论的均衡模型更为合适的范式。……经济理论会很好地采取类似的方法。”

这样的发展，也许除了名字以外，在所有方面都将回到索尔斯坦·凡勃伦和约翰·康芒斯的“老”制度主义理论传统。本书后面各章将表

明，“老”制度主义是如何在主流经济学的苛责中保存下来的。下一章我们将转向对新古典理论另一方面的攻击。然而，尽管逻辑严谨，新古典理论还是无法保有永久的影响，也无法为一个替代性的理论提供足够的基础。因此，对主流经济学的批判者而言，这是另一个重要的内容。

【注释】

[1] 这是专门为本书写的一篇文章，本章使用的材料来自 Hodgson (1992b, 1993e)。

[2] 我很抱歉把我的朋友保罗·戴尔·布什作为这里的批评对象。可以完全放弃规范与实证之间的区别这种观点在反正统经济学家中如此普遍，以至其他例子实在太多而没有在这里列出。我想热心肠的、幽默的布什会原谅我的。

[3] 但罗伊 (Roy, 1989, p. 109) 竟然断言“对实证与规范的划分是正确的、有用的，这种观点被休谟主义者夸大了，这种夸大坚不可摧、根深蒂固，缪尔达尔和（他的著作的编者和译者）斯特里滕 (Streeten) 强烈地想要消除这种划分”。这是一种夸张的说法，因为缪尔达尔–斯特里滕的著作并没有明显地企图去消除这种区别。不过，缪尔达尔没有能够防止任何将科学退化为意识形态的企图。在对经济学中休谟主义的认识论的详尽的、强烈的批评中，罗伊自己仍然提到了“实证与规范的划分”是“正确的、有用的”。事实上，这正是世界上所有严谨的、科学的或者分析性的讨论的实质。

[4] 新古典经济学的这个定义显然排除了奥地利学派的成员，比如冯·米塞斯 (von Mises) 和哈耶克，这主要是因为他们明确地批评第二条和第三条，也因为他们反对第一条中对理性的典型的概念化。如果“新古典”在这种精确的意义上来使用，奥地利学派实质上是非新古典的，尽管它与新古典主义有一些共同之处。

[5] 现代政治科学和社会学中的“理性选择”方法（其典型文献和批评文献见 Coleman (1990); Coleman and Fararo (1990); J. Friedman (1995); Green and Shapiro (1994); Hirsch (1990); Orchard and Stretton (1997); Udéhn (1996)）也采用了类似的假定。

[6] 注意我们这里避免使用“选择”(choice) 这个词。新古典经济学缺乏一个真正的选择 (choice) 概念，Hodgson (1998, 1993b) 曾经讨论过这个问题，后面的第 6 章还会论及。

[7] 企业里的雇员之间为一个公开招聘的职位而竞争是不是一个“内部劳动市场”？尽管这比其他的例子更接近真正的市场，但为一个职位而发生的一次性竞争并不具备真正市场上的经常的、重复的交换这一特征。关于市场性质的论述见 Hodgson (1988)。

［8］少有的例外见 Baker（1984），White（1981）和 Zelizer（1993）。

［9］Arrow and Hahn（1971），Debreu（1959），Walras（1954）.

［10］瓦尔拉斯（Walras，1954，pp. 380－381）至少在一段话里考虑到了口味和偏好变化的可能性。因为这一点以及其他原因，应该把瓦尔拉斯的理论与充斥于现代新古典主义中的更为狭隘的“瓦尔拉斯主义”的理论区别开。对瓦尔拉斯本人的理论的“动态的”和“演化的”方面的论述见 Currie and Steedman（1990），Jolink（1996），Walker（1996）。

［11］另外，以各种“研究”或者“猜想”的形式表现出来的理论试图在新古典一般均衡理论中解决阿罗-德布鲁模型中的一次性贸易的约束这个问题。但是，这些努力并没有为新古典理论提供一个完整的、可操作的体系。事实上，这些努力反而产生了更多用数学处理不能解决的问题。为避免冗长，文中只限于对阿罗-德布鲁式的模型进行评论。

［12］我们在这里或在其他地方认可哈耶克的思想并不意味着接受他极端的不干预主义和自由市场政策立场。事实上，哈耶克在计划大辩论（后述）中的核心论点已经被像诺夫（Nove，1983）和我自己这样的更同情社会主义的理论家接受了（Hodgson，1984，1988）。对哈耶克的一些批评见 Hodgson（1998e）。

［13］要重新检查这次辩论，可以参考 Levoie（1985），Murrell（1983），Vaughn（1980），Keizer（1989）。霍奇逊（Hodgson，1998e）也参加了这场辩论。

［14］比如谢林（Schelling，1978）在一个正规模型中就表明了种族隔离可能会从弱因的积累效应中产生。这并不必然表现了现实世界中的种族隔离过程，但它使我们对弱力量积累起来产生强效应的可能性更为敏感了。同样具有很好的理论价值的其他成果有阿瑟（Arthur，1989）和阿克塞尔洛德（Axelrod，1984）发展起来的模型。

第 3 章　案例研究：剑桥资本争论的命运

20 世纪 60—70 年代与 90 年代相比，经济学处于一个更为多元化的状态。[1] 在一些年份里，马克思主义经济学在欧洲和美洲都吸引了大批的追随者。另外，源于英国剑桥大学的实质性的理论攻击似乎破坏了主流经济理论的基础。然而，回顾一下历史就可以知道，这场攻击失败了。尽管批评者的观点是合乎逻辑的，但主流经济学并未在这场论战中受到很大影响。尽管批判的发源地是广为人知的一所世界著名大学——阿尔弗雷德·马歇尔和约翰·梅纳德·凯恩斯曾任教于这所大学的经济系。本章主要对这一失败进行分析，希望从中可以学到一些关键的教训。 46

1960 年，剑桥经济学家皮耶罗·斯拉法出版了一本准备了 30 多年但仅有 96 页的小册子。这本书的中心命题是，不存在独立于分配和价格之外的资本度量。《用商品生产商品》一书，对新古典理论的总量生产函数，以及以此为基础的供给理论、分配理论和增长理论在逻辑上构成了毁灭性的攻击。

几年以前，斯拉法的朋友和同事琼·罗宾逊（Robinson，1953）已经提出了这个还没有人涉足的问题：如何度量资本？斯拉法得出的结论是，不存在独立的度量。除非资本由单一的商品或者结合的商品束构
47 成，否则物质度量就是无用的。除非预先有一个相对价格集，否则价格度量也是不可能的。但是在资本主义体系中，这样的价格取决于利润率。如果生产函数是一个“资本”的函数，而且用价格来度量，那么由这个函数推导出利润率的决定的观点就包含着循环论证。

这样，斯拉法的著作对广泛采用了总生产函数，尤其是将其应用于供给、增长和分配理论的新古典理论，进行了极具毁灭性的内在的批判。这本书表明，所有把“资本”作为单一要素的总生产函数，均未建立在任何包括固定资本在内的异质资本品的一般理论之上。这些函数仅能说明一个想象的世界，其中除了有神秘的、单一的、无处不在的普通物质外，不存在任何机器或原材料。

然而，过了三分之一世纪之后，总生产函数依然普遍存在于主流经济学的教科书和核心杂志中。为什么情况是这样的呢？本章就是带着这个问题写下的，并试图提供一个完整的答案。对这个问题的充分解释，不仅一定要包括这些理论和争论的内在逻辑，而且必须包含经济学专业本身的文化和制度。

显然，我们在这里对这些问题只能点到为止，不可能深入到曾经出现过的所有技术性论战，特别是资本的性质和度量的论战（Harcourt，1972，1994；Ahmad，1991）以及马克思主义的劳动价值理论的论战中去（Steedman，1975，1977；Steedman et al，1981）。本章的目的是要把斯拉法的作品放到经济学的理论发展，放到经济学专业本身的演化这些更广泛的内容中去。也许这可以让我们学到一些新东西。

很明显，受到斯拉法攻击之后总生产函数还得以存在，不是正统理论方面装聋作哑和顽固不化这样的简单问题。像保罗·萨缪尔森（Paul Samuelson，1966，1989）这样的杰出的美国新古典经济学家也卷入了这场资本理论之争，并最终向斯拉法的理论作出了较大的

让步。

我们采用的分析方法是根据在学术期刊上记录的引用量来考查斯拉法的《用商品生产商品》这本书的命运。第一节考查了20世纪60年代《用商品生产商品》和资本理论之争引用量的缓慢增长；第二节介绍了从20世纪70年代早期到80年代中期这本书的全盛期；第三节介绍了将斯拉法和凯恩斯进行综合的尝试。第四节作为本章的总结，考察了后来对斯拉法及其遗产的关注的降温。 48

3.1　以引用说明引用

尽管社会科学索引（SSCI）有其自身的缺陷和不足，但其数据的运用还是已经成为评价一部学术著作的影响或阅读价值的最好方法之一。SSCI定期对大量已被接受的学术期刊进行分析，记录其中刊载文章所引用的特定作品的次数。目前，仅在经济学领域，经常有百余种杂志用以获取这些数据。在其他社会科学领域的杂志则更多。所有“核心”经济学刊物都在其中，同时还有很多专门研究反正统理论方法的出版物。

斯拉法的《用商品生产商品》一书的引用量如图3-1所示。引用量15表明《用商品生产商品》一书在那一年的SSCI包括经济学和非经济学杂志的所有刊物中共被引用了15次。

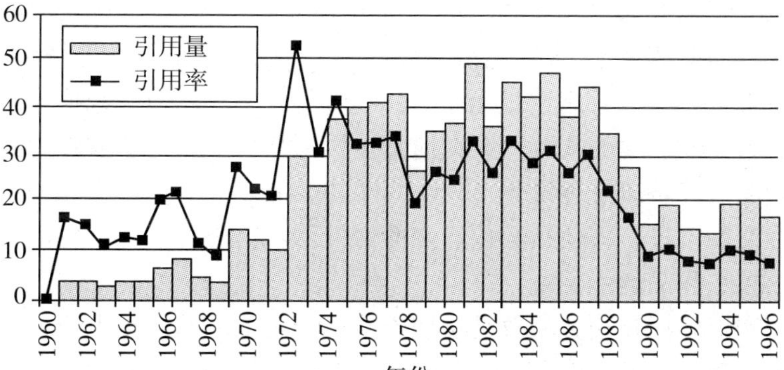

图3-1　斯拉法《用商品生产商品》(包括译本在内的所有版本)一书的引用情况

49 有几点值得注明一下。首先，《用商品生产商品》一书出版 10 年以后，其年引用量才翻了一番。就本书的理论重要性而言，其开始时的引用情况显然很差。这本书出版之前经过了“长得令人难以置信的酝酿期”（Harcourt，1972，p. 14），而出版之后同样难以置信地受到了长达 10 年的忽视。

其次，在 20 世纪 70—80 年代，这本书的引用量达到了较高的水平。但是在 1982 年达到的最高的引用量也只有 49 次，对于如此重要的一本书而言，这个数量相对来说太少了点。最高的引用率出现于 1973 年。这一年可以代表斯拉法作品流行的最高峰。然而，这种声誉没有得以持续。

最后，1988 年以后，这本书的引用量急剧下降，1990 年以后到了很低的水平。引用率的下降甚至更为严重。总之，这部作品推迟了 10 年才得到承认，随后得到了 20 年的中等程度的重视之后，于 20 世纪 90 年代被遗弃了。

用什么来解释斯拉法的经典著作的引用量上表现出来的迟到的提高、中度的上升和严重的下滑这一现象呢？我们通过考察与围绕斯拉法著作的争论相关联的出版物，从中可以获得部分答案。这本书出版后不久就得到了米克（Meek，1961）和罗宾逊（Robinson，1961）的两篇长文的积极评价。但这两篇评论文章都没有在一流的经济学期刊上发表。[2]

1961 年，斯拉法的两位著名追随者——来自剑桥的琼·罗宾逊和来自意大利的皮耶罗·加利安尼（Piero Garegnani）——访问了麻省理工学院，与萨缪尔森进行论战。辩论的一个结果是产生了萨缪尔森（Samuelson，1967）用“代用品（surrogate）生产函数”来挽救正统理论的著名尝试。他的文章发表在通常被认为是主流经济学核心期刊之一的英国的《经济研究评论》上。[3]萨缪尔森在文章中对斯拉法进行了简要的介绍。不过，即使被一位后来的诺贝尔奖获得者提及，也没有立即增加斯拉法作品的引用量。

50 事实上，斯拉法并不总是早期资本理论之争中的焦点人物。早期的论战大多集中于 T. W. 斯旺（Swan，1956）和罗伯特·索洛（Robert Solow，1956）的新古典增长和分配模型中使用的总生产函数上（Ahmad，1991，ch. 4；Harcourt，1972，chs. 2−3）。

20世纪60年代中期以后，有关资本回流和重新改变投资方向的争论开始变得重要起来，引起了对斯拉法作品的更多关注。很多有关这些主题的反新古典文章出现在（美国）著名的《经济学季刊》的专题论坛上，其中包括皮耶罗·加利安尼（Garegnani，1966）、米奇奥·莫里施马（Michio Morishima，1966）和路易吉·帕西内蒂（Luigi Pasinetti，1966）的论文。随后，琼·罗宾逊和卡里克·纳克维（Robinson and Naqvi，1966）也在同一杂志上发表了一篇文章。《经济学季刊》上发表的这些文章对资本的论战来说是极为重要的。1966—1967年，这些问题终于在一份一流的美国经济学刊物上进行争论了。人们不禁要问，如果一本美国核心杂志没有为这些来自欧洲的奇怪的论战性文章提供版面，情况又会如何？

此外，在《经济学季刊》的专题论坛上，萨缪尔森在一篇合著的声明性文章（Levhari and Samuelson，1966）和他自己划时代的“综述”文章（Samuelson，1966）中，在观点上作了很多让步。资本的回流和重新改变投资方向的可能性是确定无疑的了，这破坏了对“表现良好”的生产函数的通常看法。在这个关键问题上，萨缪尔森承认了失败，本质上承认了英国剑桥在争论中的胜利。

即使那样，在随后的5年中，对《用商品生产商品》一书的引用量依然维持在极低的水平上。虽然我们不能肯定，但很可能正是两份杂志上的两篇文章对20世纪70年代早期斯拉法著作的引用量的增加有重要的意义。[4] 第一篇也可能是最重要的一篇文章是杰弗里·哈考特（Geoffrey Harcourt，1969）在《经济文献杂志》上发表的关于资本论战的综述。这篇文章扩展了来自（英国）剑桥的攻击，从《经济学季刊》这个桥头堡跨越大西洋，占据了另一个具有战略重要性的核心刊物（由美国经济学会出版），该刊物按照引用影响排名一直是第一位的。[5] 哈考特（Harcourt，1972）随后出版了关于20世纪60年代资本理论争论的权威性专著，这肯定又扩大了他在《经济文献杂志》上那篇文章的影响力。

第二篇重要文章是加利安尼（1970）对总生产函数的致命一击，尽管据说这篇发表于《经济研究评论》上的文章是编辑起初不想刊用的。 51
加利安尼说明，经典教科书中的那个“表现良好”的生产函数是以极为严格和难以置信的假定为基础的。加利安尼的文章很快就重印于亨特和施瓦兹（Hunt and Schwartz，1972）编辑、企鹅出版社出版的广为流传的文集里。再加上企鹅出版社发行的哈考特和莱恩（Harcourt and Laing，1971）以及森（Sen，1970）的著作，所有这一切使资本理论的争论有了更为广泛的读者。

因此，可能是1969—1972年间这些出版物的一个结果，《用商品生产商品》一书的引用量从1962—1969年间平均每年引用4.9次，跃升至1970年的15次和1973年的30次。

3.2 反叛者对斯拉法的引用

不应该忘记那个时代的情结：1968年及其一切相关的情结。很多西方发达国家的抗议和政治动乱渗透到了学术界，强化了对已有假定和方法的质疑。这尤其使得人们对一般的马克思主义，特别是马克思主义经济学的兴趣激增。

斯拉法是安东尼奥·葛兰西（Antonio Gramsci）的亲密朋友，并同情马克思主义。《用商品生产商品》一书的出版普遍被认为是古典经济学和马克思主义经济学的同时复兴。不过，斯拉法关于李嘉图作品集的编辑工作，使得“原教旨主义的”马克思主义者怀疑他是一个“新李嘉图主义者”。

1975年，伊恩·斯蒂德曼（Ian Steedman）在《经济学杂志》上发表了对“具有负剩余价值的正利润”的可能性的解说文章。斯蒂德曼运用斯拉法的理论框架破坏了劳动价值理论的基础。斯蒂德曼（Steedman，1977）后来在一本有影响的书中扩展了这个观点以及对它的批评。在当时对马克思主义具有高度的学术兴趣的氛围中，大规模的论战爆发了（Harcourt，1982a；1982b，ch. 14；Hodgson，1982a，1982b）。

这些论战可能大大地增加了《用商品生产商品》一书的引用率，但它——正如斯蒂德曼首先认识到的那样——在击退新古典正统理论方
52 面，或者在创建积极的可替代理论方面的作用并不大。事实上，斯蒂德曼的主要目标是要清除“蒙昧主义”的反正统批评者，这可以被视为在严谨的替代性理论发展起来之前必须经历的洗礼。

具有批判精神的、思想开放的反正统经济学家面临着一个有关斯拉法体系本身的理论地位的两难困境，出现了两种迥然不同的观点。一种观点认为，斯拉法及其追随者的作品主要是对新古典理论的内在批判，揭露了新古典理论逻辑上的不一致和理论基础的错误。根据这一观点，斯拉法的作品固然很重要，但其重要性主要是对正统理论的摧毁。另一种观点认为斯拉法的著作提供了更为丰富的内容：它是包含了马克思、凯恩斯、卡莱茨基（Kalecki）和其他人的远见卓识的一个新的反正统经济理论的共同基础。他们认为斯拉法的方法为分析资本主义生产方式的实际运行提供了恰当的基础。持后一种观点的人得到了“构建主义的”斯拉法主义者这个雅号。[6]

3.3　为建立一个新的反正统理论而对斯拉法的引用

最主要的“构建主义的”斯拉法主义者是约翰·伊特维尔（John Eatwell）、皮耶罗·加利安尼和默里·米尔盖特（Murray Milgate）。[7]在 20 世纪 70 年代末和 80 年代初的很多出版物中，作者们认为斯拉法的框架是凯恩斯有效需求理论的一个可靠的基础（Garegnani，1978，1979a；Eatwell and Milgate，1983）。但这指的是从“长期”而不是从“短期”的意义上来解释凯恩斯理论，同时也忽视了凯恩斯主义的分析中的不确定性和预期这些关键概念。

这与强调不确定性问题，认为经济不能通过静态分析加以把握的其他凯恩斯主义者形成了极度的对立。加利安尼（Garegnani，1979b， 53
p. 183）否认“不确定性和预期的中心作用”，并得到伊特维尔（Eatwell，1979，1983）的响应，他们的这些观点与保罗·戴维森（Paul Davidson，1972）、布莱恩·劳斯比（Brain Loasby，1976）、海曼·明斯基（Hyman Minsky，1976）和乔治·沙克尔（George Shackle，1974）等人正好相反，这些人认为不确定性和预期是凯恩斯著作的核心，也是以之为基础的理论积极发展的关键。

斯拉法的长期分析代表着对凯恩斯理论的一种重大修正这个事实，得到了斯拉法主义理论家的承认。例如，加利安尼（Garegnani，1979b，

p. 183）坚持认为“凯恩斯理论的短期特征”是一个弱点。伊特维尔（Eatwell，1983）接着说明了“《就业、利息和货币通论》中的很多方面既没有解决……也没有直接同长期理论的观念相抵触。……书中经常表现出来的是凯恩斯只是描述了一种有关……短期形势的理论”（pp. 271-272）。

早在1973年，罗宾逊对斯拉法派的构建主义者完全集中于长期的做法表示了遗憾：“事实上，”她写道，“所有令人感兴趣和重要的问题都是处于纯粹的短期分析和长期分析之间的”（Robinson，1973a，p. 60）。到了1980年，她与构建主义者的分歧更为明显了，哈考特（Harcourt，1985）对这段历史有过精辟的说明：“在与加利安尼、伊特维尔和米尔盖特的争论中，琼·罗宾逊使用了她在批判新古典理论中发展起来的不能运用长期类比来说明过程这一观点，来批评这些作者对引力中心或长期形势观念的强调”（p. 106）。斯拉法的“价值”或“生产价格”由于不能被结合到一个建立在特定历史时期的理论之中而被抛弃了（Robinson，1974，1979b，1980；Bhaduri and Robinson，1980）。

罗宾逊（Robinson，1979b）还提出了什么是长期分析中正常利润率的含义这个问题：那是“未来的资本利润率还是过去的资本利润率，或者是像柏拉图的思想一样漂浮在历史之上的东西”（p. 180）。加利安尼（1979b）回应认为，正常利润率是属于当前的：“它反映了使用优势技术的企业家实现的平均的（处于企业现在和未来之间的）利润率，……也是企业家根据当前经验，对当前的投资按照通常的预期而得到的未来的利润率”（p. 185）。

这种回应表明长期分析与短期分析是一回事，因为把长期的平均数视作由短期的决定而产生的。但是企业家怎样才能知道平均利润率是什么，或者他们自己企业的利润率是高于还是低于这个平均利润率呢？企
54 业家又如何能够根据这个无法察觉的、未知的当前平均利润率形成未来利润率的预期呢？即使知道这个当前平均利润率，为什么企业家应该假定未来的利润率会保持不变呢？这些问题在加利安尼-伊特维尔-米尔盖特关于斯拉法理论的扩展中既不会出现，也得不到回答。

如果考虑到资本积累和技术变迁的因素，固定系数的斯拉法理论能够说明长期问题这一说法也是值得怀疑的。斯拉法主义理论家曾认为，这些现象可以包含在技术变迁的比较静态分析中。但是，就像罗宾逊（Robinson，1980）指出的那样：“比较两个技术体系，……然后再从一

个体系转换到另一个体系，这在方法论上是错误的。技术变迁是一个历史的事件，必须引入历史因果关系来考察这个问题。这正是斯拉法留给我们，并让我们转向凯恩斯的一个研究领域”（p. 134）。技术变迁是一个跨越时间的过程，现在无法准确知晓其未来的结果。例如，它包括收益基本上是不确定的研究和开发方面的投资，也包括由于工人罢工或者工作的重组而产生的社会生产关系的变化。斯拉法投入—产出系数的静态矩阵无法说明这些过程。

此外，在斯拉法的基础上建立一个理论的尝试出现严重问题的原因，还不只是不确定性和预期这些关键的凯恩斯主义概念。斯拉法体系中对物质投入和产出的过度强调，忽视了正统理论和反正统理论同样都极少关注的学习和知识问题。罗宾逊（Robinson，1975，p. vii；1979a，pp. 37-40，94-95，116）一直到1970年左右偶然发现凡勃伦（Veblen，1919，pp. 85-200）对新古典资本理论的批判之后，暗示了这些问
题。[8]在任何充分的意义上把知识和学习与斯拉法体系的物质系数相联 55
系都是有困难的，这就像个人在学习、认知和创新过程中的转变，难以与给定偏好函数的、机械地受到效用最大化驱使的行为人相一致一样。[9]

最后，斯拉法的方法没有提供与个人的行为和相互作用有关的理论。它只是简单地指出长期形势会在某种程度上反映和影响行为人的预期和行动，没有解释平均利润率和长期价格是如何形成的。不管斯拉法的分析有多大的优点，特别是在对新古典理论和马克思主义的价值理论和资本理论的毁灭性批判方面，缺乏上述内容是它的一个严重的缺陷。因此不能认为斯拉法的分析为反正统理论提供了一个充分的或者非常恰当的基础。[10]

斯拉法的理论也受到了弗兰克·哈恩在《剑桥经济学杂志》上发表的一篇文章的批判。哈恩（Hahn，1982）反对“斯拉法的追随者”，认为他们的理论中“不存在任何正确的新李嘉图主义主张，这种主张没有包含在可以从正统理论里产生的一系列主张中，……新李嘉图主义的攻击在逻辑上可以轻易地被驳回”（p. 353）。如果真是这样的话，斯拉法理论的破坏性和建设性都会大打折扣。

事实上，更为谨慎的斯拉法主义者总是明确表示，他们的攻击仅对新古典总生产函数有效。诸如阿罗和哈恩（Arrow and Hahn，1971）

那样的一般均衡理论中的新古典理论的其他非总量分析，不易受到此类批判的攻击。在这些模型中，资本可以被看成是异质的和非总量的。哈恩在形式上正确地指出，他的一般均衡理论中也可以产生“表现不好”的总生产函数，也会出现改头换面和其他稀奇的情况。但是，阿罗-哈恩式的理论已经不是索洛模型和其他模型的基础，这些模型把资本当作生产投入的单一要素。相反，总生产函数充斥于这些模型之中。

此外，一般均衡理论会产生类似“反常”结果的可能性，并不意味
56 着斯拉法理论就不重要了。事实上，如果哈恩的说法是对的，那么一般均衡理论就是斯拉法分析的一个特例，二者并无相背之处。一般均衡理论含有像个人效用最大化这样的额外假设，而斯拉法的分析没有这种假设，因此我们可以将其视为更一般化的情形。

斯拉法主义的构建主义者暗示，他们有一个以习惯和规则为基础，而不是以新古典理论的效用最大化为基础的新的人类行为模型。这样的方法始于索尔斯坦·凡勃伦和约翰·康芒斯的制度主义。但是，构建主义者既没有建立与制度主义的联系，也没有沿着这些线索发展一个特殊的人类行为理论。如果他们这样做了，情况可能会不一样。构建主义的斯拉法理论的行为核心依然空无一物。

斯蒂德曼（Steedman，1984）在一个重要的、与此相关的理论发展中表明，市场价格偏离“生产价格”与市场利润率偏离相应的平均利润率，并不必然有相同的信号。这表明价格会趋向于“引力中心”的“古典”思想是有问题的（Boggio，1985；Duménil and Lévy，1987）。由于这样的核心原则易受攻击，“构建主义”的斯拉法理论的可信度会受到削弱就是可以理解的了。

20 世纪 80 年代中期，构建主义者的设想一直难以启动。然而其拥护者没有起来迎接挑战，而是让它处于未完成的状态。尚需解释他们为什么实质上放弃了这个设想。是罗宾逊和其他人的批评起作用了，还是关于“引力中心”思想受到怀疑的阴影起了更大的作用？构建主义集团的一位年轻成员加里·蒙吉奥维（Gary Mongiovi，1992）差不多在 10 年以后宣称，斯拉法著作引发的理论研究计划“依然处在发展的早期阶段”（p. 544）。确实，尽管费了许多笔墨，十多年之后事情依然处于那种状态，人们已经对构建主义者的承诺失去了信心。

3.4　不再引用，不再提及

具有讽刺意义的是，对主流经济学家而言，一般均衡理论很快陨落了。然而，斯拉法理论却不是使之陨落的主要力量。战后一般均衡理论取得发展的部分动力是从整体上为经济学建立微观基础。20 世纪 70 年 57
代的主要发展就集中于这一方面。尽管那时这些发展没有受到关注，但它们最终在转变主流微观经济理论，以及把一般均衡理论推下神坛的过程中发挥了作用。

在 20 世纪 70 年代，雨果·宗南沙因（Hugo Sonnenschein，1972，1973a，1973b）、罗尔夫·曼特尔（Rolf Mantel，1974）、杰勒德·德布鲁（Debreu，1974）表明，从个人效用最大化的假定出发，一个交换经济中的超额需求函数几乎可以表现为任何形式。因此，需求函数通常为向下倾斜的假定没有任何根据。这实质上是一个把个人需求函数加总形成的总量问题。新古典一般均衡理论的结论受到破坏（Kirman，1989）。正如 S. 阿布·图拉布·里兹维（S. Abu Turab Rizvi，1994a）指出的那样，宗南沙因、曼特尔和德布鲁的工作颇具一般性，而不仅仅是个别的反例：

> 其主要含义……是，个人理性的假设和其他微观层面所作的假设，无法对宏观层面现象的分析提供任何指导：理性假定或者效用最大化假定不足以说明社会的规律性。这是一个有重要意义的结论，终结了（一般均衡理论中的）微观基础问题（p. 363）。

哈恩（Hahn，1975）理解接受了这个结论，并对宗南沙因等人的成果的影响与斯拉法的批判进行了对比：

> 新李嘉图主义者……已经证明资本总量在理论上是不可靠的。还好……这个结果并没有给新古典理论的主流造成影响，这只是因为主流理论没有使用总量。它对教科书中流行的理论造成了影响。……近年来，德布鲁、宗南沙因和马斯-科勒尔（Mas-Collel）已经证明，这些成果极大地破坏了新古典理论。（p. 363）

但从总体上说，宗南沙因等人提出的问题在当时并未引起正统和反正统理论家的足够注意。

里兹维（Rizvi，1994a，p. 361）发现，后来出现的谢弗和宗南沙

因（Shafer and Sonnenschein，1982）对宗南沙因式的总量问题的评论
58 文章，是引起经济学界重视该问题的关键。[11] 显然，以前这些问题在两本提出微观基础问题的书里都被忽视了，这两本书是杰弗里·哈考特（Harcourt，1977）和罗伊·温特劳布（Roy Weintraub，1979）的著作。然而，1982 年以后，众多主流经济学的先锋很快就抛弃了对一般均衡理论和新古典微观基础方案的追求。

显然，斯拉法的批判对这一发展没有作出多少贡献，也没有影响新的替代性的主流范式：博弈论。里兹维（Rizvi，1994b，pp. 3－4）认为，20 世纪 80 年代博弈论的兴起，主要归因于阿罗-德布鲁-麦肯锡（McKenzie）一般均衡分析的“收益递减”，以及由宗南沙因和其他人揭示出的任意性和存在性问题。博弈论填补了这个空位。

斯拉法的批判不仅成了过眼云烟，甚至与新的主流核心理论毫无瓜葛。斯拉法的结论对博弈论没有明显的重要影响，甚至失去了作为主流核心的内在批判者的地位，一切变得越来越不相干了。

但这并没有表明所有主流理论家都与宗南沙因一样严谨，或都与哈恩一样灵敏。绝大多数人只是简单地忽视有关资本理论的争论，甚至忽视宗南沙因的成果。总生产函数分析依然随处可见，成了诸如实际经济周期理论和内生增长理论等最新发展起来并日益风行的理论的中心内容。对很多人来说，资本争论好像根本就没有发生过。

从这个故事能得出什么教训呢？作为结论，应该提出几条：

（1）理论的命运不单是一个冷冰冰的逻辑问题。斯拉法对新古典理论的批判缓慢得难以接受并且影响相对较弱，部分原因是它来自 1945 年以后统治经济学研究的最好的美国大学之外。甚至就连剑桥大学的出身都还不够好。《用商品生产商品》一书只是在它出现于核心经济学刊物，也就是《经济学季刊》和《经济文献杂志》上，而且得到最主要的美国经济学家，也就是萨缪尔森的注意之后，才得以出名。

（2）20 世纪 70 年代对斯拉法作品的兴趣的增长，更甚于对这本书的内在逻辑的关注。斯拉法的著作，与席卷西方大学的政治激进主义浪潮和围绕马克思主义经济学的争论紧密相连。

（3）斯拉法主义的构建主义者没能发展出一个广为接受的理论体系，与新古典理论体系相竞争。伊特维尔、加利安尼和其他人在这方面
59 的尝试没能完成，只是大量参与了对凯恩斯遗产的解释的论战。尤其是

因为没有提出任何有关行为人的替代性理论以取代个人效用最大化的思想，新古典体系的中心仍然没有受到挑战。斯拉法主义者对新古典理论的攻击，主要针对总生产函数，而未触及其关键的本体论和行为基础。

（4）具有讽刺意义的是，当宗南沙因和其他人阐明了源于个人效用最大化的关于总量的关键性问题后，新古典一般均衡理论最终在20世纪80年代遭受了毁灭性的打击。冷冰冰的逻辑那时确实有效果，但只有当它指向主流理论的核心原则和中心微观基础时才有效，而斯拉法的批判没有做到这一点。

（5）从一开始，无论是被视为新古典经济学的内在批判者，还是作为一种替代性范式的基础，斯拉法经济学都没有任何个人行为理论，也没有被认为与人的行为和结果有关的内容，因而谈不上与社会经济系统有什么重要的因果关系。这个缺陷总是使得人们常常拿它与主流理论进行比较。而主流理论不管有什么缺点，确实包含了一个人类行为的理论。

（6）此外，对社会经济系统中控制分配的静态参数（也就是说技术系数和实际工资）的认识，其本身并不是对因果关系和过程的研究。斯拉法的分析照搬了支配主流经济理论的形式主义和演绎主义方法论。因此，斯拉法方法作为正统理论的一种批判显得无能为力。

（7）剑桥资本论战的命运，对那些相信除非有了成型的、可行的替代性理论，否则主流经济理论将不会改变的人，也是值得深入研究的适当例子。本质上说，这种说法依然是正确的。然而，主流经济学在剑桥攻击之下没有大的动摇之后——并且没有受到“后凯恩斯主义”的替代性理论的吸引——却很快将其关注的焦点从一般均衡转向博弈论，尽管博弈论的发展相对不成熟，而且其结果也很不确定。

对所有致力于建立一种更好、更有人性的经济学，以及为能够建设一个更加美好的世界的经济政策提供基础的人而言，斯拉法理论和资本争论的命运，既是不幸的，也是客观的一个教训。

【注释】

[1] 本章是对Hodgson（1997b）稍事修改而成。

[2] 又见Harcourt and Massaro（1964）。

[3] 最著名的有关对经济学核心期刊的广为使用的文献见Diamond（1989）。但戴蒙德的名单已经有点过时了，而且他使用的专门标准也是有缺点的。伯顿

(Burton，1995）和菲米斯特（Phimister，1995）最近提供了一个更严格的选择。

[4] 这里简要列出的文献可能是有问题的。帕西内蒂（Pasinetti，1969）也注意到了这一点。巴杜利（Bhaduri，1969）对萨缪尔森的代用品生产函数的重要批评与斯拉法并没有关系，也没有使用斯拉法式的分析框架。

[5] 对“引用影响”的解释以及引用影响的专门图示见 SSCI 的正规出版物《引用报告杂志》(*Journal of Citations Reports*)。

[6] 根据尤卡利亚（Roncaglia，1991）的观点，斯拉法主义的经济学中有三种构建主义的方法：“斯密主义的”（塞罗斯-拉比尼（Sylos-Labini)），“李嘉图主义的”（帕西内蒂）和“马克思主义的”（加利安尼）。我们这里只关注最后一类，因为它最接近也最为依赖于斯拉法的著作。

[7] 这里选取的材料来自 Hodgson（1989）。起初我（Hodgson，1982b）就已经以“构建主义者”的精神来写作了，构建主义这个词也是在这个意义上来使用的。但那只是过渡时期的一部著作，随着时间的推移，我放弃了构建主义的斯拉法主义的计划，成为一名制度主义者，这反映在后来的著作中（Hodgson，1988）。

[8] 罗宾逊（Robinson，1979a，p. 95）认为，凡勃伦是“美国的第一位经济学家”。她特别注意到了凡勃伦对约翰·贝茨·克拉克（John Bate Clark）将“资本品”和“资本”混淆起来的批评。但不清楚她是否知道凡勃伦是最早指出“资本数量”只能从评价过程中产生的人之一：“像所有价值一样，资本价值也是一个归因的问题”（Veblen，1919a，p. 371；又见 pp. 196－197）。他因此暗示了很久以后才被罗宾逊和斯拉法所认同的循环论证问题。凡勃伦彻底反对“生产要素”方法，将生产视为“方法和手段上积累的、习惯的知识，包括……长期的经验和实验的结果”（Veblen，1919a，pp. 185－186）。也见 Hodgson（1994b）。

[9] 相反，纳尔森和温特（Nelson and Winter，1982）、多西等（Dosi et al，1988）、兰德维尔（Lundvall，1992）和莫罗尼（Morroni，1992）的演化和制度框架已经让知识、学习和创新问题处于显要的位置。

[10] 迪梅尼尔和莱维（Duménil and Lévy，1987）试图以斯拉法的理论为基础建立一个更为动态化的模型。但是缺陷仍然存在：关键的信息问题和知识问题被假定掉了。对斯拉法-凯恩斯综合的局限的更多论述参见 Harcourt and O'Shaughnessy（1995）。

[11] 又见 Duffie and Sonnenschien（1989）。

第 4 章　经济学中的隐喻和多元论

“复杂性”是当今一个流行词汇。以复杂性为中心内容的“新兴科学”方面的书籍，目前已出现在畅销书的名录中(Lewin，1993；Waldrop，1992)[1]。如此受欢迎的情况，应该引起我们的警觉。不过，那些看到新范式正在形成的人所做的申明还是有一些实质性内容的。这一转变具有若干方法论上的含义。最为重要的含义之一是还原论者的方式的破产，特别是在如经济学和生物学这些处理复杂系统的科学中更是如此。[2]由此直接可以得出两个更进一步的含义：第一，在复杂系统的分析中有必要更加自觉、公开地使用隐喻；第二，要承认不可能存在完美的、终极的解释，我们总要面对一个各种理论彼此竞争的多元化格局。 60

本章的第一节讨论还原论的破产，其中

特别关注经济学和生物学领域。第二节提出科学中需要自觉地使用隐喻，并说明隐喻事实上总是科学不可分割的一部分，已经隐藏在经济理
61 论之中。第三节探讨理论多元化的含义，并对本章进行总结。

4.1　还原论的局限

尤其受到经典物理学及其在分析和实践方面表面上取得的成功的鼓舞，正统经济学家长期以来一直致力于一种还原论的研究方案。他们试图通过建立一个由原子式的、个体的单位构成的复合体来说明社会经济系统的复杂性。这些个体就像牛顿力学中的微粒构成的基本元素一样。因此，还原论通常试图通过对其假定的微观基础和各构成部分进行简化分析来解释整体。

很多经济学家嘴里高唱着方法论的个人主义论调，认为社会整体应该完全根据其所构成的个体加以解释（Hodgson，1988，1993b）。然而，社会现象的复杂性意味着这种方法论在实践中，除了个别微不足道的例子外，永远无法成功地应用，而且在所有复杂的社会系统中注定要失败（Udéhn，1987）。

尽管主流经济理论长期以来一直尝试着将经济学置于可靠的、个体的微观基础之上，但很快就认识到个体之间潜在的多样性，威胁着这个设想的可行性。为了使分析得以进行，不得不忽略掉很多个体之间各种各样的相互作用。确实，从多样性的个体行为人类型中发展出一个复合体绝非易事。

甚至在加上了理性行为的标准假定以及对这种假定苛刻的心理学上的和认识论上的限定后，新古典理论依然面临着很大的困难。如阿罗（Arrow，1986，p. S388）已经公开申明："在总量方面，理性行为假设通常没有任何意义。"结果是新古典理论只能普遍假定所有个体都具有相同的效用函数。在另一方面，这就否定了"从产生于个体差异的贸易中获利"的可能性（p. S390）。

法布里奇奥·科里切利和吉奥瓦尼·多西（Coricelli and Dosi，1988，p. 126）指出，完全根据市场过程中的理性和完全竞争的基本原则，建立具有经济内容和解释能力的动态模型的计划，在一般意义上已

经失败了。为宏观经济学建立新古典微观基础的尝试，包含着“看不见的手”和个人无穷的计算能力与作出极度的理性选择的超强能力的信念。但是，这种理论上的努力的结果，只不过是表现得像只残废的手， 62
甚至连相当简单的模型也不能进行有序的、系统的协调：

> 此外，请注意，尽管增强了个体行为人的理性竞争能力和信息处理能力，结果还是一样的。肯定地说，……单独根据行为人的某种“超理性”……和经济的（先于分析的）基本原则（例如给定技术和偏好）来“解释”宏观经济学的尝试，已经失败了。
>
> Coricelli and Dosi，1988，p. 126

因此可以毫不夸张地说，为经济学建立微观基础的事业实际上已经破产了，其原因对于该学派最主要的经济学家来说是心知肚明的。[3] 主流经济学目前危机的严重性，通过分析几个有选择的主题就能看出来。[4]

首先，博弈论和其他的理论工作已经对理性这样的“硬核”性概念的确切含义提出了疑问。亚尼斯·瓦洛法基斯（Yanis Varoufakis，1990）考察了最近的一些与理性决策问题有关的结论，他所考察的文献所分析的理性决策是在相信其他数量有限的行为人可能采取“非理性”行为的情况下作出的。这样的“非理性”不是因为愚蠢而产生的。考虑到理性行为人的信息可能不完全、计算能力可能有限、对现实可能有微小的错误认识，或者对其对手的品行可能产生怀疑，这些都足以导致这种“非理性”。不一定在行为人不理智的情况下才会产生非理性问题。非理性行为可能仅仅因为某些人无法确定任何其他人是否理性而出现。

其次，混沌理论闯入了经济学，已经对经济学可以简单地以“正确预测”为标准而继续发展下去这种一般的思想造成了影响。对于非线性模型而言，结果对初始条件可能过于敏感，因而在任何长期内都不可能 63
作出可靠的预测。混沌理论尤其表明，即使在大多数行为人知道经济模型的基本结构的情况下，他们通常也无法得出可靠的预测结果，从而不能对未来形成任何有意义的“理性预期”，这已经给理性预期理论家造成了混乱。

再次，最近有关一般均衡的唯一解和稳定性问题的研究已经表明，除非作出一些强假定，比如作为一个整体的社会像一个单一个体一样行动，否则一般均衡解就可能是不确定和不稳定的。这基本上推翻了建立经济学的微观基础的整个计划。面对这样的深刻问题，艾伦·基尔曼（Kirman，1992，p. 118）写道："关于个体的总和（即使是最大化者）就像单个最大化个体那样行动的假定，没有得到任何站得住脚的正式证明。"他总结道："如果我们要进一步向前发展，可能被迫根据具有集合黏性行为的群体来形成理论。……我们可能不得不放弃那种应该从孤立的个体这个层次开始研究的想法"（Kirman，1989，p. 138）。一般均衡理论的唯一解和稳定解的理论含义是灾难性的。当代理论产生的非确定解和非稳定解得出了如下结论，即简单地由自我封闭的个体行为人构成的经济，是一种不能继续存在下去的理论结构。

具有代表性的是，源于新古典理论的教科书上的宏观经济学已远远超出了一般均衡理论的严谨性，在有关工资和失业、通货膨胀和货币供应的关系问题上得出了大胆的一般性结论。只有那些更为诚实、更为谨慎的新古典理论家，才对这种从微观经济学假定中进行的宏观经济学推论提出了疑问。例如，阿罗（Arrow，1986，p. S386）就说过，他知道"从理性最大化中得出货币需求并不是严谨的推导"。

4.1.1 分析上难以处理的普遍问题

与其他科学一样，生物学依然继续存在着很强的还原论传统。在19世纪查尔斯·达尔文的《物种起源》一书出版之后，其追随者的行为有一个突出的倾向，就是假定对社会现象的解释可以还原为生物学术语。20世纪后半期，爱德华·威尔逊（Edward Wilson，1975）之类的社会生物学家启动了一个计划，即根据动物和人类的构成基因，尽可能地解释其社会行为。同样，理查德·道金斯（Richard Dawkins，1976）
64 似乎仍然主张生物体、种群和整个物种的行为能够主要根据其基因来解释。生物学与社会现象的研究是相关的，这方面的例子非常多（Hirst and Woolley，1982；Pinker，1994；Plotkin，1994；Weingart et al，1997）。但是，认为社会现象能够全部或大部分用生物学用语加以理解的这种极端看法，已经受到挑战。

生物学上的还原论也面临着难以处理的计算上的问题。就具有多基因座或等位基因的进化预测问题而言，"即使是每一个双基因座中的双等位基因的多基因座这种最简单的情形，在分析上也是难以处理的。这并不令人感到震惊：9 维（dimensionality nine）问题（具有 9 个能独立列举的拟合参数的可能基因类型），已经比经典力学中的三体问题（three-body problem）更为复杂了”（Wimsatt，1980，p. 223）。与三体问题一样，这种生物学上的计算问题虽然已经在各种特殊情况下得以解决了（Roughgarden，1979，pp. 111－133），但是一般性问题依然没有解决。类似的无法处理的问题源于亚原子微粒的薛定谔方程（Schrödinger equations）。

再来看看力学中的三体问题这种看似简单的例子。尽管这个问题对于两体情况已经解决，但是将这些规则应用于三体情况时所得到的偏微分方程是如此复杂，以致还没有发现一般解。不过，通过采用近似值或增加各种限制条件，如假定某一体的量可以忽略不计，已经得到了局部解（Stewart，1989，pp. 66－72）。因此，对于只含有三体这种最为初级的复杂性结构，我们都无法得到数学解。这表明还原论在操作上的局限性，这种局限性甚至在力学中也存在。指望能够对如此简单的三体系统作出预测是徒劳的。对于旨在通过把所有复杂现象分解成原子或个体部分的相互作用，以便进行预测的生物学和经济学还原论者而言，在这里找不到任何值得欣慰的东西。

混沌理论家已经表明，在非线性系统中，重要参数的微小变化能够引起戏剧性的结果（Gleick，1988；Stewart，1989）。这个结论不只是使得预测出现困难或者根本不可能预测，它对科学中的还原论的解释有严重的影响。我们不可能有十足把握将给定的结果与一系列给定的初始条件相联系，因为我们永远无法保证根据那些初始条件进行的计算是足够精确的，也无法保证初始条件本身已经得到充分准确的确定。因此在混沌理论中，根据一个系统及其初始条件对现象进行解释的观点受到了挑战。

正如最主要的混沌数学家自己已经宣称的那样，混沌理论“向那种认为一个系统能够通过分解，并逐一进行研究而加以了解的还原论观点，提出了新的挑战”（Crutchfield et al，1986，p. 48）。混沌理论对作 65
为一个整体的科学的影响可能是深远的。它不仅使普遍纠缠于准确预测的思想出现了混乱，而且科学中试图把每个现象都简化为其组成部分的整个原子论传统也受到了怀疑。

但这并不意味着这样一种与较低层次的分析有关的非线性方程是没

有价值的。尽管它们在用于计算或预测上的价值是有限的，但仍有一定的解释力。此外，正如下面要说明的，混沌系统中确实也存在某种可以用演绎方法来描述的秩序。

4.1.2 反策略的局限性与偏见

主流学派已经设计出各种策略，试图用以处理与复杂系统相关的一般的分析性问题。例如，赫伯特·西蒙（Simon，1968）通过假定一个复杂系统能够分解成一组子系统而检验了“近似可分解性的假设”。因为这个假设要是可行的话，所有强的相互作用必须限定在子系统范围之内，而且不同子系统的变量或实体之间的相互作用，必须明显弱于相同子系统内各变量或实体之间的相互作用。如果这样，通过忽略子系统之间的相互作用，并把各子系统看成孤立系统逐个进行分析，就能够得出系统行为的短期近似值。

然而，这个原理的普适性是值得怀疑的。除了没有解决的长期相互作用问题外，生物学家已经表明，在可行的条件下，子系统之间可能存在永久的、大量的联动非均衡（Maynard Smith，1978，ch. 5；Roughgarden，1979）。这说明系统只有在有限的特殊情况下才能近似地分解开来加以处理。

在一次生物学基因还原论工作会上，乔治·C. 威廉姆斯（John C. Williams，1966）宣称，一旦能够解决单基因座的简化问题，就能通过“反复用于所有基因座”的方式而拓展成一个全局解。到现在，批评者已经认识到这种观点是无效的。威廉姆斯错误地假定，单个基因频谱就足以成为演化变迁决定理论的基础，忽视了它们彼此之间的依赖关系。这涉及生物体的适应性或行为可能严重地依赖于环境因素，从而经常导致个体与其环境之间的双向相互作用。如威廉·威姆萨特（William Wimsatt，1980，p. 240）指出的那样：“不合逻辑地假定个体之间是相互独立的，这是还原论分析中的常见错误。”

威姆萨特（Wimsatt，1980，p. 241）在分析过程中强调“对系统行为及其环境作出详尽的、类似规则系统的或者精确的分析，在实践中
66 是不可能的”。对于这种复杂性，“还原论者必须一开始就进行简单化处理。一般来说，他们不得不到处作出简单化的假定。如果其兴趣在于研究系统的内部关系，他们就会倾向于优先从简便之处入手，而且更为极

端地，会先简化对环境的描述、观察、控制和分析，而不是先简化其正在研究的系统。毕竟，系统内部的简单化，面临着排除掉他们想要研究的现象和机制的危险”。然而，还原论中明显地容易忽视环境的复杂性，以及忽视环境与所研究的系统的某些相互作用。因此，威姆萨特得出了正确的结论，在包括某些特定的类型关系和排除其他的类型关系方面，还原论者的研究策略存在固有的偏见。

应该指出，这里不是要推翻将整体简化成部分的一般思想。某种程度的简化是不可避免的。甚至度量或分类就是一种简化活动。没有分类研究和对各部分的分析，科学就无法继续发展。然而，尽管某些简化是难以避免的、是需要的，但是彻底的还原论是不可能的，甚至会蜕变成一种哲学上的教条。这里要强调的重要一点是，不可能将分析过程扩展到目前科学已知的最基本的亚原子粒，或者甚至不可能扩展到经济学中的个体或生物学中的基因。彻底的还原论会变得永无止境，因此是没有希望的。在实践中也永远实现不了彻底的简化。某种程度的简化是必需的，但不可能达到彻底的程度。引起争论的不是简化本身，而是选择简化的范围和程度，以及在与其他一般方法论程序比较时，最终依赖于简化，甚至排斥其他的普遍性方法论程序。

4.2　隐喻的作用

面对复杂性问题和彻底的还原论的失败，需要有一些其他的方法论。如布莱恩·阿瑟（Brian Arthur）所解释的那样：

> 如果你拥有一个真正的复杂系统，那么其原型是不可重复的。然而，总有可以认知的主题。例如在历史学中，你能够谈论“革命”，尽管一次革命可能与另一次革命大不相同。这样，我们就运用了隐喻。
>
> 引自 Waldrop，1992，p. 334

科学分析最初的任务是分类，包括说明相同点和不同点。将实体进 67
行分类，归入彼此不同的群体之中，必须参照其共性。为了与复杂的现实相类比，并使之有意义，我们不可避免地受到从过去传承下来的思维框架和习惯的引导。我们建立“观念类型”（Dyke，1985），我们使用隐喻。如阿霍·克莱默和托马斯·莱昂纳德（Arjo Klamer and Thomas Leonard，1994，p. 31）指出的那样："科学需要隐喻，因为它提供了说明未知世界的认知论手段。"

相反，科学家经常把隐喻当作单纯的文学修饰，有时甚至提出应该去掉隐喻，展现隐藏其下的本质理论。例如在经济学中，约瑟夫·熊彼特（Joseph Schumpeter，1954，pp. 17-18，30，119，211，537，788-790）就坚持认为，用物理学或生物学进行类比，从最好的方面说只是一种无关的偏离，最坏的情况则会形成完全的误导。他写道，科学实证主义观点一度达到了顶点，因而隐喻和类比被认为是通向真理的假设—演绎之路上的一个障碍。

典型的是，在经济学和其他领域，运用数学表达方式的进程，部分地是由于受到了消除所有这些隐喻的"文学饰品"的推动。然而，现代科学哲学家的观点则大不相同。马丽·海塞（Marry Hesse，1980，p. 111）抱怨道："很不幸，现在还有必要来说明隐喻不只是一种装饰性的文学方法，而是具有认识上的含义的，其性质还是一种哲学探讨的适当主题。"类似地，马克斯·布莱克（Max Black，1962，p. 237）在有关科学中的隐喻和类比的著名研究中得出结论："隐喻思想是一种获得洞察力的独特方式，而不是平庸思想的装饰品。"

显然，对于实证主义者、形式主义者和唯名论者而言，使用隐喻只是一种表面之事，甚至是一种分心之举：对实体进行令人混乱的重复命名可能与其本质毫无关系。但是，这种看法受到了一些现代哲学家的挑战，他们认为隐喻是基本的，也许对科学而言甚至是必不可少的。现在我们在经济学和其他科学的方法论方面——如果不是在感觉得到的实践方面——"超越了实证主义"（Caldwell，1982）。我们无法简单地根据事实建立理论；事实不会"自我表白"，它既不能证实也不能严格地证伪我们的理论。隐喻不是一种饰品：它是构成和整理我们的思想所必不可少的一种手段。弗里德里希·尼采（Friedrich Nietzsche）在19世纪写道：

68 那么，真理是什么呢？是一支流动的隐喻、转喻和拟人大军——简言之，是已经在想象上和修辞上得到强化、转换和润色的人类关系的总和，经过长期使用之后，它对所有的人来说似乎都是确定的、规范的和带有强制性的。

引自 Kaufman，1982

隐喻既有利也有弊。就其本质而言，隐喻永远不是全面的、精确的或者逐字逐句的描述。如果是精确的陈述，就不可能是隐喻，也不会有类似但有差别的概念框架的并列。含有一定程度的相似性和相异性的并列，既可能产生创造性的也可能产生破坏性的效果。从这个意义上说，隐喻总是不精确的或者“错误”的。我们总是面临着关于不完全隐喻的难以避免的、纷乱的选择。

隐喻要多于明喻。例如，把经济说成“正在演化”，并不是简单地表示经济发展与自然界中的生物体或物种一样。“演化”（cvolvc）一词也可以引起研究人员去考虑很多意思和作出模棱两可的解释，以及去考虑自然界和人类社会之间隐含类比的众多方面及其延伸含义。如保罗·刘易斯（Paul Lewis，1996，p. 498）指出的那样：“隐喻先于类比，对相似性和类比的描述在隐喻指明其存在之前是未知的。隐喻是用已知来表达未知的。”

经济学中形式主义的胜利，并没有怎么限制隐喻的广泛使用，如“人力资本”“市场力量”“消费者主权”和“自然失业率”等词汇的使用。隐喻的使用不仅影响了措词，而且也影响了学科的结构和实质（Samuels，1990）。不过，隐喻的运用可能由于经济学中形式主义的进步而在一定程度上变得不那么引人注目了。在数学符号取代了文字后，类比似乎在消失。这是一种错觉。正如唐纳德·麦克洛斯基（Donald McCloskey，1985，p. 74）所说的那样：“非经济学家比经济学家更容易发现经济学中的隐喻，因为经济学家习惯于这种思想，即生产当然地源于一个‘函数’，而商业当然地在‘周期’地运动。”

4. 2. 1　经济学中力学隐喻的作用

经济学隐喻的使用有时是大家所承认的。甚至在现代经济科学奠基之时，亚当·斯密在一篇题为《引导和指导哲学探讨的原理：天文学史的例证》（A. Smith，1980）的论文中，特别运用了隐喻和牛顿力学。如布莱恩·劳斯比指出的那样，斯密把牛顿天文学主要当作一组“关联原理”加以使用（Loasby，1989，pp. 1–5；1991，pp. 6–8）。对于斯密
而言，这些清楚地表明了他的经历与他的理论工作的一致性。确实，斯 69
密关于科学中隐喻和“想象”的作用的态度是相当坦诚的。在笛卡儿和牛顿传统中，目标必须要简单化，以归纳基本法则，使得“自然”成为

一种由一些“主要的、基本的主体”组成的“连贯的景象”（A. Smith，1869，p. 386）。

菲利普·米洛斯基（Mirowski，1989b）和其他人普遍认为，现代经济学仍然受到力学系统隐喻的支配。很多评论人员认为这种遍布经济学之中的力学思想基本上具有牛顿力学的特征，尽管米洛斯基认为19世纪后半叶物理学中动能学运动的影响十分重要。不管起因的准确详情如何，现代经济学依然受到那种19世纪中叶统治着物理学的力学思想的严重影响却是共识。尤其是大量证据表明，物理学对“边际革命”的缔造者们有过重大的影响。如米洛斯基所阐明的，所有现代主流经济理论的奠基人都明显地参考了力学隐喻，他们的工作受到了这种体例和结构的引导。

但是我们需要考察隐喻转换的准确细节。这里可以就米洛斯基在《比光更热》（*More Heat Than Light*）一书中的说明提出一些问题。他认为，隐喻的转换是明显的，而且通常是自觉的，他还假设有关的经济学家一直在学习物理学及其每一次变革和理论更新。

这种说法至少有两个缺陷。首先是低估了隐喻转换过程的微妙程度。尽管存在直接套用概念和数学形式主义的例证——米洛斯基已充分论述了——但是构造的转换却是更深层次的、不自觉的行为，它影响到学科的本体论、认识论和方法论。随着这种“更深层次”的转换，经济学受力学思想的影响甚至比米洛斯基提出的要更为深远。

第二个缺陷是米洛斯基忽视了“经济学的制度”（或者经济学专业的社会学）。我们可以通过研究20世纪物理学的最新发展及其对经济学的影响证明这一点。例如，米洛斯基举过一个例子，量子理论已经对20世纪30年代以来的计量经济实践产生了影响（Mirowski，1989a）。然而，除此之外，1930年以来后量子物理学对经济学的一般性影响却不显著。

如果经济学像米洛斯基指出的那样曾受到物理学直接的、明显的推动，那么，他必须对经济学没有吸收现代量子理论的更深刻的含义这一
70 事实作出解释。确实，现代量子理论的组织理论和非决定论，在早期物理学和现代经济学的根基上都与笛卡儿哲学、还原论和原子论存在深刻的矛盾（Bohm，1980）。

对这些问题的考察得出了不同的结论，尽管这里无法详尽讨论。瓦

尔拉斯、杰文斯、埃奇沃斯和帕累托确实模仿了他们时代的物理学。19 世纪最后几十年支配性的信条是，能够跨越物质世界和人类社会，形成一体化的科学。因此经济学家借用了物理学的原理。随后，经济学的职业化和制度化逐渐把这门学科锁定为一个特别的派别。当科学活动的新规范在 19 世纪末和 20 世纪初出现的经济杂志和经济系中建立起来后，就成了在此后的研究中自我强化的标准。学者如果遵循这些标准，就有更好的机会在寻求发表文章或晋升时获得成功。数学形式化的标准获得了特权。在 20 世纪，自然科学和社会科学公开分道扬镳。作为一个学科的经济学的演化，为我们提供了锁定行为极度依赖于初始环境这种现象的又一个例证。

因此，物理学的初始作用十分重要——既在最初的知识环境的形成中起了很大的作用，也使得该学科的所谓科学信条合法化——但是经过 20 世纪的最初几十年之后，经济学不再受物理学的影响，而是受自身动因的推动。正是包括了早已过时的科学观点和过度沉溺于数学形式主义在内的制度化实践，使经济学形成了当前的局面，也就是不再有明显地、持续地学习现代物理学或其他自然科学最新成就的愿望。[5]这不是说力学隐喻在经济学中的作用减退了。情况远不是这样：力学隐喻的作 *71*
用是微妙的，而且是无处不在的。

尽管没有任何一门其他社会科学像经济学那样如此广泛地使用数学技巧，但是所使用的数学工具箱依然十分有限。19 世纪的物理学确实不仅提供了“科学的”信条，还提供了形式上的技巧的百宝箱，其中微分学居于显赫地位。只是到了最近，19 世纪最后 30 年使用的这类数学工具，才由于其他形式上的工具特别是博弈论的发展而开始失去了风采。

然而，在公开的用语中，现代经济学几乎已经忘记了这个重要的隐喻之源。18—19 世纪期间，经济学从中获得了如此多的形式和理论灵感。目前通常甚至几乎是完全被经济学家忽视了的经济思想和方法论史，显然都从本科教学大纲和学术工作计划中消失了。随着数学形式而不是概念实体成为异常突出的焦点，经济学核心假设的本质和起源已经不为人们所关注了。

这就是为什么阐明隐喻的作用是如此重要的一个理由。这样能够解释根植于经济学中的思想结构，并且提供一个线索说明为什么该学科沿着一个轨迹而不是另一个轨迹在发展。主张改革的理论家能够据此鉴别，并设法去掉或改变理论核心中有害的内容。如果我们忽略隐喻，或者像熊彼特那样视其为一种无用的偏离，我们就要被迫将自己的信条置于事实和演绎的观点之上。这样，我们就只得继续保持当前的正统理论。事实本身是由占统治地位的理论构造的，而正统理论向我们提供了一套理论赖以建立的极为苛刻的公理系统。

尽管米洛斯基宣称主流经济学一直在有意识地模仿物理学，但是他的讥讽表明主流经济学经常把物理学弄错了。而且经济理论家对其他学科抱着漠不关心的学术态度。如同科学史揭示的那样，隐喻的关键之处在于，为了推动创新，不必完全地理解或者彻底地挪用其他学科的思
72 想。上面已经说明隐喻总是“错”的，因此经济学家“弄错物理学”的事实，既不是什么重大的新发现，也不是拙劣模仿的真正原因。[6]

我们对米洛斯基说法的修正具有更好、更深层的讽刺意味。19 世纪 70 年代，新古典经济学通过采纳以方法论的个人主义原则为基础的彻底的还原论研究模式，努力获得科学的头衔。根据牛顿精神，这个想法就是要把经济学建立在所谓“不证自明”的关于人类个体行为的公理之上，并由此发展形式上的理论工具。这样一种科学观正好与在复杂系统中自觉应用隐喻相对立，也与直觉洞察力或格式塔（gestalt）① 式的观点相左。更深层的讽刺是，在新古典体系建立的时候，其缔造者们被迫广泛运用其他研究领域的隐喻。这种广泛的吸纳衬托出了笛卡儿式的或者牛顿式的研究方式的尴尬。无独有偶，之后的新古典经济学家不再追踪物理学的每一次新发展，并迅速忘记了这个初始的灵感之源。

与米洛斯基的说法相反，经济学更为严重的问题不在于普遍地从自然科学中挪用隐喻，而是基本上采用了一种科学的实证主义概念，其中特别否定了隐喻的作用。依照这种方法，尽管现代经济学的基础假定通过正统数学形式主义得以继续传播，并通过经济学专业的社会结构获得强化，却忽视了这些基础假定的来源。由于这个原因，经济学中这个根深蒂固的力学隐喻更加难以消除或被取代。

认为隐喻对科学论述是不可避免的，这种看法与一种无隐喻科学的

---

① 又叫做“完全形态”，用来表示物理的、生物的、心理的或象征的结构或形态，其构成因素并不是各组成部分间的简单相加，而是一种完整的结构或形式。——译者注

错误的实证主义观点相对立。此外，在关系到如经济学这样的特定学科 73
的时候，这种看法会引导我们自觉地评价隐喻的作用，而不是像在熊彼特和很多其他人的著作中发现的那样，徒劳地试图完全将其抹掉。[7]

我们也不应该犯相反的错误，假定科学犹如书中所言和隐喻的一切，而根本不是对现实的研究。认识到隐喻的重要性，并不必认同某些后现代主义和反现实主义的看法。刘易斯（Lewis，1996）令人信服地阐明，对隐喻的基本理解，与认为有一个外在于理论词语、书本和理论家的思想的现实世界这种现实主义的观点是完全相容的。

一种相反的危险在于，以回避隐喻作用的方式，表示反对后现代主义或反现实主义。因此，马修·卡尔森（Mathieu Carlson，1997）由于害怕让后现代主义的野蛮人进入科学的大门，错误地贬低了隐喻的基本作用。与卡尔森的意见不同，这里对米洛斯基观点所作的批判，部分地是因为他可能过分地强调隐喻的作用，而且——与后现代主义相反——对（实用主义或者其他）哲学现实主义的某些看法采取了更为开放的立场。

4.2.2　经济学从力学隐喻到生物学隐喻

对于来自经典力学隐喻的缺陷，已有很多作者进行了探讨（Georgescu-Roegen，1971；Gowdy，1985；Hodgson，1993b；Norgaard，1989；Sebba，1953；Thoben，1982；Veblen，1919a），其中存在不少长期悬而未决的问题。所有这些问题都与笛卡儿哲学和牛顿原理的局限性有关。例如，在牛顿力学的“守恒系统”中，运动是可逆的；时间是没有方向的。“经典力学只知道运动。同时，运动过程是完全可逆的，不会引发任何质变”（Thoben，1982，pp. 292－306，293）。尽管在一些非守恒的力学理论系统中出现了不可逆的可能性——比如加入了摩擦
力——但其原因与更为复杂的系统很不相同。从根本上说，有了力学的 74
预先假定，因与果就能通过逻辑推理反映出来，逻辑取代了历史时间（Robinson，1974）。

沿着力学的思想，推导新古典经济学的理性和均衡思想这些核心观念就要相对容易一些：“经典力学把物质系统看成点，力根据运动的微积分定律在一定距离对这些点发生作用。路径选择受到最小活动原理的控制。如果在最宽泛的意义上，把最小活动原理表示成最大最小原则，

就可以将其说成经济学原理”（Sebba，1953）。因此，受到各种力共同作用的经济行为人就好像只是服从力学定律的粒子，在均衡点上达到最优化。

此外，要在一个力学主体中结合信息、学习和知识是存在一般性的困难的。在经典力学中没有意识和思想的容身之处：一切只是物质，服从于牛顿定律。如诺伯特·韦纳（Norbert Weiner，1954，p. 29）评论的那样：“在 19 世纪的物理学中，似乎无须为信息付费。”

这里不是认为经济学中力学思想的使用已经完全没有价值。不过，其局限性是很严重的。简言之，力学隐喻排斥了知识、质变和时间的不可逆性，使经济学陷入均衡系统的困境，其中不存在任何系统错误，也没有任何累积性的发展。显然，这里丢掉了很多东西。可替代的生物学隐喻的优点在于，它能够为经济生活的这些重要特征找到容身之处。

生物学思想之所以与经济学相关的另一个极端重要的理由是，经济系统和生物系统都是极为复杂的系统，都带有繁杂的结构和因果关系，既包含了连续的变化，也包括极大的多样性。一定程度上正是由于这个原因，这两个学科在抽象的层次和分析的适当单位方面都存在问题。很多杰出的生物学家已经勇敢地面对这一问题，展开了辩论，但是经济学中对这个重要问题却极少给予关注。生物学隐喻的采用会有助于纠正这种情况。

求教于生物学并不只是一个策略问题。真实世界的经济现象与生物有机体和生物过程的共性，要比其与弹子球和星球的力学世界的共性丰富得多，这一点是确定无疑的。毕竟，经济中包含了有生命的人类，而不仅仅是粒子、力和能量。不过这种做法也有危险。过去生物学经常被社会科学家滥用，有时导致了可怕的社会和政治后果。

75 直到今天很多人还有进化论的思想，导致了他们反对任何形式的国家补贴或者干预，很多人还在以“适者生存”的思想为基础来支持自由放任政策。但是，把进化论看成总是表明竞争结果的最优化，或者是把它说成进化的“进步”规律，或者是支持自由放任的智慧，这些都是错误的。根据现代理论，进化过程并不必然导致——按任何合理的定义——最优的结果。类似的观点既可应用于经济学，也可应用于生物学（Dupré，1987；Gould，1978，1980，1989；Gould and Lewontin，1979；Hodgson，1993b，ch. 13；Oster and Wilson，1978，ch. 8；Sober，1981）。

这里应该强调的一点是，生物学并非灵丹妙药，也有它自身内在的问题。实际上，生物学自身也无法避免力学隐喻和还原论方法。大量生物学家采用还原论，甚至一心用物理学词汇解释生物学现象。然而在生物学领域，也有想要努力超越这样的思想倾向。

另外，明确地承认基本的隐喻也许能够帮助理论家发展一套反对排斥思想变革的“自动免疫系统”。例如，当注意到过度的形式主义这一问题后，就会引起思考和发展适宜的描述方法与历史方法，以免沉溺于运用数学、生物学的工具和技巧。尽管采用生物学隐喻而非力学隐喻，还是无法自我解决过度形式主义的问题，但是认识到社会经济现实的复杂性和不可简化，会对这种过度沉溺的倾向提出警告。

所有隐喻在解决问题的同时也制造了困难，强调这一点很重要。因此，思想的准确的转换既不可能，也非所愿。如上所述，隐喻转换总是“不精确的”或者“错误的”。使用隐喻更多的是为了激发新的思考方式或探索新的研究方向，而不是转换精确的模型或者类比。正如里纳特·明茨（Mayntz，1992，pp. 68－69）指出的那样：

> 我们所做的……不是用自然科学理论去解释社会现象，但是自然科学的理论激发了我们观察那些受一定的抽象概念引导的社会现象的新视角，推动了社会科学理论建设的过程。因此严格地说，潜在的最为有效的借用方式，出现在并非进行直接转换的地方。

因此，生物学隐喻在提出了其潜力的问题的同时，也提出了它的局
限性的问题。但是，承认隐喻存在的问题，不是必然就意味着我们只能 76
将它完全放弃。事实上，除非另有一个替代之物，否则我们不可能放弃隐喻。

在使用生物学和力学隐喻时尤其存在一个严重的问题。这与人类行为者的概念化有关。几位持批评态度的经济学家已经提出——尽管有浮夸之嫌——正统经济学和力学经济学没有提供真实的个人选择（Buchanan，1969；Lachmann，1977；Loasby，1976；Shackle，1955）。这些经济学家认为，确定性系统——就像在经典力学中一样——没有为真正的选择留有余地，因为个人行动是预先确定的。同样的问题也出现在现代生物学中。达尔文主义的自然选择包含了基因复制和随机变异或者突变等现象，但似乎并没有包含意识倾向性、目的性或者选择。

然而，与经典力学不同，生物学过去已经解决了这个问题以及与之

相关的问题。包含有选择、意志和目的的“生机论”（vitalism）概念，在生物学中早已存在。尽管“生机论”目前已经不再流行，而且将自己限制在因果解释而不是进行意识倾向性解释的生物学家回避这个概念，它却提出了真正重要的问题。包括阿瑟·克斯特勒（Arthur Koestler）在内的严格的达尔文主义的反对者，试图将意志和目的的概念引入生物学，但成效不大。这里提出的整个问题不应该受到忽视或低估：它最终需要得到解决。[8]

尽管存在各种各样的问题和危险，在此我还是建议，现代生物学提供了丰富的思想和方法，从中可以引出有活力的经济学。总之，在经济学中应用一种演化的方法，似乎含有很多胜过正统经济学和力学范式的优点和进步。例如，它强化了我们对时间中不可逆的、不断前进过程的关注[9]；使我们关注长期发展，而不是短期的边际调整；既关注数量变化，也关注质量变化；关注变化性和多样化；既关注均衡形势，也关注非均衡形势；关注出现持续的、系统性的错误的可能性，进而关注非最优化行为的可能性。

77 简言之，演化范式为静态约束下力学意义上的最大化这种新古典“硬核”思想提供了一种替代。处于主流经济学核心的理性选择理论依赖于静态假设，依赖于决策环境最终恒常不变的观念和整体理性的思想，而这一切都受到了演化理论的挑战（Cooper，1989；Goldberg，1975）[10]。

最后，把经济学与生物学相联系也可以源于一种认识，也就是我们作为人类是自然世界的组成部分。尽管两门学科的分析层次和方式有很大不同，分别反映各自领域表现出来的特性，但提出两者之间在概念和理论上的联系是考虑了二者共有的现实的（Bhaskar，1979；Hirst and Woolley，1982；Pinker，1994；Plotkin，1994；Weingart et al，1997）。已经与生物世界脱离联系的社会科学是很危险的，有必要再一次探索这种关联性，但不是要把所有的话语简化为单一层次的分析。

4.3　结论：理论的多元化

拉丁语中的“cogito”源于“coagitare”，其含义是摇晃到一起。科学中的很多创造源于对原本无关的思想或者思维框架的综合。这方面的例子很多（Koestler，1964）。毕达哥拉斯（Pythagoras）在观察铁匠的工作时注意到不同长度的铁棒在铁锤的冲击下发出的声音是不同的：声音和长度的概念、音乐和度量的概念就合并到了一起。1820 年，汉斯·克里斯蒂安·奥斯特（Hans Christian Oersted）观察到流经金属线的电流使附近的指南针偏离了方向。这样，他就发现了磁与电之间原本未知的联系，创造了电磁学的概念，推动了电动机的发展。迈克尔·法拉第（Michael Faraday）努力寻找光、热、磁和电之间的联系，发展了 78
将这些现象统一起来的电磁辐射理论。能量和物质后来在阿尔伯特·爱因斯坦（Albert Einstein）的相对论中得到了统一。

实用主义的创始人查尔斯·桑德斯·皮尔斯（Charles Sanders Peirce，1958，pp. 123－125）认为，科学中的创造性的一个重要源泉是从一种科学话语到另一种科学话语的隐喻的“溯因推理”（abductive）式的转换。“溯因推理”是皮尔斯对归纳和演绎这对传统二分法的补充。它关注形成解释性假设的创造过程。按照皮尔斯（Peirce，1934，p. 90）的说法，归纳法“永远无法创造出任何可能的思想，演绎法也一样。科学的一切思想都是通过溯因推理的方式获得的”。因此，只有溯因推理可以解释科学中的创造性和进步。通过溯因推理，皮尔斯似乎把握了知识的创造或直觉的火花，点燃了吸纳事实的火种。他写道：

> 溯因推理的启示闪现于我们面前。它是一种洞察活动，尽管是极有可能错误的洞察。确实，我们头脑中以前有过不同的假设，但是，正是那种把我们原来从未想过要放到一起的东西结合起来的想法，在我们的冥想过程中带来新的启示。
>
> Peirce，1934，p. 113

对于皮尔斯而言，通过对得自其他学科的思想隐喻进行“溯因推理”，使我们能够把“原来从未想过要放到一起的东西”结合起来。[11] 早在 1882 年皮尔斯（Peirce，1958，p. 46）就写道：

> 但在未来的岁月中，只有那些成功地使一门科学的方法适用于另一门科学的考察的人，才能够到达科学的更高峰。那正是过去一代人取得最伟大的进步的根源。达尔文把马尔萨斯和重农主义者的方法改用于生物学；麦克斯韦（Maxwell）把或然性理论的方法运用于气体理论，把流体动力学方法应用到电学。冯特（Wundt）把

> 生理学方法用于心理学；高尔顿（Galton）把误差理论的方法用于相同的研究；摩尔根（Morgan）把生物学的方法用于历史学；古诺（Cournot）把微积分用于政治经济学。

79 从根本上说，一门学科中不同方法之间的碰撞与紧张局面是创造性和创新的源泉。科学中的创造性的一个可能源泉是将两个不同的参照框架并列在一起，这样，现存的但彼此分隔的思想能够因相互补充而得益。据此，拉里·劳丹（Larry Laudan，1977，p. 103）提出，不同研究传统的交融可以形成比各个组成部分更大的整体效应。阿瑟·克斯特勒（Koestler，1964）创造了“bisociation”一词，以描述那种拼接科学创造工作中出现的不同思想的做法。由于为不同的话语和内容之间提供了这样一个桥梁，因而隐喻可能既是创造性的，也是基本的。

但不能保证隐喻一定能够发挥创造性作用。可以相信，在任何给定的环境中，总存在大量不起任何积极作用的隐喻。不过，富有灵感地选择隐喻似乎是科学中理论创新的一个重要源泉。

现在我们比较一下现代经济学与现代生物学中理论多元化的程度。尽管两门学科都依然强烈地受到现代科学文明中还原论专横的影响，但在生物学中却有关于方法论和核心命题的争论。例如，生物学中有关于学科的本质和范围的争论，有关于还原论和进化选择的适当单位的探讨，也有将基因学进一步简化为分子生物学，甚至简化为化学和物理学的分支之后它的生命力的争鸣（Sober，1984a）。相反，主流经济学却相信不可分的、“个体”的粒子这种牛顿式的隐喻，始终把个人意图和偏好的心理或社会基础作为学科范围之外的内容而禁止讨论。

生物学由于内部缺乏共识而使自身恢复了活力。该学科内部的多种力量和紧张局面，导致一种方法论上不太僵化的、超越了力学思维的有机体本体论（organicist ontology）的发展。最主要的主流生物学家如西奥多修斯·多布任斯基（Theodosius Dobzhansky）和厄斯特·迈尔（Ernst Mayr），更为反正统的科学家如奈尔斯·埃尔德里奇（Niles Eldredge）和斯蒂芬·杰伊·古尔德（Stephen Jay Gould），以及生物史学家如爱德华·马尼尔（Edward Manier）等，在他们的著作中都探讨过这些现象（Dobzhansky，1968；Eldredge，1985；Gould，1982；Manier，1978；Mayr，1985a）。

一定程度上由于其试图分析的现象在认知上的复杂性，生物学表现出了理论上的多元化（Gould and Lewontin，1979；Mayr，1985b）。实质上，这包含着对单一解释的牛顿式实践的突破。那些单一解释被假定为可以取代所有多余的解释。独特的是，达尔文自己在说明中着重强调自然选择不是进化的唯一可能因素。在《物种起源》的最后一版中，他写道：

> 由于我的结论最近已经被大量误传，认为我把物种的改变完全 80
> 归因于自然选择，因此请允许我说，在本书的第一版及之后各版本中，我都在最为显著的位置——也就是在引言的结尾——有如下的话："我确信，自然选择已经是主要的但并非唯一的改变方式。"
>
> Darwin，1872，p. 395

因此，达尔文提出了存在不同的但又互相补充的理论的多元化的可能性。请注意，这种多元化是那种"理论补充"型多元化，而不是互不相同、彼此不相容的"理论替代"型多元化。[12]此外，如戴维·赫尔（David Hull，1973，pp. 3-36）指出的那样，达尔文的方法论不是僵化的公理。尽管其理论存在严格的演绎内核，但似乎在这个基础上证明的内容并不多，而是置于大量的经验材料之上。这一点再一次与科学中的笛卡儿-牛顿传统相反。

因此，生物学存在着把相应的经验前提和结论结合在一起的演绎推理。典型的是，在生物学中有很多理论和解释当它们宣称在给定的真实环境中鉴别主要的而不是排他性的原因的时候是相互竞争的。幸运的是，生物学没有出现方法上近乎垄断的现象。而这种垄断却有窒息当今经济学的危险。

面对这些问题，并没有一劳永逸的解决办法。也没有一个羽翼已丰、发展成熟的反正统理论。奥地利经济学、后凯恩斯主义经济学、马克思主义经济学、制度经济学，它们都受着自己内部深层理论问题的折磨。不管我们自己最偏爱的经济学方法是什么样的，我们都必须坦诚地面对它们的局限性。

科学理论多元化的一个明显而关键的证据可以从生物学本身得到。达尔文的进化论有赖于多样性，多样性是进化的动力源泉。失去了多样化形式的维持和更新，进化就会停顿。科学思想的演化就像自然界的进化一样，需要多样化和多元化。让百花齐放吧！[13]

多元化的理由既适用于其他科学，也适用于经济学。在这方面除了 81

以新古典经济学家弗兰克·哈恩（Hahn，1984，pp. 7-8）为例，不可能有更好的选择：

> 我最为坚定的看法……是既不存在单一的、最好的方式来理解经济学，除了纯粹的逻辑演绎之外也不可能得出任何确定性的结论。自从我最初接触这门学科以来，一直令我惊讶的是这种观点并未得到广泛接受。确实，我们为热情坚持的信仰所包围。……事实上，由此引起的所有这些“确定性”和所有的“流派”，确实表明了我们的无知……我们关于经济世界并没有很多确定的知识……我们获得更多确定知识的最佳途径是采用所有的手段，并在所有的方面作出努力。对信条的盲目赞同将无助于此。

哈恩广受欢迎的评论，似乎认可了一种同时包含新古典和非新古典方法的理论多元化。这种多元化，与目前流行的把经济学确定为单一的、新古典的方法的观点正好相反。尤其是从莱昂内尔·罗宾斯（Robbins，1932）发表了那篇著名的论文以来，经济学家中间的流行做法就是运用一系列相关的核心假设这种单一类型的方法或分析来定义这门学科。如果该学科以这种方式来定义，那么经济学中就不可能有多少理论的多元化；我们会受困于一种单一类型的理论或方法。

罗伯特·索洛（Robert Solow）是众多接受这种单一分析方法观点的人之一。关于他的经济学理论方法选择问题，他并非挖苦地写道：“我知道轮盘赌博是不正当的，但这是镇里唯一的娱乐项目”（Solow，1965，p. 68）。但是，如果我们受到仅有的一种娱乐是不良娱乐这个问题困扰的话，我们的当务之急就肯定应该是发展竞争性的或许更可接受的娱乐方式作为替代。这种选择似乎没有为这位最终获得诺贝尔奖的人所想到。

引用率很高的著名的《经济理论杂志》的编辑约翰·潘卡维尔（John Pencavel）认识到，由于缺乏制度和理论多元化，出现了“专业专制”的危险。潘卡维尔（Pencavel，1991，p. 87）提出了一个恰当的补救措施：

> 82 在学科的制度形式是多元的地方，专业专制是不可能出现的——在这种地方有很多科学家协会，有很多传播思想的杂志，有很多可选择的工作岗位，有很多让这一学科的成员获得地位的方式。一句话，这里学科的制度采取了一种竞争的形式。

然而遗憾的是，这些意见似乎仅限于少数派。经济学家经常提倡竞争，但不是在经济学自身的实践之中提倡。当今的经济学中思想的标准化正在加强，而且还不断有新的热忱为核心假设和方法辩护。就这种广泛存在的现象，哈恩（Hahn，1991，p. 49）也许提出了最好的解释，他写道："从根本上说，在其他领域中，比如说宗教，在它走下坡路的时候，人们在一些宗教派别中间经常会碰到已非常强大的正统教派。"这个说法暗示着一种并不乐观的结果：受到威胁的一种宗教里会产生对异教进行压制的宗教法庭而不会产生宗教复兴。除非这门学科重新出现了多样化，否则，还会继续迅速退化成一种狭隘的、过于抽象的、在实践上不可操作的形式主义。

然而，严格地说，这种多元化与科学资助和培养制度的政策有关。它是"学术的多元化"，与科学自身的个人实践无关。我们有很多理由说明，一个系、一个大学或者一个国家之内应该宽容各种不同的甚至对立的科学研究计划。但是对我们头脑中出现的不一致的思想则不能宽容。多样化的作用不是遏制或者引发矛盾。即使我们可能不同意别人的观点，也要宽容一位科学家实践的权力，但这并不表示宽容任何方法和命题。科学的政策必须是多元化和宽容的，但科学本身不能这样。如希拉·道（Sheila Dow，1997）阐明的那样，多元化并不意味着"一切都行"。

方法论上的无政府主义意味着强者的专制，而最强者正是那些当权者。因此，尽管表面上是无政府主义，但"一切都行"的规则从根本上说是保守的。相反，学术多元化的政策同样对正统和反正统提出了无情的挑战。在不放弃我们自己工作的精确和严谨的情况下，我们必须认识到，学科内部的多元化巨大而持久的价值。

附录　为建立一种多元化的、严谨的经济学的请愿书

下面的"请愿书"由尤斯卡里·梅基、唐纳德·麦克洛斯基和本书 83
作者负责起草，并得到了经济学界著名人士的支持。有 44 位杰出的经济学家——包括 4 名诺贝尔奖获得者——在"请愿书"上签了名，并在

《美国经济评论》1992 年 5 月号以付费广告形式发表。

我们这些签名的人关注因学术垄断而给经济科学造成的威胁。当今的经济学家强化了方法或核心假设的垄断，经常以没有比之更好的基础来构造“主流”为由加以辩护。经济学家提倡自由竞争，却不在思想的市场上进行实践。

所以，我们呼吁在经济学中形成一种新的多元化精神，包括不同方法之间极为重要的对话和彼此宽容的交流。这样的多元化不应该破坏严谨的标准；要求自己去面对所有论断的经济学将是一门更为严谨的科学，而不是相反。

我们相信，新的多元化应该在科学争论的特点、杂志稿件的范围、经济学家的培养与聘用等方面得到反映。

在“请愿书”上签了名的有：

摩西・阿布拉莫维茨（Abramovitz，Moses）
布莱恩・阿瑟（Arthur，Brain）
罗伯特・阿克塞尔洛德（Axelrod，Robert）
马克・布劳格（Blaug，Mark）
肯尼思・博尔丁（Boulding，Kenneth）+
基思・考林（Cowling，Keith）
理查德・M. 塞尔特（Cyert，Richard M.）
理查德・H. 戴（Day，Richard H.）
保罗・戴维森（Davidson，Paul）
菲利斯・迪恩（Deane，Phyllis）
爱德华・丹尼森（Denison，Edward）
梅格纳德・德塞（Desai，Meghnad）
克里斯托弗・福里曼（Freeman，Christopher）
布鲁诺・弗雷（Frey，Bruno）
埃里克・菲吕博滕（Furubotn，Eirik）
约翰・肯尼思・加尔布雷思（Galbraith，John Kenneth）
尼古拉斯・吉奥尔杰斯库-勒根（Georgescu-Roegen N.）+
理查德・古德温（Goodwin，Richard）+
克里夫・W.J. 格朗杰尔（Granger，Clive W.J.）
让-米歇尔・格朗德蒙特（Grandmont，Jean-Michel）
杰弗里・哈考特（Harcourt，Geoffrey）

罗伯特·海尔布洛纳（Heilbroner，Robert）
艾伯特·赫希曼（Hirschman，Albert）
查尔斯·金德尔伯格（Kindleberger，Charles）
亚诺什·科尔奈（Kornai，Janos）
戴维·拉德勒（Lardler，David）
哈维·莱本斯坦（Leibenstein，Harvey）+
罗宾·C. O. 马修斯（Matthews，Robin C. O.）
托马斯·迈尔（Mayer，Thomas）
海曼·明斯基（Minsky，Hyman）+
弗朗哥·莫迪利亚尼（Modigliani，Franco）*
理查德·纳尔逊（Nelson，Richard）
曼库尔·奥尔森（Olson，Mancur）+
路易吉·帕西内蒂（Pasinetti，Luigi）
马克·佩尔曼（Perlman，Mark）
库尔特·罗思柴尔德（Rothschild，Kurt）
保罗·萨缪尔森（Samuelson，Paul）*
马丁·舒比克（Shubik，Martin）
赫伯特·西蒙（Simon，Herbert）*
阿里斯·斯帕诺斯（Spanos，Aris）
简·丁伯根（Tinbergen，Jan）*+
都留重人（Tsuru，Shigeto）
道格拉斯·维克斯（Vickers，Douglas）
罗伊·温特劳布（Weintraub，Roy）

*：诺贝尔奖获得者。　+：已故。

【注释】

[1] 本章（除附录外）是由霍奇逊（Hodgson，1997a）修改而成。

[2] 但这里主要讨论的复杂性这个概念已经被证明是很难定义的，这是众人皆知的了。斯滕特（Stent，1985，pp. 215－216）对这个问题提出了一个很有用的观点，他认为一个现象的复杂性是不能通过这个现象是否有大量组成部分来衡量的，只能通过其组成部分的相互关系的多样性来衡量。对复杂性的定义见 Lloyd（1990）。

[3] 又见 Kirman（1989，1992），Lavoie（1992，pp. 36－41），Rizvi（1994a），Screpanti and Zamagni（1993，pp. 344－353）以及后面第 6 章的讨论。

[4] 经济理论的危机折磨着正统学派，同样也折磨着反正统学派。但因篇幅所

限，这里不对其他的主题和思想流派进行详细讨论。

［5］彼特·艾伦和M. 莱塞（Peter Allen and M. Lesser，1991，p. 166）已经敏锐地指出，专业的经济学的演化过程像公孔雀尾巴的演化过程一样。虽然公孔雀美丽的尾巴使它在求偶和生育后代方面更为成功，但它的尾巴并不能强化它在觅食和逃避食肉动物方面的功能。就像公孔雀的漂亮尾巴的演化一样，经济学发展了一个复杂的、漂亮的数学形式主义，这对经济政策的发展并没有增加多少有用的功能。发展抽象定理和证明的人得到了特权和资源，尽管外界日益怀疑经济学与现实经济的联系越来越少。

［6］隐喻转换错误的例子在物理学和社会科学中都很多。如果不信，可以看看克斯特勒（Koestler，1959）的文章，以及开普勒（Kepler）——他的辉煌著作中的众多例子之一——那种执拗的对错误思想的信仰，他认为宇宙中的万物都是围绕着某种基本的地理上的对称建立起来的，这一观念导致了现代宇宙哲学的诞生。同样，在经济学中，马克思采纳了古典经济学家的站不住脚的“价值”观念作为一种只源于劳动的实质性内容，他用这种观念在《资本论》中建立了恢宏的理论大厦。而这种理论在没有任何劳动（或者实质）价值论的情况下实际上保存下来并得以繁荣（Hodgson，1982a），而且仍然在为现代资本主义的运行提供一些最好的洞见。

［7］明茨（Mayntz，1992，p. 53）注意到，过去社会科学家运用自然选择这个隐喻，但由于“没有有意识地尝试进行理论的转换，使得……生物进化和社会进化有什么不同这个问题并没有得到明确的解答”。这对所有想要与隐喻保持距离的人来说确实是一个客观的教训。

［8］见 Koestler (1967)，Hodgson (1993b，ch. 14) 以及后面的第 6 章。

［9］但不应该认为生物的所有进化过程都是不可逆的，见 Mani (1991)。对经济学中的不可逆性更广泛的讨论见 Dosi and Metalfe (1991)。

［10］也见本书第 8 章。正如福斯（Foss，1994a）指出的那样，纳尔逊和温特（Nelson and Winter，1982）、威特（Witt，1987）的这种演化经济学与新古典经济学之间在本体论上有着关键的区别。演化经济学的基础是宇宙是开放的，具有创新和自然发生的特征，新古典经济学是抑制创新的。这种开放系统和自然发生的特征的重要性为巴斯卡（Bhaskar，1979）和劳森（Lawson，1989a，1997）这些哲学现实主义者所强调。也见戴克的著作（Dyke，1985），他也讨论了复杂现象中的封闭问题。开放系统和自然发生的特征的存在附带地提到了科学中的还原论者的计划为什么必然会失败的一个重要原因。

［11］对溯因推理观念从与经济学相关的现实主义哲学框架进行的说明，见劳森（Lawson，1989a；1997）。

［12］尤斯卡里·梅基（Uskali Mäki，1997）提供了一个有用的多元化类型的

分类。下面将会进一步地限定本章所提倡的多元化的类型。

[13] 塞缪尔斯（Samuels，1997）指出，提倡方法论的多元化意味着不存在一个给定的现实。我们不同意这种观点。理论分析既不能完全代表，也不能反映所有复杂情况下的现实。结果是，我们原则上不能排除对现实的其他可行的和补充性的分析。现实主义哲学和给定的现实这样的论断是与这样一种（多元化）命题完全相容的。

第二部分

演化经济学的演化

第5章 经济学中的生物学隐喻：19世纪80年代到20世纪80年代

“演化”这个词最近在经济学中很时髦。[1]20世纪80年代以来，大量以“演化”为题的经济学著作和论文迅速增加。这种革命不只限于反正统经济学中。像肯尼思·阿罗、弗兰克·哈恩这样的杰出新古典经济学家也已经厌恶了机械论，把生物学视为未来经济学可能的一种灵感之源（Anderson，1995；Arrow，1995；Hahn，1991）。 87

几个世纪以来，生物学与经济学的关系时而密切，时而疏远，按照各自的方向发展着。经济学家亚当·斯密、托马斯·罗伯特·马尔萨斯与查尔斯·达尔文的影响是众所周知的，尽管在某些细节上他们的观点尚存争议（Hodgson，1993b，1995a）。斯密和马尔萨斯著作中的竞争和冲突的思想同时启发了经济学和生物学。据此，在一定程度上，生物学隐喻已经在现代经济学最显著的位置上或者在其基础上都有所表现了。但现世对生物学隐喻的普及程度和使用程度上的变化却是令人惊奇的。

《物种起源》1859 年出版后不到 12 年，生物学对经济学的影响在某些方面已经稍有减退。当新古典经济学在 19 世纪 70 年代出现后，经济学的主要灵感已不再来自生物学，而是来自物理学（Mirowski，1989b；Ingrao and Israel，1990）。

但是，从 19 世纪 80 年代到 20 世纪 80 年代——用一个机械上的比
88 喻来说——钟摆又摆回来了。生物学重新成为社会科学中的流行时尚。阿尔弗雷德·马歇尔明确地表示，“经济学家的圣地在经济生物学那里”（Marshall，1949，p. xii）。此外，像索尔斯坦·凡勃伦这样的杰出的反正统经济学家也热切地拥抱了生物学。1890—1914 年间，经济学和作为一个整体的社会科学总体上广泛地借用了生物学隐喻。[2]

但是这种时尚并没有持续下去。相反，生物学思想在社会科学中面临着一种偏激的反应。到 20 世纪 20 年代末，对生物学和演化类比的使用在经济学和其他社会科学中已经逐渐不再受欢迎了。从那时起，来自生物学的演化思想在经济学中几乎绝迹了，直到 1950 年阿尔门·阿尔钦（Armen Alchian）著名论文的发表。“演化”思想在最近得以复活——尤其是在理查德·纳尔逊和西德尼·温特（Nelson and Winter，1982）的经典著作出版以来——但 20 世纪中期为什么会如此忽略生物学隐喻，这是需要解释的问题。

这里我们有一个重要附带主题。通过集中考察两次世界大战之间生物学隐喻在美国经济思想中的减退，进一步给出制度经济学在美国骤然衰落的原因。20 世纪 20 年代，制度经济学是在美国经济学中占支配地位的范式，但 1940 年以后，由于新古典理论的兴起，制度经济学就被边缘化了。此外，制度经济学在英国从来没有取得过突出的地位，而对生物学的厌恶极大地影响着马歇尔的遗产的发展。

本章的目的就是阐述这些问题，尤其是通过对这一阶段的科学环境和意识形态环境的检验来阐述这些问题。我们主要关注的是英美的经济学，但也会讨论其他有重大影响的——尤其是来自德国的——学说。

显然，纳尔逊、温特这样的当代经济学家对生物学隐喻的典型使用与 19 世纪晚期许多作者的生物决定论，甚至人种决定论和性别决定论

是大不一样的。在社会经济的意义上使用生物学隐喻，与相信我们的行为在很大程度上或者完全由我们的基因决定是完全不同的。

然而，对 1880—1990 年这一阶段的研究明确地指出，社会科学中对生物学隐喻和类比的接受程度与生物学一般的声望是密切相关的，也与学界对人性的生物基础的接受程度是密切相关的。据此，19 世纪末有机类比和生物学类比在整个西方世界的流行，是与那种被错误地称为“社会达尔文主义”[3]的思想的盛行直接相关的。

此外，20 世纪前几十年，社会科学家开始反对对人类特性和行为作生物学的解释，他们转而反对生物学思想，使生物学隐喻和演化隐喻也被反对了。这种转变持续了几十年，而且在今天的某些领域中仍然存在。20 世纪 70 年代以后，生物学和人类学中出现了更为多元化的、多种因果的（multi-causal），或者非还原论的话语，这为更进一步地使用生物学隐喻提供了一个更为广阔的空间。据此，生物学隐喻再次在经济 *89*
学和其他社会科学中取得了合法地位。对这种隐喻的采用不能被必然地解释为生物还原论的回归。

但必须强调的是，科学中的隐喻远不只是一种文学上的类比或者文学模式。在前一章我们指出，隐喻在科学中发挥了根本性的作用。据此，经济理论的发展可能受到它所选择的隐喻的性质，以及从而与之相联系的话语领域的特征的深刻影响。现代生物学史和现代经济学史二者之间如此接近，表明了隐喻在科学中的深层次作用，并且通常以科学工作者所不知晓的方式影响着科学的进步。

我们简单提一提与生物学隐喻的使用相关的三个关键的哲学问题。第一是本体论。对某些人来说，比如约翰·A. 霍布森（John A. Hobson）和大多数美国制度主义者，他们使用有机体隐喻是与他们对有机体本体论（简称有机论）的结合密切相关的。在有机体本体论中，实体之间的关系被视为内在的而不是外在的：一个元素的本质特征被视为与其他实体的关系的结果（Winslow，1989）。据此，在社会科学中，个体被认为是由与其他个体的关系来塑造的。在与之相对的原子本体论（简称原子论）中——就像希腊原子论者所描述的那样，或者像在牛顿物理学中那样——实体拥有与其他实体不相关的特质。个体从而被认为是既定的，就像在新古典经济学和古典的自由主义政治思想中那 *90*
样。有机论从给定的个体这一点出发反对原子论，有机论有时把细胞或者有机体与它的环境的关系作为它的隐喻。

第二是还原论的方法论问题。还原论被定义为这样一种思想：一个复杂现象的所有方面必须在单位的一个水平或者一个类型上来解释。在过去的社会科学中，还原论曾经采取过生物学的形式出现。据此，人们试图从所谓的生物学特征这个角度来对个体或者群体的行为进行解释。还原论在社会科学中仍然比较普遍，但它现在典型地采取方法论的个人主义的形式，通过方法论的个人主义，还原论断言，对社会结构和制度的解释必须完全从个体的角度来表达。与这种还原论的尝试相关的事件是 20 世纪 60 年代以来为宏观经济学寻找“可靠的微观基础”的努力。还原论受到下述事实的反驳：复杂系统在各种水平都呈现出突现特征(emergent property)，这是不能完全被简化的，或者也是不能完全从另一个水平来解释的。[4]

第三是数学模型在经济学和社会科学中的使用与其特权问题。自 20 世纪 30 年代末以来，戏剧性地产生了在经济学中建立数学模型这种现象。而经过各国经济学家 60 年的努力，产生了杂乱的结果。即使是带有固定偏好函数的理论模型也变得极其复杂。因此，把个体视为带有固定偏好函数的原子是增加数学处理的可能性的一个原因。虽然生物学自身也在努力使形式化的数学模型化，但生物系统的开放性和复杂性使这个学科需要更多地运用推论方法，这是大家广为接受的。

社会科学中的有机隐喻和演化隐喻有着悠久的历史，但我们所关注
91 的这个阶段以 19 世纪末为起点。长达一个世纪的历史是复杂的、多方面的，需要做一概览。但我们可以通过重点描述经济学中的演化隐喻和生物学隐喻在 19 世纪 20 年代的衰落，以及它们又在 1945 年以后的复兴来免去对这个复杂故事的梗概叙述。[5]

5.1　1914 年以前德国社会科学中的生物学隐喻

在查尔斯·达尔文和赫伯特·斯宾塞（Herbert Spencer）的学说在英国兴起之前，有机类比在德语世界的社会科学中已经处于突出的位置。迈克尔·赫特尔（Michael Hutter，1994）说明了这种有机隐喻的

德国根源可以追溯到 18 世纪甚至更早。大量的德国社会科学家在生物有机体和社会有机体之间进行了广泛的比较。随着德国历史学派的出现，产生了极度依赖有机隐喻的现象。我们可以在卡尔·克尼斯（Karl Knies，1853）、威廉·罗雪尔（Wilhelm Roscher，1954）、保罗·冯·利林菲尔德（Paul von Lilienfeld，1873—1881），以及艾伯特·谢夫勒（Albert Schäffle，1875—1881）这些作者的著作中找到明显的证据。

在德语世界，有机类比有各种各样的形式，并且与各种各样的主张相结合，包括有机体本体论主张，承认社会对个体的影响，也包括整个社会经济体系的系统性依赖这样的主张，还有明确地把历史与有机体的成长相比较的"阶段论"。德国的社会科学也广泛地与这样的主张相联系：可以把社会经济体系当作一个有自己的意志和精神的对象来进行分析。这种主张把那些由构成社会经济体系的个体组成的单位只是看作有机体中由单个器官和细胞组成的大脑和神经系统。[6]

正当历史学派在德国和奥地利的影响如日中天的时候，卡尔·门格尔于 1883 年出版的《经济学与社会学问题》① 一书引起了方法论之争（Methodenstreit）。我们这里没有必要详述这场著名的学术论战。我们 92
只要指出这样的事实就足够了：门格尔并没有攻击像历史学派那样使用有机类比或者生物学类比，而是攻击将独立的意志或者目的归因于"社会有机体"这种思想。门格尔以讥讽的笔调攻击了这种思想。尽管生物学隐喻不是门格尔主要的攻击对象，但他的批评的影响大大地减少了生物学隐喻在德国社会科学中的运用。

门格尔指出，某些制度是由个体故意创造出来的，但其他很多制度则不是这样。他强调社会制度通常是脱离许多相互作用的个体的目的性行为而无意图地演化的。必须抛弃这样的思想：那些依赖于"社会意志"的社会制度的出现不能用个体的目的性行为来解释。因此，门格尔往往被当作"整体论"（holism）的批评者，被当作方法论个人主义早期的奠基人。

20 年的方法论之争的破坏性是如此之大，以至到 20 世纪初的时候，德国和奥地利的社会科学中对有机隐喻的使用已经不再流行。相

① 本书的德语名称为 *Untersuchungen*，《经济学与社会学问题》是该书 1963 年英译本的书名。——译者注

反，约瑟夫·熊彼特这样的方法论个人主义者取得了支配性的地位。历史学派本身伤痕累累，但它对生物学隐喻的使用——如 1914 年以后奥斯马·斯潘（Othmar Spann）和沃纳·桑巴特（Werner Sombart）的著作——变成了这个学派更加明显的特征。更为形式化和机械论的模型取得了胜利。如赫特尔（Hutter，1994，p. 306）所发现的那样，在第一次世界大战后的德国和奥地利，“机械论范式在经济思想中流行开来”。反对演化思想的浪潮在德语国家如此巨大，甚至熊彼特（Schumpeter，1934，p. 57）在 1911 年也接受了这种观念，认为“演化思想现在在我们的领域里是不足为信的”[7]。

5.2　斯宾塞、马歇尔、霍布森与英国社会科学中的生物学隐喻

93 在英国 1870—1920 年这个阶段，生物学还原论很普遍。人们普遍相信社会进步从根本上取决于人类的遗传。这种思想在自由派和保守派中几乎都很普遍。1912 年在伦敦举行了第一届国际优生学大会，像约翰·梅纳德·凯恩斯、哈罗德·拉斯基（Harold Laski）、西德尼·韦布（Sydney Webb）和比亚特丽斯·韦布（Beatrice Webb）这些英国自由思想家都自认为是优生学运动的追随者。20 世纪 20—30 年代，几乎所有美国社会科学家也都是优生学的簇拥者。

对 19 世纪最后 30 年的社会科学和生物科学影响最大的人都是赫伯特·斯宾塞。他试图建立一个既能包含自然科学，又能包含社会科学的完整的思想体系。他对公众和对学界的影响都是巨大的。至少在 19 世纪最后 10 年，他的声望甚至超过了达尔文。

斯宾塞发展的这个社会演化理论受到德国理论家的深刻影响。他的理论反过来也影响了某些德国理论家，比如谢夫勒（Bellomy，1984，p. 41）。我们这里不详细阐述斯宾塞的社会经济演化观点。我们只需要注意到他的理论的诸多关键内容与达尔文的自然选择有区别就够了（La Vergata，1995）。斯宾塞的理论更接近拉马克（Lamarck）而不是达尔文，强调有机体对环境的适应，而不是强调有机体对环境的选择。

斯宾塞常常把社会比作一个活的有机体。但是严格地说，他的本体

论并不是有机论。把社会比作一个活物并不足以断定它就是有机论。个人主义的和原子论的观点也不是肯定地反对社会的概念，或者否认人们之间重要的相互作用。斯宾塞从个体出发，得出了个人主义的结论。他将社会仅仅视为一种有限的结合体，仍然以机械论的词汇来表述社会。他只是把社会视为自我约束的个体追求自身目标时的相互影响，再加上 94
将他们联系起来的社会安排。[8]

概言之，斯宾塞的社会经济演化观是个人主义的、决定论的和还原论的（Burrow，1966；La Vergata，1995）。他没有讨论突现特征，或者是没有在一个更高的、不可简化的层次上来分析。他的著作属于 19 世纪，属于维多利亚时代的工业化，那时的科学声誉属于机械论思想，就像艾尔弗雷德·诺思·怀特海（Alfred North Whitehead，1926，p. 128）指出的那样，即使是生物学也在模仿"物理学的方式"。

马歇尔受到许多理论家的影响，但对他影响最大的也最重要的人是斯宾塞（Hodgson，1993a，1993b；Thomas，1991）。[9]马歇尔也访问了几次德国，德语世界的经济学家对他的影响也是广泛的（Streissler，1990）。对他产生影响的德国人包括乔治·黑格尔（Georg Hegel）、生物学家厄恩斯特·黑克尔（Ernst Haeckel），以及前面提到过的谢夫勒。在他所获得的丰富、多样的知识面前，马歇尔构建了他自己的新古典经济学样式。

马歇尔《经济学原理》的第一版于 1890 年出版，适值斯宾塞的威望最盛之时。马歇尔看到了生物学类比是适合于经济学的，但他不能充分地发展这种类比。就像托马斯（Thomas，1991，p. 11）惋惜地总结的那样，马歇尔只是让生物学"留在了期望里，而不是使它深入到［经济学的］本质"。

马歇尔在《经济学原理》中提出了有关"经济学家的圣地"这句名言。但是，他搁置了论经济动态学的《经济学原理》第二卷的写作。斯宾塞于 1903 年去世，没过几年，他的思想就不再为人所欢迎了。马歇尔失去了一个指路明灯。事实上，斯宾塞学说的影响妨碍了一种适当的演化分析的发展。马歇尔的生物学的斯宾塞主义特征意味着在他死后，他的追随者相对来说可以用更类似于牛顿物理学的观念来替代这些生物学元素。他的大多数门徒并没有继承他关于机械论模型的遗产，也没有继承他的生物学麦加之旅这种观点的启发和引导。

95 马歇尔关于经济动态学的跨学科研究计划非但没有启动，他从生物学中得到的启示后来也被忽视了。正如尼古拉·福斯（Nicolai Foss，1991，1994b）和尼尔·尼曼（Neil Niman，1991，p. 32）曾指出的那样，后来马歇尔的信徒忽略了他思想中的生物学观点，抛弃了沿着这条路线重构经济学的所有尝试。因此马歇尔有影响的继承者阿瑟·庇古（Arthur Pigou，1922）转向物理学寻求启发，在他手上，代表性的企业变成了一个处于机械的均衡状态的企业（Pigou，1928）。就像斯科特·莫斯（Scott Moss，1984）表明的那样，均衡概念被发展起来与异质经济行为人的存在是不一致的。生物学后来被轻易地从马歇尔的体系中清除出去，代之以一个得到巩固的机械论隐喻，这说明生物学思想的范围是有限的、性质是有缺陷的，这是马歇尔在《经济学原理》中灌输过的观点。

约翰·劳伦（John Laurent，1997）曾经指出，凯恩斯在早期作品中遵循的是20世纪20年代以前的风尚，把社会描述为一个有机体。他谈到了“经济有机体”（Keynes，1913，p. 10），把国家视为一个“巨大的有机单位”（Keynes，1922，p. 10）。但是，像其他大多数社会科学家一样，这种生物学隐喻在后来的著作中就不再频繁出现了。

与马歇尔和凯恩斯不同，约翰·A. 霍布森是被排除在英国学术的光辉人物之外的：他从来没有得到过一个大学教职。像马歇尔一样，霍布森受到了德国经济学家以及他们使用的有机类比的深刻影响。但是霍布森的有机论比在马歇尔的著作中发现的有机论更强烈、更有持续性。与马歇尔不同，他也受到凡勃伦的影响，提出了一个有机体本体论。他从自己的有机论中得出了强烈的方法论上的、反还原论的结论。他写道：“一个有组织的统一体或者整体不能通过它的构成部分得到充分的解释：全体要素的集合是一个新的产物，其属性尽管源于构成部分，但在这些部分中是不能确知的”（Hobson，1929，p. 32）。霍布森从而表达了突现特征的思想，以及更高的、不可简化的分析层次。

霍布森强烈反对机械论隐喻，将其视为“排挤人性”的，否认人类的新事象和创造性（Freeden，1988，pp. 89，173）。他全然不理睬门格尔在方法论之争中的观点，将制度视为与有机体类似的一种状态。霍布森明确地维护这样的观念：这些制度可以像有机体那样来描述，带有它们自己的意志。除了得到凯恩斯（Keynes，1936，pp.19，364－371）迟到的、全面的承认之外，霍布森的重要性几乎被经济学家完全忽视了。

到了马歇尔去世的 1924 年，经济学和生物学的对话事实上就终止了，至少在英国的大学里是这样。在纪念马歇尔诞辰 100 周年的著名文章里，杰拉德·肖夫（Gerald Shove，1942，p.323）提到了主流经济学"回到了与生物学方法对立的机械论方法"。下面我们将要阐明，凯恩斯主义的理论革命并没有扭转这种趋势。 *96*

生物学隐喻的使用衰落的原因不只存在于马歇尔的著作中。要解释这个问题，必须考察 20 世纪前 30 年社会科学的重大进展，尤其是在美国。

5.3　生物学类比与美国制度主义的兴起

1914 年以前德国历史学派对美国学界的影响是不可低估的（Dorfman，1955；Herbst，1965）。在世纪之交，"大多数年轻美国经济学家都去德国接受研究生教育，在德国，教授他们的是历史学派的成员"（Morgan，1995，p.315）。曾在德国学习的美国经济学家包括亨利·卡特（Henry Carter）、约翰·贝茨·克拉克（John Bates Clark）、理查德·T. 伊利（Richard T. Ely）和爱德温·R. A. 塞利格曼（Edwin R. A. Seligman）。[①]

从英国这方面说，斯宾塞在美国的影响也是巨大的，而且明确地得到比如伊利等美国经济学的奠基人的承认（Ely，1903，pp.6－7）。

此外，正在兴起的美国社会科学家，比如威廉·格拉汉姆·萨姆纳（William Graham Sumner）、莱斯特·弗兰克·沃德（Lester Frank Ward）、弗兰茨·博厄斯（Franz Boas）等，对当时的一代人也产生了深刻的影响。萨姆纳、沃德和博厄斯的理论和政策结论尽管有所不同，但他们都接受了进化论和有机类比。美国的新古典经济学家约翰·贝茨·克拉克也追随了这种风尚，并且在他的《财富的哲学》（1885 年）

① 以上四人中，伊利和塞利格曼是美国经济学会的创始人，同时也被视为美国制度主义的先驱。——译者注

中加入了有机隐喻，也反映出斯宾塞式的生物学。就像在英国和德国一样，有机类比在美国也得到了广泛的接受。像霍布森一样，沃德（Ward，1893）、富兰克林·吉丁斯（Franklin Giddings，1896）、亨利·琼斯·福特（Henry Jones Ford）等一流的美国社会科学家都把国家或者社会看作一个有机体，这些有机体有时甚至有自己的意志。

像查尔斯·桑德斯·皮尔斯（Charles Sanders Peirce）和威廉·詹姆斯（William James）这些实用主义哲学家也受到生物学的发展的影响（Scheffler，1974）。詹姆斯在1890年出版了颇有影响的《哲学原
97 理》，认为人类的多数行为是由遗传的本能决定的。在那几年，本能理论在英国和美国都占据了突出的地位。斯宾塞于1894年出版的《心理学原理》重复了这种方法中的许多元素。本能心理学得到了威廉·麦克道格尔（William McDougall，1908）的进一步发展。[10]

在这种环境下，凡勃伦在1898年在《经济学季刊》上发表了他的进化论宣言，质问“经济学为什么还不是一门进化科学”。这篇文章体现了达尔文主义，也是美国制度主义的奠基之作。[11]随后出版的《有闲阶级论》（1899年）代表着经济思想的一场革命。凡勃伦倡导对经济学进行彻底的重构，用达尔文主义的进化方法和隐喻替代机械论类比。正如理查德·霍夫施塔特（Richard Hofstadter，1959，pp. 152－155）评论的那样：

> 其他经济学家在达尔文主义的科学中发现的只是看似有理的类比的源泉，或者只是发现一种用来证实传统原理和规则的新鲜辞藻，而凡勃伦则把它视为一台织布机，经济思想的整个结构都可以用它来重新编织。

但没有多少人承认凡勃伦是第一位把达尔文主义的思想用于经济学的理论家。达尔文主义的自然选择理论以三个原理为基础。第一，在物种或者人口成员中必然有持续的变异。变异可能是盲目的、随机的或者是有目的的，但如果没有变异，自然选择就不会起作用。第二，必然存在某些遗传原则或者连续性原则，根据这些原则，后代肯定更像他们的父母，而不是更像物种的其他成员。换言之，肯定存在某种机制，靠它把个体特征传递给下一代。第三，自然选择本身能发挥作用，既是因为更适应的有机体留给了数量更多的下一代成员，也是因为有利于生存斗争的变异或者基因组合（gene combination）得以保存。

从下面摘录的论断中可以看出凡勃伦明显地采纳了这些原理。首先，我们从下面一段话中可以发现习惯的相对持久性的观念，或者常规的观念，以及它们作为遗传性特征的作用：

> 人们对于现有的思想习惯，除非是出于环境的压迫而不得不改变，一般总是要想无限期地坚持下去。因此遗留下来的这些制度、思想习惯、精神面貌、观点、特质以及其他，本身就是保守因素。这就是社会惯性、心理惯性和保守因素。 98
>
> Veblen，1899，pp. 190－191①

其次，凡勃伦（Veblen，191，pp. 86－89）的"随意的好奇心"这个概念承认了创造性和新事象的作用。他也反复使用"突变"（mutation）这个隐喻来描述习惯和制度的变化（Veblen，1919b，pp. 5，40，57）。再次，凡勃伦没有得出过分乐观的或者自由放任的结论，而是这样来描述社会经济领域的进化选择观念：

> 人类在社会中的生活，正如别种生物的生活一样，是生存的竞争，因此是一种淘汰［选择］适应过程；而社会结构的演进却是制度上的一个自然淘汰［选择］过程。
>
> Veblen，1899，p. 188②[12]

要注意的是，与他的很多同时代人不同，凡勃伦的方法论既是相互作用的，又是反还原论的。[13]他的相互作用观强调"行为人和他的环境在任何时候都是前一个过程的结果"（Veblen，1898a，p. 391）这个观点。虽然凡勃伦承认社会生命的生物基础，但他还是反对人类行为可 99
以只是简单地用遗传性来解释的观点：

> 如果……人们通常不是根据制度结构所提供的传统背景和价值来采取行动，而只是直接地根据遗传的非传统的倾向和才能采取行动的话，那么就不会有制度，也不会有文化。
>
> Veblen［1909］1934，p. 143

这里引用的和其他地方的论断表明，凡勃伦承认分析层次的差异性和不可简化性，反对生物还原论。对凡勃伦而言，社会经济演化主

---

① 此处译文引自《有闲阶级论》中译本（蔡受百译，140 页，商务印书馆，1981）。——译者注

② 此处译文引自《有闲阶级论》中译本（蔡受百译，138 页，商务印书馆，1981）。引文中方括号里的内容为本文译者所加。——译者注

要是“制度的自然选择”：它在一个比人类生物体更高的层次上发挥作用。

虽然凡勃伦缔造了一个新的经济思想流派，但他建立一种演化经济学的理论研究计划只得到了他的追随者少许的发展。约翰·康芒斯（Commons，1934）使用了量子物理学隐喻，也使用了演化隐喻，但认为这种类比的作用是有限的。康芒斯（Commons，1897，p. 96；1934，p. 120）反驳自然选择的类比，认为对经济演化来说，“人为选择”是更为恰当的观念。对康芒斯和其他制度主义者来说，一个困难是演化生物学在当时的发展还很有限。生物学也正在步入危机之中。达尔文没能解释遗传机制以及有机体变异的来源。直到 1940 年以后孟德尔的遗传学（Mendelian genetics）和达尔文主义的生物学综合后产生的新达尔文主义才弥补了这个缺陷。

5.4 美国社会科学中对生物学的反动

生物学自身的问题还不是唯一的问题。科学意识形态的滥用也是问题的一个方面。比如 20 世纪初遗传学的确立在美国推动了对人类特性和行为的种族主义解释和男性至上主义解释。能力和行为的变异被某些
100 科学家和思想家视为根植于大部分或者所有基因中。作为这种反动的反映，自由的美国学界开始逐渐被从以生物学为基础的社会科学中得出的种族主义和男性至上主义的结论所扰乱。[14]

博厄斯是一位人类学家，是来自德国的犹太移民，他受到自由观点的激励，是一位强烈的反种族主义者。他将文化环境和社会环境视为人类特征和知识的主要影响因素，认为环境因素和其他条件对人的某些物理特征会产生重要影响。注意，博厄斯是在现代学术意义上和人类学意义上首先使用“文化”这个词的人之一。[15]

主要在博厄斯的研究的影响下，许多美国一流的社会学家从遗传高于环境、处在首位的观点转向了相反的观点。在 1900—1914 年间，查尔斯·埃尔伍德（Charles Ellwood）、卡尔·凯尔西（Karl Kelsey）和霍华德·奥德姆（Howard Odum）等这些一流的社会学家抛弃了从先天的生物因素来考察人类行为的这种观念，转而认为人类特征是可塑

的，环境是最重要的影响因素。到第一次世界大战临近结束时，大量的社会学和人类学教科书都在传播和发扬博厄斯的观点。

博厄斯并没有否认生物学对人类的物理和精神特征的影响。他只是把社会文化看得更为重要。但是博厄斯的一个学生艾尔弗雷德·克罗伯（Alfred Kroeber）却走得太远了。在1910—1917年间发表于《美国人类学家》上的大量文章中，他宣称社会科学在方法上和实质上都应该脱离生物学。克罗伯认为在人类历史中不能允许有遗传的任何位置。独立于生物学对于理解文化的含义和使用文化这个概念都是绝对必要的。

在19世纪90年代，生物学家奥古斯特·魏斯曼（August Weismann）就曾通过明确地证明后天特性的非遗传性而反对过拉马克主义和斯宾塞主义。1916年，克罗伯用魏斯曼的主张来维护他的文化概念。 101
魏斯曼关于有机体与它的遗传之间存在障碍的思想暗示了克罗伯，使他认为生物学不能解释社会和文化成就。

但是，拉马克主义并不必然导出种族主义的结论。对莱斯特·沃德这样的19世纪的思想家来说，拉马克主义者相信的后天特征遗传的可能性这种思想就已成为反种族主义的基础（Degler，1991，p. 22）。拉马克主义的有机体的可塑性这种观点表明，人性是由环境塑造的。相反，克罗伯将拉马克主义所驳斥的观点当作反种族主义、支持人类的可塑性的论点。具有讽刺意义的是，拉马克主义正确与否在这种意识形态的争论中就没有区别了。

根本的理论变迁是戏剧性的。对沃德而言，人类有机体和人类社会二者都是会变化的。但到了克罗伯这里，是文化而不是人类有机体才是可塑的。通过文化高于遗传这种论断，以及——更有争议的——通过将生物学完全从社会科学中分离出来，克罗伯的这一结论得到了扩展。这一争论的重要性是持续性的。

博厄斯的另一个学生玛格丽特·米德（Margaret Meed）延续了克罗伯的论点。在1928年出版的《萨摩亚的成年》（*Coming of Age in Samoa*）一书中，她举了一个文化高于生物学的经典事例。到20世纪20年代，博厄斯的衣钵传人的观点已经广泛地被美国社会科学家接受了。鲁思·本尼迪克特（Ruth Benedict）也是博厄斯以前的一个学生，她在1934年出版了同样影响巨大的著作《文化的模式》，巩固了他们的胜利（Degler，1991，p. 206）。

生物学和社会科学就这样分离了。这种知识的转移的影响可以通过西方学界而感受到。那些坚持认为生物学能够解释人类行为的某些差异的观点已经不再会产生学术争论，而且还被当作受到种族主义和男性至上主义感染的观点而加以谴责。随着法西斯主义在欧洲和东亚的肆虐，这种立场在自由主义的西方学界的处境越来越困难了。[16]

102 与此相关的是，在同一个阶段还能够看到流行的社会科学方法概念和进路概念的重大变化。先前由奥古斯特·孔德（Auguste Compte）建立的实证主义哲学越发受到欢迎。人们逐渐认为社会科学必须取得“科学的”资格，那就应该模仿据信在自然科学中发挥作用的经验主义和演绎主义方法来达到这一目标。以“社会达尔文主义”的名义对生物学的意识形态上的滥用被看作一种严重的警告。对许多人来说，比如马克斯·韦伯（Max Weber），得到的教训是社会科学应该是“价值中立”的（Hennis，1988）。孔德的实证主义后来被20世纪20年代颇有影响的“维也纳派”（Vienna Circle）的逻辑实证主义所取代。

与此关联的、同时发展的心理学也很重要。尽管威廉·詹姆斯呼吁采用达尔文主义，在19世纪90年代提出多数人类行为取决于本能，但前面提到的人类学和社会学运动破坏了这种观念。美国心理学学会主席查尔斯·H. 贾德（Charles H. Judd）早在1909年就向詹姆斯和麦克道格尔的著作尤其是本能思想发起了攻击。一流的心理学家认为本能不能提供可以被经验证实的解释。在逐渐实证主义化的学术风气里，经验证据的脆弱以及表现经验证实的困难使得以本能为基础的人性理论受到形式上的谴责（Degler，1991，p. 157）。

到20世纪20年代初，甚至人类和其他生物体的性本能的存在都受到攻击。伯克利大学的心理学家郭景炎（Zingyand Kuo）宣称，所有的性欲都是社会条件作用的结果。在一种环境论立场的极端表述中，郭景炎认为所有行为都不是遗传因素的表现，而是环境刺激的直接结果（Degler，1991，pp. 158–159）。

1913年，约翰·B. 沃森（John B. Watson）创立了行为主义心理学，认为对动物经验的基础来说，环境条件是首要的，本能是一个次要的概念。他对环境影响行为的可能性持有激进的信念。此外，他攻击据此标准判断为“不科学的”观念，比如自觉（consciousness）和内省（introspection）。这些思想不能建立在经验的基础上，因而必须从科学中清除。意图（intent）、自觉和认知（cognition）都被轻蔑地当作“形而上学”的东西而清除掉了，集中地被在经验上能够表现的行为所取代：“在科学话语中只能见到这些低等的词汇将使我们面临马上失去关注和失去听众的危险”（Matson，1964，p. 174）。这是与几乎所有科学家都越发与实证主义保持一致这种现象相联系的。行为主义对度量和经验的依赖给了它一个中立客观的光环（Lewin，1996）。 *103*

行为主义的出现并不意味着心理学和生物学立即就分裂了。事实上，早期的行为主义者从心智唯物主义（mental materialism）和达尔文及其他人的反二元论中得到启发，认为人和其他动物在智能（mental capacity）上的差别并不大。这与詹姆斯和麦克道格尔的本能心理学不同，他们把智力（mind）视为具有专门功能的才能和本能的集合。相反，对行为主义者来说，演化中的“心智连续性的学说”鼓励人们从对鸽子和老鼠的实验里寻找人类的特征。但是，当行为主义者最终对环境条件作用的强调达到了忽视每一种有机体特有的能力这个地步后，心理学和生物学之间的裂痕就扩大了。学习被当作只是环境刺激的事情，忽视了在演化中形成的不同的智能。生物学和心理学分道扬镳了。

抗议的声音是孤独而无力的。麦克道格尔（McDougall，1921，p. 333）争辩说，如果人类的本能被成功地排除在心理学理论之外的话，那么将“回到19世纪中叶的社会哲学，那就是快乐主义的功利主义哲学”。怀特海（Whitehead，1926）也徒劳地指出，把个体当作一部没有真实的目的或者创造性的机器，使科学发生了错误的转向。然而随着沃森的《行为主义》一书在1924年的出版，心理学与人类本能行为的思想就彻底决裂了。威廉·詹姆斯的学说鼎盛期只过了30年，本能的概念事实上已经从美国的心理学中消失了。

同样具有讽刺意义的是，在反对诸如意识、意志之类的概念时产生了一种关于环境因素和环境条件作用的可能性的极端立场。这样的现象以前曾被宣称为在人类中是发展得最为广泛的。因此放弃这些概念破坏了从前提出的人与其他动物之间的区别。行为主义清除了这些概念上的细微差别。这也有助于那些希望把对人性的表述建立在对笼子里的鸽子和老鼠的实验基础上的人。

流行的科学概念在1880—1920年间在大多数欧洲和北美国家发生了实质性的变化。到20世纪20年代，沃森和他的追随者投入了实证主义的怀抱，把所有不能直接度量、不能用实验来检验的东西都视为不科学的而不予理睬。按照他们的说法，科学走出了形而上学时代，进入了实证主义的和技术统治论的（technocratic）时代。

104 这里不可能去讨论推动这种转变的所有力量。但前人的研究已经从这些力量中发现了一个强烈的意识形态因素。劳伦·维斯普和詹姆斯·汤普森（Lauren Wispé and James Thompson，1976）在寻求解释行为主义在心理学中的胜利时认为，美国人对个人主义、民主和人身自由的意识形态责任在其中起到了重要作用。这样的价值观告诉美国人，他们能够塑造他们自己的个人命运。另外，达尔文主义的进化论指出，个体是由他或她所不能控制的基因或者本能所安排的。在广泛分析了大量证据后，德格勒也认为个人主义和激昂的意识形态环境在美国的心理学的转变中发挥了重要作用：

> 现有的证据似乎表明，认为世界可以更自由、更公正的意识形态或者一种哲学信仰在使生物学转向文化中发挥了重要作用。科学，或者至少是特定的科学原理或者创新性的学识在这一转变中也起了一定作用，但其作用是有限的。主要的推动力来自这样的愿望：建立一种社会秩序，在其中，生物天生的或者永恒的力量在说明社会集团的行为时不起作用。
>
> Degler，1991，p. viii

此外，对纵容种族主义和其他反动思想的恐惧也推动了社会科学中对生物学思想和演化思想的拒绝。唐纳德·坎贝尔（Donald Campbell，1965，p. 21）因而指出，社会科学中回避演化理论的原因在于“早先为殖民主义辩护的特权阶级论和种族优越论这些反动的政治观点玷污了演化观”。

在 20 世纪前 40 年的种族主义和正在壮大的法西斯主义这样的环境里，这种发展是可以理解的。[17]但不得不承认的是，这种发展是由意识形态而不是由明确的科学根据所激发的。没有人断然反驳遗传会影响人的特征和行为这种思想，到今天也没有人这样做。如史蒂文·罗斯等人（Steven Rose et al，1984）有力地说明的那样，可以接受的是对我
105 们的成就的主要约束是社会因素而不是遗传因素，但这并不意味着遗传对我们的本性和行为就没有影响。这只是意味着对人类现象的生物决定论解释或唯一地进行生物学的解释是没有根据的。

5.5　生物学的衰落与美国制度主义的衰败

紧跟着19世纪后期的“黄金时代”的，是20世纪社会科学中的演化论逐渐滑落到斯蒂芬·桑德森（Stephen Sanderson，1990，p.2）所称的“黑暗时代”：

> 在这一时期，演化论遭到了激烈的批评，逐渐被视为自重的学者不应该再严肃对待的一种过时的方法，……甚至使用“演化”这个词对于一个人的学术声誉来说也逐渐成为严重的风险。
>
> Sanderson，1990，9.2

虽然19世纪社会科学中的演化论自身并未以生物学为基础，然而也成为了时代的牺牲品。社会科学中对生物学的普遍反对产生的另一个牺牲品是马歇尔的“经济生物学”。更具戏剧性的是，美国经济学中这一反对生物学和演化论的普遍运动在制度主义的边缘化和新古典主义的胜利中都起到了推波助澜的作用。我们已经提到过凡勃伦建立一种进化经济学的设想被1990—1940年间达尔文主义生物学发展中的问题所阻碍。由于没能发展一种能与新古典主义和马克思主义相抗衡的理论体系，制度主义受到了怀疑。

制度主义也容易受到流行的科学方法论概念的转变的攻击。从上次世纪之交以来，在美国以科学的名义为还原论和方法论的个人主义呐喊的呼声很高。在1907年，社会学家阿尔比恩·W. 斯莫尔（Albion W. Small）就因为他的“社会力量错误”而受到攻击。桃乐茜·罗斯（Dorothy Ross，1991，p.347）指出了如下的批评：

> 爱德华·C. 海耶斯（Edward C. Hayes）……想要让社会学采用“严格的科学方法”，研究可观察的行为而不是研究心智状态。把动机视为“社会力量”是诉诸形而上学的解释，就像生物学中诉诸“生命力”（vital force）一样。到1910年，当他在一次社会学会议上对“社会力量错误”发起全面攻击时，一个评论者认为他是在攻击不值得讨论的问题……

这是一场美国的方法论之争。盛行的有机类比的变形也推动了思想向还原论的转变。这一运动虽然与反对所谓的“社会相互作用论者”是对立的，但也聚集了力量。因而在1927年，社会学家弗洛伊德·奥尔 106

波特（Floyd Allport）宣告"'自然科学的方法论'要求社会学不再讨论'集体'和'制度'这些概念"（Ross，1991，p. 433）。社会相互作用论者的反应是，与集体相比，个体只不过是一个固定的单位，社会间的刺激和社会关系影响着社会行为。尽管有这些反对者，但还原论的观念——宣称"科学方法论"的伪造的权威——还是大大伤害了制度主义者。约翰·康芒斯由于其"集体行动"概念而似乎尤其容易受到伤害。

在20世纪20年代的美国，实证主义的胜利和本能心理学的不再流行打击着制度经济学的实用主义基础。皮尔斯和詹姆斯的实用主义思想对制度主义来说是成型的。但是实证主义的出现意味着皮尔斯主义超越演绎和归纳的方法论计划被晾在了一边。皮尔斯主义的以及其他形而上学的、本体论的推断不再流行，被一种对证据和实验的独立权威的天真的信任所取代。本能心理学的急剧衰落也给制度主义造成了严重的困难。丧失了这种心理学基础，制度主义对理性行为人范式的批评也受到了损害，并且这种批评也被证明是被削弱了。考虑到这种对其核心思想的冲击，凡勃伦和康芒斯的制度主义的衰落就是正常的了。

在制度主义之外的领域，习惯概念也跟着本能概念被抛弃了。习惯概念从在埃米尔·德克海姆（Emile Durkheim）和马克斯·韦伯的著作中占据显著位置后，直到第一次世界大战在社会学中都普遍存在，但现在在这个学科里被故意剔除了（Camic，1986）。这种剔除是对行为主义心理学家提出的行为在概念上的同质化的一种防卫性反映，这种同质化观点一般强调依靠环境条件作用，甚至到了否认人类行为的任何差别这种地步。经济学也跟着社会学同样剔除了习惯概念（Waller，1988）。习惯被看成与本能过于接近的思想。这二者都被视为较早的、不能接受
107 的生物学内容的一部分。社会科学完全与生物学脱离还包括一种不以生理学和生物学为基础的人类行为概念的建立。表面上不同于其他社会科学家，制度主义者保留了习惯的观念。[18]

制度主义在两次世界大战之间幸存下来，却是通过抛弃它的一部分遗产而幸存下来的。最好的例子就是考察一下在两次世界大战之间这一段时间接受教育、在第二次世界大战后崭露头角的后一代制度主义者。属于这一类的美国制度主义者中最主要的、影响最大的是克莱伦斯·艾尔斯。[19]艾尔斯在时间上与詹姆斯、麦克道格尔和早期的制度主义者有足够的距离，他（Ayres，1958，p. 25）反对本能心理学，宣称所有

本能观念都是“非常陈旧的”。

此外，在艾尔斯的鼓动下，制度主义者转变了他们强调的哲学基础，从皮尔斯转向了杜威（Mirowski，1987）。杜威通常对科学有更大的信仰，尤其是对科学实验，认为它们可以既作为通向真理之路，又可以作为社会政策的基础。虽然杜威不是一个实证主义者，还是两次世界大战之间发展的许多科学方法论的批评者，但他对科学的崇尚以及他对科学的解放特质的信仰非常适合这个时代。

20世纪20年代实证主义的高潮将制度主义者推向了经验主义。他们一度能够使用实证主义的程式，出于为经济理论的基本原理建立经验基础的需要而坚持反对正在产生的新古典主义。当时最有影响的制度主义代表人物之一威斯利·米契尔（Mitchell）开始逐渐全神贯注于统计研究。在下面这段话里他谈到了当时需要用统计学来拯救制度主义：

> 我想要证明的事情差不多可能或者肯定意味着对事实的一种要求——在最好的情况下以统计形式记录事实。观点明确的或者观察敏锐的著作是不会让那些习惯于主张其他事情或者以不同的观点来看待其他事情的人信服的。……我发现，唯一的解决之道在于进行 *108*
> 大量的统计工作。
>
> 引自Ross，1991，p.321

向统计学转变受到了其他人的反对，但米契尔还是坚决地支持经验工作的首要地位，并在1925年美国经济学会的主席就职演说中强调了这一点。在雅各布·瓦伊纳（Jacob Viner）和其他批评者的压力下，米契尔在促进一种对他的知识发展的经验主义观进行明确、一致的维护的观点时碰到了一些困难（Seckler，1975，pp.110-116）。1927年，美国经济学会举行的包括米契尔在内的8名杰出经济学家和统计学家圆桌会议“就统计学在经济学中的作用展开辩论，其他7人都攻击米契尔的立场，认为统计学提供了一个有用的经验性和分析性工具，但不能重构理论”（Ross，1991，p.415）。罗斯将这一事件视为制度主义命运的“转折点”，表明对这一学派没能发展一个系统性理论的批评已经喷薄而出了。看来更为先验的经济学家在新的学术氛围中通过采纳实证主义而首次处于有利的位置，制度主义最终失败了。向实证主义的转变没有为制度主义去发展它自己的理论体系提供动力。这个任务无论如何都更为困难了，因为制度主义已经放弃了它的大量哲学和心理学遗产。[20]

值得注意的是，制度主义也采用了人类学更为强调的文化这个概念。这样的转变远非与制度主义背道而驰的，比如凡勃伦自己在他的《有闲阶级论》（*Theory of the Leisure Class*，1899）中就对文化作了先驱性的分析。事实上，从制度主义起源以来，文化就是一个关键的概念（Mayhew，1987，1989）。但正如马尔科姆·卢瑟福（Malcolm Rutherford）① 阐明的那样，早期也有证据表明文化概念的解释性状况也发生了转变。

尽管凡勃伦从来没有完全放弃本能是遗传的这一观点，但“他对本能理论的使用在他后期的著作中明显地减少了”（Rutherford，1984，p. 333）。[21] 在凡勃伦之后，与这位制度主义的创始人的观点相反，美国的制度主义者开始提出人性和人类行为是唯一地由文化决定的。据
109 此，尽管米契尔（Mitchell，1910）较早将本能视为解释人类行为的中心概念，但他后来也“认为凡勃伦的劳作本能（instinct of workmanship）② 不只具有遗传的特性，在多数时候具有由文化经历所塑造和传递的稳定特性”（Ross，1991，p. 384）。制度经济学家艾伦·格鲁奇（Allen Gruchy，1972，p. 43）明显带有对实证主义的屈服，满意地解释道：“米契尔没有跟着凡勃伦强调人类行为的本能基础，因为不能对本能进行客观的分析。”后来，制度主义显然已经抛弃了它的凡勃伦遗产中这个难堪的部分。早在 1924 年，杰出的制度主义者艾伯特·沃尔夫（Albert Wolfe，1924，p. 472）在一本颇有影响的制度主义文集中就写道，行为主义心理学提供了“一种理解经济动机的科学基础的前提”。

几年后，制度主义彻底衰败了。米契尔（Mitchell，1937，p. 312）对作为制度主义基础的达尔文主义和本能心理学失去了信心：“达尔文主义的观点在人们的意识中已经被替代了：本能—习惯心理学将产生某些其他的人性概念。”后来，艾尔斯（Ayres，1958，p. 29）表达了与所有人性的生物决定观彻底的决裂：“现在确凿无疑的是，没有哪一种复杂的行为方式在字面意义上是‘天生的’。我们现在知道所有行为方式完全是由文化决定的。”人类的大脑被视为一个空容器，或者是空白的

---

① 卢瑟福是加拿大维多利亚大学的经济思想史专家，主要研究制度主义思想史。——译者注

② 凡勃伦把人类本能分为建设性本能和破坏性本能两大类。劳作本能（国内文献常译为“作业本能”或“工艺本能”，似不妥）是最重要的一种建设性本能。——译者注

(tabula rasa)，由人们所处的文化和环境来填充。这就排除了——凡勃伦和其他人所关注的——大脑从进化中得到的生物能力及其与文化和制度的关系这个问题。但是，正是在这种情况下，而不是通过不断强调不受生物学影响的文化概念而妥协，制度主义者开始成为文化概念最为狂热的信徒。[22]

而不断强调文化的作用似乎并未使制度主义陷入困境，也没有破坏制度主义，这个思想流派受到与它的发展相伴随的生物学与社会科学的分离的影响。据此，凡勃伦建立一种“后达尔文主义的”和“进化的”经济学的研究计划受到了损害，如果不是被放弃了的话。尽管文化的一般概念对制度主义来说本身并不是一个问题，但向文化转变这种学术环境的出现，使进一步发展系统的制度主义理论更为困难了。[23] *110*

20 世纪 30 年代的大萧条轰然而至了。用冈纳·缪尔达尔（Gunnar Myrdal）的个人回忆来说明这一时期的变化是最为恰当的。当他在 20 世纪 20 年代末来到美国的时候，制度经济学仍然被许多人看作“未来的风向”。但在那时，缪尔达尔仍然处于他自己发展的“理论的”阶段， *111* 在“彻底地批评”经济学的方向。他“甚至参与了计量经济学学会的创立，这是一个准备与狂飙突进中的制度主义者相抗衡的组织”(Myrdal，1972，p. 6)。缪尔达尔接着解释了导致制度主义在美国的声望衰落的一个关键事件：

> 我相信扼杀制度主义的是世界范围内的经济萧条。面对这一巨大灾难，我们这些惯于从简化的宏观模型中寻找原因的“理论”派经济学家感觉到我们正处于风口浪尖之上，而制度主义者则显得杂乱无章。在这个时期，经济学家们在凯恩斯革命的洪流中由于时代的需要而调整了他们的理论模型，使得我们的“理论”方法的胜利更为广泛。
>
> Myrdal，1972，p. 7[24]

值得注意的是，在没有提到缪尔达尔的情况下，桃乐茜·罗斯(Ross，1991，p. 419）也确证了这种观点：

> 作为一场运动的制度主义……在大萧条及其凯恩斯主义疗法面前衰落了。这些自称为历史变革问题的专家不能比他们的新古典同行更好地理解大萧条，这是一个巨大的缺陷。尤其是米契尔，他像其他所有人一样预言经济低迷将在一两年内恢复平稳，凭借这种无

知的证据埋头于他的经验研究计划中。我们不能断定一个更有力的、真正意义上的历史的制度经济学是否能够做得更好。像自由主义左派经济学家一样，制度主义者投向了经凯恩斯主义修正后的新古典主义。

112 弗兰克·奈特也逐渐得出了类似的结论。奈特视自己为一个制度主义者——尽管他是一个特立独行的人，他在20世纪30年代和40年代的芝加哥大学是一个重要人物。他断言制度主义“被关于萧条的讨论，或者也许是关于繁荣和萧条的讨论淹没了，尤其是被凯恩斯主义革命的文献淹没了”（Knight，1952，p. 45）。[25]

但是，缪尔达尔、奈特和其他人所概述的制度主义的衰落过程经过了相当长的时间。甚至在凯恩斯主义在美国产生重大影响之前，制度主义者就早已积极地启发了富兰克林·罗斯福总统的新政（新政从1933年一直持续到1940年），并积极参与了新政的计划、启动和执行（W. Barber，1994，1996；Stoneman，1979；Wunderlin，1992）。新政并非受到凯恩斯的启发，而制度主义者的观点是否是罗斯福经济政策在理论上的有效因素也并不清楚。制度主义者没能为他们的干预主义政策提供清晰、全面的理论支持。[26]

1936年，在《就业、利息和货币通论》出版后，凯恩斯主义占据了统治地位。它的这种统治地位也受助于英美诸国的主张向国家干预和
113 计划的转变（Colander and Landreth，1996）。强调经济现象的复杂性以及仔细的经验研究的必要性的制度主义者似乎最终被数学化的凯恩斯主义者在理论上抛弃了。这个年轻的、主张数学化的集团转变了凯恩斯主义，发展了现在看来格外简单的宏观经济模型。大约从1938年到1948年，大量颇有影响的学术文献的出版——包括美国的阿尔文·汉森（Alvin Hansen）和保罗·萨缪尔森的著作，英国的罗伊·哈罗德（Roy Harrod）和约翰·希克斯（John Hicks）的著作——促进了凯恩斯主义思想的改变，使其在数学上更易于处理。这种方法的吸引力部分来自其技术统治论的引诱，部分是因为它对当时的紧迫问题提出了非常简单明了的解决办法。在对学术统治地位的争夺中，新方法明确的政策有效性是非常关键的（Yonay，1997）。根据这种学说，失业问题可以简单地通过增加一个被称为“G”的变量而得到缓解。这种“解决办法”简单而又明晰，再饰以数学的或者“科学”的外衣，而且对通常符

合技术统治论的文化中的表达方式给予了极大的崇敬。[27]

一般来说，制度经济学并不是凯恩斯主义革命的敌人，甚至在《就业、利息和货币通论》出版前，制度主义者约翰·莫里斯·克拉克（Clark，1935）就对凯恩斯的政策表示了谨慎的欢迎。拉特利奇·维宁（Rutledge Vining，1939，pp. 692-693）为凯恩斯的思想找到了一个制度主义的先例，他写道："凯恩斯的许多就业理论都可以从凡勃伦的直觉中发掘出来，尤其是在凡勃伦的《企业论》（*Theory of Business Enterprise*，1904）里。"赞成凯恩斯理论的经济学家，比如威廉·雅弗（William Jaffé）和理查德·伊利也觉察到了凯恩斯和凡勃伦的著作的相似性，也发觉它们被一起结合到了罗斯福的政策中（Tilman，1992，pp. 111-112）。在理论方面，制度主义最终形成了它自己与凯恩斯主义的综合，在一种有机体本体论的意义上来解释凯恩斯主义，与美国的凯恩斯主义者相比，制度主义不太强调数学模型（Dillard，1948；Gruchy，1948）。

到第二次世界大战末期，凯恩斯主义在英国和美国都支配了经济学专业。当然，占支配地位的"凯恩斯主义"在许多关键方面都与凯恩斯的经济学有所不同。正如本杰明·沃德（Benjamin Ward，1992）和特 114
伦斯·哈奇森（Terence Hutchison，1992）注意到的那样，凯恩斯主义革命差不多变成了一场"形式主义革命"。但有证据表明，凯恩斯自己是怀疑计量经济学和经济学中的数学模型的。从 1938 年到 1948 年，凯恩斯主义的新古典综合的诸多基础已经浮现，这种综合基于新古典微观经济学的关键的发展，以及与凯恩斯主义有密切关系的宏观经济模型的一个机械论体系。[28]

然而，自从生物学在社会科学中衰落以后，机械论意义上的模型化和函数关系在经济学中越发普遍。可以证明，这二者的发展是相关的。但是不应该得出结论认为如果生物学隐喻得以保留，它将会阻止数学化的浪潮。生物学并不必然就是机械论模型化的对抗手段，在 20 世纪 20 年代和 30 年代，生物学也并不那么可靠。早在 1925 年，艾尔弗雷德·洛特卡（Alfred Lotka）就试图在他出版的《物理生物学的元素》（*Elements of Physical Biology*）一书中"把生物学作为物理学的一个分支来重新表述"（Kingsland，1994，p. 233）。[29]生物学本身在正式的分析与散乱的分析之间、整体论和还原论之间、原子论和有机论之间长期存在着内部的紧张关系。生物学在社会科学中的衰落本身并没有直接地导致向机械论模型化转变。相反，在 20 世纪前 30 年，生物学没能为制度主义提供理论工具，使制度主义经济学家丧失了能力，而且还产生了一个缺口，使时髦的计量经济学家、建模者和数学家能够从中喷薄而出。

即使在微观经济理论中，制度主义在与新古典主义的战斗中也失败了。在 20 世纪的前几十年，制度主义者似乎以强烈的经验基础指出了最大化行为的新古典原理与当时的心理学是不一致的。但是，萨缪尔森（Samuelson，1938）和其他人开始强调经济学能够仅以“显示偏好”的主张为基础，不需要调用任何人类行为的心理学理论（Lewin，1996）。
115 社会学与心理学也脱离了，主流经济学也迅速地脱离了心理学。对最大化行为假定在心理学上的不切实际的制度主义批评因而变得无效。主流经济学就把自己视为独立于任何心理学原理的学说。生物学和社会科学早先的分离使这种情形的出现成为可能。

甚至在所有人的注意力都转向了希特勒在 1933 年的集权和法西斯主义在欧洲的蔓延之前，美国制度主义就已经在一些关键的学术争斗中失败了。随后，纳粹大屠杀在英美学术界消灭了所有与生物学有关的社会科学。1914 年以前在自由派和保守派中都很普遍的优生学思想被视为与法西斯主义和人种镇压有着危险的关联。所有与生物学有关的东西都不得不从社会科学中清除出去。所有持反对意见的人都面临着被当成种族主义者和法西斯主义者的严重的危险。这种剧烈变动的政治上的发展最终终结了 1880 年以来社会科学与生物学之间长期的密切关系。1940 年，这种思想在英美学界陷入了最低潮。

5.7　生物学零星的回归以及演化经济学的重生

第二次世界大战后，社会科学中出现了生物学部分的回归。这一转变的推动力来自 20 世纪 40 年代和 70 年代生命科学的两次独立的发展。它们对社会科学产生了重大的影响。在 1950 年和 20 世纪 70 年代，在生物学的每一次发展之后，经济学中都立即出现了值得注意的“生物学”思想。这不仅仅是一种巧合。事实上，比如 20 世纪 70 年代的经济学发展，与生物学在同时代的发展的关系是直接而明显的。

第一个推动力是生物学中新达尔文主义的综合的出现。这次综合的元素很久以前就已存在了，但直到 20 世纪 70 年代才完全形成了新的范式。英国和美国的一些达尔文主义者［主要是西奥多修斯·多布任斯基（Theodosius Dobzhansky）、罗纳德·费雪（Ronald Fisher）、约翰·B. S. 霍尔丹（John B. S. Haldane）、朱丽安·赫胥黎（Julian Huxley）、厄斯特·迈尔（Ernst Mayr）、乔治·盖洛德·辛普森（George Gaylord Simpson）、G. 莱迪亚德·斯特宾斯（G. Ledyard Stebbins）、伯恩哈德·伦施（Bernhard Rensch）、休厄尔·赖特（Sewall Wright）］实现了自然选择理论与孟德尔的遗传学的综合。只有在孟德尔的基因理论充 116
分地结合到演化理论中去，才会为假设的后代变异和物种选择提供一个可靠的解释。这是达尔文或者任何 19 世纪的生物学家没能完成的工作。正如迈尔（Mayr，1980，pp. 39-40）指出的那样："1937—1947 年间发生的是……以前所不能沟通研究传统之间的综合。"战后的"演化综合"给予了达尔文主义的自然选择思想新的生命力，并一直持续至今。

阿尔钦 1950 年的著名文章的发表时间的选择因而是非常恰当的。他利用了新达尔文主义的胜利，明确地呼吁使用自然选择隐喻。但他没有提到更早时候凡勃伦的工作：早先的演化理论的尝试被遗忘了。阿尔钦（Alchian，1950）指出，企业最大化行为的假定对于解释和预测的科学目的来说并非必需的。阿尔钦认为选择的成功取决于行为和结果，而不是取决于动机。如果企业实际上从来没有试图使利润最大化，那么选择的"演化"过程将保证更能盈利的企业得以生存。阿尔钦的论点实际上是一个混合物，它混合了行为主义者所强调的可观察的、忽略意识的动机，混合了实证主义者的重预测而轻解释，混合了一种没有被完全吸收的生物学类比。正因此，他把握了那个时代的知识程式。

这种演化思想得到了斯蒂芬·恩克（Stephen Enke，1951）的继承和修正，他认为如果竞争足够激烈，"从长期来看"，激烈的竞争条件意味着只有最优者才能生存。米尔顿·弗里德曼（Friedman，1953）进一步发展了这种观点，他把"自然选择"视为这种假定的基础：行为人"好像"一个最大化者那样行动，无论企业或者个人实际上是否为最大化者。他比阿尔钦走得更远，把"自然选择"用作个体企业的最大化假定的辩护工具。

大约在同时，善于发明的反正统经济学家肯尼思·博尔丁出版了《经济学的改造》（*Reconstruction of Economics*，1950）一书。他在书中借用了“种群思考方式”（population thinking）并且把各种模型与生态学结合起来。资本品被表现为寿命长短不同的人口，就像物种的生死
117 一样被加入到投资基金中。[30]另外，博尔丁（在这本书里）是最先强调经济是生态系统的一部分而且依赖于生态系统的人之一。

演化理论的这种初显锋芒很可能是由生物学在20世纪40年代的重大发展所推动的。与20世纪70年代的情况相比，战后生物学的第一次推动从生物学的观点来看意义更为重大，但它对经济学和社会科学而言意义是比较小的。这次变化对社会科学的影响很小，而对生物学的推动更大，这是可以解释的。原因在于这种变化直接发生在纳粹大屠杀之后，也要考虑到20世纪20年代和30年代生物学思想在社会科学中曾受到激烈的反对。

演化思想在战后的第一次浪潮对经济学的影响很小也有其理论上的原因。伊迪丝·彭罗斯（Penrose，1952）对阿尔钦和其他人的观点作出了反应，认为生物学类比是不适合于经济学的。她认为新达尔文主义的进化论排除了协商行为和计算行为，而这些是人的行动在经济领域的特征。“把企业的成长视为其遗传的性质的展开，这完全是蒙昧主义。把创新视为偶然的突变，这不仅模糊了创新的重要性，实际上也使其成为无法解释的东西”（Penrose，1952，p. 18）。彭罗斯提出了一直存在于生物学和经济学的研究议程中的关于这两个学科的关系的某些试探性的和根本的问题。仅过了3年，阿尔钦（Alchian，1953，p. 601）就退却了，他在较早的一篇文章里写道：“就生物学类比而言，它只是说明性的。”

对经济学家来说，弗里德曼在1953年的介入影响特别大。他的文章成为了对新古典最大化假定的一个经典辩护。文章用演化生物学的新的权威去反驳残留的制度主义者和行为主义者对新古典核心思想的怀疑。但除了这种反驳之外，在随后的20年中经济学里几乎就没有使用过生物学类比。

同样具有讽刺意味的是，弗里德曼对自然选择隐喻的使用支持了机械论范式的一个关键元素，反驳了制度主义阵营中的“演化”经济学

家。在同样发表于 1953 年这个重要年份的一篇文章里，格雷戈尔·塞巴（Gregor Sebba，1953）从牛顿思想和机械论思想中追溯了理性和均衡思想这两个新古典经济学核心概念的来历。事实上，弗里德曼已经过于简单化地应用了一种源于达尔文主义生物学的未被完全吸收的思想，用来强化新古典经济学的机械论范式。达尔文主义的进化论虽然集中关注差异性和多样性的起源，但弗里德曼却把演化过程视为一种演化的最佳条件（evolutionary optimum）的产物。11 年后，西德尼·温特 *118*（Winter，1964）说明了弗里德曼观点的适用性是非常有限的，即使从演化的角度来看也是这样。[31]

在其他社会科学中，生物学在战后的重新浮现表现得更为显著。第二次世界大战一结束，心理学中就重新发生了遗传—环境争论。在 1948 年，人类学家克莱德·克拉克霍恩（Clyde Kluckhohn）宣称与文化一样，生物学在对人类行为的解释中占有一席之地。在 20 世纪 50 年代，甚至克罗伯的观点也发生了转变，准备承认人类本性的生物根源（Degler，1991，pp. 218-221）。

本能概念也慢慢地恢复了。隐藏在这种发展背后的许多初始推动力来自欧洲。在 20 世纪 30 年代，奥地利生态学家康拉德·洛伦茨（Konrad Lorenz）发表了一些关于本能行为的学术文章。1951 年，牛津大学的生态学家尼古拉斯·丁伯根（Nikolaus Tinbergen）出版了他的《本能研究》（*Study of Instinct*）一书，指出诸多人类行为都是本能性的。到 20 世纪 60 年代，本能概念在美国的心理学中也重新出现了。1973 年，洛伦茨和丁伯根因为他们在本能行为方面的工作与卡尔·冯·弗里希（Karl von Frisch）一起获得诺贝尔奖（Degler，1991，pp. 223-224）。

此外，行为主义心理学受到了攻击。在 20 世纪 50 年代，哈里·哈洛（Harry Harlow）对恒河猴做了一系列著名实验，指出猴子的很多行为不只是刺激—反应式的。一只小猴子会依赖一个柔软材料做成的人造母猴，而不是依赖一个金属材料做成的、能够给它喂奶的人造母猴。一些本能的驱使说明了这种行为。J. 加西亚（J. Garcia）和 R. A. 库林（R. A. Koelling）1966 年进行的另一些实验表明，当在水中通电以阻止老鼠入水时，老鼠并不会条件反射地改掉嗜水的本性，但兽类在喝水的时候如果导致了恶心反应（induced nausea），它们就很容易学会离开水。这表明物种有避免导致恶心反应这样的功能性本能，再度破坏了一般的条件反射的观念。行为主义因此被它的试验者搬起石头砸了自己的脚。此外，诺姆·乔姆斯基（Noam Chomsky，1959）和西里尔·巴特（Cyril Burt，1962）对行为主义的批评宣告了心理学中意识概念的回归，因而削弱了实证主义在这个学科中的霸权。[32]

119 最主要的生物学家们自己也认为，社会科学不能忽视人类生命的生物基础。比如多布任斯基（Dobzhansky，1955，p. 20）说道："人类的进化只是生物事实和社会事实相互作用的一个结果，这是完全可以理解的。"相关的论点也得到了人类学家小亚历山大·阿兰德（Alexander Alland，1967，p. 10）的认可：

> 生物学家现在一致认为在有机体的发展中环境是第一位的还是遗传是第一位的，这是一个没有意义的问题。现在一般接受的是，有机体的功能和形式可以只作为高度复杂的相互作用过程的结果来理解。

到 20 世纪 70 年代初，比如布鲁斯·埃克兰（Bruce Eckland）之类的社会学家和艾伯特·索米特（Albert Somit）之类的政治学家认为，应该重新建立生物学和社会科学的联系。1970 年，政治学家托马斯·索尔森（Thomas Thorson）指出，达尔文主义的进化论对于发展一个社会和政治变迁的理论是有用的。他认为，从生物学的观点而不是从物理学的观点才能最好地理解人类事务。生物学与政治学的对话得到了 1975 年在巴黎召开的一次国际会议的支持，许多美国社会科学家也参加了这次会议（Degler，1991，pp. 224-226）。

战后生物学的回归在几个关键方面采取了一种独特的形式。尤其是 20 世纪 40 年代新达尔文主义的综合的胜利，以及 1953 年克里克（Crick）和沃森对 DNA 结构的发现，重新提示了对还原论的可能性的信任。人们相信如果有机体的行为可以用遗传密码来解释的话，所有科学都应该仿效这种成就，都应该从部分出发来解释整体。当然，并不是所有生物学家都持这种观点，许多人还是把有机体视为基因和环境相互作用的结果。然而，那些表面上把整体分解为其构成部分的人还是享有更高的声望。

因此在 1972 年，人类学家乔治·莫多克（George Murdock）仿照 1883 年的门格尔、1910 年的海斯以及 1927 年的奥尔波特，批评了把

“社会总和”而不是把个体“作为更好的研究单位”的思想。他认为文化概念存在严重的缺陷。是个体产生了文化，而不是相反。以个体为单位将把人类学带上生物学之路（Degler，1991，p. 235）。对一些人来 120
说，生物学的回归是对把文化当作人类行为的决定因素这种思想的拒绝，也是对科学中的还原论的称颂。对他们而言，时间似乎又回到了1890年。还好这种思维方式并不普遍。

下面将要提到，1975年是生物学对经济学的影响的转折点。在此前的20年里，论及生物学的经济学家相对较少。但也有一些值得注意的例外。来自制度主义传统的莫里斯·科普兰（Copeland，1958）曾试图复兴对凡勃伦建立演化经济学的计划的兴趣。杰克·唐尼（Jack Downie，1958）通过将差异性和“种群思考方式”引入企业间的竞争局面而悄悄地修复了马歇尔经济学中的生物学类比（Nightingale，1993）。哈耶克（Hayek，1967a）在一篇重要论文里大量引用了演化生物学，从而宣告了他自己的思想的重大转变。迈克尔·法雷尔（Michael Farrell，1970）则作出了一个孤立的数学贡献。

在经济学中，1954—1974年这个阶段受生物学启发的最重要著作是尼古拉斯·吉奥尔杰斯库-勒根（Nicholas Georgescu-Roegen）的《熵定律与经济过程》（*Entropy Law and Economic Process*，1971）。他认为生物学类比和热力学类比一样是有价值的，而且建立了一种独特的“生物经济学”。随后——但是制度主义、哈耶克和吉奥尔杰斯库-勒根显然是各自为政的——纳尔逊和温特（Nelson and Winter，1973，1974）概括了新的经济演化理论的基础。

爱德华·威尔逊（Edward Wilson）于1975年出版的《社会生物学：新的综合》（*Sociobiology：The New Synthesis*）一书引爆了一颗重磅炸弹，尽管在这本书出版之前生物学已经大踏步地走上了回归之路。这本书明显激发了对所谓建立人类行为的生物基础的持久的兴趣。这本书遭到了来自社会科学家和生物学家的大量批评。但它却把生物学带回了社会科学的研究议程。

新出现的社会生物学迅速对经济学产生了影响。加里·贝克尔（Becker，1976b）发表了一篇文章，提出了一个偏离新古典思路的人类行为模式的遗传决定论。杰克·赫什雷弗尔（Hirshleifer，1977，1978）和戈登·塔洛克（Gordon Tullock，1979）紧接着同样提倡经济

121 学和社会生物学的结合。[33]值得注意的是，这些代表人物都是个人主义者和还原论者，他们在生物世界和经济领域都强调自利和个体竞争（Gowdy，1987）。

尽管纳尔逊和温特最初的演化理论概论在1973年以前就发表了，但他们还是承认威尔逊的著作的重要性（Nelson and Winter，pp. 42-43）。虽然他们开创性的《经济变迁的演化理论》一书在提高生物学的声望方面，以及在将生物学隐喻重新引入社会科学方面都享有越来越高的声誉，但这本书与贝克尔-赫什雷弗尔-塔洛克这个支系的差别是很大的。纳尔逊和温特反对人类行为总体上或者大部分是由基因决定的这种观念。他们的看法是复杂的和相互作用的，包含了选择的不同层次和不同单位，以及个体、制度和它们的环境之间无时不在的相互作用。

几乎同时，博尔丁也发展了一种演化方法（Boulding，1978，1981）。这一方法建立在他早期关于生物学类比的著作的基础上（Boulding，1950），但重要的是直到20世纪70年代，他的完全成熟的演化理论才出现在了他所发展的理论形式中。这种发展要晚于其他社会科学，尤其是人类学，在这一学科里，对“演化”这个词的使用在20世纪60年代就已经很普遍了。

从1890年到1939年这50年中，我在经济学里找到了17份以“演化”或者“演化的”为标题或者副标题的相关（英语）文献（包括专著和学术期刊中的论文）。这些文献多数是在第一次世界大战前出版或发表的。由于这一时期出版或发表的文献相对较少，这一发现比较重要。大多数使用“演化”这个词的早期文献都出自“老”制度主义者之手。[34]

1939年以后出现了一个巨大的断层。20世纪40年代在经济学中已找不到以“演化”或者其派生词作为标题或副标题的文献了。这个词重
122 返经济学是在阿尔钦1950年的文章里。从1950年到1980年，对“演化”之类的词的使用开始扩散，并逐渐增加，后来就更为迅速地增长了。但直到1980年以后，“演化”这个词才在经济学中得到普遍使用。20世纪90年代对这个词的使用达到了三位数。

要注意的是，使用“演化”这个词并不必定表示作者就采用了一个生物学隐喻。此外，“在标题或者副标题中出现‘演化’这个词”这一

标准是非常不精确的（吉奥尔杰斯库-勒根1971年的重要著作明确地运用了生物学，但不适用这个标准）。我们在这里只是要说明经济学和生物学之间使用跨学科话语的合法性程度的变化影响着经济学家使用“演化”这个词的频率。

就像经济学中的一般情况那样，20世纪60年代以前奥地利学派的作品中很少提到生物学。[35]哈耶克在他生命的最后30年开始将生物学隐喻引入奥地利学派的经济学中。但他早期反对社会理论中的“唯科学主义”，而且他谴责社会理论“对科学方法和语言的一种奴性的模仿”（Hayek，1952b，p. 15），因此他对生物学隐喻的使用受到了约束。但是后来哈耶克（Hayek，1967b，p. vii）提到了他在对待“唯科学主义”态度上一种“语气”的转变，将其归因于受到卡尔·波普（Karl Popper）的影响。不用说，这不仅仅是“语气”的问题，而且引入生物学类比之门渐渐打开了。

尽管早期的文献有所预示，但哈耶克第一次提出一种更为明显的“演化”方法却是在他出版于20世纪60年代的一本文集里（Hayek，1967b，pp. 31-34，66-81，103-104，111，119）。[36]他对演化理论的讨论也散见于20世纪70年代完成的主要作品里（Hayek，1982，vol. 1，pp. 9，23-24，152-153，vol. 3，pp. 154-159，199-202）。但直到20世纪80年代末的著作中才看到了哈耶克对演化概念最为充分明确的表述（Hayek，1988，pp. 9，11-28）。因此不能说奥地利学派在经济学中一贯地采用生物学隐喻。由于在1955—1974年这个阶段使用 123
生物学隐喻的人并不多，所以哈耶克在20世纪60年代在这方面的叙述还是值得注意的。但是这也标志着哈耶克自己思想的转变，以及他早期对“唯科学主义”的反对的逆转。在一定程度上可以说哈耶克是顺应了潮流。总之，20世纪80年代以前奥地利学派的作者并没有普遍地使用“演化”这个词。[37]

此外，熊彼特也没有在任何一部著作或者一篇文章的标题里使用“演化”这个词，而且（典型地是不明确的、更恰当地说是误导性的）“新熊彼特主义”这个名称在20世纪80年代之前也并不为人所知。

在生物学对社会科学的影响越发强烈的时候，断定哪一种“演化经济学”或者“经济生物学”会取得胜利还为时过早。但一般而言，盛行于20世纪80年代的各种演化理论有着重要的差别。比如，由于布莱恩·阿瑟（Brain Arthur，1989）的著作的影响，保罗·戴维（Paul David，1985）① 和其他许多人现在普遍承认了路径依赖的重要性，这就破坏了演化一般来说会导向最优的或者接近最优的结果的这个观点。斯蒂芬·杰伊·古尔德（Stephen Jay Gould，1989）之类的生物学家也持类似的看法。

5.8 概括和结论

应该承认本章包含了大量讨论，没有充分地讨论细节问题。但我们在这里呈现的是一种前所未见的图景，首先需要的是展示它的全貌。我们得到了关于生物学和经济学之间关系的大量的一般性意见和发现。这时候可以对它们稍作概括了。

在 20 世纪，生物学以各种大不相同的方式影响着经济学。二者相互作用的第一种方式包含在这种意见里：对社会经济现象的解释可以完全简化为生物层面上的现象，以及根本上要由这些生物现象来解释。第一次世界大战前，斯宾塞之类的理论家就持这种立场，却受到比如凡勃伦等人的反对。在两次世界大战之间这一阶段，人们普遍否认生物现象对社会的影响。1945 年以后，生物学思想回到了经济学和社会科学中，其标志是提出和强调人类行为的遗传基础这种观点（贝克尔、赫什雷弗尔和塔洛克），以及其他人所持的避开生物还原论的对立观点（纳尔逊和温特）。

124 二者相互作用的第二种方式是在隐喻方面。生物学思想以各种不同的方式被引进到重建经济学的工作中。正是在这个意义上，凡勃伦在 1898 年赞同建立一种“后达尔文主义”的经济学，阿尔钦在 1950 年采用了一种演化类比，纳尔逊和温特后来构建了他们的理论体系。相互作用的这种隐喻模式与下列观点是一致的：要在独立自主的水平上进行社会经济分析，反对生物还原论。这种模式包括了详细审查、修正或者反对从一个学科引入另一个学科的特定概念，同样也包括接受这些概念。对隐喻的开放的、自觉的使用可能包含的是批评性的比较，而不是奴性

① 这里两个文献的发表时间疑有误，原文如此。——译者注

的模仿。[38]

但是在两次世界大战之间这个阶段经济学和其他社会科学对生物学思想的清除意味着前述分析上的相互作用的两种方式——隐喻方式和简化方式——都被抛弃了，尤其是建立一种受生物学启发的演化经济学变得特别困难。

德格勒（Degler，1991）和其他人已经令人信服地指出，20 世纪前 40 年生物学对美国社会科学影响的逐渐消退在很大程度上是因为意识形态而不是科学根据的鼓动。从 19 世纪开始，美国人的经济学才能和政治才能的提升是与相对自由的、个人主义的意识形态的出现相联系的。在学术圈里，20 世纪早期的意识形态发展成为强烈的反种族主义倾向。这种倾向强调个体的成就，将其视为不受生物遗传性约束的东西。

自由主义的意识形态与左翼的意识形态的结合在这种学术氛围里有助于提高美国制度经济学的声望，但脱离生物学也削弱了正处于理论发展关键阶段的制度主义。[39]凡勃伦建立一种后达尔文主义的演化经济 125
学的计划受到了社会科学脱离生物学的阻碍，也受到生物学表现出来的理论困难的阻碍，这种困难直到 20 世纪 60 年代新达尔文主义综合的出现才得到解决。到那时，美国制度主义已经元气大伤了。新古典的和"凯恩斯主义的"模式也已取得了胜利。

此外，制度主义没能够发展起一种系统性的理论，这意味着到 1929 年的时候，它在大崩溃和随之而来的经济萧条面前显得手忙脚乱、力不从心。数学建模者以相对简单的、几乎不带方程式的、似乎更有吸引力的（尤其是对那些希望让他们的经济学得到切实地、人道地运用的人来说）模型为基础，提出了明确的疗法。现在很少有人相信这种模型的用处了（Lawson，1997；Mayer，1993；Ormerod，1994），但在那个极端崇尚技术统治论的年代，这些模型似乎就是经济病症的科学的解决办法。

这样，经济学不断形式化的积累过程开始了。在 20 世纪 30 年代末，时间又倒回到了起点。到 20 世纪 20 年代为止，文字表达一直是经济学的主要表达方式。但在 20 世纪 30 年代末，一切都开始改变了。1940 年以后，数学的使用开始迈出了引人入胜的、整齐划一的步伐（Stigler et al，1995，p. 342）。制度主义的失败并不是唯一的推动力，但它的战略主动性的丧失却是至关紧要的。[40]

我们也提到，在20世纪经济学与生物学关系的转变与科学概念本身的变化是密切相关的。实证主义在20世纪20年代的出现也加速了自觉使用隐喻的人的边缘化。此外，还原论的逐渐盛行对经济学与生物学的关系也产生了多样性的复杂影响。

我们可以得出几个结论。但这里要特别说明一下其中的两个结论。
126 第一是要强调意识形态与科学相结合的危险。对人性以及人类行为的原因——不管是生物的还是社会的，或者是二者相互作用的——的考察是科学的任务，不是意识形态的范畴。一般来说，不应该以支持什么样的意识形态为基础来选择理论。同样的理论常常可以用来支持不同的意识形态。比如新古典的一般均衡理论在20世纪70年代和80年代经常被用来支持市场导向的政策，而同一个理论则被奥斯卡·兰格在20世纪30年代用来支持一种社会主义的中央计划模式。另外，不同的甚至矛盾的理论可以被用于支持同一种意识形态。比如前述内容表明，拉马克主义的和反拉马克主义的生物学都曾被用于反对种族主义。

意识形态和科学是纠缠不清地混合在一起的，但二者不是同一个东西。要把二者合并在一起，要纯粹从意识形态的意义上来评判科学，就是贬低科学的价值，就是危害科学本身。科学家是避免不了意识形态的。事实上，他们应该承诺建设一个更好的世界。科学家具有意识形态上的责任，但他们不只是空想家。主要以明确的政策结果为基础来选择或者反对一个理论，是忽视了科学的批评的要求和评价的要求。教条在科学的水平上和意识形态的水平上都会得到强化。科学和意识形态的合并使二者都堕落了。

第二，正如科学和意识形态是相关的但又是在不同的层次上起作用的一样，生物学和社会科学也是如此。完全割裂生物学与社会科学是靠不住的，因为现实中人类并未与他们的自然基础完全割裂开。而把生物学和社会科学合并到一起，让它们变成同一个学科或者相似的学科，也是错误的，会带来许多危险，其中的一些危险我们已经在上文探讨过了。无论是完全隔绝的割裂，还是完全的整合都是不可取的。我们必须在两个学科之间建立更成熟的关系。[41]

生物学应该与社会科学建立联系，但也不能否认它的自主性。通过这种概念化，我们有可能在生物学和经济学之间建立一种关系，在其中，每一个学科各就其位，不允许一个学科对另一个学科的支配。这样一种关系将为隐喻的灵感提供丰富的源泉，可以把那些方法论上的和本体论方面的洞见用于发展一个新的演化经济学——以延续和完善一个世纪以前始于凡勃伦的那个计划。

【注释】

[1] 本章根据霍奇逊即将发表的论文（Hodgson，forthcoming）修改、增补而成。

[2] 对马歇尔、凡勃伦、斯宾塞、熊彼特、门格尔、哈耶克和其他人更详细的讨论见 Hodgson（1992a，1993a，1993b）。

[3] 正如鲍勒（Bowler，1983）说明的那样，达尔文的思想在 1880—1914 年间实际上并不时髦。它的复兴是 1930 年后与遗传学综合起来以后的事。现在普遍承认的是，所谓“社会达尔文主义”的多数支持者的思想更接近于斯宾塞和萨姆纳（Sumner），而不是达尔文自己的思想。

[4] 突现特征这个概念将在第 6 章详细讨论，也可见 Archer（1995），Bhaskar（1975，1979），Kontopoulos（1993），Lane（1993）和 Lawson（1997）。关于方法论的个人主义问题、还原论问题和建立微观基础的工作的失败，见本书第 4 章和第 6 章。

[5] 部分的例外是德格勒（Degler，1991）和帕森斯（Persons，1950）的文献，但两人阐述经济学的内容都非常少。

[6] 尤其是利林菲尔德（Lilienfeld，1873—1881）认为社会实际上就是一个有机体，谢夫勒（Shäffle，1875—1881）则稍有不同，他把有机类比视为恰当的方法，但不是文字上的类比。对谢夫勒而言，社会并不是一个生物学或者生理学意义上的有机体，而是它的象征和技术的统一使它具有了类似有机体的特征。以此为基础，谢夫勒将准达尔文主义的原理运用到社会经济系统中，而且像其他人一样，将集体而不是个体视为选择的单位。

[7] 熊彼特并不欢迎生物学隐喻。他写道：“不要呼吁哪怕是最小限度地使用生物学”（Schumpeter，1954，p. 789）。然而，熊彼特的著作中留下了丰富的思想，并对比如纳尔逊和温特这样的当代演化经济学家产生了重大的影响。对熊彼特的所谓“演化经济学”的讨论见 Hodgson（1993b，1997c）以及作者与凯姆（Hodgson and Kelm，1997）的争论。

[8] 他的这种思想引发了德克海姆（Durkheim）于 1893 年出版的《论社会分工》对斯宾塞的经典批评。关于德克海姆对有机类比的使用见 Hejl（1995）。

[9] 在剑桥国王学院凯恩斯通信集收录的 1924 年的一封信里（Cox Catalogue

no. EJ/6/4/177-182)，数学家 J. R. 莫兹利（J. R. Mozley）向凯恩斯解释了他是如何早在大约 1865 年就向马歇尔介绍斯宾塞的著作的。

[10] 麦克道格尔在剑桥大学和牛津大学任教，后来成为哈佛大学的教授。

[11] 对 1896—1899 年凡勃伦知识革命的性质和源泉的详细讨论见 Hodgson (1998d)。

[12] 凡勃伦反复地使用进化选择的隐喻。虽然他只用了“自然选择”这个完整的词组中的一部分（Veblen，1899，pp. 188，207；1934，p. 79；1919a，pp. 170，416)。他通常是在进化的意义上来使用“选择”这个词。我们只是在《有闲阶级论》的如下内容里找到这个词：pp. 13，44，69，190，191，208，212，213- 214，217，225，229，233，235-239，241，246，319。他不愿在社会环境里使用“自然”这个词，几乎可以肯定是因为他反对生物还原论，以及他强烈地反对社会或者经济安排可以描述为“自然的”这种辩护性的观念。不用“自然”这个词并不意味着就破坏了凡勃伦与进化隐喻之间的密切关系。

[13] 本书提到了两种相互作用论。第一种认为行为人和结构是相互作用的，是互为条件的，解释既要基于行为人，也要基于结构，否则就是不可靠的（Archer，1995；Bhaskar，1979；Giddens，1984；Lawson，1997)。第二种提出社会经济系统与它们的生物基础是相互作用的，因而（1）只基于生物学的解释是不合适的，（2）对社会经济现象的充分解释要包括生物学要素在内（Hirst and Woolley，1982；Pinker，1994；Plotkin，1994；Weingart et al，1997)。这两种相互作用论是相容的，都反对还原论。

[14] 这部分的许多信息和观点来自 Degler (1991)。

[15] 这个概念较早是由爱德华·泰勒（Edward Tylor，1871）和刘易斯·摩根（Lewis Morgan，1877）发展起来的。但对这两人来说，“文化”这个词基本上只是“文明”的同义词，他们在这个词的发展中都接受了目的论的和单线式的观念。在他们试图建立一般的文化发展理论的时候，没能为文明的单一轨迹演化提供恰当的因果解释。摩根回到了文化发展的心理学和生物学解释，而泰勒含糊地暗示了一种内含于文化中的展开的或者后生的（epigenetic）动力学。

[16] 在 20 世纪 30 年代，桑巴特和其他一些纳粹的同情者认为，个人就像细胞一样服务于国家有机体，整体的福利从而高于个体。这种生物学隐喻因而明确地用于为法西斯主义服务（Harris，1942)。但是，简单地以可能被滥用为由而反对所有的生物学隐喻是站不住脚的。比如霍布森和斯宾塞就曾用非常类似的隐喻去支持自由主义的或者个人主义的政治哲学。

[17] 生物决定论在美国和欧洲都被左翼思想和自由思想所抛弃。两次世界大战之间这一阶段对生物决定论的排斥既能解释行为主义在美国的出现，也能解释斯大林在苏联偏爱李森科（Lysenko）的拉马克主义理论，拒绝达尔文主义理论（Jo-

ravsky，1970；Medvedev，1969)。

[18] 尽管保留了下来，但在批评和替代新古典理论的理性行为人范式上没有进一步的重大发展。就像在艾尔斯的著作中一样，由于偏向一种形式的文化决定论，忽视了建立一个替代性的、制度主义的个人行为理论（Rutherford，1994，pp. 40－41)。对艾尔斯来说（Ayres，1961，p. 175)，“在非常真实的意义上……不存在像个体一样的东西”。习惯成为只是形式上的措辞，以及想象中推动所有经济和技术变迁的神秘的文化力量的知识库（Ayres，1944)。

[19] 图尔（Tool，1994，p. 16）说道：“艾尔斯和他的学生们是在（20世纪的）后半个世纪对制度经济学的发展最重要的贡献者。”

[20] 缪尔达尔（Myrdal，1958，p. 254）——他自己也是一个制度经济学家——把两次世界大战之间的美国制度经济学称为“天真的经验主义”。

[21] 我曾错误地认为（Hodgson，1992a，1993b）凡勃伦放弃了本能在生物学上是遗传的这种观点。我要感谢卢瑟福纠正了我的这个观点。

[22] 相反，凡勃伦所持的观点认为文化可以在一定程度上由集体的遗传来塑造。艾尔斯（Ayres，1952，p. 25）竟然把凡勃伦的这种观念描述为种族主义：“可能最糟糕的是凡勃伦对种族主义的试探性的入迷。他不知何故被说服了，认为‘金色长发的种族’拥有特定的塑造其文化的特殊倾向——这是今天的人类学家断然拒绝的一种思想。”如蒂尔曼（Tilman，1992，p. 161）指出的那样，这种看法忽视了凡勃伦的时代的意识形态环境和科学环境，更为重要的是凡勃伦在他的著作中从来没有表达过对任何种族的憎恶。凡勃伦的著作中对种族差异的推测从来没有被他当作种族歧视或者种族压迫的根据。事实上，艾尔斯的这种推论是不合理的，就像对人权的规范陈述在逻辑上并不是从人类差异的经验陈述中推导出来的，也不是从人类特性或者行为的理论陈述中推导出来的。布劳格（Blaug，1968，p. 679）和塞缪尔斯1990年为凡勃伦著作（Veblen，1919a，p. ix）所作的序言里也有对凡勃伦的“种族主义”的类似的不恰当的指责。这些指责似乎源于这样的观点：对不同人种的不同特质的描述就是种族主义，而反种族主义就是要否认这种差别。相反，一种无条件的反种族主义与否认还是支持任何经验的或者理论的命题无关，这样强于一种有条件的反种族主义姿态。

[23] 尽管脱离了生物学，制度主义者们还是在自称为“制度”经济学家的同时，也保留了“演化”经济学家这个称呼。但这个称呼的使用更多的是由于艾尔斯（Ayres，1944，p. 155）颇有影响的如下观点：“制度经济学”这个词是“非常不合适的”。他抱怨“‘制度主义’这个词是用词不当”（Ayres，1935，p. 197)，因为他从来不把制度视为对进步的促进，而是典型地将其视为对进步的消极约束，视为“一种坏东西，它使我们永远只能去试图自我救赎”（艾尔斯致杜威的信，1930年1月29日；引自Tilman，1990，p. 966；又见McFarland，1985，1986)。对艾尔斯

而言，是“技术”而不是“制度”推动人类进步。艾尔斯的制度观与凡勃伦和康芒斯的制度观形成了对照，凡勃伦和康芒斯把制度既视为建设性的和推动性的活动，在某些情况下甚至将其视为进步的文明的标志，同时也认为制度可能产生保守的和约束性的影响。使用“演化”这个名头是为了强调经济变迁的动态观念，与新古典经济学的均衡思想形成对照。就像在熊彼特的例子里一样，这个词并不必然意味着与生物学的任何关系。美国制度主义对交替使用这两个称呼始终心存不安。洛伊德·布朗迪斯（Royall Brandis）曾对作者说道，当制度主义的“进化经济学学会”在20世纪60年代后期开始创办它的刊物时，由于支持用“制度”和支持用“演化”的双方僵持不下，致使采用了一个非常平凡的刊名：《经济问题杂志》（*Journal of Economic Issues*）。

［24］使这种个人提供的证据特别值得相信的是，几年后——20世纪40年代——缪尔达尔转向了制度主义，后来获得了诺贝尔经济学奖。制度主义者艾尔斯（Ayres，1935，p. 173）似乎部分地确证了缪尔达尔的分析，他在当时说道：“［新古典经济学家］和‘制度主义者’争论的问题的关键似乎是后者没有能力论证目前这种他们提议进行控制的经济秩序的失效。”制度主义的一个敌对的批评采用了显然是类似的观点，这种批评认为“历史上最大的衰退揭示了制度主义的意见的贫瘠和无能——他们的倾向是错误的，他们传播的东西是歪曲的”（Robbins，1932，p. 115）。

［25］表明奈特的制度主义观点的证据如下。像米契尔、克拉克和阿瑟·F. 伯恩斯（A. F. Burns）等一流的制度主义者一样，奈特试图将制度主义与主流理论的某些方面结合起来。因此奈特（Knight，1924，p. 262）写道：“演绎理论与‘制度’经济学”二者是相关的：“在一个极端上，我们应该有历史的哲学……而事实上这正是制度经济学所有的。不用说，所有这些都是有用的和必需的。”这种观点贯彻他生命的始终。在1937年2月16日给他的朋友克莱伦斯·艾尔斯——另一位杰出的制度主义者——的一封信里，奈特谈到他正准备在芝加哥大学开设一门“从制度的视角来研究的经济学”方面的课程。奈特在1937年冬季为305号经济学课程开列的参考书目中说道：“制度主义的任务是历史地说明被理性主义的、价格理论的经济学当作数据来处理的那些因素”（Samuels，1977，p. 503）。许多年后，奈特（Knight，1957，p. 43）说道：“从积极的意义上来说，我事实上比其他人都更像一个‘制度主义者’。”后来并且一直失败了的制度主义者和非制度主义者都承认奈特的证据，以及承认奈特的制度主义者的资格，这本身在“经济学的制度”的研究中就是一个令人感兴趣的案例，遗憾的是我们在这里不能论及这个问题了。

［26］比德尔（Biddle，1996，p. 144）注意到，对米契尔——当时最主要的制度主义者——的著作的引用比20世纪30年代中期以前明显地减少了。

［27］具有讽刺意味的是，这种占统治地位的观点忽视了这样的事实：一个增

加政府支出的政策的任何实际执行都正好要依赖于政府、金融机构和其他制度的运行方面的细节的知识。由于关心这些细节知识，制度主义者遭到了数学技术统治论者更多的诽谤。但制度主义者在这方面的专业知识部分地解释了这一事实：他们投身于政府，在罗斯福时代执行扩张性的经济政策的时候，他们是处于最前沿的。

[28] 对经济学中的数学和动态模型的出现的讨论见 Mirowski (1991) 和 Weintraub (1991)。凯恩斯自己关于数学模型的观点在他 1938 年 7 月 16 日给罗伊·哈罗德的一封信里清楚地表明了："在经济学中……将一个模型转变为定量公式是对它作为一种思想工具的有效性的破坏"(Keynes, 1973, p. 299)。凯恩斯对计量经济学和数学模型化的批评的更多论述见 Moggridge (1992, pp. 621-623)。Littleboy (1990) 很好地综述了凯恩斯主义的理论问题。

[29] 萨缪尔森 (Samuelson, 1947) 从洛特卡 (Lotka, 1925) 的机械论生物学中借用了大量的数学技术。

[30] "人口思想"——来自达尔文主义生物学——的性质及其与经济学的关系的论述参见 Foss (1994a), Hodgson (1993b), Mayr (1985a) 和 Metcalfe (1988)。

[31] 见 Boyd and Richerson (1980) 以及本书第 8 章。

[32] 更一般地说，虽然在 20 世纪的前 50 年实证主义在美国的科学环境里异常流行，但奎因 (Quine) 在 1951 年发表的论文《经验主义的两个教条》(重引于 Quine, 1953) 有助于阻止和颠覆这一运动。奎因有效地打破了逻辑实证主义中的科学和非科学之间的区别，否认仅仅凭借感官经验就能判断命题的真伪。"1951 年的这篇文章的发表是逻辑实证主义的崩溃中的一个关键事件"(Hoover, 1995, p. 721)。

[33] 这些呼声并没有被忽视。生物学家吉谢林 (Ghiselin, 1974) 已经引入了主流经济学家的"方法论的个人主义"的观念，并且重复了生物学领域中的"自然的经济"这个古老的隐喻。生物学家拉波特和特纳 (Rapport and Turner, 1977) 用经济学中的无差异曲线和其他分析工具分析了食物的选择、"食肉动物转换"(predator switching) 和其他生物学现象。此外，生物学家梅纳德·史密斯 (Maynard Smith, 1982) 将博弈论——在经济学中最初是由冯·诺伊曼和摩根斯坦 (von Neumann and Morgenstern) 发展的——引进了生物学。在梅纳德·史密斯发展了"演化稳定策略"(evolutionary stable strategy) 这一概念之后，这种思想又被萨格登 (Sugden, 1986) 带回了经济学。

[34] 1890 年之后最早的 7 种文献是 Hobson (1894), Bucher (1901), Ely (1903), Crozier (1906) 和 Veblen (1898a, 1899, 1908)。其中 5 种与制度主义有明显的联系。后来在 1960 年之前的文献包括 MacGregor (1910), Reinheimer (1913), MacDonald (1916), Ashley (1924), Cobb (1926), Bellerby (1927), Harris (1934), Burns (1936), Copeland (1936), Edwards (1938), Alchian (1950),

Haavelmo (1954)，Reynolds and Taft (1956) 以及 von Mises (1957)。如果有遗漏的话，我很高兴读者能够提醒我。

[35] 对门格尔的狭隘的演化观的分析见 Hodgson (1993b)。我们还应当注意到哈耶克 (Hayek，1952a) 在对行为主义心理学的重要批评中谈到了生物学，但这并不是一部严格意义上的经济学著作。

[36] 哈耶克的哲学观点在 20 世纪 60 年代也发生了重大转变。他放弃了极端的主观主义，更加强调人类行为是遵循规则的行为的观点 (Fleetwood，1995；Lawson，1994a，1996，1997)。他的哲学思想和演化观的转变是有联系的，因为遵循规则就提出了那些规则的演化的源头问题。

[37] 见 Hodgson (1993b) 对哈耶克的演化观的讨论。

[38] 见本书第 4 章。

[39] 科普兰的著作 (Copeland，1931，1958) 代表了一种保留美国制度主义者与生物学的那种最初联系的非典型的、调和性的尝试。因此他在 20 世纪 30 年代初制度主义的危机期间写道："经济学是一门生物科学——它研究现代人种的生命有机体之间的群体关系。所以经济学的一般化必须以某种方式和生物进化的一般理论言归于好" (Copeland，1931，p. 68)。

[40] 这里需要提一下使美国经济学转向数学形式主义的其他因素。首先，20 世纪 30 年代和 40 年代来自欧洲大陆的学术流亡者的数学才能常常要好于他们使用英语的能力，而美国学者的外语技能常常又是很差的。数学上的沟通因此占了优势。另外，第二次世界大战后，美国国家科学基金更加偏爱数理经济学，认为这种经济学更为科学 (我要把这些发现归功于洛伊德·布朗迪斯)。随着英国作为学习经济学的世界中心地位的衰落，它开始越来越多地模仿经济学在美国的发展。此外，1945 年以后欧洲大陆遭到的破坏太大，不能在这些关键的年份立即恢复其学术声望。

[41] 最初的一个例子是巴斯卡 (Bhaskar，1979) 和杰克森 (Jackson，1995) 讨论过的"批评的自然主义" (critical naturalism)。

第6章 演化经济学的诸多含义

目前，在“演化经济学”这个学科内部 127
出现的种种理论进路（approach）令人眼花缭乱，它们都在应用演化经济学这个术语。从中我们至少可以辨认出六个主要的学术群体[1]：

• 凡勃伦（Veblen，1898a）主张一种“演化的”和“后达尔文主义的”经济学。凡勃伦和康芒斯传统下的制度主义者往往将他们的研究称为“演化经济学”，虽然他们经常是将“制度的”和“演化的”这两个概念作为事实上的同义语使用，这从美国背景的制度主义的“进化经济学学会”的名称中可见一斑。

• 熊彼特（Schumpeter，1976，p. 82）曾有将资本主义的发展形容为“演化的进程”的著名论断。而国际约瑟夫·熊彼特学会出版的刊物名为《演化经济学杂志》，亦足以证明熊彼特的追随者们的研究也属演化经济学的范畴。

• 奥地利学派经济学家的研究通常也被视作“演化的”。我们可以从门格尔（Karl Menger）关于货币和其他制度的演化理论和哈耶克的后期著述——尤其是关于自发秩序（spontaneous order）的著述——中广泛使用的生物学的演化隐喻中窥其侧影。

128 • 此外，斯密、马克思、马歇尔等百科全书式的大师的经济学有时也被认为具有“演化的”性质。

• 演化博弈论是数理经济学发展最耀眼的前沿领域，并且正在从理论生物学的相关数理研究中获取灵感。

• “演化”一词有时又与“复杂性理论”——以应用包括混沌理论和其他种类的电脑模拟的美国圣塔菲研究所（Santa Fe Institute）的研究为代表——相联系。在这些研究和类似的模拟中，我们可以看到复制动力学（replicator dynamics）、遗传算法（genetic algorithms）、遗传规划（genetic programming）等字眼。

面对演化经济学如此广泛的运用，我们似乎很难从中发现单一的、基本的和一致的信息。的确，经济学中使用“演化”一词看来成了某种时尚。然而今天日益增长的对“演化经济学”这一术语的使用，多数都可以追溯到纳尔逊和温特的经典著作《经济变迁的演化理论》（*An Evolutionary Theory of Economic Change*，1982），尽管在 20 世纪 60 年代和 70 年代正统和反正统经济学中出现的其他进展也是很重要的。

时至 20 世纪 80 年代后期，“演化经济学”的研究已被美国和欧洲的制度学派、奥地利学派和熊彼特学派的发展所拓宽和加速了[2]，出现了许多对上述思想的值得注意和富有成果的应用，尤其是在技术变迁
129 领域。[3]演化经济学已经建立起了独具特色的研究纲领，并对经济政策，尤其是在技术政策、公司战略和国家创新系统领域，发挥了重要的影响。现在，作为一个充盈丰满的实体的演化经济学已经清晰可见，这要求我们对它进行反思性的评价。

然而，一个关于“演化经济学究竟是什么”的共识却仍然未能建立起来。许多经济学家在使用这一术语的时候，总是误以为它意指一个普通而明显的意思。正如生物学家雅克·莫诺（Jacques Monod）在一次关于生物进化的演讲中所说的：“进化论的一个古怪之处在于，所有人都认为自己了解它。”同样地，“演化经济学”的一个古怪之处在于，许

多人都在使用着这一术语，仿佛它不需要进一步的解释，并且所有人都知道它的意思似的。

更有甚者，“演化经济学家们”对他们自己的知识史也混淆不清。虽然我们可以肯定，熊彼特与并非严格意义上的演化经济学有着广泛的关联，但是如果认为熊彼特首开对经济作生物学的——或达尔文主义的——类比，那就十分牵强了（Hodgson，1993b，1997c；Kelm，1997）。而在另一方面，后达尔文主义和凡勃伦的演化经济学则常常受到忽略。人们在梳理演化经济学史时，甚至都已经追溯到了斯密，却低估了马尔萨斯，而对“不起眼”的凡勃伦则完全视而不见（Langlois and Everett，1994）。很遗憾地，一些演化经济学的学说史家感到能够发明一些似乎引人注目的联系，却忽视了一些先例，这些先例本来可以使原先受冷遇的经济学家得到积极的评价。于是，一个给予某些经济学家以过多的关注而对另外一些经济学家视而不见的虚妄的学说史就这样产生了。

这些错误的论述由于人们对于生物演化和演化过程的性质的误解而得以维系。没有什么比混淆经济研究中的核心概念更容易产生混乱和使知识的进展徒劳无功的了。同时这也表明，科学的探索需要清晰并得到正确定义的理论引路。因此，界分“演化经济学”这一术语的不同含义，仔细考量其概念史也就呼之欲出了。

我们在一项早先的工作里（Hodgson，1993b，ch. 3）尝试进行了对“演化经济学”相关含义的分类学研究，关注的主要焦点在于变迁的“个体发生”（ontogenetic）概念和“系统发生”（phylogenetic）概念的重要区别。这一区分是有用的，因为它揭示了前一类“演化”的更为具体的特征。[4] 130

在生物学中，“个体发生学”（ontogeny）讲述的是一组给定的和不变的基因所设定的特定有机体的发展。虽然环境也能影响到有机体的发展，但其成长却是依靠基因指令的驱动。可见，基因代表着一个给定的（依赖于环境的）发展可能性的集合。相反，“系统发生史”（phylogeny）则指的是一个种群完整而持续的演化过程，包括其组成结构和基因库（gene-pool）的变迁。除了个体表型的发展，它还涵盖了种群基因的可能的变化。

类似地，在经济演化中，“个体发生”的路径虽然受到特定情境下制度和其他因素的影响，却也同样遵循“基因物质”的决定。如果我们放弃社会经济演化可以在人的生物遗传的意义上解释的观点，那么一个可供选择的和类似的假定是给定了目标和偏好函数的惰性的（inert）个体。例如，出于理论解释的目的，门格尔对货币演化的解释和哈耶克对自发秩序的演化的讨论都采用了给定个体的假定。相反，凡勃伦在他的经济演化学说中则更多地强调了目标、偏好、习惯和信念的变化。

然而，就像在生物学中的那样，“系统发生”（phylogenesis）包括“个体发生”（ontogenesis），一个种群的“系统”的发展包含了其个体的“个体发生”过程。由此可见，门格尔关于货币演化的解释和哈耶克关于自发秩序的演化的描述虽然并没有错，但他们仅仅讲述了故事的一部分。然而，在后期著作的一些片断中，哈耶克也在某种程度上拓宽了演化的图景，
131 考虑到了文化和个体习惯的变化。事实上，哈耶克的经济学和凡勃伦的经济学之间的差异并没有人们从前想象的那么大（Boettke，1989；Leathers，1990；Rutherford，1989，1994；Samuels，1989；Wynarczyk，1992）。

可见，个体发生和系统发生的演化概念并不是互斥的。这两个概念对于区分广义的和狭义的“经济演化”观念是有用的，但对于界分五花八门的方法论理论和本体论可能性却用途有限。

因此，这里将尝试另一种可能更为基本的分类。这种分类将更为关注所涉理论的本体论和方法论基础。特别地，引入“新事象”（novelty）对于系统发生的演化是必不可少的，乃至构成了其本体论基础的一部分。相比之下，个体发生和系统发生的区分关注的则是演化的机制和过程。

本章下面将讨论一组赋予了演化经济学最根本和最有用的含义的核心经济学家，虽然他们对于“演化经济学”这一术语也并不享有排他性的权利。

6.1 “演化经济学”种种：另一个分类

这里根据以下三个标准划分“演化经济学”的种种理论进路。

（1）本体论标准——新事象：是否对以下假定给予充分的强调，即经济的演化过程包含着持续的或周期性出现的新事象和创造性，并由此产生和维持制度、规则、商品和技术的多样性。

强调新事象的“经济演化”概念特别突出了不确定性和累积的发散（cumulative divergence）的可能，而不是收敛（convergence）和均衡（Andersen，1994；Foss，1994a；Hodgson，1993b；Witt，1987）。特别地，奥地利学派的经济学家对不确定性和人类的想象、行为和选择的潜在新事象都给予了同样的重视（Buchanan，1969；Lachmann，1977；Loasby，1976；Shackle，1955）。肯尼思·博尔丁（Boulding，1991，p. 13）写道：“演化过程的一个非常基本的原理在于其深刻的不确定性。”在经济学以外，卡尔·波普（Karl Popper）强调了不确定性、新事象和突现特征（emergent properties）（Popper，1982）。然而，至少在某种意义上，新事象并不必然包含不确定性。例如，混沌理论虽然突 132
出了潜在的新事象和发散性，但其背后却是不可预测的然而本质上具有确定性的系统（Gleick，1988）。

（2）方法论标准——还原论（reductionism）：演化学说是还原论的还是非还原论的。还原论有时候持这种观点，即整体只能完全在其基本的元素的层面上得到解释。更一般地，还原论则可以被定义为这样的理念，即一个复杂现象的方方面面都必须在一个水平（或一个单位）上得到解释。根据这种观点，除了基本的元素层面，再没有其他自主的分析水平，更没有基于不同分析水平的突现的特性。

上一章曾提到，通过在所谓的生物特征的意义上解释个体和集体行为的努力，生物学还原论在社会科学中得到了一定程度的推广。现今，在社会科学领域，还原论仍然是引人注目的，并表现为方法论的个人主义。这被定义为以下“教条”，即“一切的社会现象（它们的结构和变迁），原则上只能在个人的层面上——他们的个性、目标和信念——得到解释”（Elster，1982，p. 453）。这样，对社会经济现象的解释就必须被还原到作为元素的个体及其相互关系中。[5]与此相关联的，是学界 133
对寻找宏观经济学的可靠的微观基础的不懈努力。此外，还有其他版本的还原论，包括主张部分应该在整体的层面上得到解释的“整体主义”。还原论与以下看法是南辕北辙的，即复杂的系统在不同的水平上呈现突现特征，每一个水平都不能被完全地归约或在另一个水平上得到完整的解释。相反地，反还原论一般则强调，对更高水平的突现特征的分析，不能还原（归约）到基本的元素的层面上。对于突现特征的含义，下文将有详细解释。

（3）隐喻标准——生物学：是否广泛使用生物学隐喻。使用生物学隐喻的动机在于取代支配着主流经济学的机械论范式。[6]

许多论者指出，经济，在性质上更接近于生物系统而非机械系统，对经济作生物学的隐喻更为恰当（Georgescu-Roegen，1971；Hodgson，1993b；Marshall，1890；Nelson and Winter，1982）。而也有一些论者不同程度地与生物学隐喻保持距离（Schumpeter，1954；Witt，1992）。

134 以上三个二元标准给出了八种可能的类别，如图 6－1 所示。图中阴影部分则代表八种可能中的两种，被称为“NEAR”（接纳新事象并反还原论的）演化经济学。[7]

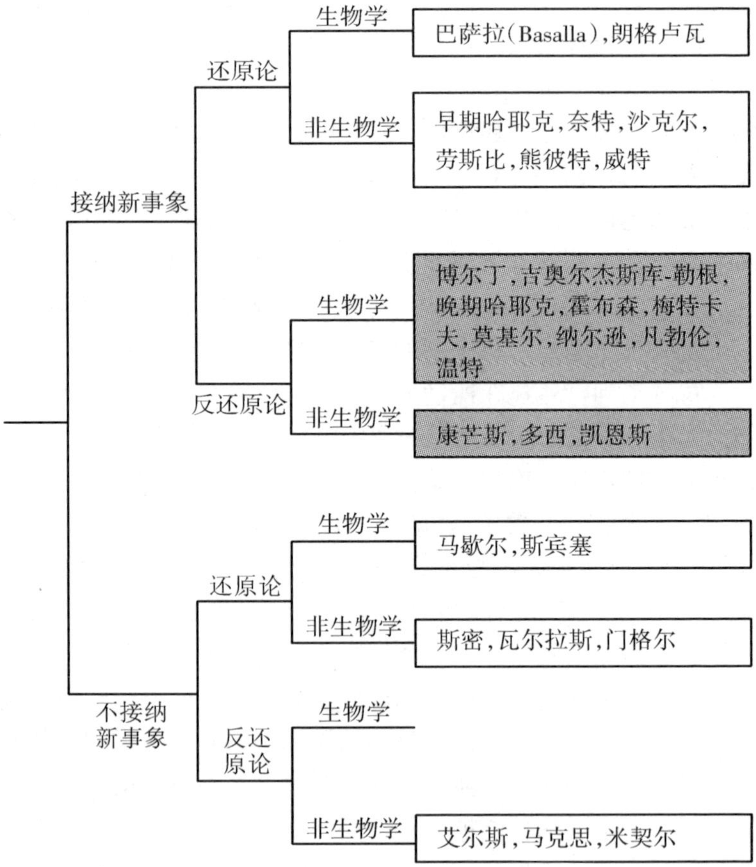

关键：▒ =“NEAR”（接纳新事象、反还原论的）演化经济学

图 6－1　“演化经济学”——另一种可能的分类

当然，对三个标准的排序在某种意义上可以是任意的。然而，也有论者指出，本体论标准是最为基本的（Hodgson，1993b；Foss，1994a）。另外，篇幅的限制也不允许在此对该分类系统之所以如此分类给出更详尽的理由。特别地，一些变量由于相关论者自身著述的模糊性而无法作出更为精确的界分。典型的例子如哈耶克，由于对还原论和方法论的个人主义的含糊态度和自身立场的“演化”，他被同时归入两个类别。尽管哈耶克声称遵从上述方法论规则，但在其后期著述中特别地体现出了对集体选择的支持和对还原论及方法论的个人主义的背离（Böhm，1989；Fleetwood，1995；Vanberg，1986）。

对相关论者进行理论系统的分类往往并不是一目了然的。和其他许多分类一样，对标准的精确应用是困难的，而且有时必然是尝试性的，例如“广泛地”使用生物学隐喻的标准。因此，在图6－1中，这个——恐怕是比较重要的——标准就被列为三个标准中的最后一个。

除了界定何谓“广泛地”，还需要进一步判断所使用隐喻的性质和程度。例如，隐喻是明确的还是暗含的？比如说，尽管在康芒斯和米契尔的著作中可以找到生物学隐喻，却不像凡勃伦使用的那么“广泛”。可见，在“老”制度主义传统的内部，出现了重大的分歧。因此，这里就把康芒斯和批评使用生物学隐喻的乌尔里希·威特（Witt，1992，p.7）和多西，像康芒斯那样虽然没有作出批评但也没有直接和广泛地使用隐喻的人等量齐观了。

这里的问题部分地在于，甚至实际使用着隐喻的人们也拒绝或反对使用隐喻。隐喻标准作为分类尺度被列为最后一个的首要原因在于，对 135
具有本质意义的隐喻的使用常常是不自觉的或隐蔽的。因而有论者指出，经济学中的隐喻所扮演的角色是潜在的，在使用中常常并非如菲利普·米洛斯基（Mirowski，1989b）关于物理学与经济学之间联系的动人讲述那样显赫。第4章曾提到，根据众多思想家的观点，隐喻在科学中的“在场”（presence）是本质的和内在的（Black，1962；Hesse，1966，1980；Klamer and Leonard，1994；Lewis，1996；Maasen，1995）。

对斯密、马克思、门格尔、马歇尔和瓦尔拉斯的归类也有麻烦。尽管他们都注意到了经济过程中的发明和创新，但有的着重于决定主义或 136
非线性发展（斯密），有的着重于技术的视角而将历史视为朝着给定方向的进步过程（马克思），而有的则着重于均衡结果（门格尔、马歇尔、瓦尔拉斯），却都没有对新事象和创造性给予足够的重视。

当我们考虑到米契尔时，在“老”制度主义内部产生了进一步的差异。之所以把他和马克思放在了一起，是因为与康芒斯相比，他更少强调人的意愿和有目的的行为。出于同样的考虑，对美国的制度主义者艾尔斯（Clarence Ayres），我也作如是划分。

除了在“老”制度主义阵营内部缺乏一致性以外，在上述归类图式中，还可以发现一些或许出人意料的划分。其中让人最感诧异的应该是熊彼特的位置。然而，我认为对熊彼特的归类还是站得住脚的。首先，是熊彼特自己创造出了“方法论的个人主义”这一术语，并不断竭力地仿效和发展经济学中的还原论进路——尤其是在瓦尔拉斯将系统的经济现象立基于个体行为这一“微观基础”上加以解释的尝试。其次，熊彼特曾经表达过对广泛使用借自自然和物理科学的隐喻的担心。他对“演化”的定义乃是出自一种广义的发展的视角，而与生物学无涉（Schumpeter，1954，pp. 789，964）。

图中的“NEAR”演化经济学区域，包括博尔丁、康芒斯、多西、尼古拉斯·吉奥尔杰斯库-勒根、晚期哈耶克、霍布森、凯恩斯、斯坦利·梅特卡夫（Stanley Metcalfe）、约尔·莫基尔（Joel Mokyr）、纳尔逊、凡勃伦和温特。这里的出人意料之处在于，将晚期哈耶克和一些“老”制度主义者归入这一相同类别。本章的余下部分将对“NEAR”演化经济学的图景作出勾勒，并试图唤起对这一进路的早期遗产如凡勃伦、康芒斯、霍布森的著作（以及某种程度上对凯恩斯的著作）的注意。

6.2 “NEAR”演化经济学的含义

6.2.1 还原论的局限

在经济学中，挑战还原论需要勇气。埃尔斯特（Elster，1983，pp. 20-24）表达了这样一种普遍的观点：

> 社会科学的基石，解释的基本单位，是有意识的个人的行动……一般而言，科学的实践就是在一个比被解释的事物更低的水平上来解释有待于解释的事物……对“微观基础”的探寻——使用

经济学的最新争论中的流行术语——事实上是科学的普遍特性。

在埃尔斯特的著作里，新亚里士多德主义（neo-Aristotelean）对“目的性的”（intentional）和“因果性的”（causal）解释的区分，成为使用有目的的个人作为社会科学中的解释的基础的佐证。解释从作为基石的个人开始，是因为只有个人能为社会事件提供“目的性的”推动力。由于某种原因，我们无须进一步探寻这些目的背后的起源。与埃尔斯特类似的观点由来已久，可以上溯到门格尔在 19 世纪 70 年代和 80 年代的著作（Menger，1981，1985），甚至更早。

力图将宏观经济学建立在“可靠的微观基础”上的尝试起步于 20 世纪 70 年代，在阿罗-德布鲁的一般均衡理论建立以后。现在，从个体、部分出发解释整体的思想，已经往往被视为科学研究的必要条件。因此，立基于假定的加总行为的理论就被认为是从科学上讲不可靠和不正式的。对于科学中的还原论的信心已经达到了这样的程度，以至诺贝尔奖得主詹姆斯·托宾（James Tobin，1986，p. 350）写道：

> 时至今日，这个（微观基础的）反革命在我们这个行当里已经势如破竹。可以毫不夸张地说，没有一篇不采用“微观基础”方法的论文能够在主要的专业杂志上发表，没有一个涉嫌违背了该规则的研究方案能够经得起同行的评议，没有一个无法证明其假定的行为关系的恰当性、刚毕业的博士能够谋到一份好的教职。

然而，若干年前，“微观基础”的宏大工程却遇到了似乎难以逾越的障碍，由于其内在的困境而从根本上坍塌。这一事实虽鲜为人知，但正如第 3 章所指出的，困境起始于它自身的假定前提，即效用最大化，一个交换经济中的市场可以自动出清（Sonnenschein，1972，1973a，1973b；Mantel，1974；Debreu，1974）。先前已经指出，新古典一般均衡理论的结果是毁灭性的（Kirman，1989；Rizvi，1994a）。它终结了为宏观经济学寻找“可靠的微观基础”这一工程能产生任何建设性结果 *138*
的可能。事情是如此地富于戏剧性。

进一步地，最近对一般均衡的唯一性和稳定性的研究表明，除非有极为严格的假设前提，如将社会作为一个整体视作像单个人一样行动，否则，一般均衡是不确定和不稳定的。这再一次推翻了整个“微观基础”的研究纲领（Kirman，1989，1992；Lavoie，1992，pp. 36－41；Rizvi，1994a；Screpanti and Zamagni，1993，pp. 344－353）。

方法论的个人主义遇到的问题同样棘手。事实上，它从未被完全地付诸实践。拉斯·乌登（Lars Udéhn，1987）令人信服地指出，方法论的个人主义不仅仅是有瑕疵而已，由于其自身分析上难以对付的困难，它已经不适合作为一种方法论意义上的进路了。在个人的层面上对复杂的社会经济现象作还原论的解释是太过雄心勃勃了，并且从未成功过。加总和简化总是必不可少的。

“微观基础”的研究纲领和方法论的个人主义都打着还原论的旗号，却都只包含了部分的还原论。如戴维·斯隆和艾略特·索伯（David Sloan and Elliott Sober，1989）所说，将个人作为选择的单位本身包含着一种不一致性。并没有足够的理由说明，为什么解释必须归约到个人的层面上并中止于此。根据从宏观到微观、从集体到个人的解释性归约的观点，我们同样可以推广到从个人到基因、从基因到分子等等的解释性归约。如果我们可以将解释归约到个人的层面上，那么为什么就不能进一步地归约到基因或分子的层面上？为了避免这一“双重标准”，要么接受多水平的分析，承认每一个水平皆有其部分的自主性，要么像 19 世纪的生物学还原论者那样，将一切归约到可能的最低水平上。

认为整体要在部分的层面上得以解释的还原论观点必须视部分为给定的。对这一假定的放松将滑向无穷无尽的回归，每一个部分都要在它与其他部分的关系上得以解释，如此等等，循环往复。还原论必须假定，我们最终可以抵达最基本的、不受干扰的、不可再化约的部分或个体，从而分析能够到此为止（Hodgson，1988，1993b）。一种可取的态度是，承认部分与整体、个人与团体相互构成、相互制约，而抛弃试图在一个单位上解释所有现象的单水平理论（Archer，1995；Bhaskar，1979；Giddens，1984；Kontopoulos，1993；Lawson，1985，1997；
139 Nozick，1977）。

在一开始就应该指出的是，这里并没有完全推翻向部分归约的一般观点。在某种程度上归约到基本单位是不可避免的，甚至测量也是一种归约。科学的研究少不了某种解剖和对部分的分析。

虽然一定的归约是不可避免的并被接受的，但是完全的还原论则是不可能的，且在哲学上是武断的。应该着重强调的是，分析的过程不能被拓展到已知的最基本的原子以下的单位上，或者甚至在经济学中不能拓展到个人，在生物学中不能拓展到基因。完全的还原论是不可能的，没完没了的。正如波普声称的那样："（在科学中，）我找不到归纳（到基本单位）的成功的例子"（Popper and Eccles，1977，p. 18）。归纳在某种程度上是必要的，但绝不可能是完全的。

引人注目的是，如果采取有机体本体论观点，则暗示着在给定个体及其相互关系的层面上解释社会和经济现象的还原论的和方法论的个人主义的研究纲领是混乱的。采取有机体本体论恰恰意味着个体不是给定的（Winslow，1989）。有机论者不赞成将个人作为原初的和恒定的分析基石来看待。有机论者进一步认为，无论是从整体到部分，还是从部分到整体的解释性归纳都是应该抛弃的。这正是因为社会不能离开个人而存在，个人也不能先于社会现实而存在。个人构成社会，社会也构成个人。单向的解释范式，例如从部分到整体——反之亦然——或从一个水平到另一个水平的解释，都是不可取的。因果关系是双向的（向上和向下的）（Sperry，1969；Campbell，1974）。

6.2.2　突现概念和分层本体论

"突现"和"突现特征"这两个术语最早是由英国生物学者劳埃德·摩根（Lloyd Morgan，1896，1927，1933）发明和广泛使用的。摩根（Morgan，1927，pp. 3-4）将"突现特征"定义为复杂过程的"不可预料的"和"非添加的"（non-additive）的结果。他将突现特征视为演化中至关重要的，最有意义和最富创造性的，"重点不应该放在展示已经存在的事物上，而应该放在迄今未曾出现过的事物的萌芽状态上。只有在这个意义上，这个名词（'特征'）才能够担当得起'突现'这一形容词"（Morgan，1927，pp. 112）。对摩根来说，由于"新的关联" 140
连续地突现，演化创造了整个系统的日益增长的丰富性的和复杂性的谱系（Morgan，1927，pp. 203）。摩根还认为，复杂系统的"非添加的"性质必然要求从机械论隐喻向有机论隐喻转变："现在，优先权应该被赋予有机体而不是机械体——组织（organization）而不是集合（aggregation）"（Morgan，1933，p. 58）。

关键在于，还原论与突现的概念也是背道而驰的。托尼·劳森（Tony Lawson，1997，p. 176）解释了突现的含义："当一个实体或者一种事象产生于某一'较低的'水平，并且受着该水平的特征的制约和决定，却又不能从后者中预知，那么这个实体或者这种事象就是突现的。”进一步地，如玛格丽特·阿彻（Margaret Archer，1995，p. 9）所阐述的：“我们能够对层次加以划分从而使用‘微观’和‘宏观’等术语以界定层次之间的关系，是基于这样的理由，即突现特征即便是由前者产生的，却是关于后者而非前者的。”（另见 Lane，1993，p. 91 和 Kontopoulos，1993，pp. 22-23）。

哲学家罗伊·巴斯卡、阿瑟·克斯特勒和艾尔弗雷德·怀特海（Alfred Whitehead）等都曾主张，现实由多水平的谱系所组成。在每一水平上都存在突现的特性，这意味着，对该层级的解释不能完全归约到较低水平的现象上。因此，例如生物学中的集体选择和社会科学中的集体知识等概念还是站得住脚的（Hodgson，1988，1993b；Kontopoulos，1993；Murphy，1994）。生物学家厄斯特·迈尔（Mayr，1985a，p. 58）进一步指出：

> 每一层级水平的系统都包含两个特性：它们作为整体而作用（好像是一个同质的整体一样），它们的特征不能（甚至在理论上也不能）从即便是最完整的关于组成元素的知识中推断出来，无论是单独看还是在其他局部性联系中都是如此。换句话说，当组成元素聚合起来成为系统时，无法从组成元素的知识中预知的新的整体的新的特征突现了……新的整体的两个最有趣的特征可能在于，它们可能进而成为更高水平的系统的组成部分，它们也可能影响较低水平上的组成元素的特征（向下的因果联系）……当然，对突现特征的重要性的认识证明了极端还原论的失效。在我们把一个有机体解剖到原子或其他基本粒子的层面之前，我们就已经丢失了一个活生生的系统的所有特性。

詹姆斯·墨菲（James Murphy，1994，p. 555）发展了类似的观点：

141 突现理论……是对复杂现象的非还原论考量……从复杂中能够产生无法归约到简单的部分的新事象的观点，是现代生物学的核心之一……复杂系统往往有一个层级结构，现有系统的层级结构与我们的等级制度有着某些相似之处，如高水平能够影响处于低水平的组成元素的性质。

这再一次地指示了“向下的因果联系”。一个水平上的元素和结构可以深刻地影响另一个水平的元素和结构的事实表明，没有一个单独的水平能够提供解释性的基础或基本单位。这挫败了还原论。包含着突现的特性的分层本体论排除了从一个水平到另一个水平的完全的解释性归约的可能。尽管无论在生物学还是在社会科学中，还原论还是主导性的，但对其强有力的反对的声音已经在生物学中出现了。

6.2.3　接纳新事象

许多论者在谈及演化经济学时，都强调了新事象的重要意义。特别地，乌尔里希·威特（Witt，1992，p.3）写道："对于社会经济演化的恰当概念而言，把握新事象的关键作用、它的突现和扩散，是必不可少的。"为此，尼古拉·福斯（Nicolai Foss，1994a）才力主从本体论上划分经济学中演化的和新古典的这两种思考方式。他认为，由多西、纳尔逊、温特、威特等人所发展的这一类演化经济学，所关注的是"现存结构的转变、新事象的突现及其可能的扩散"（p.21）。确实，演化经济理论立基于一个开放的宇宙，从而允许新事象的突现；而新古典经济学则提出了一个封闭的系统，并压制了新事象。简言之，演化经济学和新古典经济学从关于社会世界的本体论假设起就已经分道扬镳了。

从安德森（Esben Sloth Andersen，1994）、梅特卡夫（Metcalfe，1988）、纳尔逊（Nelson，1991，1994b）、威特（Witt，1987）等的观点来看，在演化的社会经济系统中，新事象和创造性是多样性的主要来源。因此，正如梅特卡夫（Metcalfe，1988）尤为强调的，由各种实体所组成的种群，并不能由一些代表其本质的独特的特征来代表。那种"类型学的本质主义"（typological essentialism）应该被拒斥，应该支持"种群思考方式"。按照种群思考方式，物种是按照特征的分布来描述的。在类型学的思维方式下，新事象和多样性是分类所遇到的麻烦；然 *142*
而按照种群思考方式，二者却具有极为重要的意义，因为恰恰是系统的多样性推动了演化的进程（Mayr，1985a）。

考虑新事象的一种方式是将其视为一个随机函数的结果。这种视角通常被应用于在演化模型中对新事象的模拟。在大量的参数下，可能性的数量惊人，某种类似"新事象"的东西就会在基于百万维的可能性空间的随机选择中呈现。然而，即使维数或参数再多，这也是一个封闭的系统。开放系统的真正的新事象和创造性的种种可能就是通过这个庞大而封闭的舞台上的随机选择来模拟的。这种随机的方法受到如下限制，即无法创造出新的维度或可能性。所以，与其把这种模拟称为“随机的不确定性”（stochastic indeterminacy），不如更确切地称之为“随机的确定性”（stochastic determination）。

随机方法还有一个局限性。社会经济系统中新事象的主要来源是个人的创造力和选择。有意义的人类创造力应当包括创造出新的结构和维度的可能，而不仅仅是参数取值的变化。所以有论者进一步指出，真正的创造性、真实的选择和目标的有意识的变化意味着人类的行为应该包含着一种“无因之因”（uncaused cause）意义上的不确定性的质素。根据这种观点，人类的选择和创造是不确定的：我们是可以自由地行动的。因而，有观点（比如 Loasby，1976，p. 9）认为，给定的偏好函数为人类行为编程的新古典思想，并不容许真正的选择。然而，无因之因的思想并没有得到广泛的赞同，多数物理学家和社会科学家都假定每一个事件都是有先在的原因的。甚至在奥地利学派内部，无因之因的看法也并不普遍。对其明确的肯定只限于一小部分经济学家。

让我们考察一下持这种观点的几位经济学家。弗兰克·奈特（Knight，1921，p. 221）认为：“真正的不确定性……开启了关于行动自由的理念的大门。”与此异曲同工的，是诺贝尔奖得主詹姆斯·布坎南（James Buchanan，1969，p. 47）的评论：“选择，从它的性质而言，如果能被预先确定，那么就不再是选择了。”乔治·沙克尔（Shackle，1972，p. 122）写道：“如果世界是确定的，那么空谈选择就毫无意义。”沙克尔（1989，p. 51）进一步断言：“经济学关注的是作为第一原因的选择，也就是说，决定性的念头的产生，并不是总能追溯到其由来的。”
143 路德维格·拉克曼（Ludwig Lachmann，1969，p. 93）继承了同样的知识传统，并主张自发的精神活动“并不是对任何先在事物的‘回应’”，而是完全自发的和不确定的。布莱恩·劳斯比（Loasby，1991，p. 1）也持有相近的观点：“经济学家赋予经济人的理性选择，其实并未显示出经济人能够进行有目的的推理的迹象；他们仅仅是按照设定的程序对所处的环境作出反应。”以上论者共同持有的反决定论的观点，乃是基于一种关于人类决策的根本的不确定性的理念：个人的选择和决定是第一原因或无因之因。[8]

这毕竟是一个有争议的观点。它复活了决定论和自由意志论的古老的两难问题。它既不可证实，亦不可证伪。决定论者将无因之因看作是由于缺乏关于起因的证据而采取的一种故弄玄虚的、逃避解决问题的迂回路线。而事实上，在表象之下也许正隐藏着一个因果过程。另外，由于只能观测到结果，我们无法提供关于因果过程的决定性的证据。现有的证据只能说明，有因之因和无因之因都不可靠。

笔者接触过许多拒不承认无因之因的可能性的经济学家和生物学家。对他们而言，这显然是无意义的和不科学的。而一个带有哲学倾向的社会和经济理论的重要的少数派则是支持这种观念的。下面，笔者将为解决这一冲突作一个冒昧的尝试——基于突现的概念超越这一冲突。

6.2.4　新事象与内生性

首要的一个问题是新事象的来源：它产生于系统内还是系统外？这关系到新事象是内生还是外生的问题。现代演化经济学对内生性变迁的强调是一以贯之的，却也是值得推敲的。熊彼特在其关于经济发展的研究（Schumpeter，1934，p.63）中，反复强调变迁是“内生的”。[9]

类似地，威特非正式地将演化定义为“通过内生变化带来的一个系 144
统在时间中的转变”（Witt，1991，p.87，我们拿掉了原文的着重号）。类似地，安德森（Anderson，1994，p.1）将演化的经济系统视为“自我转变的”。但是当我们跳出这种立场时，可能会注意到，除了仅有的熊彼特的先例外，很难再找到对这种立场的辩护了。在生物学中，个人、物种甚至生态系统都不是完全“自我转变的”。演化发生在开放的系统中，包含着外生和内生的变迁。

看来并非巧合，安德森、熊彼特和威特在令人误解地将演化定义为内生变迁的同时，又都忽视生物学的隐喻或类比。如果他们能够考虑到生物演化及相应的开放系统，可能因此会得出不同的观点。

显然，以上三位论者之所以用内生性变迁来定义经济演化，部分原因在于对演化过程中富于创造力和企业家精神的个人的强调。然而，对内生性的证明存在两个问题。首先，并没有理由证明个人是变迁的唯一来源。例如，疾病或自然灾害也能够影响经济演化。制度的和系统的冲突也是很重要的，尤其体现在战争或侵略的场合。

其次，对内生性变迁的强调以及关于新事象和创造性的概念也存在着冲突。对于新事象产生于无因之因的观点，着重于新事象的理论家要么接受，要么反对。下面就两种情况分别加以讨论。

如果接受无因之因的可能性，那么外生性和内生性的概念本身就需要进一步完善。特别地，对外生性和内生性的区分是基于确定的来源
145 的。界分的标准如下：引致变迁的变量在系统内还是在系统外？可是，如果有些事件是无因可循的，那么不存在这种先在原因的情况究竟应该被定义为外生性还是内生性？显然，这个问题是荒谬的。

如果反对无因之因说，那么将面临如下问题：当新事象有因可循时，它还是新奇的吗？个人的才能和创造力可能是虚妄的，是由环境和遗传的禀性所决定的。无须诉诸更多的哲学论证便可以发现，存在着下面这样的危险，被认为是指导了个人决策和行为的因素将淹没创造性的个人这一概念本身。

下文将指出，个人的意志和目的的概念可以通过这样的方式得到拯救，即将其视为在人这一有机体内部突现的特征。但这又带来了对内生性给予片面的单独强调的问题。如果突现特征是可能的，但不能为一组其他元素以完全归约的方式加以解释，那么，基于确定来源的外生性和内生性的划分又将出现。因此，突现的特性可以被恰当地描述为内生性的，但又不能通过内生性因素得到完整的解释。

可见，不论采取哪一种进路，将经济演化定义为内生性变迁都是有问题的。

以上讨论表明，不仅单独强调内生性变迁是误导性的，内生性和外生性的两分法也是有问题的。基于上述困难，放弃片面地单独强调内生性可能会更好。“开放系统”的思想是更恰当的。1950 年，路德维格·冯·贝尔塔兰夫（Ludwig von Bertalanffy）最早对开放系统和封闭系统作了区分。这为制度主义经济学家如威廉·卡普（William Kapp，1976）和现实主义哲学家罗伊·巴斯卡（Bhaskar，1975，1979）所继承和强调。特别地，巴斯卡讨论了（系统的）外部的和内部的边界的条件。他认为，由于与环境的相互作用，社会经济系统的外部边界并不存在。一国的社会经济系统要出口和进口，甚至世界的社会经济系统也向外界抛出废弃物，吸收来自太阳的能量流。内部的边界则涉及人类行为者：即使系统从其他方面讲是封闭的，但由于人类行为潜在的新奇性，系统也应该被认为是不确定的。如果人不仅仅是自动的机器，不仅仅是

外在刺激的程序化的反应者，他们的行动就不是完全可预见的。由于这两个关键性的原因，不能将社会经济系统视作封闭的。因此，也不应当 146 唯独强调内生性变迁。[10]

6.2.5 新事象、还原论与数学形式化的局限

关于新事象的争论又带来了有关演化经济学中的数学方法的使用的问题。现在，这一领域中的许多成果都广泛地运用到了数学。例如，《演化经济学杂志》刊登的一定程度上数学形式化（mathematical formalism）的文章的比例已经堪与最有声誉的和最形式化的主流经济理论刊物相比。[11]《经济行为与组织杂志》是倾向于演化经济学的，它的篇幅中也充满了数学形式主义。

一些作者为这些数学化的发展而感到兴奋，视之为将演化经济学纳入主流的门径（Heertje，1994，p. 275）。这种观点忽视了如下问题，即数学形式主义已经走过了头，甚至到了损害经济学本身的程度。在我们这一学科领域里，数学的严密和优雅已经被认为高于实证的丰富、解释的有力、概念的坚实、政策的有效甚至预测的能力。可以认为，经济学正在遭受着由此带来的后果。

演化经济学尤其要关注超越形式化的趋势。威特（Witt，1992，pp. 9−10）在行文中暗示：

> 无论数学概念看起来多么光彩，它们却不能解决甚至考虑一下如下问题，即新事象的突现如何在演化过程的形式化的处理中充分地体现。

可见，经济学中数学模型化的局限也将很大地限制对新事象的模拟。即便混沌系统能够产生新事象，但仍然受制于系统的形式化假设。在这些模型中，系统为有限维度下的形式化假设所定义，而这限制了可 147 能的结果。甚至模拟过程也定义了有限维度的参数空间，从而限制了变化。就本质而言，新事象是与形式主义所定义的边界相冲突的。形式主义必然导向系统的封闭（Lawson，1997）。将新奇的创造过程内生于一个形式化的框架的努力总是大大缩小可能的新奇结果的集合。

6.2.6 突现与新事象的联系

让我们对以上思路作一番梳理。新事象的引入意味着演化经济学模

型的建立。真正的新事象通过以下两种方式产生。其一，假定无因之因的可能性。正如我们所看到的，布坎南、奈特、拉克曼、劳斯比和沙克尔的反决定论观点是建立在人类决策本质上的不确定性的理念上的：个人的决策和行动是第一因或无因之因。

这一传统的思想重复了亚里士多德对两种因果关系的区分："直接"原因和"终极"原因。终极论的因果关系与下述观点是相一致的，即个体的决策和动机仅仅发端于人的意志，而不可追溯到更先前的因果决定因素。这一思想虽然被淹没于主流社会学和经济学中，但它在现代哲学和社会科学中实际上是源远流长的。它又对应着生物学中现在已经不流行了的生机论。

无因之因的观点有两个主要问题。首先，它如何回应现代科学探寻事物的因果解释的努力。无因之因的概念听起来是要排除对过程或事件的原因的任何进一步探究。对多数自然科学而言，在没有先在的原因的条件下假定一个事件的可能性看来是不可思议的和故弄玄虚的，甚至量子物理学也是在预先的和内在的可能性的层面上理解量子的。而在一个现代生物学家看来，无因之因只是翻炒过时的生机论而已，甚至更糟。简言之，无因之因说看来正在远离科学。

其次，认为人类意志是无因之因的观点看来是将人类凌驾于其他动物之上。人类被视为具有独立的选择和意志。那么，动物如何向人类演化就成问题了。生物世界和人类世界之间被划上了一条难以解释的界
148 限。社会科学就与生物学分离了。即便我们承认其他动物也有"自由意志"，问题仍然存在，即变成了：在演化的过程中，一个有机体或物种是如何突然获得这一品质的？无因之因的概念是非演化论的，至少在它不能对高等动物的无因意志的突现给予足够的科学的演化论解释的意义上是这样的。

传统的两分法是自由意志和决定论之间的界限。直到最近，通常还是认为，如果我们抛弃自由意志观，那么就必须成为决定论者。但是也许今天我们可以找到超越这一两难的门径。我们或许可以同时吸收二者的精华。我将尝试对此作一简要的解释。

现代复杂性理论和混沌理论表明，即使世界是确定性的，它也将以随机的甚至非概率的、不可预测的外观来表现。这并没有为与不确定性进行着古老而持久的斗争的决定论带来胜利，反而表明，即使

在决定论的假设下，自由意志的概念也是可取的。斗争双方都不能够压倒对方。

事实上，混沌理论认为，斗争的规则已经发生了变化。让我复述一下：即便世界是确定的，我们也要把它视为不确定的和不可预测的。新事象可以是有起因的，但它总是表现出自发和自由的样子。先在的原因可能是存在的，但系统的复杂性使我们无法作出准确的判断和解释。这样，确定性和不确定性之间的区分就成为不确定的了。我们无法确切地知道某一件事情是自发的（uncaused）还是诱发（caused）的，但混沌理论认为，我们应该将复杂系统视作不确定的。菲利普·米洛斯基（Mirowski，1990，p. 305）写道："与其说是决定论的胜利，不如说是混沌理论解释了随机性和确定性的共存，模糊了秩序与混沌之间的界限。"混沌理论同时破除了还原论的束缚，而主张即使在被认为是遵循确定规则的系统中也有突现的可能。

突现的概念使得融合两个世界的精华成为可能。正如塞缪尔·亚历山大（Samuel Alexander，1920）、威廉·麦克道格尔（William McDougall，1929）、怀特海（Whitehead，1926）和其他论者先前指出的，意识、有目的的行为等概念可以建立在高度演化的有机体的高度复杂的神经系统的突现特征上。从而，第三条道路就是确立突现的概念，就是将意识、目的性和意志视为高度发展的大脑器官的突现特征。

在人类的意向是诱发的但我们同样视其为自发的意义上，突现的概念使得保留因果关系说成为可能。亚里士多德的终极论被认为是机械的因果关系的突现特征。因此，我建议，对演化经济学家来说，处理这一问题的最好路径是采纳突现的概念及其反还原论的内涵。这将使得调和新事象和因果本体论（causal ontology）成为可能，同时解决了无因之因的局限：可以在不严格坚持决定论或非决定论的条件下，对人类意志有一个清晰的指认。

这也给我们带来了另外一个重要的结果。我们已经看到，新事象的引入和对还原论的抛弃都必须依靠突现的概念。在这一理念下，"NEAR"演化经济学的独特之处就不仅可能而且必要了。从而，突现的概念成了社会经济系统的演化过程的中心特征。

6.3 "NEAR"演化经济学的先驱们

对"NEAR"演化经济学的先辈的搜索将被限定在1930年以前对这一流派作出了主要贡献的经济学家当中。"NEAR"一词排除了许多经济学家，下面考察其中四位。门格尔和熊彼特由于方法论的个人主义而被排除。马歇尔赞成还原论并很少注意到新事象的问题。虽然奈特（1921）对社会经济系统中的不确定性和新事象给予了很大的重视，但他极端的个人主义模糊了任何反还原论的看法。

一些卓越的候选人得以保留，包括霍布森、凡勃伦和康芒斯。凡勃伦和康芒斯以美国制度学派的开创者著称，霍布森则是英国首屈一指的"制度主义"经济学家。除了凯恩斯对他做了大量迟来的赞誉（Keynes，1936，pp.364-371），霍布森长期为经济学家们所忽略。

6.3.1 凡勃伦

由于凡勃伦（Veblen，1898a，1899）是第一个将达尔文的变异、遗传和选择的思想广泛运用于经济演化的经济学家，他当之无愧地被认为是首位演化经济学家。然而，他的"NEAR"演化经济学思想并不是
150 那么直接的。一个理由是，他受到主流科学中的决定论概念的羁绊。直到第一次世界大战后，科学思想中严格的决定论才得以破除，并导致了量子物理学的产生。

有论者认为，凡勃伦"在自由意志和决定论之间玩跷跷板"（Seckler，1975，p.56），"抱着将目的和意图逐出科学的观点"（Commons，1934，p.654）。然而，在他的第一篇文章里，凡勃伦就讨论了人类自由和不确定性的问题。进而，他又对人的目的性给予不断的强调："经济行为是有目的的，体现为人们总是在不停地尝试"（Veblen，1919a，p.75）。人类"被赋予了有目的的行为的禀性"（Veblen，1934，p.80）。除了许多直接的表述以外，比如，凡勃伦（Veblen，1914）对"随意的好奇心"的强调，在他的人类行为理论中也起着关键性的作用。凡勃伦（Veblen，1914，p.334）还谈到了"人类精神的自由运动"。尽管如此，"有目的的行为"的性质和定义并不总是清晰的，这可能部分导致了对凡勃伦的思想进路的争议（Seckler，1975；Langlois，1989）。

总的来说，凡勃伦赞同因果关系的解释，又无法将此与他对人的有目的的行为的信念调和起来。例如，凡勃伦（Veblen，1914，pp. 324n.，334n.）抛弃了亨里·伯格森（Henri Bergson，1911）等人的生机论，却无法发展出与他对于因果关系的解释的偏好相一致的系统的图景。然而，他终究没有放弃有目的的行为的概念。更进一步，是他天才地指出，目的性本身应该给予一个演化论的解释。凡勃伦（Veblen，1934，p. 80）在 1898 年谈及人这种动物时，说道："在选择的必然下，人类被赋予了有目的的行为。"

上面已经指出，问题的解决包含了使用突现的概念。虽然凡勃伦受到劳埃德·摩根（Morgan，1896）对突现的概念的原始阐释的强烈影响，但这在他的著作中未能得到清晰的体现（Hodgson，1998d）。

然而，与他的同时代的许多人不同，凡勃伦的理论进路是交互作用论的和反还原论的。交互作用论认为，行为者和结构交互作用、互为条件，因而单单基于行为者或结构的解释都是不完整的。交互作用论还认为，社会经济系统与它的生物基础是相互影响的，因而单单基于生物学的解释是不合适的，而同时社会经济现象的完整解释又必须包含一定的生物学因素。虽然凡勃伦（Veblen，1934，p. 143）承认社会生活有其生物学基础，但他不赞同人类行为可以完全由基因遗传解释的观点。 151

6.3.2　康芒斯

康芒斯（Commons，1934，p. 55）注意到了物理学中的量子革命，并且看到了人文领域关于不确定性的日益增长的争论。然而，尽管他一再强调有目的的行为的重要性，他对这一问题的观点却是含糊的。在其著作的一个片断中，康芒斯（Commons，1924，p. 82）将确定性与不确定性的争论视为与"经济目的"不相关的。除此以外，他始终一致地持有这样的观点，即人类意志的活动极大地限制了经济学中预测的作用。不过，对有目的的行为的强调仍然处于中心地位。康芒斯（Commons，1950，p. 36）甚至认为，"在个人和所有集体组织中起作用的人的意志的科学"是经济科学的"20 世纪的基石"。

尼尔·张伯伦（Neil Chamberlain，1963，p. 93）认为，尽管在具

体表述上有些模糊不清，对个体的“人的意志”的作用和“集体行动”的地位的认识，构成了康芒斯的两大主要贡献。康芒斯的“集体行动”和“集体意志”的概念是复杂的和有争议的，但它仍然由于对那些不同于原子化个人的多种分析单元和水平的信念而部分地保留了下来。[12]他的作品主张一个人类行为者的有机体的概念，人们塑造环境也为环境所塑造。

尽管如此，和凡勃伦一样，康芒斯也未能在其研究中明确地引入突现的概念。这一忽略甚至比凡勃伦更严重，因为康芒斯活到了 1945 年（其时凡勃伦已去世了 16 年），他应该能够对亚历山大和麦克道格尔的哲学贡献作出更好的评价。康芒斯（Commons，1934，pp. 17，96）曾经提到怀特海，但并未怎么利用他提出的突现的概念。这一概念存在于
152 美国制度主义中，但始终未能有一个明确的表达。20 世纪 30 年代美国制度主义的危机似乎没能使突现的概念成为中心议题。然而，正如我们在下面将要看到的，这一概念在社会科学中仍然潜藏着。

6.3.3 霍布森

在一本与凡勃伦的《劳作本能》（*Instinct of Workmanship*）同一年出版的书里，霍布森看到了人的错误、有趣的发明在人的行为模式的变化中所起的决定性的作用，它们因而成为持续的演化过程中的创新的来源。有趣的是，在这一语境下，与凡勃伦相比，他对“人类意志的自由”的功能给予了更多的强调。然而，凡勃伦把这一思想引入了达尔文主义的和系统发生的演化理论，而霍布森则不像凡勃伦走得那么远。在霍布森的著作中找不到与此相近的演化变迁理论。[13]

霍布森从他自己的有机论中得出了强有力的方法论的和反还原论的结论，他写道：“一个有机体，或者整体，无法为关于它的组成部分的分析作完整的解释：整体是一个新的产品，其特性虽然某种程度上来自于部分，但未必为部分所拥有”（Hobson，1929，p. 32）。霍布森随后表述了突现特征和在更高的不可归约的水平上进行分析的思想。

在一本讨论凡勃伦的书中，霍布森（Hobson，1936，pp. 216）赞许地提到了 20 世纪前几十年思想的一个重要转变：

> 包含着突现的演化给历史进程带来了不可预料的新事象，混乱、风险和机会也被带入充满能量的活动中来。就更高的价值体系

> 而言，直觉（intuition）作为独立的信息源泉被提出来了，并且……这一思想路线……与机械论因果关系的教条在现代思想和情感的形成中，的确有着很大的抵触。对于演化过程中的新事象以及机遇因素的强调，构成了对于决定论哲学和日常思维逻辑的直截了当的挑战。

因此，霍布森坚定地抛弃机械论的隐喻，认为它“压榨人性”、拒
绝承认人的新事象和创造性（Freeden，1988，pp. 89，173）。可见，霍 153
布森虽然年长于凡勃伦和康芒斯，但他却对“NEAR”演化经济学的范式给予了更清晰的表述。

6.3.4　进入米契尔……还有凯恩斯

威斯利·米契尔是美国制度主义开山一代中的第三号人物，此外，还是现代宏观经济学的始祖之一。米契尔的研究并非以对新事象和创造性的强调著称，而以对还原论的有力批判及其引致的对凯恩斯主义宏观经济学的发展的贡献而闻名。由于这个原因，也由于他与“NEAR”演化经济学一脉的“老”制度主义者凡勃伦和康芒斯的联系，这里将他列入考虑，虽然对新事象的忽视将他置于“NEAR”演化经济学的阵营之外。

米契尔（Mitchell，1937，pp. 26，375）认为，经济学家的研究并不一定要从个体行为理论开始，也可以从“总体现象”或“总体行为”的统计观察出发。20 世纪 20 年代到 30 年代，米契尔和他在国家经济研究局（NBER）的同事们对国民收入核算的发展起了关键的作用。他们主张，加总的宏观经济现象具有本体论的和经验上的合法性。

在经济学中，这是对还原论的重要挑战。它为凯恩斯主义的建立创造了空间，而还原论的反击也一直持续到了今天。米契尔的理论进路曾受到来自雅林·库普曼斯（Tjalling Koopmans）的基于还原论的批判，拉特利奇·维宁（Rutledge Vining，1949，p. 79）在为米契尔作出的著名辩护中提出，诸如“贸易波动”等现象并不仅仅是“传统理论经济学中进行经济计算的那些单位”的加总。而且，“我们不能想当然地认为，这一实体的行为和运作可以植根于个人受到激励的行为而得到充分的解释，这些个人是整体的部分。”这是对还原论的经典拒绝，承认了突现的特性的存在，这种突现的特性无法为其组成部分所完全解释。

对凯恩斯主义来说，米契尔的反还原论批判是十分重要的。在传统 154

的有机主义和整体主义的影响下，制度主义发展和支持了经济总量的概念化和测量方法。米契尔和他的同事研究并发展了国民收入核算，影响并启示了凯恩斯的宏观经济学（Mirowski，1989b，p. 307；Colander and Landreth，1996，p. 141）。可以说，是制度主义催生了凯恩斯主义宏观经济学。

凯恩斯自己的观点也已经成为了人们争论不休的来源。但是，鉴于凯恩斯受到了关于人类意志和“血气冲动”的不确定性，以及创造性和新事象的能力等思想的影响，他达到了“NEAR”演化经济学范式的一个标准。重要的是，凯恩斯深受怀特海哲学（如分层本体论、突现的引入、对人类创造性的强调等）的影响。显而易见，在发展基于总量的经济理论时，凯恩斯突破了还原论。范式的第二个标准也满足了。因而，毫不奇怪，凯恩斯对霍布森满怀赞誉之情，甚至在给康芒斯的私人通信中这样写道：“虽然我和霍布森素昧平生，但从有限的证据判断，在一般思想方式上，看来还没有哪一位经济学家像霍布森那样与我如此一致。”[14]

6.4 结　论

演化经济学的挑战不仅仅是理论上的，而且是本体论的、认识论的和方法论的。对本体论的强调，是与哲学上向本体论基础的回归趋势相契合的，这种本体论基础在逻辑实证主义时代被作为形而上学而抛弃。

可以认为，“演化经济学”已经到达了它发展的十字路口，必须面对再生和倒退的双重可能。尽管困难重重，但是我们毕竟认识到了一些最紧迫的问题和这一理论进路根本不同于主流经济学的哲学根基。

“NEAR”演化经济学或制度主义演化经济学一翼证明了大量相关努力的合法性：这些努力较少以形式化的经济模型的形式出现，且多集中于经济哲学、经济思想史、经济史、技术和制度变迁的研究、经验调查和经济发展、产业和环境政策等领域。

显然，演化经济学正处于自身发展的关键性阶段。这一经济学流派本身也将充满了变化和多样性。对这一领域内不同张力的演化的观察将是饶有趣味的。

【注释】

[1] 这里将对霍奇逊（Hodgson，1997e）的论述——该文的观点则用到了霍奇逊（1993b，1995b）的材料——作出回顾和实质性的拓展。

[2] 欧洲演化政治经济学学会和国际约瑟夫·熊彼特学会都成立于20世纪80年代后期。1980年后出现的相关著作包括 Andersen (1994)，Basalla (1989)，Boulding (1981)，Blaas and Foster (1992)，Clark and Juma (1987)，Day and Chen (1993)，Delorme and Dopfer (1994)，Dosi et al (1988)，England (1994)，Faber and Proops (1990)，Foster (1987)，Goodwin (1990)，Gordon and Adams (1989)，Hamilton (1991)，Hannan and Freeman (1989)，Hanusch (1988)，Hayek (1988)，Heertje and Perlman (1990)，Hodgson (1988，1993b，1995b)，Hodgson and Screpanti (1991)，Hodgson et al (1994)，Kay (1982)，Kwasnicki (1996)，Langlois (1986)，Loasby (1991)，Louca (1997)，Magnusson (1994)，M. McKelvey (1996)，W. McKelvey (1982)，Metcalfe (1994，1995，1998)，Mirowski (1994)，Mokyr (1990)，Van Parijs (1981)，Pantzar (1991)，Reijnders (1997)，Ruterford (1994)，Saviotti (1996)，Saviotti and Metcalfe (1991)，Verspagen (1993)，Vromen (1995) 和 Witt (1987，1992，1993a，1993b)。《演化经济学杂志》于1991年创刊，演化经济学方面的文章也已出现在《经济问题杂志》(由美国背景的进化经济学学会出版)、《经济行为与组织杂志》和其他刊物上。

[3] 详见 Dosi (1988b)，Dosi et al (1988)，Freeman (1990)，Freeman and Soete (1997)。

[4] 在别的地方我们还从其他角度作了分类。在另一个版本里（Hodgson，1997e)，引进了关于具体的技术演化（Basalla，1989；Mokyr，1990）和一般的经济演化（Loasby，1991；Marshall，1890；Schumpeter，1976）是渐进论还是间断论——或突变论——的区分。但是这些分类仅仅是补充性的，对于那些最基础的问题，它们没能够都给予同样的重视。

[5] 应该注意，“方法论的个人主义”这一流行术语有时被用于其他的、模糊的或相反的场合。令人混淆地，温特在反复用到诸如组织知识和集体学习等概念(Winter，1982）的同时，却又支持“方法论的个人主义”（Winter，1988)。然而，温特所谓的“方法论的个人主义”看来是否认以下观点的，即意图和利益也可以归因于集体和组织，而非个人。与温特不同，我们认为，对“方法论的”强调才应该是解释的关键，而不在于归因于个体还是整体的争论。那种认为意图和利益既不能，至少不能无条件地，归因于个体，也不能无条件地归因于整体和组织的观点，是与方法论的个人主义相左的。因而在恰当的、方法论的（即解释性的）意义上，可以认为，温特不是一个方法论的个人主义者。

阿罗（Arrow，1994）对方法论的个人主义的定义则较为模糊：“有必要将对所有的经济交互作用的解释立基于个体行为。”（p. 1）但是，何谓“将解释立基于个体行为”则不够明确。如果它意味着对“个体行为”的考量足以解释社会或经济现象，那么突现的特性的存在就可以证伪这一表述。相反，如果它只是意味着所有的社会经济现象取决于个人，那么这一表述就是可以接受的。阿罗进一步提出，“所有的社会的交互作用都起因于个人之间的交互作用的简单事实”（p. 3）支持了方法论的个人主义。但是，后一主张毋宁说是本体论的，而不是方法论的，而且也并未表明个人及其交互作用足以解释社会和经济现象。

拉克曼（Lachmann，1969，p. 94）主张，方法论的个人主义意为“任何对社会现象的解释如果不能最终落实到个人的计划上，就是无法令人满意的”。而我在其他场合（Hodgson，1988，1993b）曾指出，如果对个体行为的解释总是诉诸文化和制度的影响，那么，我们就无法达致这样的阶段，即对给定的个人在不考虑上述影响的层面上作出解释。进一步地，即便对社会现象的解释落实到了个人的计划上，我们就能“满意”吗？显然，作为社会科学家，我们必须进而考虑这些计划得以孕育和塑造的条件。与普遍的信条不同，以上考虑并不必然使我们导向人类行为者的决定论解释。

［6］对该范式性质的讨论可参见 Georgescu-Roegen（1971），Sebba（1953），Thoben（1982）and Mirowski（1989b）。

［7］与霍奇逊（1997e）相比，本图对哈耶克、斯宾塞、威特的归类做了改动。这里，“哈耶克Ⅰ”看来避免使用生物学隐喻。而威特（尽管他承认集体的作用）和斯宾塞则并未对突现特征给予足够的强调以保持强烈的反还原论的立场。

［8］参见霍奇逊（1993b，pp. 155，214－233）的讨论及其参考文献。此外，还可参见索普（Thorp，1980）基于非决定论对自由意志论所作的著名的哲学辩护。

［9］然而，熊彼特自己对内生性变迁这一概念的阐发却是最不尽如人意的。他说（Schumpeter，1934，p. 65），系统内的发展变化“出现在工业和商业生活中，而不是在消费者对最终产品的需求中。消费者口味发生的自发而间断的变化，意味着商人必须处理的数据发生了迅速的变化”。这样，在熊彼特那里，工业企业家独占了创造力的美誉。消费者的主动权、自发性和独创性并不被理解为内生性变迁的来源，而仅仅是“商人所面对的数据的变化”而已。而为什么生产者被赋予高于消费者的特权地位却是不清楚的。熊彼特（Schumpeter，1934，p. 66）接着考察了五种内生性变迁的重要力量，包括新产品、新工艺、新市场、新材料和产业结构和集中度的变化。很显然的，他未能将消费者口味和经济制度列为内生性经济发展的来源，而视其为外生的，仅仅是“数据”而已。这一希图为内生性划定疆域的著名尝试，竟如此武断和不尽如人意。

［10］劳森（Lawson，1989a，1989b，1994b，1997）对巴斯卡的观点作了广泛的经济学应用。

[11] 现在，《演化经济学杂志》奉行的编辑方针是，除了数学化的文章以外，也鼓励非数学化的文章。笔者本人也在这项方针的执行者之列。然而，各种时滞和文化锁定意味着形式主义仍将在我们的时代占据主导地位。

[12] 和朗格卢瓦（Langlois，1986，p. 4n.；1989，pp. 285－287）、奥尔森（Olson，1965）和肖特（Schotter，1981，p. 3）不同，康芒斯在使用这些术语时，并不认为组织或集体本身有一个独特的意志（Biddle，1990；C. Lawson，1996；Ramstad，1990；Rutherford，1983；Vanberg，1989）。

[13] 在我的《经济与演化》（*Economics and Evolution*，1983b）一书中没有为霍布森专辟一章，这是我的疏失。现在回想起来，这一忽略是我当时的一个判断错误。

[14] 凯恩斯致康芒斯的信，1927 年 4 月 26 日（康芒斯著作集，威斯康星州历史学会出版，1982）。

第三部分

理查德·纳尔逊和西德尼·温特的贡献

第 7 章　理查德·纳尔逊和西德尼·温特

理查德·纳尔逊和西德尼·温特的名字 157
联系在一起，是因为他们在经济演化方面的突破性的联合工作，以及他们于 1982 年发表的《经济变迁的演化理论》。[1] 纳尔逊还独自成名于他在产业、技术变迁等方面的大量论著，温特也另对经济理论作了一系列著名的贡献。本章的 7.1 节介绍两位作者的生平。7.2 节讨论温特关于弗里德曼广被引用的 1953 年论文的评论，随后导出 7.3 节对他们 1982 年合著的评价，最后一节讨论两位作者在 20 世纪 80—90 年代的其他贡献。

7.1　生平简介

理查德·纳尔逊 1930 年生于美国纽约，

1952 年在欧柏林学院（Oberlin College）取得学士学位，而后转到耶鲁大学学习，并于 1956 年在那里取得博士学位，而后又回到欧柏林学院任助教，但不久即被聘为兰德公司经济学家。1960 年他作为副教授在卡耐基技术研究所服务一年，随后的两年为国家顾问委员会（Council of National Advisors）的高级职员。后来他又回到兰德公司待了四年，1968 年为耶鲁大学教授，1986 年移居到他出生的城市，任教于哥伦比亚大学。

158 纳尔逊著作中的隐含主题是长期的经济变迁过程，特别是技术发展与经济制度变革的过程。他早期的主要研究成果之一是讨论哈罗德的经济增长模型，发表在 1961 年的《经济学杂志》上，随后的一系列出版物是关于生产函数方面的，发表在 1964 年和 1965 年的《美国经济评论》《经济学季刊》《经济学和统计学评论》等刊物上。20 世纪 60 年代后期，纳尔逊的著作主要涉及充分就业政策、技术扩散和生产率提高等方面。这些早期著作使得纳尔逊在 40 岁就获得了一流产业经济学家的声誉。这都是在他与西德尼·温特关于经济演化的合作之前的事情。

西德尼·温特 1935 年生于美国艾奥瓦州，他从斯沃斯莫尔学院（Swarthmore College）取得经济学学士学位，分别于 1957 年和 1964 年拿下硕士和博士学位。从 1959—1962 年他与纳尔逊在一起工作，先是做兰德公司的经济学家，而后是国家顾问委员会的高级职员。1965—1966 年他在加利福尼亚大学伯克利分校讲授经济学，接下来的两年他又成为兰德公司的研究经济学家，从而又一次与纳尔逊会合。从 1968 年起他作为经济学教授在密歇根大学任教，1976 年也和纳尔逊一起做了耶鲁大学的教授，一直到 1989 年。随后他作为首席经济学家任职于华盛顿的美国审计总署（US General Accounting Office），后任职于宾夕法尼亚大学的沃顿商学院。

1964 年温特发表了他的重要论文《经济的“自然选择”与企业理论》，这基本上是他的博士论文，有关内容将在下一节以及接下来的一章展开讨论。这些早期思想的一部分经改进后成为温特发表于《经济学季刊》上的文章，并且成为日后他与纳尔逊共同研究出来的经济演化理论的重要成分。两人的早期合作成果发表在 1973 年的《美国经济评论》和 1974 年的《经济学杂志》上。

7.2　温特对弗里德曼的评论

在其发表于《耶鲁经济论丛》的文章中，温特对被长期以来争论不休的企业目标问题作出了里程碑式的贡献。到牛津经济学家罗伯特·霍尔（Robert Hall）和查尔斯·希契（Charles Hitch）1939 年发表关于企业行为和显性目标的经验研究成果时，这场争论已经持续了四分之一个世纪了。根据他们的论证，接受调查的企业并不试图追求短期利润最 159 大化或者遵循边际成本等于边际收益原则。事实上，他们对成本曲线缺乏足够的认知，从而也就不可能找到那个最佳点。相反，企业主声称他们的目标是长期利润的最大化，但他们并没有利用长期成本曲线的帮助来达到这个目标。实际上，他们是按照平均成本原则来定价的。也就是说，价格的制定不是依据边际成本等于边际利润的原则，而是以总平均成本加上 10%左右的正常利润为标准的。虽然此后的经验性研究还有些个案差异，但他们所证实的这种平均成本定价法是被普遍运用的。

尽管已有这样那样的证据，但关于企业的目标、关于企业是利润最大化追求者假定的现实性和普适性，还是成为了此后争论的焦点。[2]一方面，经济学家如罗伯特·A. 戈登（Robert A. Gorden）在 1948 年提出，企业在面临巨大的复杂性和不确定的变数时，很难相信它们会针对所有这些变数作出即时的边际调整，从而得到最大利润，因此它们会被迫地依赖既定的决策常规，如使用标杆价格。相反，经济学家弗里茨·马克卢普（Fritz Machlup，1946）为利润最大化假设辩护，他说，关键是企业是否有边际成本和边际利润的理念，而不是企业的目标是什么。如果企业是根据预感和直觉来使用这个理念，哪怕这种直觉不一定与实际相符，那它们也还是在追求利润最大化。因此，追求“假定的现实性”是一个误会，企业寻求利润最大化的假定是合乎情理的。

在 1950 年的一篇经典论文里，阿尔门·阿尔钦（Armen Alcian）指出，没有必要为达到科学的解释和预测的效果而假设企业的显性目标是利润最大化，他认为，由于企业的经营环境实际上是不确定的，对于给定的刺激会有不同的反应路径，所以，个体行为实际上是无法预测的。而在大样本中，“最优的”发展模式是肯定可以在选择的演化过程中被观察到的。

但是，对这种生物学的类比受到了伊迪丝·彭罗斯（Edith Penrose，1952）的严厉批评。她指出，基于几个理由，生物学中的物竞天择不适用于经济学，特别是在现代生物学中显然没有“人类意志”和“有意识地审慎而行”因素。对经济学的解释中一个至关重要的问题是，必须对人的主观动机作出令人信服的解释。

160 彭罗斯干脆利落的反击并没能阻止弗里德曼，在1953年的那篇著名论文里，他坚持认为假定的现实性并不是问题的关键，因为所有的理论都不可避免地存在非现实性。他宣称，评价一个理论的主要标准是其能否作出正确的预测，基于此，利润最大化的假说应该是可以成立的。随阿尔钦之后，弗里德曼简单引述争论中“演化”的含义，认为基于“自然选择”，可以假设企业会追求利润最大化（不管企业或个人是否实际上是这样做的），他提出企业间的竞争性“自然选择”会使得那些在实际中追求利润最大化的企业最有可能生存下来，至于那些有关企业公开目标和行为的经验证据——如霍尔和希契提供的那些——则是不切题的。[3]

弗里德曼的观点曾经是而且现在仍然是很有影响力的，到20世纪50年代早期，一定程度上是由于他对经验式研究的驳回，这场辩论才倾向于赞成保留利润最大化假说。这样的结果对美国经济学来说是意义重大的，因为它巩固了处于上升事态之下的新古典主义的霸主地位，使得以前颇有影响力的，由索尔斯坦·凡勃伦、约翰·康芒斯、威利斯·米契尔所开创的“老”制度经济学传统居于下风，只剩些残余。该学派传统在20世纪20—30年代弥漫于美国经济学界，在20世纪40年代，它的思想仍影响着利润最大化的主要批评者的论著，如罗伯特·戈登，尽管他们声称与该学派只有一种松散的联系。[4]

虽然双方力量的均衡已经被戏剧性地打破，但争论并没有结束。到了20世纪50年代，赫伯特·西蒙开始抨击最大化假说，包括企业利润最大化。在《人类行为的模型》（1957）和其他著作中，他指出“完全
161 理性”的假设忽视了现实中决策的复杂性和不确定性。西蒙拒绝了完全最大化的假定，但接受了一个有保留的概念——“有限”理性。行动者一般不可能搜集和加工所有有关信息以作出一个完全最大化的决策，但在某一个既定范围内还是可以作出一个“理性的”选择的。由西蒙和他的追随者，如理查德·塞尔特（Richard Cyert）和詹姆斯·马奇

(James March) 等人在他们所著的《企业的行为学理论》一书中提出，企业和消费者追求的不是利润最大化，而是“满意”。满意的含义是达到一个可接受的水准或者“称心的水准”。企业会利用既有的惯例或“经验法则”(rules of thumb) 来确定什么时候算是达到了其称心的水准。而平均成本定价原则就是这种使用“经验法则”的例子。

毫不意外，西蒙1979年承认他一直受到“老”制度主义者特别是康芒斯的影响，而且，西蒙 (Simon，1979，p.499) 还说，“企业行为理论的主要先驱者通常被称为制度主义”(从其上下文来看，这个制度主义更多地是指“老的”而不是“新的”)。事实上，西蒙发展和扩充了凡勃伦 (Veblen，1919a) 的较早的也是激进的对最大化假设的批判。纳尔逊和温特均坦承西蒙对他们的思想形成有重要的影响。

然而西蒙并未直接攻击弗里德曼的演化观点。第一次较重要的批评来自于温特发表在《耶鲁经济论丛》上的文章。温特指出，弗里德曼关于选择的作用和演化过程的性质之表述是模糊不清的，因为弗里德曼的缘故，一个可继承的因素被抛弃了。自然选择要起作用，就必须会有某些持续性的常规 (routine)，使得通过竞争所选择出来的利益最大化者或近似最大化者可以按那种行为方式存在一段时日。

重要的是，在这些常规中必须有一定程度的惰性以限制变化，从而使选择得以有效地进行。组织可以培养思想和行动的模式和常规，而这反过来又形成一种自我维持和延续的特质，尽管这种特质并不具有像生物基因那样的持久性。温特指出，随着时间的延续，企业的常规会获得相对的持久性，它可帮助企业保留各种技巧和其他知识，并通过模仿、人事变动、接管等，具有复制能力。对于温特来说，正是企业的常规和决策规则使得生物学进化论可以在经济领域得到类比运用。常规在某种程度上具有类似基因的稳定性和“变异”能力。

因此，温特的著作既是部分地对彭罗斯 (Penrose，1952) 的回应，
又直接地攻击了弗里德曼 (Friedman，1953)。彭罗斯抱怨阿尔钦对演 162
化论在经济学的类比使用中，没有澄清其中的人类行为机理[5]，而温特则在常规中发现了答案。

温特早期作品之所以重要，不仅是基于他对弗里德曼的透彻的批判，也是因为他对演化理论作出了开拓性的工作。他发现了是常规驱动而不是自利最大化驱动的重要意义，这就为演化思想在经济学的再运用

奠定了基础，而且使得这种演化思想的类比使用不至于走向阿尔钦和弗里德曼观点的那种空泛和随意解释的结局。在随后的一篇论文里，温特深化了他早期论文的一些看法。

7.3　一场科学革命的生成

到20世纪60年代末，纳尔逊已经独立发展了一条经济理论的演化进路。他早期关于经济增长的著作主要是新古典主义的，但在新古典主义生产函数的框架之下解释具有明显差异的生产效率时所遇到的困难，将他导向了一个新的视角。纳尔逊（Nelson，1994c）写道：“在1964年，我基本上算是新古典增长学派，尽管只是属于折中的那一类。而到了1968年，我几乎成了一个完全的演化论者。”至此，20世纪经济学史上最富成果的合作之一所需要的舞台就准备好了。

如上所述，《经济变迁的演化理论》中的一些思想由纳尔逊和温特联合发表于20世纪70年代早期。在他们的合作中，纳尔逊带来了他在产业经济方面的丰富理论和经验知识，而温特则带来了重要的理论创新，即将生物学中的进化论类比引入经济学。

由这个演化类比所带来的启发意义是关键且明显的。纳尔逊和温特坦言，“演化”这个词是生物学术语：“首先是一个符号，表示我们从生物学中借用了其基本思想，其次，在我们的先辈马尔萨斯曾有给予达尔文思想启示的先例感召下，我们经济学家也永久地获得了这种借用的权
163 利”（Nelson and Winter，1982，p. 9）。纳尔逊和温特还谨慎地指出了这种类比法的局限性和危险性，事实上，社会经济的演化在特点上倾向于拉马克主义更甚于倾向于达尔文主义。不过，这并不至于减少他们著作中生物学隐喻的启示性引用的意义。这是在社会科学和自然科学领域之间隐喻的创造性运用的又一个重要范例。

显而易见，从20世纪60年代中期起，无论是在纳尔逊和温特的合著中，还是在他们的各自著作中，俩人都对新古典主义经济学在理论、经验、实践中的局限性深感忧虑，这种不安最终导致他们拒绝新古典主义的核心假设。“依靠均衡分析法，即使是给予更大的灵活性，仍然使（新古典主义）教条无视那些与历史变迁相联系的现象。”此外，尽管没

有对正统理论的诸如完全信息、静态均衡等假定进行逐条诘难，但在其后来的著作中所弥漫的演化类比观念，还是加重了他们对正统理论的抱怨意味。最后，他们拒绝了“从其追求最大化的角度讲，经济中的行动者是理性的”这样一个假设（Nelson and Winter，1982，p. 8）。

相应地，纳尔逊和温特为企业利润最大化分析提供了一个可选择的理论框架。作为对最大化的传统做法的替代，他们提出了一个演化模型，其选择机制是建立在企业内部常规基础上的。“常规囊括了企业的所有特征，即包括为生产而设的详尽技术常规、雇用和解雇程序、订购新原料、增加产量、迎合新需求、制订投资计划、研究与开发、广告以及多种经营和海外投资的商业策略等内容。”在他们的分析里，“这些常规所扮演的角色正如同基因在生物演化中一样”（p. 14）。

常规不仅仅是企业组织内部绝大多数活动中的普遍特征，而且它们还具有功能上的特点：对于在经济中工艺技术如何获得、如何传递的问题，纳尔逊和温特认为，习惯和常规在其中扮演了相对持久的知识和技术存储器的角色，在他们的表述中，常规是“企业的集体记忆”（p. 99）。
此外，通过模仿和人事变动等，常规还具有复制能力。由于常规具备相 *164*
对耐久性和复制能力，它们在经济中的作用就如同基因在生物学中的作用一样，信息历时而扩散，这大致类似于信息通过基因而存储和复制。

然而，人们一般也接受创新活动是可能的，许多商业行为实质上并非常规。此类不规则和不可预期的行为也被纳入其演化论，即“我们认识到，在决策到生效的过程中存在着随机因素”（p. 15）。这里，我们又一次看到了与生物演化类似的情况，在许多演化模式中，随机变化是大量的。

除了将常规类比于基因，纳尔逊和温特还直接从生物进化论借用了第二个重要概念。他们采用了“搜寻”（searching）来包容企业常规中的变化：“我们的‘搜寻’概念显然是生物演化论中变异的对应物”（p. 18）。此概念表述于他们书中第九章“演化的模式”。企业事先会确定一个有利可图的界限，如果盈利充足，他们就试图维持现行的常规，根本不去“搜寻”。在某些情形下，纳尔逊和温特采纳了西蒙的“满意”思想：行为者试图达到一个给定的“抱负水平”而不是进行最优化。然而，如果企业获利率掉到这个水平之下，那么“企业就会……在逆境的压力下……被迫考虑另作选择”（p. 211）。他们会投资于研发，努力开发新技术，以恢复利润率。在其他模型里，纳尔逊和温特考虑了“总在搜寻”新的改进技术的组织，而不是令人满意的行为。

引入经济分析的第三个概念是“自然选择”：“市场环境对企业成功提供了一个界定，该界定与企业的存活和成长能力高度相关”（p. 9）。显然，这是生物学中“为生存而竞争”法则在市场竞争中的应用。这第三个概念不像前两个，在立场上与阿尔钦、弗里德曼和其他人有了更多共同之处。然而，不像他们的绝大多数前辈，纳尔逊和温特小心地不给市场选择机制或私有制带上“自然”秩序或最高效率的光环（Nelson，1981b）。

这三个关键的类比使用促成了纳尔逊-温特经济演化思想与生物学对应观点的链接。在生物学里，演化有三个基本组成部分：首先，在物种或种群中必须存在持续的变异。变异可以是盲目的、随机的，也可以是有意的，但若无变异，正如达尔文所指出的，自然选择就无法进行。
165 其次，必然有遗传的或保持其持续性的规则使得物种的子孙后代会肖似它们的父母甚于本物种中的其他成员。换句话说就是存在某些机制，使得个体特征代代相传。再次，自然选择的运作，或者是更适应的生物体可以繁衍更多的子孙后代，或者是被保留下来的变种或基因结合体在生存竞争中更具有优势，这是为生存而竞争的法则。纳尔逊和温特不含糊地从生物学中借用和补充了上述思想，以建立他们的演化理论，这三种思想的组合使得他们的“演化”从该术语的多而纷争的用法中脱颖而出。

但是，当纳尔逊和温特将其理论进路与生物学演化论的这三个观点相一致的同时，又明确指出，这二者是不可一一对应的。我们已经注意到，社会经济学中的常规是相对粗略的，并没有生物学中的基因那样富有耐久性。此外，当常规发生变异的时候，其新特质可以被模仿者所模仿或者直接被附属企业遗传下来。正因为如此，如好几个演化经济学家所指出的那样，在社会经济环境中，获得性特征的遗传是可能的，社会经济的演化具有明显的“拉马克主义”特征。说它是一种拉马克主义是因为——与此相对的是达尔文主义的基因—规划（gene-programmed）行为——在人类行为中存在主动性和创新性的空间（Hodgson，1993b，ch，14）。这似乎克服了彭罗斯于 1952 年提出的生物类比应用上的一个障碍。显然，纳尔逊和温特（Nelson and Winter，1982）将其进路归于拉马克主义而不是达尔文主义一类。[6]

尽管纳尔逊和温特使用了正式的方法和电脑仿真，他们的著作还是带有很强的经验主义导向，“在这部著作的大部分章节中，其进路是摆出一副‘典型性’事实似乎是如此的架势，然后力图发展出一个理论框架来解释这些事实”（Nelson，1994c）。显然，通过区分“形式性”理论化和“鉴赏性”（appreciative）理论化的差别，纳尔逊和温特（Nelson and Winter，1982，pp. 45-48）试图说明：正式模型化固然重要，但这不是问题的关键。更重要的是，如在鉴赏性理论化中那样，最应该关注的是那些蕴涵着丰富内涵的经验情境。正如纳尔逊（Nelson，1994a，pp. 154-155）所着力阐明的： *166*

> 鉴赏性理论化极其趋近于经验研究，它既提供方向，又给出解释。经验性的发现很少能直接地影响形式性理论化。相反，它们首先影响的是鉴赏性理论化，然后，鉴赏性理论化又对形式性理论化提出挑战，迫使其以正式的形式包容这些经验。这种工作可以非正式地弥平裂口或分歧，或者模型化也可引出新的理论开发的线索。而这又反过来给经验性研究以新的定向。

显然，这里强调的是经验研究的导向和概念性框架，而不是数学形式化自身的发展。

总之，纳尔逊和温特所合作完成的理论工作具有丰富的意义，开创了演化思想在经济学中的最广泛和严谨的应用。这一创造性的成就部分地得益于温特早期的作品，这些作品严格地检验了演化思想的可应用条件。纳尔逊最关键的贡献则是他丰富的产业组织和技术变迁的知识。他们的《经济变迁的演化理论》注定要成为20世纪后期经济学的经典，也是演示一种可以通过将一种隐喻从一个领域引向另一个领域而取得科学的创造方法的范例，当然，一般来说，这必须是在本领域已经积累了足够的理论和经验知识的前提之下。

这部著作在形式、内容和线索等方面还有一些其他的启发性。例如，虽然作者在我们关于如何理解一般的经济变迁和特定的企业变迁的问题上进行了一场切实的革命，但他们有时还是低估了自己与当时的正统理论之间的分歧。比如，温特（Winter，1971）和纳尔逊与温特 *167*
（Nelson and Winter，1982）著作的一个特色是，尽管它们富有动态化和演化性质，但它们还是在一定程度上试图说明纳尔逊-温特模型可以被归类于新古典分析的一种特例。为此，两位作者调整参数值，以重建新古典主义均衡和生产函数，但这建立在被称为含有较大的“行为现实主义”的更宽泛的理论基础之上。因此，他们的作品看起来就像立足于一个孤岛上，介于轻视经验现实的新古典主义者和反对新古典主义假设的制度学派及其盟友之间。

结果是，一方面，他们的著作在异端经济学家中只得到有限的正面反应。事实上菲利普·米洛斯基（Mirowski，1983）一直在评论性刊物中强烈批评《经济变迁的演化理论》一书，他指出，看起来纳尔逊和温特是在试图“改进”索洛（Solow，1957）关于经济增长的生产函数分析，但是他们忽视了在剑桥资本论争（Harcourt，1972）中，索洛新古典主义大厦所遭受的毁灭性的重创。此批评是适当的，因为纳尔逊和温特并未注意到皮耶罗·斯拉法及其门徒的攻击。但与此同时，米洛斯基也低估了纳尔逊和温特著作的重要贡献和意义。

另一方面，他们的著作对正统经济学的冲击并未与他们在知识上的革命相匹配。据社会科学引文索引对《经济变迁的演化理论》一书在1982—1997年期间被引用情况的非正式调查，该著作更经常地被工商管理出版物而不是主流经济学核心刊物所引用。该书的出版对主流经济理论的冲击是可察觉的，但仍然是边缘性的。不过，该著作的冲击在稳定增加，见图7-1。根据社会科学引文索引的数值，纳尔逊和温特1982年的著作所带来的全面冲击正在形成，无论是年引用量还是年引用率均表现为明显的上升趋势。[7]

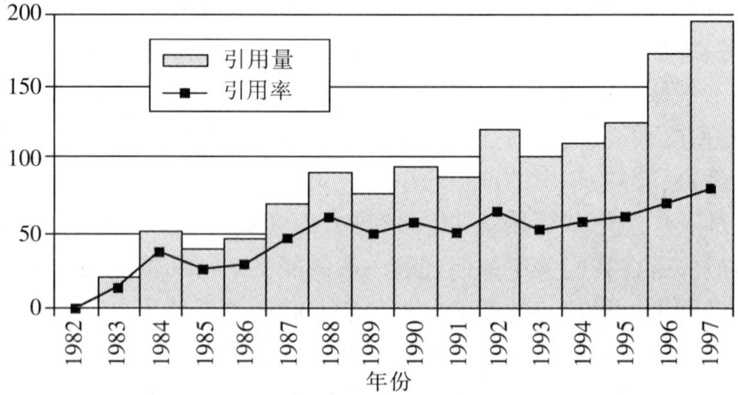

168

图7-1 纳尔逊和温特《经济变迁的演化理论》一书的引用情况

纳尔逊和温特通常更多地将他们的著作视为主流思想累积发展的结

果，而不是一场知识革命（显然是因为谦逊而不愿扮演这样的角色）。在形成他们自己理论的道路上，他们有许多辉煌的先辈。托马斯·库恩（Thomas Kuhn）在其关于“科学革命”的著名研究中，注意到“科学的持久趋势看起来是线性的或渐进性的，这种趋势甚至使得科学家们对自己的研究进行回溯”。为说明这一点，库恩（Kuhn，1970，pp. 39-40）分析了牛顿是如何对伽利略的理论做重新解释来融入自己的观点的：

> 牛顿写道，伽利略已经发现恒重力会产生一种运动，该运动与时间的平方成正比……但伽利略并没有说过诸如此类的话，他关于落体的讨论极少提到力，更不用说那个使物体下落的一贯的地心引力。牛顿给伽利略范例加上了一个在其范例中不可能提出的问题，在这些对运动的追问以及牛顿所给出的可以为大家所接受的解答中，隐含了一个虽然很小却是革命性的转型。结果，牛顿将自己的成果仅仅视为是伽利略成就的一个积累性发展，而忽略了被隐含在他的理论中的概念创新和范例转换。

这个以及其他许多类似的发生在科学史上的插曲，提醒我们重新检验纳尔逊和温特是如何描述他们的理论先导者的。在这个问题上，一段 169
富有思想性和冗长的段落（Nelson and Winter，1982，pp. 33－45）对我们启发很大，他们承认了西蒙和行为学家对他们的影响：“在分析中我们接受和吸取了许多行为学家的思想”（pp. 35－36）。对阿尔门·阿尔钦1950年关于演化理论之文的重要性也给予了适当的肯定，该文“可算是本研究的一个直接的理论先驱”（p. 41）。他们还特别地承认“约瑟夫·熊彼特的影响在我们的著作中是如此广泛，因此在这里需要给以特别的交代”（p. 39）。

然而，奇怪的是，除了简单提及约翰·莫里斯·克拉克和约翰·肯尼思·加尔布雷思（John Maurice Clark and John Kenneth Galbraith，p. 38）以外，有一个学派竟然缺席，这就是美国制度学派。在整本书中都没有提到凡勃伦、康芒斯、米契尔。鉴于这一学派在美国第二次世界大战期间思想界的先驱地位，这种遗漏就显得很奇怪，这也许可归因于作者隐含地否认这个学派思想的意义，或者觉得与其著作中的主题不相干吧。[8]

尽管不算很唐突，但纳尔逊和温特将熊彼特召唤出来可算是一个讽刺。熊彼特经常使用“演化”这个术语，但那是从笼统的经济发展的意义上加以使用的，涉及的是技术的、结构的和制度的变迁。正如在前面的章节中提到的，熊彼特对比照物理学和生物学的做法非常反感，认为那根本不切题且会造成误导。熊彼特不仅没有兴趣把达尔文的思想引入经济学，且他的经济演化观也与达尔文的进化思想正呈对照。他特别强调演化是一种内生性的变化，这与达尔文的演化实际上是建立在开放系统之中的观点相矛盾。正如杰克·科恩和伊恩·斯图尔特（Jack Cohen and Ian Stewart，1994，p. 367）所说，“演化是一个核心区域，它需要通过给出内容和情景才能展示出一个科学的视野。”虽然熊彼特讨论经
170 济的惯性、保守性和竞争性选择，但这些都不能算作是达尔文主义在经济学上的对应物。

正如前面章节中所讨论的，是凡勃伦第一个提出来要应用达尔文的变异、遗传、选择三项基本要素。因此，纳尔逊和温特关于“自然选择”以及制度和常规的准基因性质应该是与凡勃伦早期的演化经济理论而不是熊彼特的有更多的共鸣之处。凡勃伦前无古人地将生物学演化变迁思想应用于经济领域，纳尔逊和温特对此有详细的阐述。虽然纳尔逊和温特没有承认受到凡勃伦的影响，但对于他们所获得的将生物学原理在经济领域类比应用的成果来说，凡勃伦比熊彼特更有资格作先驱，这正如柯蒂斯·伊顿（Curtis Eaton，1984）对两位作者的合著所做评论中所指出的。基于以上理由，纳尔逊和温特的著作具有更多凡勃伦的而不是熊彼特的特征。

这里有两个重要的问题被提了出来。第一，为什么纳尔逊和温特对熊彼特的启示作用花费了如此多的笔墨，却对凡勃伦一字未提？第二，在纳尔逊和温特的著作中能否看到凡勃伦的影响，以及“老”制度经济学传统的痕迹？

第一个问题，显然，在发展他们的思想时，纳尔逊和温特更多地参考了熊彼特而不是凡勃伦的研究。但这样的解释是不能令人满意的，尤其是在两位作者在对待他们的思想先驱的问题上是如此谨慎，且对自己领域的思想演化史相对了解的情况下。很清楚，这里存在某种经济学专业的“社会生态”问题。或许是部分地基于“熊彼特主义”的标签更能为正统经济学家所接受的缘故吧？而凡勃伦及其追随者则普遍地被视为信誉扫地的、穷途末路的反新古典主义者。很难得到准确的答案。但如

果诸如艾萨克·牛顿的科学天才人物都可以误解他们自己的思想演化史，那么，我们判定纳尔逊和温特这样富有创造性和勇气的作者很可能也犯了同样的错误就应该不算什么大不敬了。

第二个问题，关于纳尔逊和温特与“老”制度经济学家之间的未被承认的关联，这是一个相当复杂的问题。我们已经注意到，除了 J. M. 克拉克和 J. K. 加尔布雷思，纳尔逊和温特没有提及曾受益于制度学派的其他知名学者，部分原因是在内战时期，“老”制度学派是如此盛行，使得整整一代经济学家都深受其影响，以至无必要正式宣称对其的效忠。

罗伯特·戈登是一个典型的例子。他看起来不愿宣称自己是一个制 171
度学者，然而在他第一篇主要专题文章中，在对大公司的研究中，戈登（Gordon，1945）较多地参考了凡勃伦的著作，广泛引用了阿道夫·伯利和加迪纳·米恩斯（Adolf Berle and Gardiner Means，1932）的深受制度学派影响的创新成果，凡勃伦派的论题还出现在戈登对最大化假设的著名批评中（Gordon，1948）。戈登已经认识到制度在经济生活中的重要性，并相信自凡勃伦时代以来主流经济学已经部分吸收了“老”制度学家的视角，只不过“理性经济人”的核心理论思想没有变化，而数学形式主义的偏好变得更加风行了。正如在他的美国经济协会主席讲话中所再次清楚地表现出来的，戈登对制度主义深表同情，尽管他似乎相信主流经济学仅在内部实施改革即可。

仍是这个被纳尔逊和温特引为先驱者的戈登，强调“经济学原理所涉及的许多理论是由日常生活中的惯例所决定的”。同样地，戈登的著作也与纳尔逊和温特一样，非常喜欢关注那些现在已经不时髦的经济学“大问题”，诸如“经济体制向何处去”等问题（Gordon，1976，p. 10）。戈登——于 1978 年去世——于 1938—1976 年任教于伯克利大学，而温特于 20 世纪 60 年代也在该学府任教 3 年。

说到纳尔逊和温特著作中的隐藏的“老”制度主义印记，戈登并不是唯一的影响者，甚至不是起主要的、起决定作用的人物。这里简单的讨论并不能使事情完结，20 世纪经济学的制度和思想的发展史尚未编写，还不是下结论的时候。到了需要修史的时候，史书将不得不解释为什么美国很多一流的主流经济学家都有那种太过草率的偏好，为什么对于如此重要的、富有影响的、年代又是如此晚近的插曲，会在自己的思想发展史上如此漠视，甚至一笔勾销。

7.4 两位作者在20世纪80—90年代的其他贡献

对主流经济学理论的挑战，也显而易见地分布在纳尔逊和温特的几个其他作品里，我们且将注意力集中于以下几个例子。

新古典主义经济学有一种倾向，即将信息和知识视为稀缺资源。它172 们“就摆在那儿”，像其他商品一样，可在某个价位上为人所购得。在纳尔逊和温特的一系列著作中，他们反对这种把知识看成是“可量身定做”的观念，他们将知识的获得看作是一个深深地嵌入于集团和制度中的具体的社会过程。很显然，对知识和信息的这种与众不同的观点，是与他们对新古典主义理性假设的否定相关的。在后者那里，行动者会在一系列已知的路径中做一个“最好的”选择。通过以无休止变迁的演化图景替代最优化和均衡这样的核心概念，纳尔逊和温特聚焦于学习的复杂过程，以及知识的产生和传播。

在一篇重要的论文中，纳尔逊（1980）批评了正统学派将信息和知识——包括技术知识——看成是可收集整理的和可积累的观点。他反对这样的共识，即“科技知识就是那种可收集整理的、告诉你如何做的知识，它能提供有效的指导，人们只要读了这样的书就知道如何做了”（p. 63）。他还摒弃了另一个观点，即只要在研究和开发上进行投入，这样的知识就可轻易而直接地得到、发展和壮大。“如果工艺的重要成分以一种重要方式涉及专门的个人技巧，或者涉及一组个人之间个人化的互动和合作模式，那么我们就难以轻易地推断，根据在别处进行的实验，该模式将如何运作”（p. 67）。

以这种方式将人类知识概念化具有重要的意义。可以这样说，它是知和行的统一，而且，知识可能是与集体共享的实践联系在一起的，而非仅仅与个体相关联。温特还坚持这样的命题，即一个公司内部的知识在实质上与其说是与组成公司的个人相关，不如说是与组织和集体相关。该主题将在第11章进行更深入的阐述。显然，由纳尔逊和温特二人所完成的、对知识的彻底的重新概念化，是对新古典主义知识信息观的背离，其意义十分重要。

显然，这些思想在美国实用主义者的文章中已见明显端倪，而美国实用主义者影响了早期的美国制度经济学家，如索尔斯坦·凡勃伦和约翰·康芒斯。而且，凡勃伦（Veblen，1919a，p. 186）自己指出："在 173 实业中被利用的公共知识是集体的产物和传统"，"这些不朽的实业上的灵感是共同体的必要产品，共同体之经验，这种无形财产无论是过去还是现在，只存在于共同体的生活中，且由其传递下去"（Veblen，1919a，p. 348）。

纳尔逊和温特的见解，也在伊迪丝·彭罗斯（Penrose，1959）的经典著作《企业成长理论》（*The Theory of the Growth of the Firm*）和迈克尔·博兰尼（Michael Polanyi，1958，1967）的哲学中可见征兆。与新古典主义理论家对"信息问题"的处理相反，"默会的"（tacit）或"不可传授的"知识绝不能简单地还原为信息，因为它部分地根植于习惯和常规，无法归结为文本化的知识，并以此形式来传播。

在一些其他文章里，纳尔逊对该观点作了系列表述。由于知识涉及企业的结构和常规，且多以非汇编的形式，"管理并不能'选择'所要做的事情的具体细节，它只能是泛泛地控制该做什么，以及如何做好。在工作细节上可被监控的情形只占少数"（Nelson，1981b，p. 1038）。

这种重要观点，即关于在一个合作的组织中知识的共享及其作用，很显然地可与弗雷德里克·温斯洛·泰勒（Frederick Winslow Taylor）的《科学管理》（*Scientific Management*）（1911），以及哈里·布拉弗曼（Harry Braverman）的《劳动和垄断资本》（*Labor and Monopoly Capital*）（1974）一书中的马克思主义分析相抗衡，后二者都持有一个站不住脚的看法，即工人已经成为"机器的附属物"。这些理论家强调"计划和执行的分离"，也就是说，管理者负责设想和发出指令，操作则由工人来执行。该观点被纳尔逊含蓄地否定了，他指出企业是一个"社会系统"，而不是一台"机器"。

在另一篇论文里，纳尔逊（Nelson，1981a，p. 109）致力于抨击"包含在现代福利经济学中的一个分析框架，它为关于私营企业的一种受欢迎的观点提供了一个极不可靠的基础，这个观点显然是为绝大多数受西方教育成长的经济学家所持有的"。这并不是说私营企业没有优点，但纳尔逊表明，对私有企业的优点所给予的评价远比正统理论给企业戴上的面罩复杂得多。这里的宗旨是要避免简单地下一个政策结论，并对正统派做重大修正，甚至完全取而代之提出新的方案。

更近一些时候，纳尔逊（1991）一直在拓展他的企业演化分析，指出经济学理论应该认识到真实世界中存在的企业差异。正统理论常常忽视产业内企业间的差异，或否认它们具有任何经济学意义。与之相反，在演化进路中，企业异质性的传承和功用都是清晰可见的。

纳尔逊（1993，1998）还在“国家创新体系”的分析和现代经济增
174 长理论方面作出了贡献。如同他所有的研究，目的是将经济学发展成为一个可操作、富有经验色彩的科学，使其可与现实世界问题相结合，避免教条和简单的政策决断，而后者不幸地是我们耳熟能详的。

在一篇对新古典主义理性假设的有力抨击文章（Winter，1986a）中，温特揭示正统经济学局限性的意愿是很明显的，在几十年里他孜孜不倦地对该命题发起攻击。他反对将人性解释为“超级自利最大化者”，声称需要“在经济学理论与经验中，建立富有成果的关系”（p. S432），“人们被迫在他们不明白的变动世界中行动，对有限理性经济人的学习和适应过程进行考察是十分重要的”（p. S433）。

由于反对主流经济学中盛行的方法论个人主义和机械的还原论，纳尔逊和温特两人成为一条新的探索之路的先锋，并构成多年以来对新古典主义正统根基的最重要挑战。他们的工作不是形式主义的展示，而是重建经济学，使其成为可操作与富有经验科学的真诚努力。

人们对这场战斗是否以及如何赢得胜利拭目以待：是否主流经济学自身将发生变化？或者关键的发展将发生在商学院及其他地方，即位于通常被相对封闭和形式化的正统派所占据的经济学院系之外？时间会给出答案。

【注释】

［1］本章根据霍奇逊 1996 年的一篇文章（Hodgson，1996b）改写而成。

［2］参见 Koutsoyiannis（1979，ch. 11），Vromen（1995）以及本书第 8 章。

［3］阿尔钦（Alchian，1950）和弗里德曼（Friedman，1953）观点的差异也是不可忽略的。在我 1988 年的一篇文章里（Hodgson，1988，pp. 76－77），我称之为“阿尔钦-弗里德曼争论”。凯（Kay，1995）对该文的部分段落作出了正确的评论。实际上，阿尔钦和弗里德曼的分歧主要在于，是否“自然选择”会导致个体企业采

用利润最大化行动。在阿尔钦看来，在环境不确定的条件下，这种结果是无意义的。

[4] 参见开普勒（Keppler，1998）关于弗里德曼的文章与对垄断竞争理论的攻击之间的关联的讨论。

[5] 不过，彭罗斯（Penrose，1959）的企业理论中提出，常规是内含的，这实际上是纳尔逊和温特（Nelson and Winter，1982）后来的“常规如同基因”思想的先声。另请注意赫什雷弗尔（Hirshleifer，1977）对阿尔钦（Alchian，1950）之后的一些观点的评论。

[6] 然而，纳尔逊和温特像拉马克主义宣誓效忠会给人一种印象，好像他们相信拉马克主义在生物学中是可行的。这应该是一个误会。在迈尔（Mayr，1960）、沃丁顿（Waddington，1975）和其他一些学者之后，修正的“拉马克主义”——行为适应性被看成是演化变迁的主要驱动力——在现代生物学中的确有部分地复苏迹象，但是，与以前的拉马克主义相对比，在基因层面上，获得性特质的可遗传性仍然为绝大多数生物学家所拒斥。近年来，在生物哲学中，也存在重新引入目的论和意志论的论文（Depew and Weber，1985）。不过，在基因物质与社会经济演化中的对应物（习惯、常规、准则、制度）之间，在耐久性上的巨大差异还是很值得注意的。另请参看卡利勒（Khalil，1993）对新达尔文主义和新古典经济学关系进行广泛讨论的论文。

[7] 不过，亚历山大·罗森伯格（Alexander Rosenberg，1994，p. 402）对纳尔逊和温特1982年的著作评论说：“两个各自领域的顶尖人物写的书，得到的却是在当代经济学界再也不能更令人沮丧的不受待见……这本书算是胎死腹中了。”然而，自出版以来，仅仅10年间，年引用率已经增长到超过100次的水平应该是个不小的成功了。想想另一本异端的经典——斯拉法的《用商品生产商品》(1960)——迥然不同的命运吧。见前面第3章的有关讨论。

[8] 尽管这样的错误也不断地在别人身上重犯，不过，值得注意的是纳尔逊和温特后来弥补了这一遗漏。纳尔逊（Nelson，1995）和温特（Winter，1986b，1987b，1990a）对凡勃伦大加肯定。纳尔逊（Nelson，1996）还特别说道：“（我现在）完全理解了，我是属于‘老’制度经济学的人。”

第8章 最大化和演化：回顾温特对弗里德曼的评论

175 尽管在过去受到多次挑战，企业追求利润最大化的假设在经济理论中仍一直占重要地位。[1]而且，在为该假设辩护时，总是会提起由米尔顿·弗里德曼（Friedman，1953）提出的那个著名论断。弗里德曼还给出了其他辩护理由，其中包括那个工具主义命题，即成功的预测力是一切（假设）成立的关键。不过，弗里德曼还提出了一个赞同最大化假设的理由，即经济演化或“自然选择”的过程会保证那些追求“预期回报”最大化的企业有更多的生存机会，而不是像其他企业那样更容易失败。因而，在现实中，居于优势地位的更可能是这种追求最大化的企业。

这样的论断时常被引用是可以理解的，因为达尔文主义和其他演化思想对现代思潮一直有着巨大影响。然而，某些关于演化的流行观念并不是那么理所当然的，其中的许多想法承袭于 19 世纪的生物学，并不具有普适性，甚至在今天的生物学中也未获广泛的支持。

例如，在生物学之外普遍存在一个假设，即演化过程总是选择那些从某种意义上说更优越或较有效率的个体。然而这样的观点已经越来越 *176*
多地被理论生物学中的各种新发展所颠覆，尽管在生物学家之间还存在多种不同的看法，但已经不再是共识了。[2]而且，即使演化选择了有效率者或最适合者，其结局也不见得就是理想的，演化选择的结果并不自然地等于理想的结局。

四分之一个多世纪前，西德尼·温特（Winter，1964）发表了针对弗里德曼论断的有力批评，但它并没有形成重大冲击，且其中心命题也很少被提及。[3]本章的目的是，检验温特评论文章的思想内核，尤其是其以现代生物学理论为依据的观点的生命力。本章将范围限定于以企业为基本单位而不是以作为一个整体的社会经济体制为单位，来考察最优化和效率问题。现代演化理论已罗列了许多事例，可以说明个体最大化行为并不产生整体最优化的结果，不过考察整体最优化的问题已超出了本章的范围。[4]

尽管有上述限定，对温特观点的重新评价，还是不得不涉及与经济理论中理性的性质相关的一些重大问题。重新评价的一个原因是旨在显示这些观点的表述远远不是那么直接。正如温特（Winter，1986a）后 *177*
来所强调的，一方面仅仅是设定和检验均衡，另一方面则是要考察达到这种均衡状态的过程和行为规则，这二者远不是一回事。

即使理性可以被随意地定义，但随之而来的（并非有意的）结果的性质本身，也是一个复杂的、值得商榷的问题。不过，我们在此必须仅限于讨论一个是与否的问题，即理性人或最大化者是否可以在某种意义上被看成是演化选择的结果。任何被设定为是最大化行为的未预料到的结果都是切题的，但仅限于它们对演化过程有所影响的范围内。

虽然对选择的单位该是什么这个问题仍有争论和疑义，但这个问题将不在本章展开。[5]我们将假定根据其利润绩效对企业进行选择，并假定在某些情况下它可以反映被称为企业结构中的“基因编码”的特征。

本章共 4 节。8.1 节是对弗里德曼观点的背景和主旨的概述，以及温特对它的评论。8.2 节检验有利于最大化者的演化的限制条件。8.3

节是对温特观点的一个更深入延伸的思考：对理性的解构。8.4 节为本章结论。

8.1 经济学中的演化选择：从阿尔钦到温特

8.1.1 阿尔钦、恩克和弗里德曼：最大化者的演化

阿尔门·阿尔钦（Alchian，1950，1953）提出，为了达到科学地预测的目的而假设个体企业是行为最大化者是不必要的。如果企业实际上从不寻求利润最大化，“演化”选择过程也将确保盈利更多的企业存活。因此，与其说阿尔钦将演化选择的思想看成是个体企业追求利润最大化假设的依据，还不如说把它看作是这种假设的替代。

斯蒂芬·恩克（Stephen Enke，1951）强调的重心有所转移，他附
178 加了充分的竞争强度和“在长期”这样的条件，竞争强度条件意味着只有最大化者能够存活下来。弗里德曼（Friedman，1953）发展了该论断，他将“自然选择”视为行动者“似乎”——而不管企业和个人是否实际这么做——是最大化者这个假设的依据。他对最大化假设的演化论辩解如下：

> 表面上直接决定商业行为的因素可以是任何东西——习惯性反应、偶然机遇或其他。但只要这个决定因素恰好导向与理性的、精明的收益最大化相吻合的行为，企业就会兴旺，并获得进一步扩张的资源；若非如此，企业就会失去资源，而且只有靠外界另外输入资源才能存活。因此，“自然选择”的过程有助于证实这个假说——或者毋宁说给定自然选择的情况下，我们接受该假说在很大程度上是基于这样的判断，即该假说恰如其分地概括了生存的条件。
>
> Friedman，1953，p. 22

然而，像阿尔钦（1950，1953）和其他人一样，弗里德曼关于选择的机制和演化过程的性质的观点是模糊的。伊迪丝·彭罗斯（Penrose，1952，1953）已经提出了对这种思想严重的顾虑，她特别注意到在这种演化类比中缺乏对人类行为是审慎的这一事实的关注。移植过来的演化

类比没有一个清晰的个体行为模式，造成了其自身的不和谐。在这些理论中，竞争发挥了明显的作用，但“如果人被假定为是随意地行动的，那就不能合理地预期竞争能够存在”（Penrose，1953，p. 605）。这就把在演化经济理论或者任何其他经济理论中建立一个行为模式的必要性提到议事日程上来了。

8.1.2　温特的重构和批评：可遗传的特质

温特（Winter，1964）同样也看到了弗里德曼观点中严重的困境和模棱两可之处。他的攻击的主要线索是指出，若要选择发生作用，就必须有某种持续的特质，它能够保证竞争选择的最大化者或近似最大化者能够以那种行为模式存续一段时间。例如，如果企业的行为如弗里德曼所想象的那样是随机的，那就没有理由假定一个碰巧最大化的企业在下一个时期仍会选择最大化。而且，这样的随机性还意味着一个已处于破产边缘的企业可能由于机缘巧合而变成为一个利润丰厚的最大化者。正如我们将在下面看到的，即使“习惯性反应”是企业行为的实际决定因 179
素，也不能保证最大化者的自然选择。

若要自然选择起作用，势必要有可遗传的适应性变异存在，而这个因素在弗里德曼的观点中消失了。他正确地假定了演化选择过程会根据企业表现出来的行为或者——用与之相应的生物学术语来说——表现型（phenotype）把企业区分开。然而，因为选择可能持续地偏向某些特质而不是其他特征，这种行为就不可能是偶然性的。这里必须有某些相当于基因结构或基因型（genotype）的东西，比如常规或企业文化，来固定或者约束表现型。最大化行为是从演化过程中产生的这个假定，意味着引发这样行为的常规是由于其占优势的生存能力而被选取的。需要知道的是在这样的常规中，惯性的力量要有多大才能使选择可以有效地发挥作用（Matthews，1985；Hannan and Freeman，1977）。即使它们不像基因那样恒定，但组织会创造和维持思想及行动的结构与模式，这些思想及行动的结构与模式有自我强化的、持久的特性（Itami，1987；Hrebeniaak and Joyce，1985；Metcalfe and Gibbons，1989；Powell and DiMaggio，1991）。

进而，基因型和表现型的关系越是确定和稳固，在时间长河中被选择了特定特征的演化过程就越有效。在这些情形下，通过作用于表现型，使其中一些消失，另一些繁荣起来并得到复制，选择过程就可以成功地间接挑选企业群“基因库”中的特质了。然而，表现型绝不只是由基因型决定的，它也可能是环境变量的函数。[6]

生物学中基因型和表现型的区分给了温特一个启发：在社会经济领域也可以作出这种类似的而且重要的区分，即行为规则和行为本身的区分。理查德·纳尔逊和西德尼·温特（Nelson and Winter，1982）发展了这样的思想：经济学中的习惯或常规可以类比于生物学中的基因，尽管这种观点可以追溯到索尔斯坦·凡勃伦的著作（Veblen，1919a）。[7]
180 随着时间的推移，企业中的常规会获得相对的持久性。它们可能有助于技艺和知识的存续，而且它们在某种程度上有能力通过仿效、人员流动、收购等途径而进行复制。它们也存在“突变”的可能。正如温特（1971，p. 247）所言：“关于企业拥有决策规则，并根据满意的原则保留或替换它们的假设，既为我们提供了遗传的稳定性，也提供了一种内生的突变机制。”

8.1.3 温特和频率依赖

然而，在确定了根据生物学中由基因提供的遗传机制类推出来的经济学中的对应物后，纳尔逊和温特指出，这样的一个演化过程并不总是导致追求利润最大化的企业处于优势。如温特（1964，p. 240）所说：

> 如果某些企业在特定时间的习惯性反应与利润最大化是一致的，而且结果使得这些企业相对于其他企业取得了经济上的扩张，那么这个事实将趋于改变所有企业面对的市场价格环境。在环境变化后，就不清楚为什么这些企业仍会享有好运，比竞争者更接近于最大化行为了。……环境因动态过程本身而改变。

在这里，温特揭示了弗里德曼观点中的一个核心问题，它可以用现代生物学的演化概念来阐明。实际上，温特提出的“环境因动态过程本身而改变”的观点，以及“没有哪种关于长期演化变迁的理论能够合乎逻辑地把个体面临的环境……视为外因”的观点（Winter，1971，p. 258），在生物学中是存在类似情形的，那就是生物体与其生存环境之间的反馈效应。

近年来，“频率依赖效应”的重要性已经为生物学家所承认。在既定环境条件下可以发生迎合性适应（favourable adaptation），起初，少许的适应可能有利于去适应环境的个体，这种适应的积累可能会改变环境本身，最终的结果可能是同样的适应不再给任何个体单位带来利益。[8]

这种思想显然也适用于经济学。一家企业可能会找到一个生产新产 181
品的市场机会。虽然在初期该企业可能因敢冒风险而获得了高额利润，但当大批企业也来追逐这个机会时，市场就会饱和，该产品也就不再有利可图。仅对一家企业或少数企业有利可图的事情，对众多企业来说就不再是有利的了。

这种频率依赖效应所导致的合理（或利润）格局的变化，可能会约束最大化者的选择。已经爬到了某一时候的全球之巅的最大化者集团也许会发现，它们被一个新的、不可达到的高峰甩在了后面，甚至被抛进了低谷。而一群懒惰的非最大化者也许会因为地壳运动而被推到了有利的位置。在这种转换中的合理格局里，我们任何时候都没有理由断言一个局部的最优状态会一直保持下去。

8.1.4　新进入者问题

除了频率依赖问题外，温特还提出，产业新进入者的特征问题也需要考虑。有一种简单的说法，认为选择因“非最大化者的破坏性进入”（Winter，1964，p. 242）而受到阻碍时，就会出问题。这种看法与现代生物学中的一个观点相关。斯蒂芬·J. 古尔德和理查德·莱万汀（Gould and Lewontin，1979）破坏了自然选择是一种普遍的最佳行为的思想。他们的一个观点是，最理想的适应形式的自然选择可能会受到低效率的、有高繁殖率或较高迁徙率的生物体的阻碍。

这种观点显然也适用于经济领域。如果一批适应性相对较差的、非最大化的新进入者迅速涌入产业，那么它们可能会压倒最大化者，即使最大化者是适应自然选择过程的。总之，迁入率、新加入者的特征、这些特征与所选群体之间的关系，都将影响最大化者被选择过程选中的机会。这个结论是重要的，因为它意味着控制新进入者的产生的某种特别机制与选择过程本身同样重要。

8.1.5　温特关于规模报酬的讨论

温特（1964）接下来考察了规模报酬问题。他假设全体企业（其中

既有最大化者，也有非最大化者）有相同的生产函数，且均为满负荷运
182 转，不同的是它们的初始规模。首先我们来看一下规模报酬递增的情形[9]：

> 一个非最大化者的初始规模利益可能碰巧超过所有的最大化者。设非最大化者离最大化值并不太远，他因规模而得到的利益抵补与最大化值相减后还有剩余。如果由于非最大化者的收益较大，从而引起了更高的增长率，那么它的规模优势会更突出，而且这里的假设没有一个可以合理说明最大化者的利益能够赶得上它。或者设规模报酬递减，那么当最大化者相对于非最大化者发生扩张的时候，其生产条件就要劣于最大化者，……这就会出现这样的可能性，最大化者和非最大化者可以无限期地共存，这只是因为最大化者无法扩张到足以对非最大化者施加致命的市场压力的地步。
>
> Winter，1964，p. 243

温特认为，适当的选择过程至少要依赖于规模报酬不变这个假设。他一直在重复这个论断（Winter，1987b，p. 545）。下面将会谈到，这个命题是错误的。[10]

对规模问题的讨论是温特的一个更一般化的论点的例证。他试图说明即使存在一个唯一的最大值，在看似可能的条件下，最大化企业实际上也不一定能达到这个最大值。调整过程相对于其他企业的迁入率之类的抵消因素来说可能太慢了，或者调整过程甚至可能自己破坏它力求的格局。

8.1.6 对弗里德曼“好像”论点的讨论

这里有必要讨论一下温特的一系列观点的主要批评对象。温特的第一个目标，是首先确认使最大化者的选择可行的一系列（限制性）条
183 件。将这些系列条件与现实生活中复杂的条件进行比较，以检验其约束程度，并与可感知到的“行为现实主义”进行比较。对温特的文章（1964）的这种解释，在温特后来的文献——比如温特（1971）、纳尔逊和温特（1982）——中得到了更清楚的印证。

显然，温特的某些特定的观点（最初）一定是特别受弗里德曼欢迎的，而且不必依赖如“多重适应性峰值”（见下述）之类的反例，也不必依赖温特的其他重要思想（见前述），即在经济学领域可能存在因频

率依赖效应而不能选择最大化者的情况。

然而，一个主要的困难是弗里德曼没有把他的基本假设阐释清楚，而温特也没有尝试去详尽地阐述它们。尤其是，温特似乎不加讨论地就已假定弗里德曼隐含着一个过于简单化的最大化的“爬山式”观念。

对“限制性条件”的评论使温特（1964）试图证明，最大化者的选择不会在通常所认为的规模报酬递减的情形下发生，而是仅发生在规模报酬不变这种相当特殊的情况下。这就意味着弗里德曼的论断要成立的话，就必须建立在规模报酬不变的假定上。然而，下面我们将看到温特的观点是错误的，最大化者的选择在规模报酬递减情况下运作得最好。本章的目的之一，就是努力发掘真相并纠正这一错误。然而，为找寻真相，我们必须考虑范围更广的各种可能性。我们将看到，最大化最可能发生的较为可信的条件，实际上并未在温特（1964）的论文中得到认同。

这里的第二主题是要表明，温特的观点提出的一种思路引发了对弗里德曼为最大化所做的辩护的更为尖锐的批评。这种思路始于温特对行为规则和行为本身的区别。下面我们将看到，对确切的行为规则的详尽说明要恰当地与最大化行为相联系这一紧迫问题本身就是很成问题的。因而对弗里德曼观点的一个根本批评就是：它的界定是不完整的；它假定最大化行为的实体和程序都是不言而喻的，但事实却不是这样。这一论点与最近来自博弈论和其他方面对理性性质的批评性回应是联系在一起的。

8.2　什么条件下演化会偏向爬山式的最大化者的选择？

8.2.1　规模报酬的一般问题

我们已经注意到弗里德曼（1953）对演化过程中最大化者是怎样被选定的这个问题的论述是非常模糊的。温特也没有对“最大化行为”的含义给出一个明确的解释。在此，从一个最简单的可能的假设开始似乎是合理的，就是把行为人假设为天真的“爬山式”的最大化者。换句话说，就是假设行为人正在上一个斜坡，那就只管往上爬，他对斜坡将会 *184*

通向何方、他的行为会有什么后果这些问题，都不做任何预期。这样的行为人既不对地形作更广泛的考察，也不去预期他的行动：这里不存在理性预期或者深谋远虑。这是一个极度受约束的假定，但我们首先关心的是检验弗里德曼的观点和温特的评论的内在逻辑，因此我们以这样一个假定开始论述。在本章的后面部分将放宽这个假定。

关于行动者如何“获知”山的坡度也将在后面讨论，假定它们不必知道有关信息，甚至它们当前的处境。这就引出了关于获取信息和理性行为的性质等更一般的问题，这些问题都将在后面讨论。

在传统理论中，最大化指标是指绝对利润水平，不是指利润率，也不是指其他利润比率。温特（1964，p. 243）考察的也是“传统理论中的利润最大化竞争企业”。由于温特试图在新古典经济学内部展开批判，所以这是一个合理的假设。相应地，我们将行为人所爬的、在他视野内的这座山的高度假设为绝对利润水平。

还要注意的是，一个“最大化企业”并不一定就是获得最大值的企业，而是一个遵循严格的、天真的爬山规则行事的企业。非最大化者就只是不服从该规则的企业，哪怕它们处于更具优越的位置，或者遵循的是更“好”的行为规则。然而，均衡思想是如此地根深蒂固，以至经济学家们坚持将一个行为上追求最大化的企业与一个获得最大值的企业混为一谈。因此我们用“爬山”一词来描述这种天真的“最大化”行为。

185 这里不存在进入壁垒。但在本节讨论的进化选择过程中，我们将假设一些企业会“死去”，一些新企业会进入或“出生”。但无论是它们的特质还是企业整体的变化，都不足以引发上一节所说的特别的演化异常。排除这种异常是为了试图鉴别弗里德曼的“自然选择”论断能够确实起作用的（约束）环境。

在开始的时候，我们讨论的情况只涉及单调的规模报酬，而且生产函数“正常发挥作用”。为了便于说明，我们还将假设市场竞争使每个企业的边际收益曲线都是线性的。

8.2.2 规模报酬不变

我们首先来考察固定比例的规模报酬不变的情形。当然，在这种情况下，边际成本和平均成本是一致的，成本和收益函数二者均由规模空间中从原点出发的向上倾斜的直线来描述。但是，至于成本线是在收益线之上还是之下则由市场条件来决定。虽然利润函数也是线性的和通过原点的，但其斜率可能为正，也可能为负或为零。据此，利润与企业的规模总是成正比例关系。

如果收益超过成本，那么更大的企业的总利润就会更高，在这种情况下，爬山式的小企业集团会稍逊于行为不同的大企业。反之，如果成本超过收益，那么所有企业都会受到缩小规模以减少损失的激励，而且，小企业也许能够坚持得住，但那些更大的、收缩更猛烈的爬山者——损失也更大——可能就会破产。显然，不能保证哪些爬山者会得到偏爱。

如果所有企业都在仅由爬山者构成之前就达到了均衡，又会出现什么样的情况呢？作为一种竞争性均衡，这意味着各种价格和数量都调整到了某一点，在这个点上，对于每一个企业来说，无论你产出为多少，利润均为零。在规模报酬不变的情形下，利润函数曲线一定是平直的，所有规模都只会获得零利润。没有某个集团或者某个类型的企业比其他企业情况更好或更糟。显然，均衡将是稳定的，不会发生调整，也不会有爬山者进一步的演化选择。因此温特提出的规模报酬不变的爬山者将被演化过程选定这个命题是不能成立的，无论是在均衡还是非均衡条件下都是这样。

现在我们来考察收入和成本中随机的或者其他外部决定的微变量。 186
温特（1964）陈述的一个局限性是，他只考察了静态的而不是可变的收入函数和生产函数。事实上，它们可能会因为一个企业或者企业集团所面临的总需求或生产条件中的不同干扰因素而不同。一般说来，在一个演化范式中，这样的变量是重要的。

这样的干扰因素可能使得描述利润和规模的关系的直线发生位移，使斜率由正转为负，或正好相反。即使这种移动的幅度很小，最大利润或最小损失化的数值也可能由合理范围内的一个极端走向另一个极端。在这些特殊情形下，寻求最优条件的爬山者就不得不迅速扩大或缩小规模。在这样的可变条件下，我们没有理由认为，剧烈调整的爬山者就应该比一个规模适中的、更为稳定的、由惯性驱使的企业更有优势，即使忽略规模扩大或缩小发生的成本也是如此。

从对这种波动条件的思考中，我们还可得出另一个重要结论。如果大规模生产有利可图，那么爬山者就会迅速扩大规模，市场可能会因此变得饱和，价格被迫降到等于成本的水平。如果系统中存在某种惰性或调整的延迟，那么价格还可能会低于成本，所有的企业都将会亏损，规模越大，亏损越多。（回想一下前面的论述，在规模收益不变的假定下，与规模相关的利润函数总是一条过原点的直线。）所以，相对优势将转向小规模的生产者，因为在绝对意义上它们的损失较小。爬山者的剧烈收缩最终会使市场出现供不应求，结果会使价格提高，收入增加，使优势再次转向大规模生产者。

正如教科书中的蛛网理论清楚地说明的那样，这种波动的逐渐减弱和稳定性并非不可能。此外，对这些系统行为的研究显示，随机干扰会不断地扰乱这种趋向稳定的向心力，如果该向心力存在的话（Allen，1988；Crutchfield et al，1982）。过于热切的搜寻和最大化对于企业整体来说可能是破坏性的。当然，这类问题也会出现在规模报酬可变的、更复杂的情形中。

还存在着为数不少不爬山的、由习惯驱动的、调整缓慢的企业。此类稳定化的子群的比重越大，产量和价格上的整体波动幅度就越小。尽
187 管这样的波动会加速对爬山者的选择，但如果存在足够多的反应迟钝的企业，对每个爬山者而言的一般条件可能会改善。于是我们可以得出这样一个重要结论，对爬山者的演化选择可能要借助大量对环境不甚敏感的企业的存在，或者只有这些企业的存在才可能作出这种演化选择。[11]

8.2.3　规模报酬递减和递增

现在我们转向规模报酬递减的情形。温特的观点在这种情况下也是错误的。爬山者将寻求总利润最大时的产出水平，它们偶尔可能会和其他人一起停留在这个峰值上。然而，成本和收益条件的改变会引起峰值的变化，产生一种适应爬山者，而非爬山者则被清除的条件。这一清除过程的有效性要依企业所面临的成本和利润条件的变化程度而定。与温特相反，以上所言表明，在规模报酬递减的条件下，在标准模型中对爬山者的选择，其疑义要少些。

但在规模报酬递增的情况下温特的观点就是成立的。出于完整性的考虑，我们可以比纳尔逊和温特走得更远，来考察非单调报酬的含义。

很显然，在非单调报酬的条件下，利润函数可能有多个最大值。用生物学的行话来说，存在着“一个选择面（fitness surface）上有多重适应性峰值（multiplicity of adaptive peaks）”的可能性，这一点是生物学家休厄尔·赖特（Sewall Wright，1956）在很多年以前就提出的了。在这种情形下，选择过程可能会造成个体在局部最大值而不是整体最大值周围集结。由于不同的路径会导向不同的适应峰值，因此峰值的获得是路 188
径依赖性的：也就是历史的结果。因此可能出现这样的情形，比如不爬山的集团集结在一个整体最大值周围，而爬山者却忙于攀爬一座较低的山峰，没有意识到其他地方还有更高的目标。[12]

以上讨论产生了与规模报酬的性质相关的八种情形，如下图所示：

	对成本或收益函数是否有随机干扰？	
	没有	有
报酬递减	（1）	（2）
报酬不变	（3）	（4）
报酬递增	（5）	（6）
非单调报酬	（7）	（8）

温特仅讨论了情形（1）、（3）和（5）。他得出的结论是，偏向爬山者的演化选择仅在情形（3）中成立。相比之下，我们在这里有充分的理由——与规模条件相关的——提出，除情形（2）外，在其他所有情形中，演化过程是否会选择爬山者都是不确定的。

8.2.4　另一个限制条件和一个重复

在经济学中，完全竞争的情况排除了频率依赖，因为市场的每一位新进入者已经被定义为对价格没有显著的影响。然而，更为实际的情况是，就像寡头的情况一样，企业或经济行为人是拥有市场垄断力的。沙夫尔（Schaffer，1989）曾设想过这样一个局面，企业可以选择要么追求利润最大化，要么“恶意地”使用其市场垄断力。在后一种情形中，企业不追求利润最大化，而是在比损害自身更甚地损害追求利润最大化的企业。

根据这些假设，我们可以看到利润最大化不是一种演化的稳定策略 189
（Maynard Smith，1982），而且会被恶意企业所抛弃。沙夫尔的观点指出，必须把完全竞争或者把排除了“恶意”的、受约束的不完全竞争加入到一揽子条件中去，演化过程才有可能选择最大化者。

这样的结果是，经过那一系列假设后，演化过程要选定“爬山”的最大化者，可能是受到极度的限制的。像完全竞争这样的东西必须普及。在规模报酬递减的条件下，演化过程的选择运作得最好，但这仅仅发生在成本或收益函数存在足够的干扰因素而得以“摆脱”非爬山者的情况下。然而，干扰因素又不能太强大而使选择过程受到严重的破坏。还有其他破坏性因素也必须避免，比如形形色色的新进入者的数量必须限制，才能使爬山者当选。总之，弗里德曼关于爬山式的最大化者的“自然选择”这个假设是危险的，大体上是站不住脚的。

8.3　对理性的解构

我们现在可以讨论关于最大化行为的一些看似更复杂的观念了。假定纯粹的爬山行为并不必然导致一个最大化的或者可持续的结果，那么就需要考虑更复杂的搜索、最优化的路径和理性预期的可能性。

在一些模型中，理性的、最大化行为可以为演化过程所选定。汉森和斯图尔特（Hanson and Struart，1990）发现偏好是在演化选择中生成的，而乌斯普龙（Ursprung，1988）则将经济理性的标准假设与遗传适应性（genetic fitness）联系在一起。总之，这两种方法都依赖于一个排除了新事象和变种的再生性（regeneration）的演化概念。此外，已建立的偏好函数中还消除了奈特或凯恩斯意义上的极端的不确定性（无法给出一个事件发生的任何可估计的可能性）。

在新事象和变种不可再生的情况下，在一个模型化的选择过程中可能常常会发现某些像渐近线一样的终局或者均衡的线索。尽管在演化过程中均衡是可能的，但它总会受到足够多的干扰因素和重新产生的变种的源泉的扰乱。均衡的达成意味着行动者所拥有的（虚幻的或真实的）
190 知识导致了一种相互保持一致的行动。换句话说，只有当所有行动者好像已经没有更多的东西可以学习的时候，演进的学习规则系统（algorithm）才可能产生均衡。

戈德伯格（Goldberg，1975）得出了同样的结论。他认为，在长期，最优进路的决定是无法维持的，因为一个（永久性的）不变的决策环境的假定是不成立的。因此，总有人持反应的多样化的论点，最优选择问题一直存在争议。同样，库珀（Cooper，1989）也认为古典的理性选择理论依赖于一个静态假定，依赖于一个永久不变的决策环境的观念，依赖于普适理性的思想，所有这些都受到了演化理论的挑战。

8.3.1　搜索路径和理性预期

我们现在考察一些特殊情况，比如带有理性预期的企业的“自然选择”的可能性。要设定演化选择的程序，就必须假设理性预期仅仅代表一个企业子集的行为。但这就产生了问题，因为这些理性预期的企业必须有某种关于所有的企业——包括那些非最大化者或者没有理性预期的企业——将会如何行动的观念。这就是那种在博弈论中被广泛检验的“理性的共同知识”是否存在的问题。

正如霍尔蒂瓦格和沃德曼（Haltiwanger and Waldman，1985，1991）论证的那样，如果行为人的运算法则或者计算能力是异质的，那么所谓更“理性的”行为就是混淆不清的。情况很可能是，“老谋深算的”和“天真幼稚的”信息处理者对系统整体的影响是不相称的。他们的观点不仅破坏了理性预期模型的标准结论，而且复活了适应性的或者其他“弱理性”的预期形成过程（Heiner，1989）。

在这样一个形势复杂的世界里，基本的函数关系被限定为非线性的。正如格朗德蒙特和马尔格兰吉（Grandmont and Malgrange，1986）以及其他人所指出的那样，引入混沌行为的可能性还会使得理性预期模型更加混乱。即使行为人对经济的根本模式有清楚的认识，混沌系统很容易受到微小的错误或干扰因素的影响，以至后续的预期或者可靠的预期形成都是不可能的。

8.3.2　模仿、策略和最大化问题

如上所述，为使演化选择能够运行，行为必须与基因型相关，亦即 191
行为在一定程度上是根植于常规的。即使选择直接作用于表现型，演化发展也必须与潜在的基因型相关。因此，问题的关键就不是“最大化行为会被选择吗?”而是“经由重复选择，源于常规的最大化行为会成为支配性的吗?”重要的不是简单地检查行为本身，而是检查引起这种行为的常规。正如西蒙（Simon，1959，p. 255）所说：“要预测一个适应

性生物体的短期行为，或者这个生物体在一个复杂而迅速变化的环境中的行为，仅仅知道它的目标是不够的，我们还必须大量地了解它的内部结构，特别是它的适应机制。”[13]

人们已经发现，企业无法直接知晓任何成本或收益曲线。这样的信息或者是由其他企业泄露的数据中获得，或者是通过模仿和反复试错而得到。为追求更高的利润，企业要么是必须发展一个关于对变化中的市场条件的未来预期的策略，要么是必须对其他企业做抽样，以取得它们的特性和绩效方面的数据，并模仿那些预计在未来有更好绩效的企业。当然，在某种程度上，模仿和策略行为可以结合使用。

严格的最大化看似包含了一种高度的模仿行为，通过对周围竞争者的抽样进行搜寻，以获得可以提升绩效的信息。然而，一味地模仿他人可能会导致过于拥挤的市场局势和频率依赖效应。

此外，可以把模仿行为定义为反应性的，依赖于过去的信息和感觉。而且，一个企业的调整亦需时日。目前看似有利可图的东西，将来却未必。模仿行为并没有包括预想的变动，除非预想的运算法则也是被
192 模仿的企业指令系统（repertoire）中的一部分。虽然模仿的一些元素是有用，也是必然的，但正如熊彼特（Schumpeter，1934，1976）所指出的那样，绝大多数成功的企业往往是那些能动的、拥有企业家精神的、靠运气或者靠谨慎的策略及时占据有利可图的领域而获得好处的企业。

概言之，“最大化行为”的含义在这里并不是完全清晰的。偏离均衡的最大化也是一个定义不明确的概念。弗里德曼松散的定义是远远不够的，而事后诸葛亮的温特关于最大化属性的讨论看起来又过于狭隘。迄今为止，经由本章所有关于最大化看法的讨论，我们可确认的是，关于演化选择过程通常会偏好“最大化”企业的观点是很值得怀疑的。

在标准理论的简单最大化模型中，关于收益的信息是可以无须花费成本就能得到的。然而，由于信息的不完全和信息成本的存在，完全的最优化是不可能的。温特在1964年的文章里（1964，p. 264）就已经开始揭示其中的一些问题了，他写道：“从分析的某个层面上讲，所有寻求目标的行为都是寻求满足的行为。对可能性探索的范围必然存在一定的限度，从决策者无法知晓这些限度是否就是最大化值这个意义上来

说，这些限度是任意的。”此外，“一个涵盖了所有的考虑，包括其自己的成本在内的最大化，……听起来似乎陷入了自我参照的逻辑困境”（Winter，1975，p. 83）。约翰・康里斯克（Conlisk，1980，1996）和其他人随后进一步地探讨了这些问题。关于有成本的最大化的文献提出了一个致命的反论：“当最大化的计算有成本的情况下，消费者面对的一个自相矛盾的难题是，不可能作出一个最大化选择，也不可能知道哪种选择是最大化的”（Pingle，1992，p. 8）。

当我们从一个静态的、已知的世界转向一个动态的、不确定的世界时，理性选择的标准概念的反常和困难的潘多拉盒子就被打开了。如果将这里讨论的情形在一个计算者身上进行模拟的话，演化语境里“最大化行为”的确切含义不清晰这个事实就会明朗化了。这样的最大化者会最大化它们的搜索范围吗？会最大化它们的灵活性和调适能力吗？它们会把发掘信息的潜力发挥到最大吗？如果将这些有关的特质结合在一起，这个合成物会是什么样的呢？最大化行为可为遗传算法（genetic algorithm）所捕捉吗（Goldberg，1989；Holland，1986）？或者最大化意味着某种类型的策略或能动行为，还是意味着企业家的才能和偏执？

我们在上面提到的文献里已经发现了一个更清晰、更恰当的最大化定义。显然，除了新古典的超最大化者和某些假冒的演化理论中的无目的的漫游者之外，还有其他类别的行为人。也许近期关于人工智能的文 193
献（Cohen，1985；Davis and Lenat，1982；Michalski et al，1986；Tanimoto，1987）及其在经济模型中的应用将会对此有所启发。

然而，关键是上面的探讨使我们脱离了均衡，转而考虑行为人的学习。问题的关键是，“理性学习”是何含义并不是完全清楚和自明的。对此问题也许有尝试性的答案，比如贝叶斯式学习（Bayesian learning），但没有一个答案是无争议的或没有缺陷的。[14]说得极端些，在温特所探讨的非均衡情形中，从前关于“理性”含义的共识消失了。

8.4　结论性观察

基于以上理由，如弗里德曼和其他人所推断的“自然选择”通常会偏向最大化企业的结论是轻率的。正如上面的分析所指出的，这样的命题通常来自对演化机制和过程的不完全界定，或者来自如今已丧失声誉的那些演化理论。

温特（1964）曾关注过几种选择的"异常现象"。[15]例如，产业的新进入者可能会扰乱假定的选择过程。如果在分析单位和它们的环境之间存在强烈的反馈效应，那么对最大化者的选择可能会进一步被扰乱。在这种情况中，温特的批评得到了最近的生物学理论工作的支持。

温特（1975，p. 99）承认，"自然选择的观点确实为'好像'最大化的方法提供了某些依据"，但这是在有约束条件的假设之下的。然而，正如这里所说的，关于这种方法似乎可靠的依据发生在伴随着随机干扰的报酬递减的情形里，而不是发生在温特所声称的报酬不变的情况下。正统理论在报酬递减的情形下是适当的，但这还要看是否存在持续不断的"随机干扰"对这种理论的扰乱，因为这种理论通常关注的是向均衡的平滑移动。

194 前面的论述已经表明，在演化语境里，"最大化行为"的思想是非常成问题的。如果理性的行为人对世界、未来及自身的机会拥有充分信息，那么最大化的观念相对来说是显而易见的。然而，当偏离均衡时，在一种过程的或者演化的语境里，由于现实的不确定性和大量的不可知，至少是在简单而毋庸置疑的意义上，最大化思想是难以详细说明的。正如乔治·沙克尔（Shackle，1967，p. 295）所言："完全的理性只属于永恒的均衡，在其中，所有的行为都遵照一个同时满足所有参与者的资源和偏好的一般解决方案。"

毫不意外地，在博弈论中对理性的说明也恰恰出现了同样的关注，特别是在重复博弈中，以及从理论上说明理性人是如何处理与其他群体（其中的少数人可能是非理性的）打交道的行为时（Binmore，1987，1988；Varoufakis，1990）。萨格登（Sugden，1990，p. 89）进一步指出，"博弈论可能要依赖的理性概念最终会有点类似于传统的概念。"他在别的地方写道：

> 在不久前的一段时间里，理性选择理论的基础还显得非常坚实，那时经济学理论家的工作似乎只是从一些相当简单而无可争议的公理中推导出常常是较为复杂的推论。但越来越清楚的是，这些

基础并不如我们所想象的那么牢靠。需要对它们进行再检验甚至是重建。经济学理论家也许不得不更多地成为哲学家而不是数学家。

Sugden，1991，p.783

同样，如吉奥瓦尼·多西和马西莫·埃吉迪（Dosi and Egidi，1991，p.151）说明的那样，在变化中的、不确定的环境里，"'最优化'变成了一个含混不清的理论观念"。实际上在更早的一些时候，阿尔钦（Alchian，1950，p.211）就已经指出："当前景不确定的时候，将'利润最大化'作为能够详细说明的行为的指导原则是无意义的。"如果说问题是由对"理性"和"最大化行为"概念的界定和可操作性引起的，那么"自然选择"论的支持者们现在的责任就是为这种环境里这类行为的含义提供一个更为准确的思想。

我们应该记得在几十年以前，管理学家彼得·德鲁克（Peter Drucker，1955，p，59）就警告过，任何以企业利润最大化为目标的正式的规则都必定是有缺陷的。我们也许可以确定能够增进企业长期收益的一系列因素，但由于企业与环境的相互作用的复杂性，这些因素是无法加以准确地模型化的。

本章强调了行为人和环境相互作用的重要性，强调了对行为和选择机制加以详细说明的必要性，也强调了选择对初始条件的敏感性。显然，经济学中的演化理论正在对突变理论和混沌理论的发展给以更多的注视，并寄托其能够增进我们对复杂的社会经济系统的理解。但这并不意味着经济学的预测或者分析就肯定是陈旧的，而是表明我们必须对支配着经济转变和变革的生成结构和机制给以更多的关注。 *195*

奇怪的是，在弗里德曼和其他人提出的"自然选择"论的符咒以前并没有被用来支持经济问题的演化方法，以理解经济问题，而是被用于支持沿传统方法对利润最大化问题的研究。问题不仅在于这种将生物学隐喻和机械论隐喻混合的做法显然是成问题的，而且程序本身也是有问题的。正如库普曼斯（Koopmans，1957，pp.140-141）所评论的那样，如果演化选择是利润最大化信条的基础，"那么我们应该把这个基础本身视为当然，而不是把它在特定环境下所隐含的利润最大化视为当然。"值得称道的是，现代演化理论直接地提出了使最大化思想尽可能有效的各种环境条件。只有进一步的详尽的理论考察才能告诉我们更多的东西。

【注释】

[1] 本章由霍奇逊1994年的论文（Hodgson，1994a）改写而成。

[2] 比如，有利于个体适应性的并不一定对个体所在的整体适应性有利，这已经成为社会生物学界的共识。参见Clutton-Brock and Harvey（1978），Maynard Smith（1976，1980，1982），Wilson（1975）。此外，道金斯（Dawkins，1976），吉谢林（Ghiselin，1974）和威廉姆斯（Williams，1966）反驳了那种认为一种属性之所以能够存留是因为它对整体生存有利的观点。那种认为演化必然导致优化或者进步的观点，以及那种认为个体适应性必然是实用的观点，都受到了古尔德（Gould，1978，1980，1989）以及古尔德和莱万汀（Gould and Lewontin，1979）的重点批判。另参见Oster and Wilson（1978，ch. 8），Sober（1981）和Dupré（1987）。

[3] 在他后来的一些论著（Winter，1971，1975，1987b）中，某些观点又被不断地重复提出。不过在这些论文中，对这里的论点的论述比最早的那篇论述要短，且一些关键点被漏掉了。注意，这里讨论的问题是与对温特的"基本选择定理"的讨论有很大差别的（Winter，1971，1990b；Moss，1990）。

[4] 戴（Day，1975，p. 26）力图说明，适应性的最大化战略，"虽然或许是建立在'整体最大化的'和'持续稳定的'计划的基础之上的……却并不一定会导向整体最大化的或持续稳定性的行为。"

[5] 在经济学语境中对这个问题的讨论参见Hodgson（1991a；1993b，ch. 12）。这个问题是与索伯（Sober，1981）和霍奇逊（Hodgson，1988）对方法论的个人主义的讨论相关联的。

[6] 某些生物学家已经认识到这种困难，从而提出了对演化选择的解释（Brandon and Burian，1984；Sober，1984a；Waddington，1972）。

[7] 参见Hodgson（1992a，1993b）。

[8] 生物学中的有关讨论见Kauffman（1988），Lewontin（1974），Sober（1985），经济学里的讨论见Hodgson（1993b，ch. 13）和Witt（1991）。

[9] 温特（winter，1964）并没有区分与学习现象相关的报酬递增以及与给定成本函数相关的报酬递增。在另一个场合，他讲过即使是在特定的结果不同的情况下，最大化者可能不会被选择。

[10] 温特（1975）对规模效应问题的讨论是很简略的，而且没有重申规模报酬递减、不变和递增的命题。

[11] 这是对艾伦和麦克格拉德（Allen and McGlade，1987）的渔场模型的回顾，在该模型中，个体渔民被分成两类，一类是最大化的"笛卡儿主义者"，他们总是跑到根据可利用的信息推知的最可能有鱼的渔场；另一类是"随遇而安者"，他们随机地找鱼，不怕承担风险。如果假定渔船群体完全由笛卡儿主义者组成，则他们会捕光所有已知渔场的鱼群，如果不借助于随遇而安者就不可能有任何新发

现。因此，艾伦和麦克格拉德得出的结论是，笛卡儿主义者和随遇而安者的混合群体，要比纯粹由最大化的笛卡儿主义者组成的群体更有整体绩效。康里斯克（Conlisk，1980）提出了一个同样道理的案例。在作出了最大化行为是相对高成本的假定之后，他发现，理性最大化者和懒惰的模仿者的混合群体可能演化出一种均衡，这种均衡体仍然是两种类型的混合体。不过，艾伦和麦克格拉德的分析并不依赖于这种相对成本条件，而是依赖于有限且随机不可知地分布的资源的假定。

[12] 类似的多重均衡问题在一般均衡理论和博弈论中已经是众所周知的了。

[13] 作为对此观点的响应，温特（1971）提出了一个企业行为的理论模型，企业行为受常规化的决策规则的支配，这个模型显然是与经验证据相一致的。

[14] 正如海伊（Hey，1981）论证的那样，在搜索最大值时，贝叶斯学习过程是建立在预先有正确的知识的前提假设下的。如果这个假设不可用，则这种搜索模型也就相应地完蛋了。

[15] 对各种类型的选择异常的讨论见 Hodgson（1991b；1993b，ch. 13）。

第四部分

企业的演化理论

第 9 章　交易成本和企业的演化

诺贝尔经济学奖得主罗纳德·科斯（Ronald Coase，1937，p. 386）的经典论文《企业的性质》（*The Nature of the Firm*）是以这样一句话开头的："经济学理论过去存在的缺陷是不能清楚地阐明它的假定。"我们在本章不只是要呼吁企业理论在语言上的精确性，同时还认为由奥列弗·威廉姆森（Williamson，1975，1985）发展的"新制度主义"的企业理论存在概念性的问题，这些问题与它的个人主义的分析模式和内含其中但又不成熟的进化论有关。[1] 199

本章先对科斯和威廉姆森的交易成本理论进行了总体评论，然后按以下步骤阐述我们的观点：

（1）根据卡尔·达尔曼（Carl Dahlman，1979）、理查德·朗格卢瓦（Richard

Langlois，1984）和我本人（Hodgson，1998，ch. 9）的早期研究，我们重申交易成本概念必须大体上与极端的不确定性和知识的缺乏这两个问题建立联系。

（2）我们认为交易成本实质上是个信息问题，这就意味着这一概念不能同时与无所不能的计算的观念和赫伯特·西蒙的有限理性思想相结合。

（3）所以，在交易成本给定的情况下要保留有限理性概念，就意味
200 着要拒绝无所不能的计算的思想。但这样就意味着我们需要解释为什么一个低交易成本的治理结构一般会支配另一种结构。

（4）因此，在排除了比较静态分析后，以交易成本为唯一解释工具的倡导者们似乎不得不借助于唯一的替代性解释模式，那就是假定演化选择的结果是成本最小化的企业。

（5）然而演化分析又提出了这样一个问题：选择的单位是个体还是企业，这与格利高里·道（Gregory Dow，1987）的“恰当性批评”（appropriability critique）有关。

（6）要免遭恰当性批评，必须把企业本身而不是其中的个体视为一个选择单位。

（7）将企业视为这样一个集体性实体的最有说服力的论据是“老”制度主义而不是“新”制度主义的主张。

（8）此外，演化分析框架并没有为威廉姆森发展的科层和效率的某些关键主张提供支持。

结论是如果我们用一些抛弃了既定的、快乐主义的个体这种假定的“老”制度主义传统的设想，特别是源于索尔斯坦·凡勃伦和约翰·康芒斯的设想来对企业进行检验，我们可能会有更多的收获。

9.1 交易成本和企业

9.1.1 科斯式的论点

科斯（Coase，1937）的著名论文实际上不仅解释了企业为什么存在这个问题，而且（必然地）对企业和市场进行了概念上的区分。对科斯来说，企业的重要特征就是它内部对“价格机制的替代”（p. 389），以及通过命令而不是价格来配置资源。于是，企业为什么会存在这个

问题就变成：为什么在形成企业后的那些生产领域内不用价格机制来配置资源。例如，为什么每一个工人或一组工人在一件产品完工之前一般很少与同事交换半成品？企业通过不同的组织关系替代了这种机制，这些组织关系里没有这样的交换。正如科斯（1937，p. 388）所说的那样：

> 在企业内部，市场交易不复存在，复杂交易的市场结构被那些 201
> 指导生产的企业家兼协调者（entrepreneur-coordinator）所取代。

科斯（1937，pp. 390－391）从而指出：

> 组建一个企业之所以有利的主要原因似乎是利用价格机制是有成本的。……企业产生后实际上并未排除契约的存在，但契约大大减少了。一种生产要素（或者它的所有者）已没有必要与企业内部协作使用的要素签订一系列契约，除非协作是价格机制的直接结果才有必要签订契约。

沿着这一思路，威廉姆森（1985，p. 1）发展了他的核心命题，那就是像企业这样的经济制度“具有节约交易成本的重要目的和效应”。所以威廉姆森对非市场制度为什么存在的解释是，它们之所以产生是因为它们的成本低于持续依靠市场和交换的成本。因此他也认可了市场本身与企业这种非市场制度的概念性差别。

9.1.2　企业概念

前面的叙述是大家所熟悉的，然而即使在这种众所周知的水平上仍有被曲解的可能。我们看看弗雷德里克·富里（Frederick Fourie，1989，p. 145）提出的观点：

> 虽然在企业是什么这一问题上尚未达成共识，但对某些生产和分配过程的管理看起来就是企业的核心。然而就市场来说，它不像企业，它是不能生产的。……如果事实确实如此的话，市场和企业就不是替代性的生产模式，而是具有固有的、本质的区别。

很不幸，这是对科斯的论点的误解。首先，注意科斯和富里的“企业”指的是不同的东西。在下一章将会看到，科斯自己要对这种混淆负一定的责任。在其文章的末尾，科斯（1937，pp. 403－404）特别谈到了雇佣关系问题，而在几十年后，科斯（1998）否定了他曾强调的这个问题，并在组织化协作的意义上来理解企业的本质。

202 与富里不同，虽然生产管理是企业的核心，但在科斯的理论中，企业并不总是涉及生产。对科斯来说，企业涉及的是多个代理人的组织和协作；企业本质上是由多人组成的代理机构。相反，不在企业的名称下也可以涉及各种组织化生产。最明显的例子是自己经营的生产者组成的市场协作团体，在这些团体中单个生产者也可以直接在市场上交换他们的产品。

科斯（或威廉姆森）从未说过或暗示过自己经营的生产者可以组成一个企业；他始终认为企业是由多个人组成的实体。与科斯相反，富里把自己经营的生产者视为“企业”的一种形式，结果他们的争论就产生了分歧。富里认为，生产总是与企业有关的。与此相反，科斯是在至少包含一个人的组织这个意义上来考察企业的。因此科斯有充分的理由提出他的主张，认为市场是企业组织化生产的一种替代方式。至少有两种选择是可能的：可以是通过市场组织起来的自己经营的生产者的团体，或者是通过一种雇佣关系把同样的生产活动组织起来的资本主义企业。事实上，富里的“批评”源于“企业”定义的不同。为避免混淆，我们必须要么采用富里的术语，要么采用科斯的术语，不能两者都采用。[2]

为了清晰起见，当我们提到企业时，总是指包含两个或两个以上人的、持久的生产性组织。在企业的这一定义下，显然所有运作中的企业都在从事生产，但并非所有的生产都要有企业参与。

“资本主义企业”是一个特例。在《资本论》中，卡尔·马克思视其为一种包含资本家与雇员间的雇佣关系的制度。和科斯一样，马克思
203 也把资本主义企业与自己经营的生产者对立起来。在使用具体例子的时候，科斯和威廉姆森主要谈到的是资本主义企业，但他们的分析似乎适用于任何包含多个代理人，并以某种方式——科层的、协作的、分享的或者其他的方式——组合在一起的企业，但不是通过市场方式组合起来的。在最为一般的形式上，科斯-威廉姆森的交易成本分析提到了所有这样的（多个代理人的）企业，但未提及单独的、自己经营的生产者。

同样明显的是，科斯（1937）也在比较作为一个组织化生产体系的资本主义企业和通过市场来协作的自己经营的生产者体系。从而对企业性质的科斯式的解释才认为通过市场协作的模式的交易成本更高。

这又产生了科斯之后的文献中的另一个问题。科斯直接地比较通过一系列市场合同运行的生产组织和企业意义上的生产组织。[3]在科斯的

启发下，威廉姆森进一步在假定的相对效率这个意义上比较了不同类型的企业的“治理结构”。对于威廉姆森和其他人来说，交易成本的思想不只是简单地用于比较通过市场协作的生产体系和通过企业协作的生产体系，它还可以用于比较不同形式的企业，如科层式的、分享式的、U 形的、M 形的，或者其他任何形式的。如果交易成本概念得到明确的定义的话，这些都不会有问题。但不幸的是，正如下一节要讨论的那样，事实并非如此。

9.1.3　交易成本概念

交易成本概念似乎在有意回避其清晰的定义。同样，这一术语并没有真正出现在罗纳德·科斯（1937）最初的文章中。罗伯特·克洛尔（Clower，1969，p. 48）认为，货币经济取代了物物交换经济后，“议价成本”（bargaining cost）就是决定货币经济的相对效率的主要因素。H. B. 马尔姆格里（H. B. Malmgre，1961，p. 401）第一次使用了交易成本这一术语。另一篇较早使用这一术语的文献是肯尼思·阿罗 1969 年的文章（Arrow，1969，p. 48），他在文中提到交易成本是“运行经济体系的成本”。但这个术语没有得到清楚的解释或定义。

尽管威廉姆森广泛地使用了这一术语，但他也没有给出一个恰当的
交易成本的定义。这并非是因为他忽略了这个问题。他在一篇文章中写 204
道：“这一概念需要给出定义”（Williamson，1979，p. 233）。但他并未接着定义这一术语，而是列举了一组与这种分析模式有关的“因素”。这些因素包括各式各样的观察结论，例如“在包含专门交易投资的经济行为中，机会主义是特别重要的”，“交易成本的评估是比较制度分析的任务”。然后他继续说道：“除了这些一般命题外，对交易成本还缺乏共识。”但威廉姆森并没有在清晰的定义的启发下去推动产生这种共识。由于核心概念不清晰，斯坦利·费希尔（Stanley Fischer，1977，p. 322）下面的这段话就不足为怪了：

> 作为一种理论工具，交易成本是一个糟糕的名称，因为对涉及交易成本的问题的解决方法通常对假定的这个成本形式是很敏感的，也因为几乎所有问题都可以通过某种特定的交易成本而将其合理化这种思想是值得怀疑的。

达尔曼（Dahlman，1979，p. 144）同样注意到交易成本思想“已成

为包罗所有妨碍价格机制的因素的习惯用语。”此外，正如达尔曼指出的那样，数理经济学家对交易成本典型形式的表达（将其视为用于交换的商品价值的一部分）与正规的交易成本没有太大的区别。这似乎并不是可以作为一种制度经济理论的基础的彻底创新。

9.1.4 交易成本和缺乏信息

总的来说，达尔曼为我们进一步研究交易成本提供了一种有用的思路。他指出，对应于交换过程的三个不同的、连续的阶段，有三种不同类型的成本，即“搜寻和信息的成本，议价和决策的成本，监督和执行的成本。”然而，“对不同交易成本的功能分类没有必要分得如此详细；从根本上来看，三者都可归而为一——因为它们的共同点都是代表着由于缺乏信息而导致的资源损失”（Dahlman，1979，p. 148）。

就理论的澄清而言，达尔曼的观点是一个重要的进步，但仍有许多问题没有解决，把所有成本完全归于信息问题意味着还没有把问题完全
205 弄清楚。实际上这种思路可能会很好地与新古典框架结合在一起。按照乔治·斯蒂格勒（George Stigler，1961）的经典论文首创的观点，搜寻和信息的成本在一定概率范围内与其他成本是相容的，而且可以与其他成本类似地来处理。在这一方法中，信息被当作与其他任何商品一样的东西，并遵守边际主义法则，即当搜寻和获得信息的边际成本等于预期的边际收益时，对信息的消费量是最优的。

然而，有一些研究成果反对信息成本的理性计算思想。如阿罗（Arrow，1962）和其他人已经指出的那样，如果我们缺少一条相关信息的话，那么我们又如何能得知企业的预期边际收益呢？事实是缺乏信息只不过意味着这种情况下的期望是模糊的、不清楚的。显然，这是一个循环论证的问题。

此外，这样来处理信息并不能弄清楚为什么市场契约会因为信息的原因而被企业组织所取代。毕竟，如果信息只是像其他商品一样的东西的话，就找不到显然是特殊的理由来说明企业是作为一个与信息有关的交易成本的最小化者而行动的。表面上看来，似乎有可能通过恰当的合同过程和交易过程来处理这种信息问题。

我们来看看一个由相互交换半成品的个体缔约者组成的生产组织的模型，这些个体缔约者沿着斯蒂格勒提出的方式独自进行边际调整，以

处理信息成本。在这种情况下必然会表现出来的是，可以通过把代理人组织到一个制度保护伞下从而在某种形式上节约信息成本。但仍然不清楚的是，为什么这种制度必须是企业，而不是共享相关信息的生产者—交易者的联合。

更为明显的是，“搜寻和信息的成本”可以通过由生产者—交易者的联合与市场研究机构订立合同而得到实质性的降低；“议价和决策的成本”可以通过求助顾问组而得到降低；“监督和执行的成本”则可以通过共享相关行为人的信用、绩效和可靠性等级等方面的信息而得到降低。如果存在信息规模经济的话，那为什么不会产生独立生产者的联合这种形式来使信息成本最小化，而要各自去承担这些成本而置企业的需要于不顾呢？

虽然不是很清楚这种独立生产者的联合在降低这类成本方面是否比企业更有效，但它显然比单纯的生产者—交易者的联合更为有效。因 206
此，交易成本论点中有关“信息成本”的看法，仍没有为企业为什么存在，以及为什么现实中鲜有类似于独立生产者的联合这样的替代性安排提供有说服力的理由。

上述类型的论证不只是未能有效地为企业提供合理的解释，对待信息的方式本身也是难以令人满意的。这种论点对到达大脑的杂乱神经刺激形成的直观资料，和涉及强迫接受概念体系的信息及知识，也没有加以区分。它没有重视对已知信息的评估和计算过程，而如果计算方法和认识体系不同的话，这些信息将导出不同的结论。众所周知，例如企业的平衡表可以有不同的解释，甚至有不同的“盈亏底线”，这取决于会计上的解释和处理方法。正如詹姆斯·汤姆林森（James Tomlinson，1986，p. 239）指出的那样，这些例子提出的“以‘实证主义’方式来处理信息（也就是视其为一系列事实）的问题，与必须涉及概念框架的问题没什么差别”。

交易成本论点中对“信息成本”的看法，没有为企业为什么存在，以及为什么现实中相对缺乏替代性安排提供有说服力的理由。正如，布莱恩·劳斯比（Loasby，1976）曾经指出的那样，在一般均衡模型中不需要非市场组织形式的理论。即使是含有程式化的、有限的信息问题的一般均衡理论的概率观点，也没有说明这样的企业为什么会存在。

朗格卢瓦（Langlois，1984）对这一问题的解决方法是区分不同类型的信息问题，这类似于弗兰克·奈特（Knight，1921）对风险和不确定性进行的著名的区分。这一论点的实质是不能用“参数不确定性”（parametric uncertainty，类似于奈特的“风险”）去发现并解释与企业这样的组织的相对效率相关的交易成本的根源。尼尔·凯（Neil Kay，1984，chs 2-4）也提出了类似的观点。他指出，在具有完善知识的新古典世界中，企业被剥去大多数常见的结构和功能。如果引进概率风险（probabilistic risk）问题（或“参数不确定性”），结果会是一样的，因为“从关联事件的同质性和重复性这个意义上来说，完全知识和风险之间几乎没有区别”。这一论点无情地表明，在理解企业这样的经济制度的时候，要把真实的或极端的不确定性作为基本概念。

劳斯比、凯和朗格卢瓦通过强调不同特征和条件的真实的不确定性（与风险相对），都回到了奈特的《风险、不确定性和利润》（*Risk, Uncertainty and Profit*）及其有关企业的论述的核心观点上，即“企业之
207 所以存在是不确定性这一事实的直接结果”（Knight，1921，p. 271）。科斯提出的企业为什么存在这个问题的答案，以不确定性的非概率概念（non-probabilistic concept）这种形式重新出现了。在这种论点中交易成本可能是一个分析中介，也可能不是。但显然，交易成本是一个如果没有真实的或极端的不确定性概念就没有意义的范畴。按照奈特的观点，在解释任何形式的企业为什么存在的时候，要把不确定性概念当作一个必要的——但不是充分的——概念，这是确定无疑的。

9.1.5 演化还是比较静态？

如果把交易成本概念同真实的不确定性的存在联系起来，那么所涉及的分析类型将会有重要的含义。注意到威廉姆森很明显地借助于赫伯特·西蒙（Simon，1957，1959）关于“有限理性”的概念，我们可以得出同样的结论。威廉姆森（Williamson，1985，p. 32）多次这样写道：“交易成本的节约本质上要归结到有限理性的节约（economizing on bounded rationality）。”

诚然，西蒙的观点是不存在彻底的或完全的理性计算，因此理性是“有限的”；行为人不是追求最大化，而是尝试取得可接受的最少所得。必须注意到，这种追求“满足”的行为之所以出现并非只是因为信息不充分，同时还因为即使可以获得相关信息，也由于过于困难而不能

计算。

考虑到这一点，继威廉·鲍莫尔和理查德·匡特（William Baumol and Richard Quandt）之后对西蒙理论的正统解释也是有瑕疵的。与“成本最小化”解释相反，有限理性主要涉及的是计算能力方面的问题，而不是额外的“成本”。西蒙的“满足”概念并不等同于成本最小化行为。很显然后者只是最大化标准假设的另一面；如果“满足”本质上是成本最小化方面的问题，那么它将等同于正统理论中的最大化行为。[4]

因此，“有限理性的节约”这一用法会产生误导，也是不恰当的。 *208*
“节约”这个词指的就是理性的、最优化的行为，它与西蒙意义上的“有限理性”这个词是不协调的。

本质上说，科斯-威廉姆森式的交易成本分析是在比较静态的意义上对不同类型的治理结构的比较。[5]科斯把市场看作一种无组织的治理结构与企业进行对比。威廉姆森也比较了不同类型的企业结构。他们都要涉及两个或多个均衡条件下交易成本的交叉比较。[6]

然而重要的是我们要强调，即使 X 治理结构的交易成本低于 Y 治理结构，这也不能解释为什么现实中存在的 X 治理结构更多。这样的主张除了逻辑上有问题外（Ullmann-Margalit，1978），也没有一个无所不知的行为人来做全面的成本计算。实际上，在考虑有限理性的条件下，任何企业家都不可能进行成本计算，以确定 X 治理结构的交易成本较低。不确定性和有限的计算能力都使这样的评价难以进行。

威廉姆森有一个选择，他可以接受也可以不接受交易成本最小化假
定是由企业中一个慎重的、理性的行为人来作出的。但如果他选择了接 *209*
受，他就不能同时承认有限理性概念。如果“交易成本的节约”是进行计算的行为人的成本最小化行为，那么这就与西蒙的概念不一致了。

实际上，威廉姆森似乎更倾向于理性而不是行为主义，至少他的理论“选择”了更有效的治理结构。正如布莱恩·劳斯比（Loasby，1990，p. 227）说的那样：“交易成本分析看来是要让管理上的理性程序选择本身作出一个实质性的理性选择。”

但我们已经指出过交易成本概念是与信息问题和有限理性结合在一起的。因此，我们不能撇开有限理性：那是无所不知的、精明的行为人必须要做的事。这又产生了一个问题。因为没有人知道两种治理结构的所有比较成本，我们难以解释为什么交易成本更低的治理结构就应该支

配另一个治理结构。我们有比较静态分析，但没有解释现实世界中的比较过程的方法。

要克服这一难题有一个比较简单的方法，就是放弃非常慎重的行为人的假设，把分析纳入一个演化的而非比较静态的框架中。事实上，虽然威廉姆森的著作主要是比较静态意义上的，但他的著作在很多地方都暗含着演化解释。[7]然而他希望采用自然选择类比，却没有给出演化过程的详细解释，也没有涉及因果联系。

9.2 演化选择和企业

9.2.1 企业是演化选择的单位吗?

在一个演化框架中必须提出的首要问题之一是确定选择的单位。显然，在这里的分析中必须假定治理结构是经过演化过程的筛选并最终被
210 选定的实体。但这一假定是有问题的。事实上，这里提出了群选择的生存能力（viability of group selection）这一有争议的问题。生物学中的理查德·道金斯（Richard Dawkins，1976）这样的“遗传还原论者”（genetic reductionist），沿用维克多·范伯格（Viktor Vanberg，1986）等人的社会科学中的方法论个人主义，认为群选择的观点是没有条理的。

道金斯、范伯格和其他许多人支持的反对群选择的著名生物学观点认为，不存在清晰的机制来确保相关个体的行为会复制对种群有利的行为模式。特别是这种机制必须确保“搭便车者”不会在更具生产性的群体中占据支配地位。搭便车者作为群体成员与群体内其他以更具生产性的方式工作的成员一起工作而得到好处，但他们自己不承担自我牺牲行为意义上的私人成本和风险。因此，在缺少任何补偿机制的情况下，群体内的搭便车者的数量很可能会扩大，排挤其他成员，改变整个群体的典型行为。这样一来，尽管自我牺牲行为对群体是有利的，但看起来没有一种机制来确保具有这种特点的群体会比其他群体发展得更好。似乎更重要的是，选择是作为群体的组成部分的个体的选择，而不是作为整体的群体的选择。

这实际上是格利高里·道在他的交易成本分析的“恰当性批评”中

提出的一个问题。他写道：

> 交易成本经济学的一个核心教条是，对可能采用哪一种结构产生影响的只是一个治理结构的总成本，而不是这些成本在行为人中如何负担。……在交易成本经济学的效率前提的正当性可以在选择的意义上得到证明之前，我们必须在这样的事实面前让步，那就是选择的力量不会对专断的社会集合体所感受到的成本和收益起作用。这些力量只通过被选定的实体中私人的利弊权衡发挥作用，就如同自然选择只对单个生物体起作用一样，不是为了物种的利益或者生态系统的利益。
>
> Dow，1987，p. 32－33

然而在生物学中，“自然选择只对单个生物起作用”这种说法并没有得到普遍接受。事实上，像道金斯这样的一些生物学家认为，选择的单位是基因而不是个体。相反，许多生物学家和生物哲学家认为存在各 211
种不同层次的选择，其中包括群选择。[8]

认为群选择是可能的那些生物学家并不认为群选择总是在起作用；它是否起作用取决于选择的过程和结构。本质上说，如果同一群体内的所有生物都“因共同的命运而连在一起”的话，群选择就会起作用（Sober，1981，p. 107）。单位中（多样的）个体是相互联系在一起的——成员间具有外部性和溢出效应——从而这个单位是作为一个整体而被选择的。[9]

如果存在这种相互联系的群体的行为，那么又如何从个体的出发对它进行解释呢？艾略特·索伯（Elliott Sober，1981）这样的生物哲学家指出，从基因出发的还原论解释——如果这种解释是可能的——不能解决的问题是：引起基因频数（gene frequency）本身发生变化的原因是什么？虽然所有有关明显的群选择的信息也许都可以归结为或者表现为生物体或基因的选择系数（selection coefficient），但是这样一种在形式上简化为基因或个体水平的方法，并没有回答是什么引起了基因库中基因频数的变化这样的问题。我们注意到方法论的个人主义的解释也留下了同样的问题：带有自己的偏好和目的的个体生物是如何起源的，是如何成型的，又是如何构成的？

如果生物中的群选择是可能的，我们可以推测出同样的现象也可能发生在社会经济领域。这样对制度、规则、行为规范和文化的考察就是恰当的。可以设想有一个特殊的特征影响了群体内的所有成员，使他们达到类似的水平，比如类似的饮食、穿着或行为。可以进一步设想这种特征会影响到群体未来的成长和繁荣。我们就有理由说群选择在发挥作用。

9.2.2 群选择和企业

由于企业被视为选择的一个单位，因此考虑它的群选择问题同样是恰当的。正如索伯所言，企业中必然存在着某种起作用的东西，它“因共同的命运而把其成员连在一起”。很显然，企业内所有雇主和雇员与企业是荣辱与共的。但是，如果资本或劳动力的所有者可以为了更有利可图的选择而抛弃境况欠佳的企业，那么恰当性批评就仍然适用。“退出”选择的有效性取决于劳动市场和资本市场的状况。其他的选择有多大的吸引力在一定程度上取决于资产的专用性（Pagano，1991）。特别是在教科书中的追逐私利的个人和竞争的环境这样的假定下，基本没有什么黏合力能把企业的成员结合在一起。当然，还有一种选择就是抛弃教科书中的假定，以更为现实的眼光来考察企业。

企业之所以被视为集合的、系统的实体，还有其他原因。我们来看看企业的常规中体现出来的技能问题。正如后面第 11 章详尽阐述的那样，西德尼·温特（Winter，1982）认为，像企业这样一个组织的能力并不总是能够简化为单个成员的能力。

显然，这里有一个有关集体知识的可能性的重要问题，这是社会理论中争论的对象。例如沃德·古迪纳夫（Ward Goodenough，1981，p. 54）写道：“人是作为个体来学习的。因此如果文化是被学到的，那么它最终的落脚点就必然是个体而不是群体。”相反，马文·哈里斯（Marvin Harris，1971，p. 136）这样的人类学家的“集体主义”主张与温特更为一致：

> 文化是通过学习而获得的，或者是受学习所影响的行为、思维和感觉模式，它的特征是人的群体性，而不是个体性。

温特和其他人认为，虽然默示知识或其他知识必定存在于人的一组神经或大脑细胞中，但其内容主要取决于个体发生相互作用的结构环境
213 的存在，否则这样的知识是不可能变得明了的。此外，因为组织化知识是默示知识，所以没有哪个个体能以成文的形式来表达它。只有通过群

体成员相互作用的实践活动才能使这种知识变得明了。

在许多情况下，组织化知识都保留在一个结构中，也许会保留很长时间，即使这个结构中的成员不断变化也是如此。这就像我们的脑细胞尽管在不断死亡和更新，但我们仍然保留着自己对过去事情的记忆，组织化知识可以在构成组织的个体逐渐的而不是彻底的更换中保留下来。

显然，个人的和组织的成果都有赖于这样的组织化知识的性质。这里清楚地说明了结合在单个群体中的个体成员的命运。这种组织化的学习因而顺理成章地与群选择联系在了一起。组织化知识可以只属于企业里的部分工人。如果这种知识属于企业的所有员工，或者与管理中的关键方面相联系，那么具有特殊的组织化知识的组织就是作为一个整体的企业。

对组织化学习的考察产生了企业中的文化的问题。一种有争议的观点认为，组织的一个重要特征是在其成员间形成的“信任动力”（trust dynamic）（Fox，1974）。相反，在竞争市场领域，信任和长期合作在一定程度上已经被众多行色各异的、临时性的行为人之间的竞争所破坏。在市场中有一个不断变化的、不稳定的人群，每个人追求的都是与公然的得失计算大体一致的目标。不同的是机会主义行为和自利行为在企业中确实存在，而且非常重要，但与威廉姆森的观点相反的是，这些行为是递减的，而且是被限制在一定范围之内的。企业通过形成一定程度的忠诚和信任，鼓励人们以不同的形式发挥作用。利用忠诚和强制力，也就是利用社会力量，企业的经理可以成功地把他们的意志强加给雇员。如果没有这种产生更多的凝聚力和更少的原子式行为的能力，企业就不可能运转。

资本主义不是奴隶制度，工人不像机器，他们只能被雇用而不能被购买。这意味着资本家时刻都面临着失去掌握企业需要的技能的工人这个问题。这在一定程度上也许可以解释为什么资本家更偏向于投资于机器而不是人（Pagano，1991，pp. 324－325）。此外，资本家有动力去提供把工人留在企业内的激励，也有动力在企业内形成忠诚和更强的社会凝聚力。

因此理解企业性质的关键是企业影响人们的偏好和行为从而形成更 214
高程度的忠诚和信任的能力。相反，威廉姆森遵循个人主义社会科学家们的传统，发展了一个个体的人性模型（即“机会主义”），并草率地假定该模型可以同等地应用于不同形式的制度安排，尤其是可以同等地、普遍地适用于市场和任何形式的企业（Moschandreas，1997）。他没有认识到制度环境在塑造行为和信念方面的作用。

塞缪尔·鲍尔斯（Samuel Bowles，1985）恰当地把这种个人主义传统中的行为人描述为一种“不法行为”（malfeasance），就是沉迷于自利行为和诸如工作中“开小差”之类的派生现象。正如鲍尔斯指出的那样，工作绩效的函数不能被视为外生给定的，或者被视为永恒的“人性”的结果。相反，在一定程度上它应该是相关的可变制度、文化和权利结构的函数。

如果企业具有通过形成忠诚之类的东西来影响员工偏好函数的能力，那我们就不能用个人主义的框架来解释企业，因为在这种框架下，不管在什么样的制度环境下，所有的偏好函数都是给定的。此外，文化对偏好和观念的影响可能会把行为人结合在一起，在一定程度上形成一个共同的群体。即使存在亚文化，包括企业内存在对立的群体，共同的文化也会把成员结合在一起形成一个可供选择的群体。总之，有理由认为企业可以是一个选择的单位（群体），但要放弃许多个人主义的理论前提。

在内生偏好和一个演化的背景下，交易成本概念的重要性稍许被边缘化了。[10]相反，更强调的是企业作为一种持久的社会制度的作用，它整合起自己的文化，在自己的领域内防止市场力量的破坏（Dore，1983；Hodgson，1988；Nelson，1981b；Teece and Pisano，1994）。

9.2.3 环境依赖和次优选择

鉴于演化的分析框架比比较静态分析更为可取，我们可以重新检验一下威廉姆森在其著作中自己对演化分析的向往。威廉姆森根据他阐明的科层制更有效率的理论观点，多次援引现实世界中科层制企业占多数的经验证据，来支持科层制企业比诸如合伙制或合作制等其他类型的企业更有效率的观点。他认为竞争的过程已经使科层制企业成为选定的对象，由于这个原因，必然可以认为这种类型的企业比其他竞争类型更有效率。

然而，对演化理论更为仔细的考察动摇了威廉姆森的主张。[11]即使企业“被选中”的特征是“适应性最好的”，那也只不过是适应了特定的经济、政治和文化环境；它们不可能对所有的环境和时间都是“最适应的”。看看下面这些环境依赖形式的说明性例子，在其中起主要作用的是适应的总体（population）的频率，这在生物学中被称作“频数依赖”（frequency dependence）（Lewontin，1974）。假设有 A、B 两类企业。作为一个整体的总体是 A、B 两类企业在文化和相互关系上的混合。假设有一个新进入者，它可以是两类企业中的任意一类，这些企业的利润可通过下面的公式求得：

A 类新进入企业的利润 ＝ 50＋B 类企业的份额

B 类新进入企业的利润 ＝ B 类企业的份额

这种例子中的利润值对不同类型的组织形式和不同类型的企业间关系都是适用的。举例来说，B 类企业可以同更加开放的、大家都可以参与的结构结合起来，也可以与更具合作性的企业相互行为结合起来，包括比如非正式的技术诀窍交流（von Hipple，1987，1988）。据此，就可能有正的外部性与这种类型的企业相联系。[12]

首先，假设初始的（大的）总体完全由 A 类企业构成。在这种情 216
况下，每个 A 类新进入者的利润将是 50，而每个 B 类新进入者的利润为 0。显然，如果 A 类企业占支配地位的话，B 类企业不可能组建起来。但是，如果初始的总体完全由 B 类企业构成的话，那么每个 A 类新进入者将获得的利润是 150，而每个 B 类新进入者将得到的利润是 100。在这种情况下，A 类企业可以成功地侵占 B 类总体。总之，不管初始状态如何，A 类企业最终都有可能取得或保持支配地位。即使在完全由 B 类企业构成的行业的平均利润高于完全由 A 类企业构成的行业时，这种情况也会发生。假设上面的等式不只适用于新进入者，而且适用于所有企业，那么 A 类总体的平均利润将是 50，而 B 类总体的平均利润将是 100。不过 B 类企业总是处于相对劣势。

此外，如果该行业由 B 类企业主导，则这种情况可能不会持续下去，因为新进入的 A 类企业在这种环境中具有很大的优势。除非采取纠正性的行动，如由政府或行业协会颁布一些正式的或非正式的管制规则，否则 B 类企业占支配地位时由它全部占有的那个较大的利益最终会因为 A 类企业的进入而受到破坏和摧毁。

这个假设的例子说明了许多一般性的观点。首先，如果企业的盈亏取决于整个行业的性质，那么被选定的特征也要取决于整个环境。事实上，对工人合作社的研究表明，它们的成功高度依赖于作为一个整体的经济中流行的金融和文化体制（Thomas and Logan，1982）。其次，“自然选择”并非必然偏向更有效率的单位，也并不总是达到最佳的或近乎最佳的结果。我们不应认为现实世界中合作程度不高的企业，或者大家都能参与的企业就一定是低效率的，或者它们占主导地位的行业就是低效率的。

9.2.4 路径依赖和次优选择

工厂体制和现代企业的演化史不只是一个对最有效率的组织形式的半自然选择的问题。和环境依赖问题一样，路径依赖（Arthur，1989）
217 问题也是重要的。例如，有些历史研究表明，工厂体系在其起源时受到了当时的军事结构的影响：工厂组织与士兵的等级编制是类似的。[13]

查尔斯·塞博和乔纳森·蔡特林（Charles Sabel and Jonathan Zeitlin，1985）根据历史证据指出，欧洲曾经存在另一种以小规模企业和灵活的专业化为基础的工业化路径。玛克辛·伯格（Maxine Berg，1991）同样着眼于工厂体系的演化，就这一路径与基于假设的技术支配的解释进行了比较。她的结论是，工业化可以选择许多可能的路径，也可以按不同的顺序发生。乌戈·帕加诺（Ugo Pagano，1991，p. 327）把技术的双向的、累积的相互作用与产权联系起来考虑，并指出：“在这样的环境中，简单的效率说法可能已失去了意义。每个结果都有可能是产权与技术之间的路径依赖和低效率的相互作用，这可能成为经济体制历史的特征。”

理查德·朗格卢瓦（Langlois，1988）明确指出，在现代工业结构的背景下，路径依赖可能与组织形式的演化相关。与以往的观点相反，道格拉斯·诺思（North，1990）现在也接受了路径依赖过程同样适用于制度变迁的观点，因而保留下来的制度安排不一定是最有效率的。迈克尔·埃弗雷特和艾伦森·明克勒（Michael Everett and Alanson Minkler，1993）针对工业革命早期阶段劳动者管理的企业形成中的法律和金融阻碍，明确地提出了路径依赖问题。

按照威廉姆森关于现存企业就是效率相对较高的企业的假设，那么军工企业的存在是不合道理的：不管初始环境如何，更有效率的企业形式将会繁荣并存活下来。相反，路径依赖的可能性表明，其他科层特征不明显、松散的组织形式也曾是有生命力的。只有从严谨的历史研究中，而不是基于对生物学的了解很有限的鲁莽的演化的一般结论，才能判别这些问题以及相关的问题。

最重要的是，在当前的情况下，在作出一种组织形式比另一种更有效率的结论之前，有必要对不同类型的科层制的和科层特征不明显的企业的绩效特征作进一步的检验。

9.3　结论："老"制度主义和"新"制度主义

如前述，科斯-威廉姆森式的用交易成本概念对企业性质的解释存在着清晰性问题、理论上的问题和两难的困境。[14] 这已经表明，个体 218
是由企业间的文化所塑造的这种内生偏好函数的结论可能必然适用于在理论上解释这种制度的性质。这正是与"新"制度主义不同的"老"制度主义之类的学说关注的问题。

然而，经常可以隐约地看出威廉姆森的理论比较接近于"老"制度主义者约翰·康芒斯的理论。我们注意到威廉姆森（Williamson，1975，pp. 253-254）对康芒斯的一再重复和经常引用表明，他遵循康芒斯的观点，把交易当作"基本的分析单位"。不过对康芒斯（Commons，1934，p. 55）来说，交易典型地是一个"经济活动的单位"，它构成了其他单位，比如"经济活动更大的单位，即一个运行中的机构"。虽然表面上在术语上非常相似，但威廉姆森的分析模式与康芒斯有着根本性差别。对威廉姆森而言，他的分析单位是给定的、抽象的、原子式的、"机会主义的"个人，而康芒斯强调的则是制度有机的和整体的特性。

康芒斯之所以把交易和"运行中的机构"描述为经济活动的单位，是为了与古典思想区分开。古典思想认为经济学的单位应该是"被占有的商品和占有商品的个人，而经济活动的'能量'是人类劳动"（Commons，1934，p. 56）。康芒斯作了一个量子理论类比，以支持他的观点。他认为，经济学的对象不是在机械意义上相联系的实体或"粒子"，而是过程和事件。而且，在对经济活动观念的强调中，康芒斯试图摆脱原子式的思维模式："这些运行中的机构和交易对于经济学，就像怀特海的'有机机制'（organic mechanism）和'事件'对于物理学，或者像生理学家的'有机体'和'新陈代谢'对于生物学"（Commons，1934，p. 96）。应该明确的是，康芒斯的机体论的含义和威廉姆森的原子式的、个人主义的思路是极为不同的。

对威廉姆森来说具有讽刺意义的是，凡勃伦而不是康芒斯预示了交
219 易成本的思想。在《企业论》中，凡勃伦（Veblen，1904，pp. 46－48）写道：

> 产品每个单位所需的交易量，在过关的各工业操作个别管理下，要比在统一的企业管理下大得多。当一种操作或它的产品接触到或越过各个所有权范围的界限时，在接洽或转移的每一个点上，都是要涉及金钱上的考虑的。……通过企业合并，……（消除了）系统间隙中的金钱因素以后，……原来存在的财务管理工作大部分可以省免，使业务得以简化，使工业处于竞争管理时特有的那种有组织的倾轧状态得以避免。①

这是交易成本思想的先驱，它早于康芒斯（Commons，1924，1934）把交易作为一个"经济活动的单位"的著作。

此外，尽管威廉姆森和一些"老"制度主义者在他们的著作中都呼吁使用演化类比，但凡勃伦和康芒斯却不赞成在威廉姆森和其他许多人的著作中都可以见到那种盲目乐观的解释。与许多"新"制度主义者的著作相反，凡勃伦和康芒斯的著作并没有谈到演化总是会趋向进步的和最佳的结果这种观点。

总之，尽管科斯和威廉姆森的著作在激发我们对企业的思考方面产生了巨大的积极影响，但按现在的情况来说，交易成本理论还需要进一步澄清，也受到了理论上的批评。威廉姆森还有一个功劳，作为"新"制度主义的奠基人，他也许是在无意中引导了对"老"制度主义的重新关注。但不幸的是，我们在凡勃伦和康芒斯的著作中找不到一个恰当的企业理论。不过已有诸多方法论上和理论上的迹象表明，使用"老"制度主义的工具进行进一步的研究可能会取得丰富的

① 译文引自蔡受百译《企业论》（商务印书馆，1964年版）26～27页。——译者注

成果。

【注释】

[1] 本章根据霍奇逊1993年的一篇文章（Hodgson，1993c）修改而成。

[2] 皮特里斯（Pitelis，1991，p. 52）正确地指出了这个引起争论的问题，即“单个的生产者是否有资格作为企业”，关键取决于“人们愿采用的”企业的定义。然而富里的批评也有其支持者，其中包括迪特里希（Dietrich，1991，pp. 41－42），他写道：“像科斯那样宣称企业替代市场，……认为交易在没有生产和分配（也就是没有企业）时也能发生，这显然是不可能的。”和富里一样，迪特里希将生产视为与企业是不可分离的，忽视了科斯所谓的企业是指多个人的组织这一事实，而且也没有考虑到由单个人构成的（非企业）生产单位这种可能性。

[3] 科斯（Coase，1988，p. 47）澄清了他1937年的文章的目的是拿企业和市场相比较，而不是拿企业和企业相比较：“我并没有考察使一些企业的组织成本降得比其他企业低的因素。”

[4] 这样的话，詹森和麦克林（Jensen and Meckling，1976，p. 307）下面的说法就是错误的：“西蒙的理论常被误解为是对最大化行为的否定。……他后来使用的‘满足’这个词……无疑造成了这种混淆，因为他提出的是反对最大化行为，而不是反对在信息成本和决策成本约束下的最大化。”实际上是詹森和麦克林误解了西蒙的理论。西蒙使用“满足”这个词主要是为了与他的“根本性”理性和最大化行为这些概念区别开来。比如威廉姆森更多地使用“有限理性”而不是使用“满足”就是这种误解的反应。

[5] 纳特金格尔（Nutzinger，1982）指出，与每一个治理结构相联系的交易成本并不是独立于同时存在的制度的。因此，不同制度的相对效率只能在其他条件不变这一强假定下，以及在局部均衡框架下进行比较。这样的效率比较在一般均衡分析中不具有更大的一般性。

[6] 迪特里希（Dietrich，1991）认为，必须像考虑“交易成本”那样考虑每个治理结构的“交易收益”。如果这一观点是正确的，它就引出了交易成本定义的另一种不清晰。交易成本可以被定义为净成本（从成本中减掉交易收益），也可以定义为总成本（不计交易收益）。显然，净交易成本定义与科斯-威廉姆森式的企业理论更为相关。迪特里希暗示了威廉姆森思想中包含的是总交易成本定义，但威廉姆森的著作并没有证明这一点。

[7] 参见Williamson（1985，pp. 22－23，394）。不过他就算在这几页的论述中也呼吁要发展一种“完全成熟的选择过程理论”（p. 23），并提到需要“更仔细地”评价这样的主张（p. 394）。

[8] 对这些观点更全面的评论参见Hodgson（1993b）。

［9］据此，企业间的竞争过程可能会受到劳动力在企业间过度流动的损害，如果竞争是清除那些更有效率的企业的话，那么这就要求企业作为一个单位要具有稳定性。个人在企业间的流动扰乱了对有较高水平技术和竞争力的企业的竞争性选择。如果群体和个体的学习过程持续足够长的时间，或者取决于工作群体中个人职业的稳定性，那么这种扰乱更是不容置疑的。政策结论正好与市场应该更加自由以促进劳动力流动的建议相反。取而代之的是强调雇佣关系的稳定性和长期性，强化信任和学习，促进组织一体化以便于动态成长。坎贝尔（Campbell，1994）进一步发展了这种重要的但被忽视了的观点。

［10］来看罗特姆伯格（Rotemberg，1991）的观点，他认为即使企业已实现了利润最大化，但在某些条件下其内部组织是次优的。这挑战了认为企业存在的原因是它可以降低交易成本的观点。

［11］对演化中与生物学和经济学都相关的次优选择问题更为广泛的讨论，参见 Hodgson（1991b，1993b）生物学中对这种观点的支持，见 Gould and Lewontin（1978，1980，1989），Oster and Wilson（1978，ch. 8）或 Dupre（1978）。

［12］在一项对意大利合作企业的研究中，盖拉尔迪和马西洛（Gherardi and Masiero，1990）认为，组织内部的信任关系和网络行为方面更紧密的系统的发展是这类企业成功的关键。

［13］这个观点曾被很多人以不同的形式提到，如 McNeill（1980），Mumford（1934），Nef（1950），M. R. Smith（1985）和 J. M. Winter（1975）等。

［14］帕加诺（Pagano，1991，p. 318 n.）给为什么即使在零交易成本的情况下科层制企业也仍然是有利的这个问题提供了一个劳动分工的解释，原因是这种利益来自科层制与负责生产协调的管理技能的结合。

第10章 科斯谜团：企业的性质和历史特殊性问题

本章阐述的是在包括弗兰克·奈特（Knight，1921）和罗纳德·科斯（Coase，1937）的经典论著在内的大多数文献中忽视的一个问题。[1]它涉及企业本身的定义和企业的历史特殊性问题。这一研究领域的大部分作者似乎都假定，“企业”实质上就是致力于商品和服务的生产的任何组织。用这样一个广泛而且一般化的定义，必然会把古代的奴隶制庄园，中世纪以后的行会、寺院、医院、工人合作社、政府、家庭式小作坊、国有企业和现代家庭，全部看成“企业”。的确，所有这些过去的和现在的组织确实在进行生产（生产被定义为人类有意识地运用适当的知识、工具、机器和原材料创造商品和服务）。因此，企业在整个现代人的历史中是无处不在的，而且功效卓著。从皮鞭下 220

挥汗如雨的奴隶，到炉边织好的密实围巾，以及温情脉脉的丈夫为妻子准备的床头早餐，企业体现了生产活动的方方面面。

原则上讲，这种宽泛的定义并没有什么错。但这一研究领域的大多数作者在没有给出一个范围更窄的企业定义的时候，就似乎将他们关于“企业的性质”的一般性看法主要地或专门地应用于现代资本主义企业
221 了。当然也有例外，比如道格拉斯·诺思（North，1990）这样的经济史学家和罗伯特·波拉克（Robert Pollak，1985）等其他学者，他们明确地把标准的企业理论——比如交易成本分析——应用到其他类型的组织。这反倒产生了这种理论的局限性问题：它们能否用于每一种组织？比如科斯（Coase，1937）和奥列弗·威廉姆森（Williamson，1975，1985）及其他人发展的交易成本分析是不是可以用于每一种组织？它们是不是以人性永恒的、普遍的特征为基础？[2] 例如，按照威廉姆森的“机会主义”概念的核心，是不是寺院里的僧侣、家庭中的夫妇双方也像公司经理和那些不顺从的产业工人一样都倾向于“狡诈地谋求自我利益”？

大部分文献在保留含糊和不准确的“企业”概念的同时，都忽视了这些关于普遍性和历史适用性的问题。同时这些文献还假定，企业概念和理解现代生产性组织的特殊形式是直接地、首要地相关的。实际上，这种组织形式在人类社会仅仅存在了几百年，而且大部分时间里它只涉及全世界人类的一小部分。

本章将作出如下安排。第一节考察科斯（Coase，1937）对企业理论的开创性贡献，考察科斯含糊地提到过，但以一种不令人满意的方式来处理的历史特殊性问题。第二节一般性地考察了经济学中的历史特殊性问题，概述了过于宽泛的、非历史的假定和抽象的危险。第三节提供了一个资本主义企业的定义。不过这一节也指出，只把企业限定在它的资本主义表现形式上是非常狭隘的。事实上有很多理由说明应该把企业定义得更宽一些。据此，我们在第四节宽泛地定义了一个“企业”的边界，并考察了其他形式的生产性组织。按这种方式来定义企业，资本主义企业就只是它的一个子集。第五节考察已被认识到的现代企业和市场的界限正变得模糊不清这一问题，并指出企业和市场交换之间的区别仍然是必要的和有充分依据的。第六节考察企业性质方面进一步的理论和经验工作提出的论点的含义。

10.1　科斯谜团

科斯的论著在历史特殊性问题上是含糊的。在 1937 年的经典论文中，科斯把雇佣合同——既包括雇主，也包括雇员——视为企业的核心。因此，科斯的企业概念中隐含地排斥了自己经营的工人：一个科斯式的企业至少得有两个人。他描述了“指导生产”并使用生产要素的“企业家兼协调者”（entrepreneur-coordinator，p. 388）。没有提到特指劳动力，这些“要素”并非特指劳动，它们同意作为回报“为确定的报酬……而服从企业家在一定限度内的指挥”（p. 391）。没有这些限度的合同就是“自愿的奴隶”，他引经据典认为这是“无效的和无法执行的”（p. 391n）合同。在同一篇论文的后面部分，科斯专门更集中地讨论了雇佣合同。他暗示这是“企业概念”的核心，并且认为他的描述“符合……真实世界的情况”（p. 403）。尽管科斯是从使用一般的和非历史化“生产要素”之类的概念出发的，但他转向了专门与现代雇佣合同相联系的用语中去了，而且他还以直接强调现代公司资本主义核心元素的法律规范来结束他的论述。 222

不过，半个世纪后，科斯又回到历史特殊性上来了。他写道：

> 我认为，我的（1937 年）论文的一个主要缺点在于把雇主雇员关系用作企业的原型。这种用法表现的是一幅关于企业性质的不完整的图景。但更重要的是，我相信它误导了我们的注意力。这种来自使用雇主雇员关系类比的不完整性本来是我在 20 世纪 30 年代相当清楚的东西。在试图表明我的企业概念的现实主义的论文的最后一节，我把企业比作雇主和雇员之间的法律关系。但是我加了一个脚注，指出这里的法律概念和经济概念并不一致，“因为企业可能意味着控制了别人的劳动，还控制了别人的财产”。此外，在我 1934 年左右写的笔记里，我也说过雇主雇员合同已经接近了企业内部的关系，但是除非“这样的合同是人们为了与另一个人相互合作的某种事务而签订的”，否则完全的企业关系将不会表现出来。虽然如此，我在论文中至少有一处好像忘记了这种必要的限定，我写出来的就好像是包含的所有关系都是雇主与雇员的关系。
>
> Coase，1988，p. 36

223 我们这里的主要建议是从组织化的合作这方面来鉴别企业的性质。这样的企业观也被其他作者所采用，其中特别是伊迪丝·彭罗斯（Penrose，1959，p. 24），她把企业视为“由管理决策来决定分配生产资源的不同用途及其在不同时间的使用的一个集合”。

尽管科斯确实试图澄清他 1937 年论文的某些部分，但他在 1988 年所作的声明是令人迷惑的，而且说服力也不够。在 1937 年的论文里，与企业的定义最为接近的也许是组织，在其中“交换过程被引导生产的企业家兼协调者所替代”（p. 388）。但这作为一个定义仍然是不清晰的，而且他很快就转向了完全不同的问题，即“价格机制为什么被取代”以及企业为什么会存在。定义某件事与解释它为何出现及如何得以延续不是一回事。

在 1988 年的声明中，科斯强调的主要是定义的问题还是企业性质的问题，或者是两者都强调，这一点还是不清楚的。对一个实体的定义并不一定非要确认其最重要的特征。哺乳动物被定义成用母乳喂养幼子的动物，但是这个定义（合理地）忽略了其他重要的特征，比如具有发达的神经系统和恒温等。相应地，可以从雇佣关系来合理地（部分地）定义一个（资本主义）企业，但这并不必然表明会“误导”人们忽视这种组织可能具有的其他重要特征。

1988 年，科斯对“把雇主雇员关系用作企业原型”有所保留。如果科斯是在“典型样本”这个恰当的意义上使用“原型”一词的话，那么他就冤枉他自己了。在他 1937 年的论文中没有一段话是这样来使用这个词的。在那篇论文中，企业的概念总是包含着比雇佣关系更多的内容。

进而，在今天的现实世界中可能更有理由认为，企业——在科斯、威廉姆森和其他人使用这个词的意义和背景下——典型地是以包含雇佣关系为主要特征。它很少被排除在现代现实世界的企业之外，而且任何这样的“现实主义”的检验都可能把它确认为一项永恒的特征，也许在别的情况中也是如此。但是，这可能提出了一种对企业理论的历史特殊性处理——在科斯 1937 年的论文里根本没有得到发展，而且在 1988 年似乎遭到反驳的一种处理。[3]

224 科斯的“雇主雇员关系类比”这个观念同样也是令人迷惑不解的。一个类比指的是两种实际上截然不同的事物在功能或表现上的共同性。

例如：那朵云看起来像头大象。科斯是不是在说企业像雇佣关系但实际上还包含别的替代物呢？这个问题的答案取决于企业的定义。如果注意力只限于资本主义企业，那么“企业像一种雇佣关系”就可能是错的。资本主义企业以雇佣关系为主要特征，但不是严格地“像”雇佣关系，因为资本主义企业还有其他基本的特征。它们包含雇佣关系，但又不是雇佣关系。说“雇佣关系类似于资本主义企业”就像说“皮肤类似于脸”一样。两种说法都不对。

1988 年，科斯也批评了他早期为支持他的现实主义主张而引用的雇佣关系的法律学说。在 1937 年的论文中，这些法律学说被用来指出“如在上文中发展的经济学概念一样，它是‘雇主和雇员’的法律概念的本质”（p. 404）。以下三个事实适用于这一点。第一，除了一个出自律师之口，另一个出自经济学家之口外，“法律概念”和“经济学概念”的区别是不清晰的。如果两个概念都是用来表述真实世界的现象的，那么它们就不会有区别，而且都是对同一个完整的、基本的事实的准确描述。它们可能对同一个现象表达出不同的和个别的观点，但即便如此，它们也不被对立起来看待。重要的是现象的本质，而不是我们给描述本质的概念贴上的学术标签。

第二，如果在现实中——如我们可以合理地假定的那样——大多数当代企业实际上确实包含了雇佣关系，那么对这种关系的法律特殊性的考虑就与现在的问题高度相关了。但重要的是考虑历史一般性，还是相反考虑与采用的企业定义有联系的特殊性。然而，无论是在 1937 年的论文中，还是在 1988 年，科斯都没有考虑历史特殊性或一般性这个关 225
键问题。这个缺点并非只限于他一个人的著作中，而是在企业理论的文献中产生了大量根本性的问题。

第三，科斯在 1988 年忽略了他在 1937 年引自弗朗西斯·巴特（Francis Batt）的《主仆法律》（*Law of Master and Servant*）一书中的一个关键要素。在这段引文中，巴特试图把雇佣关系或“主仆”关系与独立签约人的劳务合同区分开来。主仆法律适用于一种雇佣合同，在其中主人有“控制仆人工作的权利……正是这种控制权或干涉权……是这种关系的支配性特征，而且把仆人和独立的签约人区别开来”（Batt，1929，p. 6；引自 Coase，1937，p. 404）。尽管科斯引用了这段话，但他并没有承认巴特所做的区分是定义一种雇佣关系的实质。

像另一位法律专家指出的那样，仆人或者说雇员“是这样的个人，他为其他人工作，条件是像服从他应该采取的工作方式一样服从该人的控制”（James，1996，pp. 322－323）。相反，订立劳务合同的工人是独立的签约人，不存在一个控制他工作的方式和方法的雇主。[4]

虽然科斯没有分辨这一点，但是这种“劳务的合同”和“劳务合同”之间的差别实际上对他的企业理论是至关重要的。关键不是控制问题；某种形式和程度的控制即使在独立签约人的情况下也是存在的。假设我们雇一个人来清扫窗户，虽然我们没有控制他工作的方式，但是我们通过要求他按照合同提供服务这样的方式，实际上还是对他施加了某种程度的控制。可见，在劳务的合同和劳务合同（销售合同）两种情况下都存在某种程度的控制。

赫伯特·西蒙一直坚持类似的区分。西蒙（Simon，1951，p. 294）认为，雇佣合同在“本质上与销售合同——这种合同被认为是对价格理论的通常表达——是有区别的”。在销售合同中是按照一个双方同意的
226 数量来交换“完整规定的商品”。即使在缺少完整规定的情况下，合同的细节通常也被法律认为是明确或“能理解的”。相反，在雇佣合同的情况下，工人同意履行的是一种相互同意的、在一定范围内的工作模式，而且允许雇主选择和指派工作任务。此外，工人认可雇主的权威，尤其是规定他要履行的工作权威。换句话说，雇员即使不同意某项任务和工作模式，雇主也有（尽管是有限的）合法权利来控制雇员的工作。尽管上述雇佣合同的定义尚需进一步精练，但就我们这里的目的而言已经够用了。

关于这个问题，有两点是值得强调的，而这两点似乎都没有引起科斯的注意。第一点是，一方面雇佣合同和销售合同或者自营合同之间没有这样的区别，另一方面企业本身也变得——至少在科斯概念的意义上——无法与市场相区分。雇员和出售其服务的自己经营的工人等同起来了。不进行这样的区分，我们就与阿尔钦和德姆塞茨（Alchian and Demsetz，1972，p. 777）在下面这段话中表达的立场相近了：

> 一般认为企业表现出借助法令和权威解决问题的力量的特征，或者表现出比传统市场上可用的手段更强硬的惩戒行动的特征，这是个错觉。其实，企业没有命令的权力，没有权威，也不可能采取比普通市场上任何两个人的合同所具有的更大的惩戒性行动。……

> 告诉雇员打印这份文件而不是把那份文件归档，和告诉杂货商卖给我这个牌子的金枪鱼而不是那个牌子的面包是一样的。

科斯不得不求助于对雇佣关系和销售合同加以区分来摆脱困境。但在 1937 年的论文中，这一区分显得强调得不够而不是强调过度。到 1988 年，他则完全放弃了这个问题。

第二点是没有把同样的考虑应用于其他“生产要素”。这里的问题很重要。尽管科斯在 1937 年的论文里强调了雇佣合同，但他似乎更热衷于保留新古典的“生产要素”的同质性（symmetry）的思想，而忽略了那些区分“劳动力”和“资本”的特殊性质。因此才有了“各种生产要素的协作”（1937，p. 388）这种说法和“生产要素（或它的所有者）”缔结合同，在合同中“要素……同意”（p. 391）各项条款之类的思想。事实是，合同从来都不是由“要素”来签订或同意的，合同总是由人（或人的组织，或法律上的“人”）来设计和议定的。“企业家兼协 227 调者”将与资本品所有者、与出售劳动能力的工人一起订立合同。“劳动”和“资本”两者都是买来的，但它们都是由法律上的“人”来买卖的。

这里就产生了“劳动”和“资本”之间的重要区别的问题。如阿尔弗雷德·马歇尔（Marshall，1949，p. 471）指出的那样：“当一个人出售他的服务时，他不得不在履行服务的地方把自己也交付出去。对于卖砖的人来说，砖块是用来修建宫殿还是用来砌下水道都无关紧要。但是对于出卖劳动的人来说，这就关系重大了。”将要提供的物品或服务——在这里就是劳动——和它的所有者是不可分割的。[5]

一个重要的相关特征是劳动力的所有者（但不是资本所有者）在生产期间，用科斯（Coase，1937，p. 391）自己的话讲，会同意“为了一份特定的报酬……而服从企业家在一定限度内的指挥”。换句话说，就是在一定限度内存在对工作方式和方法的合法的强制性控制。

上一段话是重要的。控制自己并不必然意味着雇佣。在很多情况下企业家对其他企业都有一定程度的控制，从而对雇员有一定程度的控制。比如与其他企业签订机械维护合同的情况就是这样。在现代资本主义的很多情况下，企业是作为一个控股公司来运作的，或者经营着一个享有特权的体系。在所有这些情况中，可能都存在对关联企业的经营的干涉。然而即使这种干涉是普遍的，也不包含以与直接签订雇佣合同相同的方式对关联企业的雇员进行控制。从法律上讲，维修工程师不是拥有他所维修的机器的那个企业的雇员。虽然也可能有控制，但这些工人只是维修公司的雇员，而不是拥有机器的企业的雇员。从根本上说，他们必须服从那些合法雇用他们的公司的权威。正是这些公司控制着他们的工作方式。

然而，就像判例法承认的那样，雇佣合同和劳务合同（销售合同）间的区别在现实中有时是模糊不清的。不过保持二者的区别还是正确的、有意义的。在一个极端是在雇佣合同中雇员有详细说明干涉和控制的权利。在另一个极端是出售给企业的"要素"是定义明确的物品或服务。228 "要素"是严格按照合同出售的，而且在生产过程中买家对要素的干涉和控制是最小的。[6]

人类的生产过程极大地依赖分散的、不成文的和默示的知识。多数这类知识的复杂性和获取的困难意味着工人和管理者都难以充分了解将会发生什么。所有生产都包含了学习，而且原则上我们都无法在现在知道将来还要学习什么。进而，生产过程的复杂程度使得准确的分析和预测常常是不可能的。尤其是生产中涉及的行为人有时是不可预测的。最后，生产过程还受到来自外界的不确定的冲击和干扰的限制。总之，从凯恩斯主义的和奈特主义的意义上来说，关键的结果是不确定的，而且很多事件和创新都是不可以设想和预见的。

出于这些原因，雇佣合同在说明上是有缺陷的和不全面的。因为工作过程的复杂性和关键结果的不可预料程度，使得在实践中合同的用语不能描述全部细节。在其他合同中一定程度上也存在这类不确定性和复杂性的问题，但在雇佣合同中特别严重。这是因为后者涉及复杂性和不确定性的程度更深，而且工作过程一直直接地涉及有意识的、反复无常的人类自身。鉴于此，我们处于一个陌生的海森堡式的世界中，在那里劳动力的使用价值只有在劳动力得到使用的时候才会被充分地认识到。

相反，诸如机器和原材料之类的其他"要素"却不会反抗，不会凭一时的兴致作出选择，不会变得热情，不会以它们的工作为荣，也不会怠工。不像劳动力，当它们投入生产时它们的所有者是在别的地方。劳动力的所有者则不像"资本"的所有者，必然要随他或她的"要素"一起进入工作场所，并且是在这一范围内使用要素的具体代理人。这是人类环境的一个普遍特征，即使没有雇佣合同也是如此。这点无论对奴隶还是对现代产业工人都一样适用。

与“劳动力”和“资本”的同质性这一错误观点相联系的是生产本质上是配置过程而不是创造过程这种错误思想。虽然比如斯密之类的古 229
典经济学家把他们的分析集中于生产，但 19 世纪 70 年代以后诞生的被称为新古典经济学的学说把交换的分析放在了至高无上的地位。甚至生产也被当成交换的一个变量来对待。企业被视为“企业家兼协调者”配置“要素”的场所。由于没有认识到“劳动”中和生产中人类行为的地位，生产就变成了“企业家”直接或间接控制下的配置过程。科斯（1937，p. 389）在他的开创性论文中似乎也屈服于这种错误：“这篇论文的目的在于消除经济理论中两种假设之间的鸿沟，一种是假设……资源通过价格机制来配置，另一种假设是……这种配置依赖于‘企业家兼协调者’。”

这种把生产主要视为配置过程而不是创造过程的错误观点，不仅仅是科斯一个人账下的缺陷，威廉姆森（Williamson，1975，1985）也有这种缺陷。他们的著作同样也容易受到这样的责难：使配置得以进行的生产被忽视了。这一点将在下一章进一步地展开分析。

与包含物品交换的合同相对的是，生产包含的是劳动的使用以及工人要有意识地、持续地加入这个过程。这一过程的结果不完全是由合同条款来决定的。要理解生产，我们必须要超越合同、市场和成本（Hodgson，1978，1988e）。

10.2　经济学中的历史特殊性问题

自 19 世纪 70 年代以来，经济学就一直被用一些普适性的词来定义为“选择的科学”。尤其是在莱昂内尔·罗宾斯（Lionel Robbins，1932）那部影响深远的《经济科学的性质和意义》（*Essay on the Nature and Significance of Economic Science*）出版后，经济学就被看作是研究在竞争性结果中配置稀缺物质资源和人力资源的学说。罗宾斯显然放弃了这种思想：经济学要由对经济现象的研究来定义。自他的著作出版后，经济学家中通行的做法是把这个学科看成是由带有一系列核心假设的单一的方法或分析模式定义的。按照这种观点，经济学必然包含一系列适用于稀缺状态下的所有形式的组织（无论是过去的还是现在的）的一般化的、非历史的假设。

230 但是值得注意的是科斯的看法和这种观点不同。他把经济学定义为研究“把企业、商品和服务市场、劳动市场、资本市场、银行体系、国际贸易等等经济体系结合在一起的社会制度的运转”（Coase，1977，p. 487）。在这个制度主义的定义里，以及在他明显反对的支持研究“本来如此”（Coase，1984，p. 231）的效用最大化个体假定方面，科斯好像没有和主流经济学家站在一起。要求研究“把经济体系结合在一起的社会制度”表明他关注的是对特定的制度和社会结构的分析，而不是唯一地热衷于非历史的一般性研究。这里他再次表现出了一种值得赞赏的现实主义观，但这种观念与他的理论框架中似乎是普适性的元素显得不那么协调。

认为把经济学建立在普适性的和非历史的范畴中的企图是毫无道理的批评家中，最先也是最重要的一个是卡尔·马克思。在他看来，诸如“效用”“选择”和“稀缺性”这一类非历史的范畴，不能把握特定的社会经济体系的本质特征。他对历史发展和变迁的过程的认识，产生了把握特定体系的本质特征的特定概念必须是独特的这种观点。像“效用”“选择”和“稀缺性”这类概念，尽管它们的使用者声称是普适的，但事实上更适用于社会经济发展的现代阶段。相反，马克思指出他的核心范畴——“商品”“货币”“交换”“资本”——才是对资本主义生产方式表现出来的真实社会关系的抽象表达。只要还存在这样的社会关系，就可以使用这些范畴。经济史学家威廉·坎宁安（William Cunningham，1892，p. 493）在19世纪末期也以类似的理由批判了正在兴起的新古典经济学：

> 我要求反对的基本假设是……在所有时代都存在相同的动机，这些动机产生了相同的结果，从而有可能得到描述所有时代、所有地方的经济活动的经济学法则。

主流经济学把自己局限于所谓普适性的、非历史的概念中，从而不能根植于任何特定的经济体系。它所谓的普适性为理解资本主义或其他体系提供的是有缺陷的工具。它不是尝试面对特定的经济，或者现实的对象，变得受制于一种狭隘的抽象以及虚假的思想——关于一般性的经济的思想。

在各种反正统经济学派中能够听到这种强调制度和结构的历史特殊性分析的声音。马克思的贡献已经引起了关注。历史特殊性问题是 19 世纪 40 年代到 20 世纪 30 年代德国历史学派的核心命题。在凯恩斯和大多数后凯恩斯主义者的著作中，普遍存在对特定的制度和结构一定程度的强调，普遍都试图把分析与具体的经济而不是与非历史的普适性联系起来。[7]此外，强调制度的特殊性也是索尔斯坦·凡勃伦、约翰·康芒斯、约翰·莫里斯·克拉克和威斯利·米契尔等人的“老”制度经济学的典型特征。 231

但是，只把经济学建立在历史特殊性假定上的尝试也是有问题的。如果把新古典经济学和马克思主义经济学看作经济理论上对立的两极的话，那么假定经济分析的特殊性或者普适性的时候，两者都在这个截然对立的问题上陷入了困境。新古典经济学是建立在所谓关于选择和稀缺的普适性假定的基础上的。但我们发现事实上它的假定并非普适性的，它反映的是资本主义发展的一个特定时期支配性的但还没有普遍确立的意识形态。马克思主义经济学分析的起点是资本主义生产方式特定的特征和关系。然而马克思主义的理论还是充满了诸如生产方式、生产力、生产关系、劳动时间等等跨历史阶段的概念。我们发现这种分析最终要依赖于那些实际上跨越所有人类历史阶段的概念和理论。新古典经济学追求普适性，但最终却落到了特殊性上；马克思主义追求彻底的特殊性，最终却要依赖于存在了几千年的概念。

我们得出两个结论。第一个结论是，对特定的社会经济体系的理论分析不能完全依赖于从这个体系中抽象出来的概念。这是因为对这些概念的组织和抽象必然要依赖于其他适用性更宽的范畴。谈到资本主义的时候，我们必须提到其他社会经济体系；我们说到社会经济体系的时候，其实正在使用的就是一个跨历史的概念，如此等等。这些说法中超理论的用词本身就是非历史的。尽管历史特殊性和制度特殊性很重要，但我们还是被迫要在某种程度上依赖于普适性。

第二个结论是，对任何给定的系统的完整分析，不能也不应该只以普适性概念为基础。抽象的第一层次必须是非常一般化的，但如果把这种普适的层次扩展得太宽的话——就像新古典经济学那样——那么我们就会面临得出一些不符合现实的概念的危险。第一层次的抽象的分析范围应该是非常有限的。我们现在记住这些结论，转向分析企业的性 232

质问题。

10.3 资本主义企业

如果前一节得出的结论正确的话，那么对“企业的性质”的考察，就必须依靠兼具普适性和历史特殊性的概念，并用一种特别的方法将二者结合起来。但首先我们必须搞清楚在提及企业的一般概念时，我们谈论的究竟是何物。我们先构造一个可以把特定类型的企业放入其中的宽泛的母体。这里我们给出几个定义，它们和目前通行的惯常用法的差别不是很大，但应该有助于我们更敏锐地讨论这个问题，也能引导我们对科斯的先驱性工作作进一步的评价。

我们从历史特殊性的观点出发检验企业性质的问题。在资本主义体制存在的两百多年里，它是由资本主义企业构成的。卡尔·马克思（Marx，1975，pp. 291－292）在《资本论》中通常把资本主义企业定义为这样一种制度：

（1）工人在占有他的劳动的资本家的控制下工作；

（2）产品归资本家而不是归工人所有；

（3）进而，这样的资本主义企业为追求利润而生产商品并出售。

显然，这个定义的第（1）点和第（2）点表明资本主义企业包含了一种雇佣关系，把个体企业排除在外了。第（2）点和第（3）点表明的是生产资料私有制的存在。这个定义的各方面也是与下列事实相联系的：资本家而非工人才是“剩余索取人”，他们在补偿了全部成本后，从出售产品中获取利润，或者蒙受损失。这个定义既有正式的和法律的含义，也有文化的和非正式的含义。它以雇佣关系为限制条件，并且像马克思本人在不同场合一再说明的那样，它排除了合作制和个体企业。

233 但今天的企业通常采取公司制的形式，而不是由个人所有和控制。用“法人”（legal person）这个概念就可以把这个定义扩展到既适用于集体和组织，也适用于个体。因而资本主义企业就是主要由那些从所有权中取得收入、控制着私人固定资产的个人或机构所拥有的企业。属于这个企业的资本具有实际的或潜在的市场价值，而且企业本身也可以作为固定资产来出售。

国家并不具备作为“资本主义”制度的性质，因为它本身并不可以作为一整块固定资产来出售。国家的主要收入不是来自固定资产的所有权和商品的销售，而是来自税收。此外，国家并非典型地或者必然地以追求利润为目标，至少这不是它的主要目标。

回到雇佣合同的重要性上来。假定在现实世界中一个资本主义企业终止了与雇员的合同，要求他们成为自己经营的服务提供者。企业也许可以从代理机构租用合同劳力，以避免劳动立法要求企业承担的非劳动工资成本。如果资本主义企业如此操作直到极限，不以雇佣合同形式保留一个工人或管理人员，那么它不再是一个资本主义企业。但是，一旦有至少一个以雇佣合同形式保留的雇员——无论它对别的代理机构或自己经营的劳动力的依赖有多大——它就是一个资本主义企业，尽管是一种较弱意义上的资本主义企业。

资本主义生产方式被马克思看作大部分生产都发生在资本主义企业内部的一种生产方式。商品被马克思定义为典型地在市场上交换的产品或服务。资本主义企业的产品就是商品。马克思（1981，p. 1019）清楚地指出资本主义生产方式有如下的“人格特征”：

> 它把产品当作商品来生产。生产商品的事实还不能在本质上把它从其他生产方式中区分开来；但是，它的生产的支配性的和决定性的特征却是商品确实是这样生产出来的。这就意味着，首先……劳动一般表现为工资劳动，……（而且）资本和工资劳动之间的关系决定了生产方式的整个特征。

简言之，对马克思来说资本主义被概括为一种商品生产方式。[8]这 234
是从两种意义上来概括的。第一是因为在资本主义制度下，大多数产品和服务都是商品；第二是因为在资本主义制度下劳动力本身也是商品。资本主义制度的一个重要特征是存在劳动市场以及雇主雇佣工人。此外，资本市场在经济体系内配置其他资源方面具有关键的调节功能。资本主义制度是市场体系，但并不是所有包含市场和私有权的经济都是资本主义体系。资本主义的一个必然特征是雇佣关系的广泛使用，这种雇佣关系包含了雇主对工作方式和方法的控制。

请注意“资本主义企业”的这个定义把雇佣关系作为一个必要的特征。由于要满足“产品归资本家而不是工人所有”这个条件，就不能把资本主义企业简化为只是雇佣合同——这是一种引起科斯担心的可能性。相应地，组织可以有雇佣合同，但不是有了雇佣合同就是资本主义企业。在这里我们把所有拥有雇佣合同的企业称为“雇佣企业”，资本主义企业是它的一个子集。不是资本主义企业的雇佣企业的例子即使在现实世界也很多。公共部门中许多医院和学校并不向消费者出售它们的服务——因此它们并不生产商品——但一样广泛利用雇佣合同。国有企业和公营公司也使用雇佣合同，但它们归公众所有。慈善机构也雇用人员，但它捐赠服务和资产而不是出售，也不收费。

考虑到即使在资本主义社会也存在关于“资本主义企业”的许多其他可能性，那么有没有某种可为科斯（Coase，1988）放弃了历史特殊性的立场而辩解的理由呢？严格的答案是：没有。因为这种放弃有可能忽略了现代社会里一种关键的、无处不在的组织——资本主义企业的特征。但是，一个合理全面的生产制度理论是不能忽略这些组织的，这些组织大量地存在，如果不符合这些典型就违背了上述马克思的定义（1）和（2）中的一个或全部条件。违背马克思定义的组织包括：存在雇佣关系但从本质上讲不是严格意义上的资本主义生产组织（例如大量的慈善机构、公共医院和学校），出售产品但没有雇佣合同的生产组织（比如自己经营的生产者、工人合作社、很多奴隶种植园），以及不出售产品、也没有雇佣合同的生产组织（例如自给自足的农户、现代家庭）。
235 所有这些组织都可以看作“企业”，但至少按马克思的定义来看，它们都不是资本主义企业。

显然，这里有某种东西既可以为把握了“资本主义企业”关键要素的历史特殊性定义提供解释，又可以为强调生产性组织——过去的和现在的——多样性的更一般的定义提供解释。两个定义都需要，而不仅是需要作为另一个定义的子集的那个定义。我们现在转向建立一个更为宽泛的企业定义，然后把资本主义企业作为一个特例来考察。

10.4 企业及其否定

如果不谈资本主义企业，怎样来全面地定义“企业”呢？[9]这个问题的答案首先是一个分析的有用性问题。如柏拉图所说，要“在共同之处来刻画真实”。秉承这种精神，这里就存在对宽泛定义的反对。把一群捕杀动物、剥取皮肉的原始猎人视为企业有什么意义呢？一小队播种放牧的尼罗河农夫也是企业吗？

至少在这些情况下是不用争辩的。关键是在这些原始社会——很大程度上是由宗教仪式和传统来进行集体管理——赋予“非企业”含义的理由并不明显。如果把企业定义得如此宽泛的话，那么每一种社会中的任何生产活动都可能只在“企业”内部发生。企业概念从而代表了一切，也就毫无意义。也许没必要非在共同之处来刻画真实。这里的难题是要构造一个尽可能宽泛的企业定义，又要保留有区别的特征。

作为替代，也可以采用一个狭义的企业定义。比如可以把企业视为“资本主义企业”的同义词，或者把它限制在工业领域，或者只把企业限定为雇佣合同。但相反的是，我们要在“企业”的名义下来把握一类 236
宽泛的实体，以集中考察其本质特征，用“资本主义企业”之类的子范畴来描绘特定的类型。这里要体现的是后一种策略。因为现有文献中的企业观念既宽泛又模糊，所以最可取的办法似乎就是先明确企业的概念。如果谁发现下面的定义过于宽泛，那么就请他给出进一步限定的建议。

据此，我们给出下列限定：企业的概念只适用于含有充分发达的个人或集体所有权、含有明确定义的合同和产权的社会经济体系。特别地，这样的所有权和财产是进行买卖的必要条件。另外还必须有承认“法人”可以进行交易的法律系统，也就是承认个体和群体是有判断和选择能力的，都可以和其他人一起参与合同。顺便提一下，当这些条件在人类历史上出现时，总会产生一个以保护产权、规范合同和调整涉及财产的法律纠纷为主要功能的政府。总之，这些条件大致与人类文明的内容有相同的含义。[10]

至少到罗马帝国时代就已经出现了明确的合同法体系，虽然在早期文明中它组织得还不是那么良好。还有在保留了罗马法遗产的意大利，在 12 世纪及其后，中世纪的家庭企业得到扩散和繁荣，在那里也出现了明确的合同法体系。保留下来的记录显示了中世纪企业的法律基础。如阿夫勒·格里夫（Avner Grief，1996，p. 476）描述的：“如最初在意大利的发展那样，家庭企业本质上是几个人通过建立无限连带赔偿责任的持久合伙制而把他们的资本汇集起来。”[11]

如果所有权和财产是企业的实质，那么就有可能用桑福德·格罗斯

曼和奥列弗·哈特（Grossman and Hart，1986，p. 692）所说的“在其
237 拥有的资产的条件下”来定义企业。但是，正如戴维·埃勒曼（David Ellerman，1992）、理查德·朗格卢瓦（Langlois，1998，p. 16）和路易斯·普特曼（Louis Putterman，1988）从不同角度揭示的，这样的定义尽管是敏锐的，却还是不能令人满意。假设有一个拥有厂房、设备和原材料的财团，它把这些资产出租给一群经理，经理们转而按自己的权利生产和销售产品。那么这些资产的所有者——财团——是企业吗？不是。它们只是资本品的提供者。那一群经理和他们的雇员才构成了企业。经理们拥有工厂生产的产品。他们在合同中作为产品所有者的角色，而不是资本所有者使该团队成为企业。如埃勒曼（Ellerman，1992，p. 12）指出的那样，“成为企业的……是合同中的角色，而不是产权。”

强调企业是独立的法人，以便与其语源上的形式 firmus 或（合法）签名相一致，这是很重要的。“法人”这一身份是由习俗所赋予的，是由超越了原先普遍的个人所有权的企业的进化所赋予的，或者在现代资本主义中是由公司法所赋予的。重要的是不把企业和可能对其产品有单独所有权的多个法人组成的网络混为一谈。例如，尽管在他们的所有著作中都强调合同和产权，但埃里克·菲吕博滕和鲁道夫·里希特（Furubotn and Rudolf Richter，1997，p. 272）还是写道：“在本书中可以把企业理解成一种个体间合同关系的网络……其目的是有效地组织生产。”这个宽松的定义是不可能区分企业和网络的，因为前者被定义成后者的一个特例。要进行这种区分，重要的是把企业视为独立的法人，它能够通过网络、市场或其他安排与其他人签订合同。

企业的关键特征之一是它是与市场隔离的一个有组织的领域。这一点在前面的第 2 章已经讨论过了。真正的市场从来不曾在企业内部存在过。但是很多现代企业有各种会计程序和利润目标不同的部门。关键的判断标准是看这些部门是否有独立的法律地位，是否可以被视为“法人”。如果是，无论它们在多大程度上为其他公司所有或从属于其他公司，它们自身都构成了企业。

在这里，企业被定义成一类组织。从定义上讲，一个组织至少要包含一个人、一个主权原则（谁负责），以及一系列命令。[12]组织既包含权力，也包含控制。因为个体经营从定义上讲是属于非组织的，因而排

除了单个人作为企业来行动的可能性。按照这里采用的定义，企业总是由两个或两个以上的人构成的组织。现在我们就可以提出一个概括的、精练的但有其历史局限性的企业定义。

企业被定义为一个人和其他资产构成的结合的、持久的组织，它作为一个“法人”以默认的或其他的方式行动，它是为了生产产品和服务而建立的，有能力向消费者出售或出租其产品，并承担与此联系的、被认可的集体合法权利和法律责任。这些集体合法权利包括：在交换之前对作为财产的物品的合法所有权，为提供服务而获得合同规定的报酬的合法权利。在生产和提供这些产品或服务的时候就会产生法律责任。

这个定义没有排除某些产品或服务被用作捐赠而非出售的可能性。239 也要注意“合法的”一词带有强烈的习惯性元素；在这个定义中用“合法的或习惯的”来代替“合法的”可能更恰如其分。像前面提到的那样，从结合这个意义上来说，企业被视为拥有其产品、能签订合同的“法人”。关于结合方面的更深层次探讨将在下面进行。从持久的意义上来说，它延续的不只是核心成员之间的临时合同或安排，还延续了它的组织结构和某些预期会一直存在下去的常规。[13]

这个定义的重要特征是它只适用于在相当程度上受到法律和合同控制的社会经济体系。[14]为了使一个合同被认为是有意义的，合同的各方参与者必须被视为能够超出这一合同作出选择。[15]

另外，这样的社会很复杂，它足以容纳替代性的生产安排。据此，除企业之外的组织化生产是可能存在的。假设上述定义指的是企业拥有其产品，这也就排除了个体在企业内部买卖半成品的情况：尽管确实发生了某些内部交易，但企业本身不能定义为是像市场一样组织起来的。但是，原则上没有任何理由可以排除企业的消亡以及被自己经营的生产者组成的市场所取代的可能——这正是科斯在 1937 年的论文中所做的著名的思想实验。

如果按上述方式来定义企业，那么相应的约束条件就有可能产生一个以交换为基础或者以市场为基础的替代性的企业概念。私人财产和合同的存在对这一替代概念的成熟是必要的。企业概念的局限性从而得到规定和解释。

考虑一下作为人的组织的企业成为一个结合的实体的可能方式。历 240
史上出现过的一些可能的安排如下。

● 奴隶制。奴隶被当作牲畜出售，并被强迫劳动，也没有合法的退出权。

● 佃农制（bondage）。封建农奴一生都依附于地主及其法定土地，几乎没有退出的可能性。

● 雇佣制。在法律上，雇佣关系为雇员提供了服务一段时间之后的退出权。如果没有额外的措施，雇佣关系就是临时的。不过，这些措施并不包括法律的强制；一份雇佣合同中的法律限制就“等同于奴隶制”。在下列情况下，工人可能与雇主保持长期的雇佣关系：不知道有其他的职业或收入；工资高于其他地方同样工作的工资；工作条件比别处好；有一种有效的对企业的忠诚和承诺的文化。因为雇员在长期的工作中能获得特殊的技能，所以雇主通常都有留住雇员的动机。

● 合作制。工人可以联合起来并组成一个合作社，在其中工人拥有这个企业，拥有其共有的生产工具。典型地，每个工人对企业的固定资产都拥有一部分所有权，是让工人留在企业里的主要激励。也有可能有其他的激励，比如缺乏有足够吸引力的另一个收入来源，比如一种得到强化的忠诚于工作伙伴的文化。

还有许多附加形式和中间形式，但是上面四种形式在概念上和历史上显然都具有重要意义。

像前面第三节定义的那样，资本主义企业是企业所有可能类型的一个子集。家庭不是资本主义企业，但它是不是一个企业呢？这在一定程度上是要再提炼上面给出的定义的问题。如该定义表明的，现代家庭不是一个企业，因为它的大部分服务——如养育儿童——不是由任何个人拥有的，也不是由家庭的成员拥有的，而是由作为一个整体的家庭所拥有的。虽然家庭发挥着维持和再生产工资收入者（们）的工作能力的作用，但从有酬工作中得到报酬的主要是单个工人而不是家庭。相反，捐献服务的公立医院和学校提供的是作为整体的组织所占有和管理的一种
241 产品，而不是医生或教师个人占有和管理的产品。我们有理由在现代家庭——主要包括一个或两个工资收入者——和农户或其他家庭单位之间作出区分。农户或其他家庭单位典型地是作为一个单位来出售产品的——即使是用家长的合法名义——而且在出售产品中是作为一个结合的实体而行动的。根据上面的定义，它具备作为一个企业的资格。

上面的定义还需要进一步澄清和提炼，但由于篇幅限制，眼下就不

可能这么做了。到这里，我们就可以简单地描述一下上面这个定义了。如图 10－1 所示。这种分类的特征——比如接受了存在有组织和无组织的市场的可能性——在其他地方被证明是正确的（Hodgson，1988）。

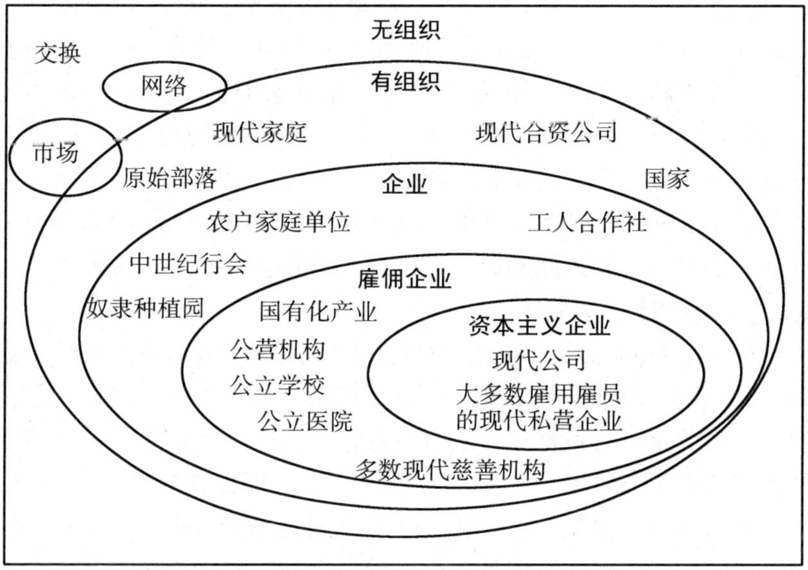

图 10－1　企业和非企业在概念上的区别

10.5　企业和市场——二者的边界在今天是模糊的吗？

我们在前面已经给出了“企业”的一个宽泛的历史界限：自人类文明确立以来，企业就已经存在了。有几个作者认为，现在要清楚地鉴别企业与其他经济组成部分的界限已经变得越来越成问题了。彭罗斯 242（Penrose，1959，pp. 20－22）和理查德森（Richardson，1972）也承认这个问题。另外还有一种现象是企业之间的网络关系和中介关系也在不断增长（Grabher，1993）。在现代资本主义中，大量混杂的、关联的合同和合资公司的存在就是明证。因此，和他早期僵化的市场和科层制度的二分法相反，威廉姆森（Williamson，1985，p. 83）“现在也被说服了，认为中间范围内的交易”比他以前所认识到的“更加普遍”。他因而提出了一个连续统一体。和其他人一样，他现在强调的是中介形式这种现象。

乍一看，另外两种理论进路似乎更恰当地描述了企业和市场之间越发模糊的边界。其中一种来自阿尔钦和德姆塞茨的著名文章（Alchian and Demsetz，1972），在文中，企业和市场之间的区别实际上已经消失了。另一种进路是“网络”传统中的社会学家提供的（Powell，1990；Wellman and Berkowitz，1988；White，1992）。尽管这是一种完全不同的理论类型，但它还是得出了类似的结论：可以把企业和市场简单地看作两种不同的网络，其实质性的区别同样也消失了。因此我们得到了相同的最终结果。一种进路的说法是：“企业就是市场。”另一种进路的说法是：“二者大体上是一样的。”

这里还是有问题的。一个连续统一体必须在极端的观念类型的意义上来定义：这里的两个极端就是企业和市场。进一步讲，就算是现代网络创造了新的企业关系类型，它也没有抛弃企业。尤其重要的是不要把概念模型的混淆与真实世界的混乱混为一谈。即使在现代资本主义中，企业和市场实际上也是不同，而且即使现在出现了新的生产组织形式，使得企业—市场二分法已黯然失色，但“企业”和“市场”在概念上的区分对于搞清楚这些论断来说还是有必要的。要描述这种混乱的现实，我们就需要有清晰的观念类型来指引。没有它我们就会成为概念上的瞎子。明确和清晰的概念对于看穿混乱的世界是必要的。

所有经验分析都要预先假定一系列概念和一个或明或暗的理论。假如前面提到的概念是无法回避的，问题就是怎样去选择它们。在对社会经济系统的分析中，社会科学家被迫依赖“观念类型”。这是对现象的抽象描述，它表明理论家为了进行解释而要关注的一般特征。在识别一个系统的特征和内在结构的时候，必然要有一个抽象的过程。

一个系统是复杂的、混乱的或变化的，这一事实并不会改变对清晰的分析概念的要求。就像马克斯·韦伯（Max Weber，1949，p. 107）很久以前就曾指出的那样：

243 实际上，因为历史概念的内容必然受在所有情况下都必须准确和清楚地系统表达的变迁的约束，在应用中，它们作为理想的分析性结构的特征应该谨记于心。观念类型和历史真实不应该彼此混淆。[16]

前面已经提出了企业的定义。重要的是要问一问：在没有企业的现代经济中，实际存在的是哪种生产性的合同安排？科斯（Coase，1937）和威廉姆森（Wiliamson，1975）都把“市场”看作企业的对立面，而且似乎将其视为有限的自然秩序。但是，如理查德森（Richardson，1972）指出的那样，把企业现在的特征描述为像“处于无意识的合作之海里的有意识力的孤岛，就像凝结在一桶乳酪里的黄油灯”（Robertson，1923，p. 85），这既是误导性的，也是在描述上的失败。无论从一般的还是典型的角度来说，企业间的关系都不是不协调的关系。替代企业的东西不一定非得是开放的市场上日复一日的竞争。相反，企业内部的关系是通常具有以现有联系为基础的紧密的、发展中的合同关系的特征，而不是公开的竞争（Goldberg，1980）。

如果是这样，就最好不要把关键的二分法视为企业和市场之间的特征。更一般地也是更确切地说，实质性的二分法中，一方面是企业，另一方面是或多或少清楚地区分了的商品和服务根据合同的交换。交换中包含了商品和服务的转移，也包含了产权的转移（Commons，1950，pp. 48-49），但不是所有的交换都发生在市场上。市场是特别发达的、制度化的交换集，它包括构成和组织这些交易，并使其合法化的措施（Dosi，1988a；Lowry，1976；Hodgson，1988）。

现代资本主义包含着企业间复杂的相互交换，这种交换有时候被非常含糊地定义为交易，或者被定义为信任和义务的相互关系（Powell，1990；Saber，1993；Sako，1992）。这些发展模糊了企业和交换之间实际的界限。不过，“市场和科层制度的观念类型是研究产业组织的一个有用的起点”（Bradach and Eccles，1989，p. 116）。承认现实世界的混乱特征并不意味着放弃观念类型。实际上，如果不以清晰的概念之斧去劈开可能性的空间，那么混乱状态本身就会超出我们的理解。 244

在建立了“企业”和“市场”这种观念类型后，我们要强调的关键问题与最先由科斯（Coase，1937）阐述过的问题仍然是相似的：在什么样的条件下，生产将在企业内部组织，而不是通过交换关系的结合来组织？如果企业的存在可归因于它比这种交换更高的效率，那么又怎样来解释这种优势？进一步讲，是什么阻碍了企业发展到替代所有的交换和市场关系的程度，或者相反？

对这些问题的阐述绝不是否定现代资本主义的发展和它混乱的特性。实际上，现代社会经济体系可能会最终变化到这样的程度，即“企业”和“交换”都不再是作为分析的基础的恰当的主要观念类型。不过这一天还没有到来。我们依旧生活在资本主义社会，哪怕它的许多特征和马克思描述的维多利亚时代的资本主义已经有所不同。企业和交换的二分法依然是现代社会的基本特征。在这方面，科斯和威廉姆森是对的。

10.6　企业的性质——一种解释

按照前述定义，企业已经存在了数千年之久而且采取过大不相同的形式。相反，资本主义只建立起了几个世纪，而且它在全球范围内处于支配地位也就大约一百年。在阐述企业的性质这个关键问题之前，有必要作一些历史的评价。

这里的关键是，把企业的性质这个关键问题的答案运用于自人类文明诞生以来就存在的所有企业和企业类型是不是可能的？设这里采用的是一个宽泛的企业定义，就不可能在比如雇佣合同这样的历史特殊性特征中对企业的性质进行集中解释。相反，这个定义要足够窄，从而能够体现权力和控制的观念，而且贯穿于可能的情况的历史阶段。

如果科斯接受这里提出的宽泛而又有限制的企业的定义的话，那么他在 1937 年把雇佣合同看成企业的必要元素就是错误的，而他在 1988
245 年对此的自我批评则是对的。但是，他将不得不澄清企业的一般法律特征，他也将不得不强调企业与市场或者交换相反的、组织化的结合性和持久性这个一般特征。他并没有这样做，这在一定程度上是因为他并不赞同历史特殊性问题。此外，为了解释资本主义企业中的组织化控制的特定形式和程度，他将不得不承认探讨雇佣合同和区分雇佣与自己经营是必要的。从这种历史的特定观点出发，他在 1937 年集中阐述雇佣合同是有道理的，而在 1988 年的自我批评则放错了地方。这种源于科斯思想中的制度的特殊性和新古典的一般性之间的紧张关系的结果上的冲突，也许可以解释在他把企业作为一个整体来论述的著作中对雇佣合同的理论地位的摇摆不定和不清晰。

值得注意的是，根据前面的企业定义，一种基于市场的或者基于交换的替代企业本身的生产性组织总是可能的。这是因为定义预先假设了私有财产和交换关系的存在。鉴于此，生产组织的“市场”形式是可能的，而且企业的存在有可能（不是必然）像科斯和威廉姆森建议的那样，和更低的交易成本有关。交易成本解释取决于此类替代形式存在的历史环境。不过，这样的替代形式已经存在了几千年。这并不表明交易成本观是站得住脚的。它只显示这样的观点在被采纳的定义界限内似乎是有理的。

但是，对更广泛的历史内容的考察揭示了交易成本解释可能的缺点，当然也显示了它的长处。这种缺点正是源于它的普遍存在和广泛的适用性。自从人类文明最先在五千年前的南美索不达米亚建立以来，有大量的企业形式存在过。任何试图在单一原则的基础上排他性地解释所有这些组织的性质和存在的理论，都必然会忽略特定企业类型的重要特征，比如说资本主义企业。不像一般意义上的企业，资本主义企业的盛行只有几百年的时间。一个关于所有企业的一般性理论并不能告诉我们资本主义企业的特定本质和起源方面更多的东西。从这方面来看，交易成本理论潜在的弱点源于它过于宽泛的适用范围。

强调企业的特殊形式和强调它的一般形式同样重要。强调特殊性的 246
首选是像前面那样定义的资本主义企业。因此资本主义企业的性质这个问题可以分解成两类独立的问题。第一类问题关注的是企业的性质本身，以及如何在一般的意义上解释它的存在。第二类问题关注这个问题的资本主义方面，包括资本主义企业为什么存在？为什么资本主义企业替代了其他生产组织形式？显然，第一类问题的答案不必和第二类问题的答案一样。

相应地，在企业的特定形式方面得出的就可能是多元的解释。进而，在最一般的意义上有解释力的理论并非必然与特殊组织形式中最重要的解释因子相一致。

例如，在资本主义企业的情况下，对它的扩散和活力的最好解释不是来自减少交易成本这种一般的解释，而是来自与长期雇佣合同相关的特定特征的解释。现代资本主义企业相对基于市场的或基于交换的替代形式的优势，也许在于它发展了一种协调的合作文化来便于学习和获取专门的技能。据此，基于能力或才能的企业理论（Foss，1993；Foss and Knudsen，1996；Grant，1996；Montgomery，1995；Penrose，1959；Teece and Pisano，1994）也许在这种特殊的历史形式下是有效的，甚至更为一般的理论，比如基于交易成本的理论，也有其可能的位置。因此只要它们相互补充而不是彼此抵触，混合的或多元的理论因而就是有可能的和合理的。

显然，在混合的理论中哪一个部分相对更重要的争论是不能单独由理论来解决的。经验研究也是需要的。但是所有的经验检验都有其局限性。在得出结论之前，详细描述所要考察的组织的类型是极其重要的。此外，除非把对多种假定的检验结合起来，否则经验工作本身的价值也是有限的。最后，也是最重要的是，企业方面的理论或经验工作不应该为这种制度提供一个宽泛的定义，同时也不应该只是强调有局限范围的历史的和经验的可能性。我们需要的是和一般性及特殊形式同时相关的理论和证据。不能充分地在特殊性和一般性之间进行区分，这已经破坏了自科斯和奈特的创新性著作以来所做的努力，而且会一直破坏下去。企业理论的考察者应该弄清楚他们考察的是一般的企业还是特殊的企业。

【注释】

[1] 本章在作者的一篇文章（Hodgson，1998a）的基础上修改而成。在 S. 马斯藤（S. Masten）的建议下，我对文章进行了修改，从而才有现在这个样子，在此致谢。

[2] 例如，马吉尔和昆茨（Magill and Quinzii，1996，p. 11 n.）说过："交易成本观源于人类基本的（一般的）特性。"

[3] 在私人通信中，科斯曾经进行过某种澄清。他在 1937 年写道："我谈及的企业无疑和你（哈奇森）说的'资本主义企业'是一致的。"进而他在 1988 年指出，"在我的思想里，雇主和雇员关系只是我所认为的企业存在性的必要而非充分条件"。相反，根据这里提供的定义，雇佣关系既不是企业定义的必要条件，也不是它的充分条件，但是所有的雇佣关系都存在于企业内部。

[4] 这不是要否认存在足够多的困难和中间状态。"'劳务的合同'和'劳务合同'之间的差别已经使判断的灵活性不堪重负了"（Wedderburn，1971，p. 53）。这常常要用到另外的标准，特别是，工人是否有劳动工具或提供劳动工具。有关雇佣合同的复杂内涵的深入讨论可见 Hodgson（1998e）。

[5] 在我早期的文献中（Hodgson，1982b），这一论点构成了不涉及劳动价值

论的一般剥削理论的一部分。

[6] 即使这种极端状况无法在现实世界中找到，这两个极端的思想类型必然定义了一个连续统一体。参见下述对思想类型的讨论。也可参见埃勒曼（Ellerman，1992）对雇佣合同的引人入胜的广泛探讨。不过在这篇文章里埃勒曼最薄弱的环节是没有看到（他在政策意义上反对的）雇佣合同和（他赞同的）自营合同之间的差别在现实状态下也不是那么截然清晰可辨的。

[7] 帕西内蒂（Pasinetti，1981）的文献可能是个例外。他试图确立普适性的、"先于制度的"原则和结论。另外，斯拉法（Sraffa，1960）也只是局部地、往往是隐含地承认制度现实的影响。

[8] 马克思没有明确地使用这种三层含义的资本主义企业的定义，而有的人出于种种原因把它曲解了。从捍卫的角度讲，这三个意义确实包含产权、市场和雇佣关系这些关键问题，从而包含了资本主义的阶级划分。

[9] 在语源学上，firm 这个词起源于拉丁语形容词 firmus，意思是强壮的、有力的、持久的、永恒的。作为一个名词它后来又有一个重要的意义：（受法律约束的）"签名"。这个重要含义在某些罗马语中以某种修订形式一直保留到今天。《牛津简明英语词典》宽泛地定义这个词为："从事生意的伙伴；一起工作的人。"

[10] 虽然没有一个大家都接受的文明的定义（Daniel，1968，ch. 1），但诸多定义都包括了贸易、货币和产权。特别地，政府机构的存在是所有文明共有的特点。因此，与威廉姆森（Williamson，1975，p. 20）的名言"一开始出现的是市场"相反，我们可能更同意英格汉姆（Ingham，1996a，p. 264）的说法："有一种诱惑让我们断言，从历史和分析的角度讲，一开始出现的是政府。"

[11] 格里夫（Greif，1996，p. 489）接着说："13 世纪和 14 世纪早期的家庭企业是基本的家庭成员和非家庭成员的合伙制。每个合伙人都在团体内投入一定资本，并且每人的利润份额都和他的投资成比例。"

[12] 卡利勒（Khalil，1992）认为，这些特征把组织与哈耶克（Hayek，1982）和其他人意义上的自发秩序区别开来。

[13] 马斯滕（Masten，1998）表达了对这个定义的早期版本的某种不满。首先（p. 58），他指出诸如"不只是临时性的"和"某些预期会一直存在下去的"这些用法应该更明确。我同意。不过我认为没理由不让这些词语更鲜明，但是也没理由在一开始就非要剔除这个定义的基本形式。

其次，马斯滕（p. 61）声称："服务的所有权的含义也不明确。是不是企业'拥有'的服务比家庭多？当仔细考虑服务而不是物品的出售时，霍奇逊的定义就开始分解了。"我认为不是这样。理发店出售的是理发服务。只有在家庭有能力成为拥有共同财产的"法人"时，它才能出售商品或服务。在我论文（Hodgson，1998a）的目前版本和以前版本中，我都说明了"现代家庭"不是企业，而是具备成为企业的资格的“农户家庭单位”。这里的原因与家庭拥有的服务比企业的多还是少没有关系。按照我的定义，如果家庭像组织一样从事可出售的商品和服务的生产，它就有资格成为企业，它就有了作为财产的合法权利。大多数现代家庭不具备成为企业的资格的原因在于，它们主要不是为生产那些潜在地和习惯上会被家庭出售的商品或服务而组建的。相反，被称为“农户家庭单位”的家庭，则因为它们生产的大部分商品或服务都被当作潜在可售的共同财产，有的还主要是用于在市场上交换或出售，而具备成为企业的资格。与马斯藤相反，把服务包括在论点中不会“分解”这个定义。

无论如何，我非常感谢马斯藤促进我对定义的再度提炼。另外我很满意的是在一系列电子邮件往来中（2－5 February 1998），我和马斯藤就有关问题达成了很多共识。

[14] 企业属于历史特殊性的而不是普适性的经济范畴，这就是没能产生标准的企业定义的原因。出于相同的原因，也不存在被普遍接受的市场的定义（Hodgson，1988）。因为主流经济学错误地相信经济学的核心原则必须是非历史的和普适性的，所以它甚至在如此关键的概念上也回避有历史特殊性的定义。

[15] 这里没必要陷入关于“自由意志”的古老的哲学争论。它只是简单地表明，这样的社会假设了个体（或集体）决断力的存在——否则合同概念就没有意义了。

[16] 有关观念类别的观点可以参阅康芒斯（Commons，1934，pp. 719－748）、舒尔茨（Schutz，1967）和韦伯（Weber，1949，1968）的著作。

第11章　演化的、基于能力的企业理论

这章将讨论演化的、基于能力的企业理论。[1]企业理论的“演化”方法经常使用自然选择的生物学隐喻。理查德·纳尔逊和西德尼·温特的开创性著作《经济变迁的演化理论》是运用这种方法的经典例子。演化方法的支持者们认为，他们为理解企业内部的技术变迁和组织变迁提供了更好的理论工具，尤其是与更为静态的、均衡导向的新古典经济理论方法相比较时更是如此。[2] 247

演化理论可以被认为是一个更为宽泛的理论类别的一个子集。这个理论类别有各种称谓，比如“能力的”“以资源为基础的”或“基于能力的”（competence-based）企业理论。这里将使用最后一个术语，尽管其他术语在文献中也普遍使用。[3]基于能力的观点认为，企业的实体、结构和边界是由结

合个体的或者团队的能力——比如技能和默示的知识（tacit knowl-
248 edge）——的实体来解释的，这些能力在某些方面是由组织来培育和维持的。这种观点的先驱包括亚当·斯密和卡尔·马克思，他们把劳动分工和管理视为企业发展技能的关键，也为企业提供了一个关键的基本原理。在20世纪，这种观点则有各种各样的倡导者，其中著名的有弗兰克·奈特（Knight，1921）、伊迪丝·彭罗斯（Penrose，1959）、乔治·理查德森（George Richardson，1972），以及理查德·纳尔逊和西德尼·温特（Nelson and Winter，1982）。能力的中心思想为演化的、非均衡的产业竞争和发展理论提供了基础。这个群体中的观点是多样性的，在（默示的）知识的性质、分析的单位和方法论，以及演化类比的应用等方面尤其如此（见 Chandler，1990；Kogut，1991；Lazonick，1990；Nelson，1991；Pavitt，1988）。能力范式已经吸引了一大批不断增加的追随者，而且现在它的思想遍及有关公司战略的文献中（Wernerfelt，1984；Prahalad and Hamel，1990；Pettigrew and Whipp，1991；Winter，1987a）。此外，基于能力的方法与包括技术研究和国际商务在内的其他相关领域中使用的类似方法也有联系（Dosi et al，1988；Dosi et al，1990；Cantwell，1989；N. Rosenberg，1994）。

基于能力的企业理论或者企业理论的能力观与另一个大的理论类别，也就是经常被称为契约的或者合约的企业理论形成对比。契约理论关注的核心不是在企业内发展资源和技能，而是雇主、雇员和其他缔约者之间显性和隐性的合同。契约方法源自罗纳德·科斯（Coase，1937）的著作，强调履行交易和监督交易的成本。但即使在这种方法内部，也存在互不相同的理论。例如，一方面奥列弗·威廉姆森（Williamson，1975，1985）明确强调市场与科层制的差别；另一方面阿尔门·阿尔钦和哈罗德·德姆塞茨（Alchian and Demsetz，1972）[4]以及诸如尤金·法玛（Eugene Fama，1980）之类的理论家的“契约的联合”（nexus of contracts）理论则不注重这种差别，而是认为成本的监督与计算是至关紧要的。另外还有一种有影响的企业理论的合约方法，它的中心是对不完全合约和委托—代理问题进行形式上的分析，这种方法是由奥列弗·哈特（Oliver Hart）与他的合作者桑福德·格罗斯曼（Sanford Grossman）和约翰·莫尔（John Moore）发展起来的（Grossman and Hart，1983，1986；Hart，1988，1995；Hart and Moore，1990）。尽管以上各种理论之间存在差异，但这些理论的倡导者在表述、监督和控制契约这个关键的解释因子的时候，面临着信息方面和其他方面的困难。科斯-威廉姆森传统的著作特别地被称为“交易成本”经济学，因为它强调订 249
立、执行和监督契约的成本。

因此，企业理论分析的一个主要差别就是“契约”观和“能力”观之间的差别，“交易成本”理论是前者的一个子集，而“演化”方法是后者的一个子集。然而，应当注意的是，尽管“契约”观和“能力”观在特征上是大不相同的，有一些学者在他们的著作中还是试图综合这两种方法。实际上，综合解释表面上的合理性可能源于经济现实的复杂特性以及众多因果机制在同时发挥作用这一事实。只要它们没有表现出内部的不一致，那么多元的而不是单一的解释原则上也许就是可能的和合理的。在此，理查德·朗格卢瓦（Richard Langlois，1992；Langlois and Robertson，1995）的著作就是一个例子。同样，戴维·蒂斯和加里·皮萨诺（David Teece and Gary Pisano，1994）在强调人类的学习和能力的强化或“动态能力”时，在一定程度上承认了交易成本的作用。他们认为企业的出现“不仅是因为交易成本……而且也是因为存在许多种安排，在这些安排中高效的（像市场一样的）激励的注入很可能会摧毁协作的活动和学习”（p. 539）。演化理论与契约理论、基于能力的理论和交易成本理论之间的关系可用图 11-1 表示。

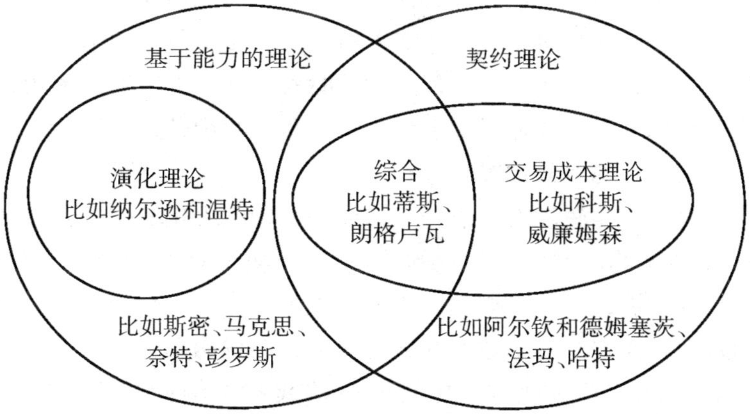

图 11-1　契约理论与基于能力的理论的关系

尽管一些理论家努力整合契约方法和基于能力的方法，但基于能力 250

的理论的发展背后的部分推动力则是来自对排他性的交易成本解释或者是对交易成本观的逻辑的不满。本章首先提出契约方法存在的一些问题，这为讨论基于能力的替代性理论提供了一个出发点。然后我们检验它的各种演化形式。最后以一个与公司战略理论相关的讨论结束本章。

11.1 契约方法存在的问题

在这里我们首先识别现有的契约方法的三个关键特征，稍后再和基于能力的企业分析进行比较。这三个关键特征是：

（1）假设既定的个体。这个个体典型地具有既定的、独立的偏好函数。在这些社会原子之间进行的交易被认为是分析的基本出发点，而且假定所有这样的交易是由个体在单一维度的效用水平上进行评估的。典型地说，这导致了对下述两个方面的忽视：（a）忽视了契约与交换的局限以及非契约关系——尤其是忠诚和信任——的必要性；（b）忽视了根本的个体的转变和发展过程，特别是学习这个适当的概念。个人主义关注的中心同样排除了诸如组织化的学习和群体知识之类的观念，导致忽视了与团队相关的技能和知识的类型。

（2）对企业的分析被简化为个体之间的契约，经常涉及交易成本的最小化，但典型地以下述方式忽视了技术和生产。不同治理模式之间在技术上的一致性这一典型假定意味着把生产和技术与治理结构或交易成本分割开了。据此，在评价治理模式的时候，生产成本和技术的解释性作用被忽略掉了。结果强调的不是生产、积累和增长，而是治理结构的选择和给定资源的有效配置。

（3）集中于比较静态的解释，即认为一种组织化安排比另外一种的（交易）成本更低，导致对问题的动态方面的重视不足或忽视，在学习、
251 创新和技术发展方面尤其如此。此外，关注的重点就是静态的、成本最小化的效率，而不是动态效率和长期优势。在说明真实世界中企业的行为和绩效明显的异质性时，比较静态的或基于均衡的解释同样存在困难。

现在我们更详细地考察这三个特征。

11.1.1　既定的、原子式的个体

可以证明，利用契约方法——包括威廉姆森和其他人的“新”制度经济学——我们对制度的一般和企业的特殊只不过是一知半解。这种方法的核心是，既定的、成本最小化的或效用最大化的个体如何相互联系以形成和维持制度。个体偏好函数本身被文化和制度塑造的可能性被忽略掉了。个体本身作为不可渗透的原子，根本不受制度和文化的影响。正如罗德里克·马丁（Roderick Martin，1993，p. 1096）发现的矛盾那样，“新制度经济学并没有给予制度足够的重视：组织被简化为在缺乏市场关系的情况下调控个体关系的一种手段”。

交易成本和其他契约分析把个体之间的相互作用简化为成本的计算。个体在既定偏好的基础上自动去实现效用最大化。不仅偏好神秘地产生自个体内部，而且制度简单地通过它们施加给个体的成本而与个体发生联系。正如马丽·道格拉斯（Marry Douglas，1990，p. 102）在一篇批评威廉姆森的文章中指出的那样：

> 他有一个企业理论，但是他关于个体和企业之间关系的理论可以做得更好。他相信企业的多样性而不是个体的多样性。在他看来，一成不变的具有代表性的理性个体以一系列相同的原因，也就是给定的经济环境中的交易成本，签订一种契约或拒绝续约而转去签订另外一种契约。

在既定个体这个假定的基础上，契约方法将主要适合于市场环境的概念扩展到了一个大不相同的领域。在对社会科学中的契约传统的经典评论中，埃米尔·德克海姆（Emile Durkheim）坚持认为在所有社会关系中存在着非契约因素，而且它们是必要的、不可简化的，即使是在市场和交换的范围内也是这样。他指出，虽然在一般情况下一个明确的一致性对于任何有效的契约来说都是必需的，但是还有一些不能被简化为任何个体的明确意向的因素：“因为在一个契约中并非每样事物都是契约性的”（Durkheim，1984，p. 158）。一个契约无论何时存在都有不可简化为个体的意向协定的因素，这些因素对契约本身有调节和约束的作用。德克海姆的关键论点是，对于所有的契约来说都存在一系列的约束规则，这些规则并非明确地或者详细地针对某方当事人而制定。所有基于市场的及契约性的体系因此从根本上说都要依靠非契约因素——例如信任和道德规范——来发挥作用。 252

这种观点正中企业的契约理论的核心，这种理论忽略了诸如信任和忠诚之类的非契约关系。同样严重的是，既定的个体的概念难以与诸如学习和个人发展之类的观念相结合。管理是一种学习和发现的过程，在这个过程中出现了新的目标，它不是目标和偏好既定的个体借以指导他人的一种机制。如布莱恩·劳斯比（Brian Loasby，1995，p. 472）所述：

> 典型的假定是说，在任何情形下的最佳行动对于期望要采取行动的行动者来说是已知的，而且如果可能的话问题是确保这就是行动者实际上将要采取的行动，但是经理们的首要任务是在首先识别了什么问题或机会应该引起注意之后，去发现，或（更经常地）鼓励他人去发现什么行动是最好的，为这种识别和发现过程提供便利是好的组织的首要目标。

学习是一个发展和重建的过程，而不只是“事实”的输入。典型的是，新古典经济学把学习当作是预先存在的“蓝图”信息的累积发现，或是根据不断引入的数据对主观概率估计的贝叶斯修正（Bayesian updating）（Bray and Kreps，1987）。然而，这里存在一些严重的问题。寻找最优的贝叶斯学习过程依赖于正确的先验知识的存在（Hey，1981）。此外，正如吉奥瓦尼·多西和马西莫·埃吉迪（Dosi and Egidi，1991）、理查德·纳尔逊（Nelson，1980）和其他人指出的那样，贝叶斯方法是考察学习作用的一种十分有限的方法，学习实际上不只是一个蓝图发现或统计纠正的过程。

253 在标准的契约分析中，行为人在行动的时候好像是共享世界上的同一个模型。其中可能存在不完全信息问题，但这些问题一般并不来自解释上的模棱两可以及理解或认识上的差异。相反，正如威廉姆森一贯强调的个人机会主义所表明的那样，企业内部有效协调的障碍典型地是建立在个体目标和利益假定的冲突这一基础上的（Kogut and Zander，1992；Moschandreas，1997）。给定这些假设，契约方法的分析重点就被引向缺乏完全的（明确的）信息共享，或者所谓不适当的激励结构这些问题。这种“实证主义”的姿态并不承认由于信息成为了知识，必须对它进行解释，而且总是可能有不同的解释，即使信息是相同的也会有不同的解释（Hodgson，1988；Nooteboom，1992，1995；Fransman，1994）。在标准的契约解释中，效率的关键障碍不是认知框架不同或认知与理解的不同方式的存在。这是一个严重的疏忽。

学习依赖于已获得的认知框架，但同时它实质上是一个开放式的、暂时性的以及可能容易出错的过程。它不仅仅是明确的或可整理的知识的渐进获取。由于解释上模棱两可的可能性，大部分知识都是默示的（Polanyi，1958，1967），而且必须通过实例以及共享经验，而非书面的或口头的词句进行沟通。此外，学习是一个问题描述和问题解决的过程，而不是给定的“确切”信息的获取与累积。这个过程包含了推测和错误，在这个过程中错误成为学习的机会，而不是纯粹的随机扰动（random perturbations）（Berkson and Wettersten，1984；Popper，1972；Rutherford，1988）。

一般来说，在组织内部，学习包括了对世界的认知框架和心智模型的变更（Argyris and Schön，1978；Senge，1990；Tomer，1987；Cohen and Sproull，1996）。因此，学习常常包括对不恰当的认知和行为的遗弃。学习不是在空白心灵上累积性地添加知识：它既包括解构，也包括建构。遗弃既有知识然后重新学习的能力的发展，其本身就是学习过程的一个部分。正如凯特·卡蒂埃（Kate Cartier，1994，p.190）所述：“知识是累积起来的这种思想（就像阿罗和其他人认为的那样），与知识是不断地被重新构建的理论是矛盾的。”此外，问题本身不会自己产生，也不是必然会提出解决办法：大多数的学习必然涉及直觉和创造性。

根据阿吉里斯和舍恩（Argyris and Schön，1978）及其他人的观点，学习不仅仅是信息的汲取。当个体发现他们的心智模型出现错误的时候，学习就开始了，这些模型意味着在各种假定条件下特定行为的期望结果。由于实际的结果和预期的结果之间不一致，人们可能会修正他 254
们的模型，也就是开始学习。组织化的学习包括一个由探究、反映和评价构成的过程，在这个过程中，心智模型被修正，而且被植入组织化的记忆和组织的常规活动中（Cohen and Sproull，1996）。

还有更进一步的理由说明为什么在新古典经济学的均衡分析中未能发现一个内容充实的学习概念。新古典经济学假定了理性的行为人，然而其关于“理性学习”的含义并不明确。当行为人处于学习过程中时，怎能说他们在任何给定的时刻都是理性的呢？真正意义上的学习意味着并未占有全部的信息，而且不存在完全的理性。学习不仅仅是信息的获取；它是计算和评估的模式和方法的发展。如果最优化的方法和标准本身正被学习，那么学习自身怎会是最优的呢？就其本质而言，学习意味着创造性以及对均衡的潜在破坏。简言之，学习现象与理性的最优化和均衡的概念是不相容的。

在新古典经济学中存有一种奇特的自相矛盾的论点，特别是自从莱昂内尔·罗宾斯（Lionel Robbins，1932）坚持必须在稀缺性和选择的意义上来定义经济学之后更是如此。一方面，事实上非常稀缺的计算能力被假定为是丰富的（Pelikan，1989）。所有个体在复杂的环境下以及面对众多的选择时都能作出最优决策这个典型假定，意味着每个个体都有处理大量信息的无限能力，拥有无边无际的计算能力，而且具备最优秀的数学家的分析能力。

另一方面，新古典经济学一般假设资源是给定的、可耗尽的。因此，除了与理性假定相联系的计算及分析能力之外，其他的管理技能或劳动技能都被认为是既定的。然而事实上它们并没有被严格地限定：经理或工人的技能是可以被扩展的。因为“干中学”现象的存在，这些资源并非被严格地限定或事先给定的。正如赫希曼（Hirschman，1985，p. 16）指出的那样：“比如一种技能的使用，对提高这种技能以及扩大（而不是耗尽）它的可用性有直接的影响。”因此，虽然能力是真正稀缺的，但它们不是简单地给定的——它们必须得到发展。这样，我们讨论的就是一个创造和生产的问题，而不只是既定资源的分配问题。

温特特别强调，公司内部的知识实质上是与组织和团体相关，而不
255 是与构成它们的个体相关。他写道：“不可否认，作为组织的大公司是它们使用的生产性知识在社会中的最重要的贮藏所，而不只是由当前和它们相关的个体构成的一个经济装置”（Winter，1988，p. 170）。就如温特（Winter，1982，p. 76）在其他文献中详细描述的一样：

> 在执行组织性日常事务中表现出来的协调，就如同在个体技能的练习中表现出来的一样，是实践的成果。需要强调的是……学习经验是组织成员共享的经验……这样，即使组织化记忆的内容仅以个体成员记忆痕迹的形式被储存，它仍然是一种组织化的知识，因为单个个体成员储存的记忆片段不是完全有意义的或有效的，除非把其置于由其他成员储存的片段所提供的情境之中。

因此，“是企业而不是为企业工作的人们，知道怎样制造汽油、汽

车和计算机”（Winter，1982，p. 76）。青木昌彦（Masahiko Aoki，1990）同样描述了企业内部雇员知识的集体性质。由于“雇员的学习和沟通仅在组织化框架内才会发生，所以与他们的相互沟通能力一样，他们的知识就不是个人可携带的”（p. 45）。多西和马伦戈（Dosi and Marengo，1994，p. 162）强调了类似的观点：“组织化知识既不是预先假定的，也不是来自可以利用的信息，它是作为学习系统的一种财产而出现的，同时是由构成组织的各种学习过程之间的相互作用塑造的。”威廉·拉佐尼克（William Lazonick，1994，p. 247）发表了相关的观点：“创新是社会过程，这个过程需要众多具有各种专门技能和功能的人们有意识地参与。创新要求集体化组织，因为它是复杂的、累积的和持续的。”蒂斯和皮萨诺（Teece and Pisano，1994，pp. 544－545）详细阐述了类似的见解：

> 个体技能是相关的，同时它们的价值取决于个体的工作，尤其是取决于组织的安排。学习过程本质上是社会的和集体的，这不仅是因为它要通过比如师生或师徒关系中的模仿和仿效那样来发生，也因为理解复杂问题时的联合贡献。学习要求沟通的共同代码和相互协调的搜寻程序。

与信息和知识是可携带的、易传递的观点相反，知识是根植于社会结构之中的，而且不是直接显露的。这部分是因为企业内部的学习机会是特殊的交易和生产（Teece，1988）。学习也是一个由解释、评价、试验、反馈和评估构成的过程，包括了社会性传递的认知框架和经常被视为当然的常规化的群体实践。组织化知识和个体知识是相互作用的，但组织化知识不只是单个部分的总和。它依赖于环境，是受文化限制的，是制度化的。

11.1.2　对生产的忽视

主流经济学经常假设资源是既定的，从而忽视了生产。分析的要务是试图从既定的资源中获取最优收益。一般来说，企业的契约理论也存在同样的偏见。契约方法把中心放在合同和交易上，从而把注意力从更多资源的生产转移到了既定商品和服务的分配上。此外，在交易成本分析中也是在技术既定的情况下对不同的治理模式进行比较。这意味着社会关系一方面与结构之间，另一方面与技术之间都是绝对分离的，正是这种分离才使得有可能在生产成本和交易成本之间进行清晰的概念性及经验性的区分。正如乌戈·帕加诺（Ugo Pagano，1991）详细阐述的那样，技术与组织之间的因果关系为什么总是单一的这个问题同样是不明确的。保罗·米尔格罗姆和约翰·罗伯斯（Paul Milgrom and John Robbers，1992，pp. 33－34）强调了在试图分离生产和治理，以及分离相应的生产成本和交易成本时会遇到的一些理论问题。交易成本理论假设生产成本是既定的，不会随着治理模式或交易模式的变化而变化。然而，技术常常是与交易模式和治理结构相联系的。当技术是内生地决定的时候，对它的选择可能会基于其他的理由而不是成本最小化。一旦我们摒弃生产的纯粹“工程学”观点，而且把生产成本看作是同样受到行为人之间的社会关系的影响，那么所有这些问题都是再明显不过的了。除了依靠机器、工具和材料之外，生产还要依靠人类活动。显然，工人们学习的能力和动机常常取决于生产组织、产权等。这个事实强化了生产成本不能独立于社会关系的论点。因此，只关注交易成本最小化有失偏颇。

257 一个常见的错误是把生产视为交换的延伸，或者视为“与自然的交换”。这种错误源于这样的假设，即把只会忙于订立合同和进行交易的这一类特殊个体视为社会经济体系中唯一的、终极的生物。生产被认为是由买卖决策所推动和决定的，就如“消费者主权”中表达的思想一样。合同的决定和市场的决定被认为是首要的和主动的，生产则被认为是其结果，是被动的。结果是把生产看成由交换引发（甚至是因其而存在）的，从而二者之间就没有了实质性的差别。一旦确定了交易，生产的轨迹基本上就预先决定了。合同法凭借适当的惩罚确保了商品会在特定的时点，按照特定的顺序出现。在这种情况下，所有的关键选择和行为都发生在合同本身的决定中。产出被假定为是从投入中机械地流出的。生产只是市场的一个附属物；只是行为人根据交易的有关条款采取行动的场所。

在这里忽略掉的是生产和交换之间的关键差别。马克思正确地批评了那些仍然只从流通和分配的角度看待事物从而忽视了生产的经济学家。[5]

与涉及商品交换的合同相对的是，生产涉及的是劳动的使用和工人有意图的、不间断的参与。生产是提供商品或服务的人们使用适当的知识、工具、机器和材料进行的有意图的创造。就交换而言，当我们购买一辆汽车或一袋马铃薯时，它们从卖者手中转移到我们手中，我们因此就可能和卖者分开了。但就生产而言，雇用工人后，买卖双方，即雇主和雇员之间的关系并不会终止。正如阿尔弗雷德·马歇尔（Marshall，1949，p. 471）评述的那样，与商品或机器不同，即使被雇主雇用后，劳动仍然会在身体上和它的原始所有者混合在一起。

劳动的出卖者远不止是只参与拟订和缔结劳动合同这一事实，意味 258
着决策和选择的范围被扩展了。如果作出了选择和决策，那么总是必然存在其他选择和决策的可能性。而在个体作出任意的和现实的选择并可能进行重大决策的时候，就存在一定程度的不明确和不确定性（Loasby，1976）。就像赫伯特·西蒙（Simon，1951）和其他人指出的那样，劳动不是"生产的消极因素"。在现代资本主义中，工人之所以没有被机器所取代，在一定程度上可能是因为事前的、完整的、由机械来安排的工作任务是不可能的。劳动合同的规定是不完善的。合同条款不可能面面俱到，因为工作过程是复杂的，以及关键结果是不可预测的。这些问题在其他合同中同样存在，只是在劳动合同中它们格外严重。例如，每个行为人在合同执行的过程中都将进行学习，而且行为人原则上并不能预料未来将会学到什么样的知识，同时还严重地依赖于与生产性技能相联系的默示知识的各种类型。

买卖双方间的关系在合同签订后必然会延续下去这一事实，被认为扩展了合同的社会含义和非契约含义。例如，现代产业关系严重依赖于企业内部的信任的产生，以及责任和忠诚的氛围的发展（Fox，1974）。在合同条款中试图规定这些因素不仅是不可能的，因为其中涉及的复杂性和不确定性，而且会弄巧成拙。关于忠诚和信任这些特性的整体观点，是它们不能被简化为一种成本的计算。正如肯尼思·阿罗（Arrow，1974，p. 23）对信任的评论："如果你不得不买它，那么你已经对你已买的东西有某种怀疑了。"信任和忠诚不能被充分地融入契约分析框架中。

11.1.3　动态演化对比较静态

必须强调契约方法的另一个内在局限。威廉姆森特别地一再承认他的方法是比较静态的。这种方法的典型特征是在两个或更多的治理结构

中来比较均衡状态下交易成本的范围，成本最低的治理结构被认为是更
259 为有效的。威廉姆森（Williamson，1985，pp. 143－144）承认，他的理论中并未包含从静态向动态效率的转变：“在一个迅速创新的社会体制中对经济组织的研究所提出的问题，比这里陈述的那些问题更加困难……组织与创新之间的关系需要得到更多的研究。”

正如帕加诺（Pagano，1992）解释的那样，威廉姆森及其他人的“新”制度经济学并不重视非均衡问题。从分析上讲，采用均衡方法忽视了事前协调形式和事后协调形式之间的差别。在动态的、非均衡的情形中，企业和市场有不同的协调能力。通过预测和计划，企业可以具有事前的优势，而市场的协调则典型地是事后的。关于企业的存在的这个可能的和附加的理由，在均衡分析和比较静态分析中都被忽视了。

对技术创新和动态变化的忽视实际上是均衡导向的分析方法存在的一个最为严重的问题（Hodgson，1988，pp. 212－213；Nooteboom，1992，pp. 284－285）。因此，本特-亚克·兰德维尔（Bengt-Ake Lundvall，1993，p. 62）得出结论，认为不能将创新结合到分析中是静态的、交易成本的分析方法的一个严重不足：“我们应该通过把‘创新作为一种交互学习的过程’引入分析的中心来补充和纠正这种方法。”静态的而非动态效率的思考植根于威廉姆森和科斯的比较静态学之中。然而企业培养人类学习、技术创新和研究与开发的能力也许是其存在的一个主要原因。现在人们普遍地认为学习和技术变革不能被充分地融入一个静态的框架中。

从最激进的意义上讲，未来知识本质上是未知的，而且研究与开发的结果是不确定的。在奈特（Knight，1921）和凯恩斯（Keynes，1936）理论的激进意义上，不确定性适用于不可能进行数值的概率计算或归因的情形：“铜的价格和今后 20 年的利率，或者一种新发明的过时……关于这些事情没有能够产生任何可计算概率的科学基础。简单地说，我们什么都不知道”（Keynes，1973，pp. 113－114）。我们可以证明，人类的这种无知会使得即便是主观可能性也是不合理的。在确定结果时遇到的这种不可克服的困难，使得对所有的创新和知识而言，完全的未来市场是不可能存在的。在一个复杂的和不确定的世界中，对特定事件的预测受到相当大的约束，而且在分析上一般都不能被简化为概率风险。在这些方面和其他方面存在的极端的不确定性，意味着不能通过

概率之类的方法把未来简化为现在。由于这个原因合同不能完全地处理未来的情况。

在这些情形中，要求有真实的技能和资源作为应对或然性的缓冲。 260
如果这些或然性能够被简化为可以计量的概率，那么就可以通过订立子契约（subcontract）和保险的方式轻易地处理了。正是因为它们不能如此轻易地加以计量，所以才产生了企业。企业利用规模以及物质资源和复杂的人力资源去应对不确定性。企业可能通过将它们聚集在一个单一组织中来应对各种不确定性，这个组织拥有各种资源去承受许多无法量化和无法预见的冲击。这种论点能够追溯到奈特，他认为企业的存在是"不确定性这一事实的直接结果"（Knight，1921，p. 271）。对极端不确定性的强调同样见于布莱恩·劳斯比（Loasby，1976）、尼尔·凯（Neil Kay，1984）、理查德·朗格卢瓦（Langlois，1984）和其他人的著述中，这些作者把企业应对极端不确定性的能力作为解释其存在的一个核心因素。将分析的重点放在不确定性上，恢复了时间的概念，进而使我们摆脱了比较静态分析。

基于上述考虑，对企业的分析转到了一个大为不同的轨道上。对企业作为一种应对不确定性的方式的认识是至关重要的。不确定性不仅与未来事件自身有关，而且与可以利用的机会有关。在一个不确定性的世界中，对人类行为的分析重点必须放在处理复杂性和变化的能力的发展上，以及关于演化中的社会经济环境的知识的产生和传播的模式上。

从动态的观点来看，均衡结果不再是唯一的中心。在均衡之外，结构和绩效更大的多样性是可能的。正如杰克·唐尼（Downie，1958）、伊迪丝·彭罗斯（Penrose，1959）、维尔弗雷德·索尔特（Wilfred Salter，1960）和约瑟夫·施泰因德尔（Joseph Steindl，1952）——在四个被不公正地忽视了的经典研究中——指出的那样，在同一产业的不同企业之间常常存在着巨大的、持续的生产率变异，这和教科书中对企业的描述形成鲜明对比。在教科书里，企业被导向同样的长期均衡，在这个均衡点各个企业的成本（和收益）是相同的。动态的和开放式的方法对长期均衡的相关性提出挑战，同时承认结果的持续多样性。彭罗斯特别强调了企业异质性的重要性，而且将其与特定企业知识积累的观念联系起来。马歇尔式的"代表性企业"的假定与主流经济学的均衡框架一起被抛弃了。在非均衡情形中对动态和学习的强调，使对现实世界中企业异质性这一事实的一个更加令人满意的融合成为可能。

11.2 基于能力的企业理论的起源

261 不应该认为基于能力的企业理论是同一的或一致的。实际上，有多种方法能归入其中。此外就术语和关键概念而言，这种理论至今尚未形成一致。不过，这个一般方法的轮廓是清晰可辨的。我们将通过简要阐述在基于能力的方法的发展过程中扮演了重要角色的三位主要作者的著作来勾画这一方法的轮廓。

11.2.1 亚当·斯密及其批评者

基于能力的企业理论的起源可以追溯到亚当·斯密。斯密在《国富论》中认为，企业内部的劳动分工意味着工人工作的专业化而且可以通过“干中学”增进他们的技能。这样劳动生产力就会提高。生产力的提高带来更多的销售和市场的扩大。对产品更大的需求又会促进工厂主扩展他们的活动，更进一步地细分劳动过程。斯密因此描述了累积因果关系的一个过程：经济增长和繁荣的一个良好循环。这不是关于静态均衡而是关于动态增长和发展的描述，在这种动态中个体技能是渐进式地增强的。

然而，在某些方面斯密的叙述是不完整的。威廉姆森（Williamson，1975）表明，斯密未能对那些必须在企业内部组织的生产予以说明。即使工人是自己经营的订约人，他们购买原料和半成品，在完成特定的工作后出售其产品，生产中的劳动分工同样可以促进生产力的增长。按照科斯（Coase，1937）的观点，威廉姆森认为当局部的、个体对个体的交易的成本大大超过企业组织的成本和订立劳动合同的成本时，企业就成为一种有益的产物。这种交易成本观点对许多经济学家来说是非常有说服力的。基于能力的企业理论必须提出一种替代性的解释，或者把交易成本观点作为一个部分融入到一个混合的理论中。一些理论家或明或暗地采纳了后一种做法。

另外，虽然斯密认识到了劳动分工通过增强技能带来的好处，但是在他的著作中缺乏关于公司文化的思想，以及缺乏组织在实用知识的产生、传播和保护中的作用的思想。正如埃德温·坎南（Edwin Cannan，1929，p. 122）指出的那样，斯密将知识增长的整个问题“塞到他的劳动分工的好处这一命题的翅膀下面去了”。斯密（Smith，1970，p. 112）主要论述的是“每个特定的工匠的灵巧性的增加”，而不是信息和知识。因而斯密把劳动分工带来的“干中学”的特殊利益主要视为一种手工灵巧性。有关学习、知识和文化等更为广泛的概念并未处于突出位置。事实上，他在某些细节上考虑过脑力和体力的分工。然而，他隐含地割裂了劳动过程中的认知过程和执行过程——这预示着弗雷德里克·泰勒的思想和“科学管理”的出现——排除了默示知识和其他知识的体力劳动，否认了认知和行动的统一。此外，尽管斯密把技术变革放在首位，但是并未将它明确地、首要地与知识的增加联系起来，而是将它与物质资本品的增加联系起来。除了手工灵巧性的提高之外，工人的目标和观念都没有改变。[6] 262

德国经济学家弗里德里希·李斯特（Friedrich List）在初版于 1841 年的著作《政治经济学的国民体系》（*National System of Political Economy*）中对斯密的批评在这里是非常中肯的。李斯特（List，1904，pp. 182－183）批评斯密忽视了非物质因素和不可交换因素在提高一个国家的生产力潜能中的重要性。李斯特（List，1904，p. 108）还写道：“财富的原因与财富本身是完全不同的东西……因此财富的生产能力要比财富本身重要得多。”此外，斯密“没有认识到生产能力和纯粹的交换价值之间的差别，而且后者没有独立于对前者进行的研究”。与斯密相反，李斯特更为强调脑力劳动和教育性劳动的重要性。智力劳动不仅不是“非生产性的”，而且是分析的核心。李斯特认为，对生产潜能和——用现在的话来说——动态效率的思考不能被唯一地简化为当前的成本和价格。他指出一个国家的生产能力大于构成它的各个个体分开考虑时的生产能力的总和，因为国家的基础结构和文化提供了生产性的利益。李斯特对学习和学习环境的强调意味着不可能像新古典经济学那样把既定的个体视为分析的出发点。如果我们把这种论点应用于组织而非国家，那么就可以得到和基于能力的企业理论关系密切的一个关键命题。 263

像斯密一样，马克思在《资本论》中同样强调了生产的动态过程。但是，随着新古典经济学在 19 世纪 70 年代的兴起，人们的注意力从生产过程转向了市场。企业更多地成为一系列成本和收益曲线，而不是一个组织。尽管马歇尔（Marshall，1949，p. 115）对新古典经济学的这种分析方法负有较多的责任，但他同样强调其他的因素：

> 资本大部分由知识和组织构成……知识是生产的最强有力的引擎……组织对知识提供帮助；组织有许多形式……有时把组织分解成生产的一个独特代理似乎是最好的。

然而，对组织和知识的作用的这种重要认识没有得到充分的延续，而且在很大程度上被马歇尔的新古典追随者们忽视了。

11.2.2　弗兰克·奈特

在《国富论》出版差不多一个半世纪之后，弗兰克·奈特（Knight，1921）建立了基于能力的企业理论发展过程中的另一个重要里程碑。奈特在他的企业理论中十分重视知识的作用，并强调了不确定性的普遍性。实际上，如前述，是“不确定性这一事实”解释了企业的存在。奈特（Knight，1921，p. 244）把企业视为通过把各种活动“聚集”在更大的组织单位中来应对不确定性的一种方式：

> 自由企业与纯粹为市场的生产之间的差别表明，具有不确定性的专业化与不确定性的聚集这二者都在增加，而且这种差别是在欲望的预期和与未来相关的生产的控制这种压力下产生的。

264 然而，这里涉及的不只是在组织的掩盖下能力和活动的增加。为了应对不确定性，一种“向高层集中”和科层式的经营管理体系发展起来了：

> 当存在不确定性时，决定做什么及如何做的任务优先于执行的任务，生产性团体的内部组织不再是无差异的事情或者一种机械的细节。这种决策和控制职能的集中化是必要的，“向高层集中”的过程，正如在有机生命的进化中发生的那样，是不可避免的，而且与生物进化的原因是相同的。
>
> Knight，1921，p. 268－269

（注意这里对生物学隐喻的使用。）但值得注意是，不确定性不能被根除，在这样的情境中采取行动要求进行判断，也要求其他难以捉摸的企业家技能。尤其是在独特的情形中，这些技能是默示的、异质的、无法度量的：

> 在一个特定的情形中利润的获取也许能被认为是出色的判断的结果。但它是一种判断之判断，尤其是一个人自己的判断，而且在

个体的情形中没有区分出好的判断与好运气的方法，同时一系列足以评估判断或者确定其价值的事例把利润转变为工资。

企业经理的一个关键作用是通过进行判断以及发展他人进行判断的能力来应对不确定性：

> 组织化行动的基本实际是通过形成一种对人类的判断和能力的近似评估，把人类见解和行动的不确定性转变为可以测量的概率。对将要去处理问题的人进行判断的能力，以及“激发”他们去有效地判断其他人和事的能力，是执行人员的本质特征。如果这些能力是已知的，那么对运用这些能力的补偿就可以被竞争性地进行归算，而且就是一种工资；只有当它们是未知的，或者仅对所有人自己来说已知的时候，它们才会带来利润。
>
> Knight，1921，p. 268－269

这样奈特就暗示了并非所有的经济能力——尤其是那些与不确定性情形中进行判断有关的能力——都能被给予一个市场价值。奈特对“企业为什么会存在”这个问题的隐含回答与科斯及威廉姆森的回答不同。从根本上说不是因为较高的交易成本才使企业不能被分解为相互交易的自己经营的生产者。原则上是因为对所有的企业家技能和管理技能来说，一个完全的市场是不可能的。 265

在科斯论企业的经典文章中，他试图反驳奈特的论点（Coase，1937，pp. 400－401），他写道：“我们可以想象这样一个体系，在该体系中所有的建议或知识都可以在需要的时候买到。”科斯因此没有看到问题的关键。与商品和其他服务相比，知识不能轻易地“在需要的时候买到”（Foss，1996）。我们首先看看后来由阿罗（Arrow，1962）放在突出位置的著名问题：直到买到以后我们才会知道信息的价值和性质。更为严重的是，正如奈特（Knight，1921，p. 298）指出的那样，不确定性和无知造成了“依据判断而不是知识来采取行动的必要性”。因此和企业家技能及管理技能密切相关的不只是信息或知识，而是在不确定性情境中复杂的、实质上是异质的判断和推测。更进一步地，正如奈特在对“判断之判断”问题的识别中暗示——后来由帕维尔·佩利坎（Pavel Pelikan，1989）详尽阐述——的一样，能力本身的购买或分配也需要能力：这是一个无穷回归（infinite regress）的潜在问题。实际上，正如奈特（1921，p. 298）自己说的那样：“为了应付不可预见的情况而选择人类能力这个问题中包含着悖论，在理论上显然是不可能解决的。”

这是契约的企业理论与基于能力的企业理论的一个关键差别。科斯把所有的管理能力和企业家能力看作是潜在可契约化的，而奈特则否定这种观点。奈特对不确定性以及为了应对不确定性而需要进行的判断的（异质的）性质的强调为认识契约交换的局限性提供了依据。正如德克海姆坚持的任何合同中都存在非契约成分这种观点一样，奈特认为在不确定性环境中某些能力是不能被有效地或轻易地购买或租用的。

当企业家发现新的而且迄今为止未被认出的市场机会时，他或她就正在运用一种异质的独特技能。因此，正如尼古拉·福斯（Nicolai Foss，1993，p.136）指出的那样：

> 从根本上说，行动者可能通过两种不同的方法从他自己特有的资产中取得租金：他可以通过契约关系出售他的服务，或者开办一个企业。由于企业家能力的异质性，第一个选择一般会受到阻碍：市场上没有可以评估企业家价值的方法……

这不仅仅是一个交易成本过高的问题。对这些能力不可能进行充分的成本计算。同样，蒂斯和皮萨诺（Teece and Pisano，1994，p.540）也写道：

> 266 能力的真正本质是它们不能通过市场而轻易地获得……内部组织的财产不能由通过正式合同联结在一起的业务单位的投资组合加以复制，正如内部组织的独特元素不能简单地在市场上进行复制一样。换句话说，企业家的活动不可能简单地通过进入市场以及在一夜之间将各个部分拼凑起来而使独特的组织技能马上得到复制。

企业理论的两位主要发展者和倡导者的引述表明了认识到合同和组织内的市场的局限性是非常重要的。奈特是这种见识的主要创始人之一，尽管他的贡献并不总是得到承认。奈特对组织分析中知识和不确定性的作用的强调，标志着对包括斯密在内的早期经济学家的工作的重大发展。但后来奈特关于企业的独辟蹊径的分析，通过他对不确定性的普遍强调，对宏观经济学的影响要甚于对企业理论的影响。与科斯1937年的开创性论文一样，奈特1921年的著作经常被引用却很少被深刻地理解。

11.2.3　伊迪丝·彭罗斯

奈特的观点与另一个被忽略的经典文献——伊迪丝·彭罗斯的《企业成长理论》（*The Theory of the Growth of the Firm*）——有许多相似之处。这部著作是基于能力的企业理论发展过程中的关键文献之一。和奈特一样，彭罗斯把企业看作是能力的组织化结合："企业不仅仅是一个管理单位，它还是生产性资源的一种聚集，这些资源在不同用途及时间上的配置由管理决策来确定。"她写道："企业的运转需要各种'储备'，不论是金融储备、存货储备，还是劳动储备"（Penrose，1959，p. 94）。这再次让我们想起了奈特。这里隐含的意思是，这些储备是应对不确定性所需要的。

正如奈特暗示的非常规判断的异质性一样，彭罗斯（Penrose，1959，p. 53）强调了技能的默示性和难以捉摸的性质。她认为许多知识是不能被正式传授或者通过语言进行交流的。它是"学习的结果，而学习表现为个人经验的形式。……经验本身不能被传递；它在个体中产生一种经常是微妙的变化，而且不能与个体分离"。这样的学习通过经验 267
"以两种方式显示出来：已获知识的变化，以及使用知识的能力的变化"。这样彭罗斯就承认了不确定性，但是她的理论还建立在企业内部的许多操作知识的默示的、不可传授的性质之上。

默示知识和其他能力的动态发展是她的理论的中心。她因此把注意力集中在企业的成长而不是均衡条件上，同时批评了正统的企业理论，因为这种理论"没有在任何方向上推导出累积运动的内在发展过程的概念"（Penrose，1959，p. 1）。她的理论是一种内生变化和发展的理论，而不是沿着成本和收益曲线运动或者这些曲线的移动的理论："'企业'必须被赋予比企业理论中的'企业'更多的属性，而且这些属性的重要性不能简单地由成本和收益曲线来表示"（Penrose，1959，p. 14）。

这种内生变化理论的一个关键思想，和很早以前斯密的思想一样，就是"干中学"："企业人员掌握的知识趋向于随着经验自然而然地增加，这意味着从企业资源中可得到的生产性服务同样有变化的趋势"（Penrose，1959，p. 76）。这样，彭罗斯就提出了一种建立在能力增进基础之上的企业成长理论。不过，这里涉及的不只是逻辑推论上的成长。成长同时也典型地包含了企业自身内部的变化和发展："知识的自动增加以及对寻求新知识的激励宛如被'嵌入'到了企业的本质中，即使在企业拥有的只是创造性比较平庸的企业家资源的情况下也是如此”（Penrose，1959，p. 78）。

进一步说，企业内部的能力既是依赖于环境的，也是有机地相互关联的：

> 当人们习惯于在一个与其他人一起构成的特定群体中工作时，他们各自对企业是有价值的，而且他们作为一个团体对企业来说更有价值，因为他们关于同事、企业方法以及在特定环境中做事的最佳方式的知识，会增强他们能够提供的服务。
>
> Penrose，1959，p. 52

另一段话也表达了同样的观点：

> 商人通常把管理群体称为“团队”，这个词的使用在某种意义上意味着管理层是作为一个单位来开展工作的。一个管理群体不仅仅是个体的集合；它是有共事经验的个体的集合，因为只有通过这
268 种方式才能发展“团队合作”（teamwork）。现有管理人员可以提供新近从企业外部雇用的人员所不能提供的服务，不仅因为他们构成了除非他们自己采取行动否则不能被扩充的管理组织，而且因为他们从企业内部的工作和相互间的工作中获得的经验，使他们能够提供对他们所组成的特定团体的运转来说有独特价值的服务。
>
> Penrose，1959，p. 46

能力不只存在于个体之中：它们依赖于组织环境。它们具有典型的社会属性和有机性质，许多能力依赖于共享的经验和企业内部的相互作用。

在讨论企业成长的限制时，彭罗斯（Penrose，1959，p. 5）表明，“不仅一个特定企业习惯使用的资源会塑造它的管理层能够提供的生产性服务……而且管理层的经验也会影响它的所有其他资源所能够提供的生产性服务。”

总而言之，彭罗斯把企业看作是一种复杂的能力和资源的结合。彭罗斯将重点放在组织和管理技能上，把企业看作正在经历一种受到约束的却是累积的发展过程。在小艾尔弗雷德·钱德勒（Alfred Chandler，1962，1977，1990）关于资本主义企业历史发展的权威研究中也有类似的思想。这些颇有影响的、详细的历史研究为基于能力的企业理论的发展进一步铺平了道路。

引用分析表明，彭罗斯的著作在其出现后的 20 年里吸引了人们的中度关注，对其引用的绝对数在 1976 年达到最高水平（见图 11－2）。经过 20 世纪 80 年代的沉寂之后，自 1993 年起引用的绝对数和相对数都有显著的增长，这表明这部著作以及围绕着它的基于能力的论述正在复兴。[7]

她的著作是基于能力的方法的现代杰作。具有讽刺意味的是，正如前面各章中提到的那样，伊迪丝·彭罗斯是较早对经济学中使用生物学和演化类比的最激烈的批评者之一。[8] 在 1952 年，她不可能知道纳尔 269
逊和温特在基于能力的企业理论发展过程中迈出了重大的一步，这一步表现在一本充分利用生物学的演化类比去理解经济变迁过程的著作中。下一节我们将介绍这部著作。

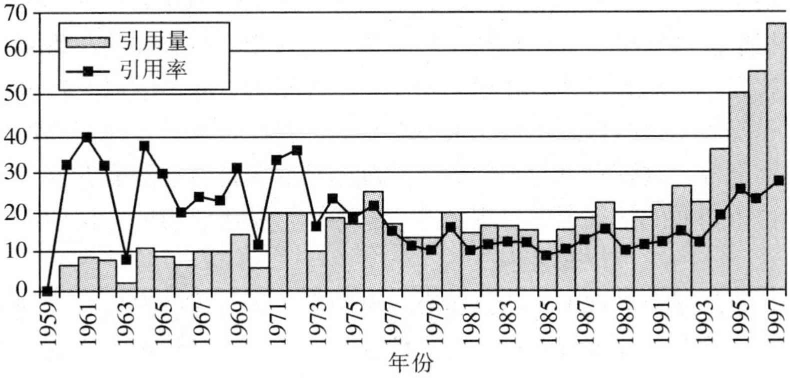

图 11－2　对彭罗斯《企业成长理论》的引用

11.2.4　理查德·纳尔逊和西德尼·温特

前面各章都谈到，在 1982 年的经典著作《经济变迁的演化理论》中，纳尔逊和温特发展了一种替代企业分析中的利润最大化的理论框架。与这种最优化分析不同，他们提出了一种演化模型，用于研究企业的内部常规。他们把这些常规看作是企业内部的一种存储知识，保持其 270
一致性和效率的 DNA。

同时，纳尔逊和温特看到了在解释组织的保守性和组织复制的同时，必须解释组织创新。他们假定如果企业的利润率低于一个阈限，就会激发企业对更好的技能或日常事务的“寻求”。如果高于这个阈限，企业就会“满足”。这样，在赫伯特·西蒙的著作的启发下，纳尔逊和温特假定行为人试图达到一个既定的“理想水平”而不是去实现最优化。竞争驱动了整个过程，激发了对新技术或新程序的寻求。

企业的演化理论更多地关注组织内部的学习过程和发展过程。行为人是一个探索者和创造者，不是一个死板的最大化者。企业是一个不断变化的有机体，表现出反应性的、目的性的行为。因为其对经济行为人和经济过程的描绘与其他理论大为不同，纳尔逊和温特的理论标志着经济学中的一场知识革命。然而到目前为止，它对经济学家的正统观念的影响还是有限的。但管理和商业理论家被纳尔逊和温特的成果所吸引，其中一个原因是它与基于能力的企业理论和商业战略之间有着直接的联系。

纳尔逊（Nelson，1980）借鉴了奈特、彭罗斯和凡勃伦的理论，批评了把信息和知识——包括技术性知识——视为是可整理的和累积的这种正统方法。他关于知识在很大程度上是默示的、异质的以及依赖于环境的思想后来被结合到了纳尔逊和温特的著作中，构成了他们理论的一个关键部分。这种观点与他们关于常规的核心理论概念联系在一起。知识根植于企业的常规中的思想是能力思想——基于能力的理论中的定义性概念——的一种特殊表现。

传统的新古典理论不考虑整个产业中组织和行为的多样性；均衡框架暗示的是存在一批具有相同效率的企业。这样，对均衡思想的摆脱以及引入发展中的生物选择隐喻意味着一种理论的建立，在这种理论中企业差别不但是可能存在的，而且确实是存在的（Nelson，1991）。与传统理论存在分歧的关键原因在于，个体能以各种方式解释给定的信息，
271 个体对外界刺激会有各种不同反应，异质的、企业特有的知识是一种准则。前面提到，基于能力的企业理论的早期倡导者——尤其是彭罗斯（Penrose，1959）在她的动态框架内——同样强调了组织和行为可能的多样性以及企业异质性的存在。

尽管纳尔逊和温特 1982 年的著作很抽象，理论性很强，但两位作者后来的工作在产业政策和战略管理方面得到了直接的、富有成效的应用。在纳尔逊 1991 年的著作和其他的一些著作中，他举例说明了这种宽泛的理论方法在管理实践中的应用。例如，纳尔逊（Nelson，1993）还对“国民创新体系”（national systems of innovation）进行了开创性的分析。他认为创新和技术变革不仅仅是单个企业家的事情，而且涉及

国家层次上的文化和制度特征。纳尔逊和其他人在这一领域内的工作是目前政策导向的经济研究中最富有成果的工作之一（Lundvall，1992）。从广义上说，这些工作引进和发展了知识在很大程度上是默示的、异质的以及依赖于环境的思想。能力是在一个适当的制度和文化框架内被建立和发展起来的。可以发展演化选择隐喻和变异隐喻用于描述能力在社会经济体系中发展的一般过程。政策的中心成为以一种有利的方式来组织和指引这些过程。

特殊的演化理论和一般的基于能力的方法在战略管理中的应用是下一节的主题。

11.3　在战略管理中的应用

从根本上说，基于能力的观点所宣称的方法的差异表现为本体论的差异（强调隐蔽的能力和力量）、认识论的差异（坚持学习和知识的非实证主义观念），以及方法论的差异（反对根本上只从个体出发的解释）。这种方法与大多数的主流经济学理论不同，它既强调动态效率也强调静态效率，既强调生产也强调分配。

本节的目的是陈述用于战略管理中的基于能力的方法的大量现代文献。受篇幅所限，我们不能广泛讨论这些文献。但归纳一些基本的主题是可能的。基于能力的现代方法的关键特征可以扼要概括如下：

● 认识到“干中学”是内生增长的一个源泉。与静态的及基于均衡 272
的方法不同，对学习和增长的这种强调意味着个体本身就处于一种发展过程中。

● 认识到关于企业中信息和知识的极端不确定性和其他长期问题的作用。

● 认识到默示知识，以及不仅认识到它与个体相关联的方式，还认识到它与组织内部的关系，并认识到它与作为一个整体的组织结构的关系。

● 前述的对学习的强调、对知识的默示的、异质的、依赖于环境的性质的强调得出的结论是，不是所有企业内部的活动都是可契约化的。

应该强调知识的关键作用。进而，知识和信息是不同的，因为知识只有经过认知和解释的过程才能被获取（Cartier，1994）。典型的是，契约理论对此没有进行区分，或没有强调这种差别，它关注的中心是信息的不对称性，而不是知识的异质性和受组织约束的特征。因而马丁·福兰斯曼（Martin Fransman，1994，p. 715）区分了基于“对与信息相关的问题的个体反应和组织反应”的企业理论与“把企业视为知识的贮藏所”的方法。钱德勒、纳尔逊、彭罗斯、蒂斯和温特的基于能力的分析属于后一个范畴。

与标准的教科书理论不同，这种方法不是主要通过成本和收益曲线来理解企业，而是强调知识、学习、常规和其他资源。换句话说，能力观点主要是通过企业的资源而不是其市场地位来理解企业的竞争地位。正如理查德·鲁梅特（Richard Rumelt，1984，p. 57）解释的那样，战略概念本质上“是由一些独特的资源和关系来定义企业的竞争地位，一般管理的任务就是在时间、竞争和变迁侵蚀了它们的价值的时候去调整和更新这些资源和关系”。

竞争战略不仅要求利用现存的企业特有的内部和外部能力，而且需要开发新的能力，这种观念是由彭罗斯（Penrose，1959）和 P. 塞尔兹尼克（P. Selznick，1957）提出的。然而直到 20 世纪 80 年代，随着蒂斯（Teece，1982，1988）、比格·韦勒菲尔特（Birger Wenerfelt，1984）、杰伊·巴尼（Jay Barney，1986）和其他人作出的贡献的发展，这种思想才对战略管理文献产生了重要的影响。

273 这种思想与迈克尔·波特（Michael Porter，1980）倡导的竞争战略方法同样存在某种程度的差别。[9] 巴尼（Barney，1986）、英格玛·迪里克斯和科勒·库尔（Ingemar Dierickx and Kare Cool，1989）认为，由于把过多的注意力集中在产品市场战略上，波特的框架忽略了发展战略基础和实施战略的成本。在实施一种产品市场战略之前必须获取资源。这里再次表明，与唯一地导向市场和有利的成本—收益组合不同，基于能力的观点还强调了企业自身内部的资源和组织常规的增进。在强调市场的同时，这种方法也强调了组织和生产。如同蒂斯和皮萨诺（Teece and Pisano，1994，p. 553）所说的那样：

> 我们假定企业的竞争优势源于动态能力，这种动态能力植根于运作在企业内部的高绩效的常规中，植根于企业的发展过程中，受到企业历史的制约。因为要素市场是不完全的，或者更准确地说诸

> 如价值、文化和组织的经验这些“软”资产是不可交易的，所以这些能力一般是不能被买到的：它们必须被构建。这可能需要数年的时间，也可能是数十年。……因此能力方法看到了对战略选择的明确的限制，至少在短期内是这样。在竞争中之所以取得成功，一定程度上是得益于已建立的过程和结构，以及在早先的阶段获得的经验。

因此，这种方法把战略重点放在了企业内部知识的增长和学习上。正如雷·斯塔特（Ray Stata，1989，p. 64）认为的那样：“个体和组织学习的速率也许会成为最可持续的竞争优势。”迈克尔·波特和克拉斯·范德林德（Porter and Claas van der Linde，1995，p. 98）提出了与这种结论相一致的有力证据：

> 基于许多国家大量产业的详尽的案例研究表明，具有国际竞争力的公司不是那些成本最小或者规模最大的公司，而是那些有能力持续不断地改进和创新的公司。

这与关注“组织学习”的研究者，例如彼特·森格（Peter Senge，
1990）的研究成果一致。森格在适应性学习与生成性（generative）学 274
习之间作了贴切的和有用的区分，在适应性学习中组织应对外部世界的变化，但是它的共享心智模型没有发生任何重大的变化；相反，生成性学习更有创造性，而且共享心智模型中出现了意义重大的变化。这种研究鉴别出了组织学习的障碍，例如难以接近的和晦涩的心智模型、行为的防御方式、缺乏良好的团队工作、缺乏共享远见（shared vision），以及雇员缺乏整体观。

基于能力的方法同样阐述了关键的战略问题，例如在特例中鉴别垂直一体化可能的好处。这里的导向再度是更少的市场评价、更多的组织资源的构建。鲁梅特和蒂斯等人（Rumelt and Teece et al，1994）认为，由于能力不能轻易地买到而且必须被构建，所以来自公司多元化经营的增长机会很有可能会受到限制，而被“封闭”在企业现有的生产线上。

然而，必须注意的是基于能力的方法的不同倡导者在分析上强调的是不同的方面。蒂斯和他的合作者看到了基于能力的方法中更为静态的变体中所存在的危险，提倡一种“动态能力”的分析。他们认为能力方法的静态变体已经被证明在战略上是有缺陷的：

> IBM、得州仪器、菲利普和其他知名的公司已经采用了一种积累有价值的技术资产的“基于资源的战略”，这些资产常常受到一种积极的知识产权态度的保护。然而，这种战略往往不足以支撑重大的竞争优势。
>
> Teece and Pisano，1994，p. 538

因此要强调战略的动态方面：

> 全球市场中的赢家是这样的一些企业，它们能够及时地作出反应，快速而灵活地进行产品创新，同时具有有效地协调和重新部署其内部及外部能力的管理能力。产业观察家们评论道，公司可以累积起一大批有价值的技术资产，但是仍然没有大量有用的能力，这是不足为奇的。我们把竞争优势的这种源泉称为“动态能力”是为了强调两个关键的方面，而这两个方面不是以前的战略观关注的中心。“动态”这个词是指环境不断变化的特征；当产品上市的时机的把握是至关紧要的，创新的步伐是加速的，未来的竞争和市场的特征难以确定的时候，就要求企业作出确定的战略反应。“能力”
> 275 这个词强调的是根据变化的环境适当地改变、整合、重新配置内部和外部的组织技能、资源以及职能权限时战略管理的关键作用。
>
> Teece and Pisano，1994，p. 538

对公司“核心能力”的发展的强调提出了公司的核心和边界的识别问题（Prahalad and Hamel，1990）。朗格卢瓦和罗伯特森（Langlois and Robertson，1995，p. 7）在下面这段话中阐述了这个问题：

> 企业和其他类型的组织由两个不同的、变化的部分组成。第一部分是固有核心（intrinsic core），由异质的、协同作用的、无法模仿的以及不可竞争的要素组成。……组织的其余部分由辅助能力（ancillary capabilities）构成，它们是可竞争的而且可能不是唯一的。

战略管理的大多数文献沿着这种思路谈到了差别的操作化问题。其目标是识别组织的战略中心。许多研究指出，这可以为诸如企业合适的多元化战略的选择等问题提供启示（Rumelt，1974；Wernerfelt and Montgomery，1988；Chatterjee and Wernerfelt，1991）。

尽管它悠久的历史能追溯到 18 世纪末现代经济学诞生的时候，但企业理论和公司战略的基于能力的方法仍然处于它的幼年时期。尽管如此，它还是提供了一个摆脱基于市场的分析，转变到组织、知识和学习的新方向。

【注释】

[1] 本章大量使用了作者 1998 年文章中的材料（Hodgson 1998c），那篇文章被安巴电子信息（Anbar Electronic Intelligence）誉为“杰出的引文”，拥有最高的评定等级。

[2] 注意第 2 章中关于新古典经济学的定义。

[3] 一些作者偏向于使用“以资源为基础的”这个词，因为它显然与所有资源，包括人力的和非人力的资源相关。然而，“基于能力的”这个词的使用更为普遍，因此我们在这里采用这个词。只有极少数的相关现象（包括以技术为基础的规模经济）在它们的理论核心上可以不考虑人类的能力。

[4] 德姆塞茨后来的观点在某些重要的方面与他和阿尔钦合作的经典论文中的观点是不同的。

[5] 马克思（Marx，1981，p. 455）认为，只有当理论阐述从流通过程转移到生产过程时，现代经济学才开始成为一门真正的科学。马克思的观点在 20 世纪早期被布哈林（Bukharin，1972，pp. 54－56）采纳，而且由罗宾逊（Robinson，1942，pp. 18，92；1960，pp. 92－93）在对奥地利学派和新古典经济学的批判中加以发展。如同亚当·斯密在《国富论》中所作的一样，马克思在《资本论》中对生产过程进行的广泛分析常常被低估了，他的贡献的相对的和绝对的重要性也被低估了，即使是许多现代的马克思主义者也是这样。

[6] 巴比奇（Babbage，1846）修改了斯密的劳动分工观点，强调预先存在的各种技能和能力，将其作为分配不同任务的先决条件。然而和斯密一样，巴比奇的管理概念割裂了认知和执行，本质上还是泰勒主义的。

[7] 彭罗斯的著作在 1995 年被重印。年引用量和年引用率（对著作的引用量除以社会科学中的总引用量）在 20 世纪 90 年代均有所回升。

[8] 在彭罗斯与本书作者以及在 1996 年 10 月她去世之前与其他人的谈话中，彭罗斯清楚地表明她非常赞同演化类比的运用。在 1994—1996 年的谈话中，她仍然十分关注人类意识概念的真正含义，正如她在 1952 年所表现出来的一样。然而，她对一些著作，例如 R. 彭罗斯（R. Penrose，1994）——据我所知他们没有亲缘关系——的著作的理解致使她去探讨意识现象和演化理论调和的可能性。不同于许多主流经济学家，她从来不怕跨越学科之间的界限。虽然如此，她对关于生物学模型在经济学中直接的和未加修改的运用的局限的许多告诫式评论目前仍然适用。

[9] 但要注意，波特（比如 Porter，1990，p. 73）正确地把重点放在了学习上，而且注意到大多数的现代竞争都涉及组织学习能力的变化。

参考文献

Ackerman, Frank (1997), "Consumed in Theory: Alternative Perspectives on the Economics of Consumption", *Journal of Economic Issues*, 31(3), September, 651–664.

Ahmad, Syed (1991), *Capital in Economic Theory: Neo-classical, Cambridge and Chaos*, Aldershot: Edward Elgar.

Alchian, Armen A. (1950), Uncertainty, Evolution, and Economic Theory, *Journal of Political Economy*, 58(2), June, 211–222. Reprinted in Witt (1993b) and in Hodgson (1998f).

Alchian, Armen A. (1953), "Comment", *American Economic Review*, 43(3), September 600–603.

Alchian, Armen A. (1977), *Economic Forces at Work*, Indianapolis: Liberty Press.

Alchian, Armen A. and Demsetz, Harold (1972), "Production, Information Costs, and Economic Organization", *American Economic Review*, 62(4), December, 777–795. Reprinted in Alchian(1977).

Alexander, Samuel(1920), *Space, Time and Deity*, 2 vols, London: Macmillan.

Alland Jr, Alexander(1967), *Evolution and Human Behavior*, New York: Natural History Press.

Allen, Peter M. (1988), "Evolution, Innovation and Economics", in Dosi, Freeman, Nelson, Silverberg and Soete(1988, pp. 95–119).

Allen, Peter M. and Lesser M. (1991), "Evolutionary Human Systems: Learning, Ignorance and Subjectivity", in Saviotti and Metcalfe(1991, pp. 160–171).

Allen, Peter M. and McGlade, J. M. (1987), "Modelling Complex Human Systems: A Fisheries Example", *European Journal of Operational Research*, 30, 147–167.

Andersen, Esben Sloth (1994), *Evolutionary Economics: Post-Schumpeterian Contributions*, London: Pinter.

Anderson, Philip W. (1995), "Viewpoint: The Future", *Science*, 267, 17 March, 1617–1618.

Aoki, Masahiko (1990), "The Participatory Generation of Information Rents and the Theory of the Firm", in Aoki, Masahiko, Gustafsson, Bo and Williamson, Oliver E. (eds) (1990), *The Firm as a Nexus of Treaties*, Sage, London, pp. 26–51.

Archer, Margaret S. (1995), *Realist Social Theory: The Morphogenetic Approach*, Cambridge: Cambridge University Press.

Argyris, Chris and Schön, Donald (1978), *Organizational Learning: A Theory of Action Perspective*, Reading, MA: Addison-Wesley.

Arrow, Kenneth J. (1962), "Economic Welfare and the Allocation of Resources to Invention", in Nelson, Richard R. (1962), *The Rate and Direction of Inventive Activity: Economic and Social Factors*, Princeton University Press, Princeton, pp. 609–625.

Arrow, Kenneth J. (1969), "The Organization of Economic Activity: Issues Pertinent to the Choice of Market Versus Nonmarket Allocation", in *The Analysis and Evaluation of Public Expenditure: The PPB System*, vol. 1, US Joint Economic Committee, pp. 59–73, Washington DC: US Government Printing Office.

Arrow, Kenneth J. (1974), *The Limits of Organization*, New York: Norton.

Arrow, Kenneth J. (1986), "Rationality of Self and Others in an Economic System", *Journal of Business*, 59(4. 2), October, S385–S399. Reprinted in Hogarth, R. M. and Reder, M. W. (eds) (1987), *Rational Choice: The Contrast Between Eco-*

nomics and Psychology, Chicago: University of Chicago Press.

Arrow, Kenneth J. (1994), "Methodological Individualism and Social Knowledge", *American Economic Review (Papers and Proceedings)*, 84(2), May, 1-9.

Arrow, Kenneth J. (1995), "Viewpoint: The Future", *Science*, 267, 17 March, p. 1617.

Arrow, Kenneth J. and Hahn, Frank H. (1971), *General Competitive Analysis*, Edinburgh: Oliver and Boyd.

Arthur, W. Brian (1989), "Competing Technologies, Increasing Returns, and Lock-in by Historical Events", *Economic Journal*, 99(1), March, 116-131. Reprinted in Freeman (1990).

Ashley, William J. (1924), "Evolutionary Economics", in *Birkbeck College Centenary Lectures: 1823-1923. A Course of Lectures Given at the College in Connection With the Celebration of the Centenary*, with a Preface by J. Ramsay McDonald MP, London: University of London Press, pp. 35-61.

Ayres, Clarence E. (1935), "Moral Confusion in Economics", *International Journal of Ethics*, 45, January, 170-199. Reprinted in Samuels (1988).

Ayres, Clarence E. (1944), *The Theory of Economic Progress*, lst edn., Chapel Hill, North Carolina: University of North Carolina Press.

Ayres, Clarence E. (1952), *The Industrial Economy*, Cambridge, MA: Houghton Mifflin.

Ayres, Clarence E. (1958), "Veblen's Theory of Instincts Reconsidered", in Dowd, Douglas F. (ed.) (1958), *Thorstein Veblen: A Critical Appraisal*, Ithica, NY: Cornell University Press, pp. 25-37.

Ayres, Clarence E. (1961), *Toward a Reasonable Society: The Values of Industrial Civilization*, Austin: University of Texas Press.

Axelrod, Robert M. (1984), *The Evolution of Cooperation*, New York: Basic Books.

Babbage, Charles (1846), *On the Economy of Machinery and Manufactures*, 4th edn. (lst edn. 1832), John Murray, London.

Baker, Wayne E. (1984), "The Social Structure of a National Securities Market", *American Journal of Sociology*, 89(4), 775-811. Reprinted in Swedberg (1996).

Barber, Bernard (1977), "The Absolutization of the Market: Some Notes on How We Got from There to Here", in Dworkin, G., Bermant, G. and Brown, P. (eds) (1977), *Markets and Morals*, Washington, DC: Hemisphere, pp. 15-31.

Barber, William J. (1994), "The Divergent Fates of Two Strands of 'Institutionalist' Doctrine During the New Deal Years", *History of Political Economy*, 26(4), Winter, 569-587.

Barber, William J. (1996), *Design Within Disorder*, Cambridge: Cambridge University Press.

Barney, Jay B. (1986), "Strategic Factor Markets: Expectations, Luck and Business Strategy", *Management Science*, 32, 1231-1241.

Basalla, George (1989), *The Evolution of Technology*, Cambridge: Cambridge University Press.

Batt, Francis R. (1929), *The Law of Master and Servant*, New York: Pitman Publishing.

Baumol, William J. (1995), "What's Different About European Economics?", *Kyklos*, 48, Fasc. 2, 187-192.

Baumol, William J. and Quandt, Richard E. (1964), "Rules of Thumb and Optimally Imperfect Decisions", *American Economic Review*, 54(2), March, 23-46.

Becker, Gary S. (1976a), *The Economic Approach to Human Behavior*, Chicago: University of Chicago Press.

Becker, Gary S. (1976b), "Altruism, Egoism, and Genetic Fitness: Economics and Sociobiology", *Journal of Economic Literature*, 14(2), December, 817-826. Reprinted in Hodgson (1995a).

Becker, Gary S. (1981), *A Treatise on the Family*, 1st edn., Cambridge, MA: Harvard University Press.

Becker, Gary S. (1996), *Acccunting for Tastes*, Cambridge, MA: Harvard University Press.

Becker, Gary S. and Posner, Richard A. (1993), "Cross-Cultural Differences in Family and Sexual Life: An Economic Analysis", *Rationality and Society*, 5(4), October, 421-431.

Becd, Clive (1991), "Philosophy of Science and Contemporary Economics: An Overview", *Journal of Post Keynesian Economics*, 13(4), Summer, 459-494.

Bell, Daniel and Kristol, Irving (eds) (1981), *The Crisis in Economic Theory*, New York: Basic Books.

Bellerby, John R. (1927), "The Evolution of a Wage Adjustment System", *International Labour Review*, 16(1-3).

Bellomy, Donald C. (1984), "Social Darwinism Revisited", *Perspectives in American History*, New Series, 1, 1-129.

Berg, Maxine (1991), "On the Origins of Capitalist Hierarchy", in Bo Gustafsson (ed.) (1991), *Power and Economic Institutions: Reinterpretations in Economic History*, Aldershot: Edward Elgar.

Bergson, Henri (1911), *Creative Evolution*, translated from the French edition of 1907, New York: Henry Holt.

Berkson, William and Wettersten, John (1984), *Learning from Error: Karl Popper's Psychology of Learning*, La Salle: Open Court.

Berle, Adolf A. and Means, Gardiner C. (1932), *The Modern Corporation and Private Property*, New York: Commerce Clearing House.

Bertalanffy, Ludwig yon (1950), "The Theory of Open Systems in Physics and Biology", *Science*, No. 111, 23–29.

Bhaduri, Amit (1969), "On the Significance of Recent Controversies in Capital Theory: A Marxian View", *Economic Journal*, 79(3), 532–539, reprinted in Harcourt and Laing (1971) and in Bhaduri (1993).

Bhaduri, Amit (1993), *Unconventional Economic Essays*, Oxford: Oxford University Press.

Bhaduri, Amit and Robinson, Joan (1980), "Accumulation and Exploitation: An Analysis in the Tradition of Marx, Sraffa and Kalecki", *Cambridge Journal of Economics*, 4(2), June, 103–115. Reprinted in Bhaduri (1993).

Bhaskar, Roy (1975), *A Realist Theory of Science*, Leeds: Leeds Books, 2nd edn, 1978, Brighton: Harvester.

Bhaskar, Roy (1979), *The Possibility of Naturalism: A Philosophic Critique of the Contemporary Human Sciences*, Brighton: Harvester.

Bicchieri, Cristina (1994), *Rationality and Coordination*, Cambridge and New York: Cambridge University Press.

Biddle, Jeffrey E. (1990), "Purpose and Evolution in Commons's Institutionalism", *History of Political Economy*, 22(1), Spring, 19–47. Reprinted in Hodgson (1998f).

Biddle, Jeffrey E. (1996), "A Citation Analysis of the Sources and Extent of Wesley Mitchell's Reputation", *History of Political Economy*, 28(2), Summer, 137–169.

Binmore, Kenneth (1987), "Modelling Rational Players, I", *Economics and Philosophy*, 3, 179–214.

Binmore, Kenneth (1988), "Modelling Rational Players, II", *Economics and Philosophy*, 3, 9–55.

Blaas, Wolfgang and Foster, John (eds) (1992), *Mixed Economies in Europe: An*

Evolutionary Perspective on their Emergence, Transition and Regulation, Aldershot: Edward Elgar.

Black, Max (1962), *Models and Metaphors: Studies in Language and Philosophy*, Ithaca: Comell University Press.

Blaug, Mark (1968), *Economic Theory in Retrospect*, 2nd edn., Cambridge: Cambridge University Press.

Blang, Mark (ed.) (1986), *Who's Who in Economics: A Biographical Dictionary of Major Economists* 1700−1986, 2nd edn., Brighton: Wheatsheaf.

Blinder, Alan (1990), "Discussion", *American Economic Review*, 80, May, 445−447.

Böettke, Peter J. (1989), "Evolution and Economics: Austrians as Institutionalists", *Research in the History of Economic Thought and Methodology*, 6, 73−89.

Boggio, Luciano (1985), "On the Stability of Production Prices", *Metroeconomica*, 37(3), October, 241−267.

Böhm, David (1980), *Wholeness and the Implicate Order*, London: Routledge and Kegan Paul.

Böhm, Stephan (1989), "Hayek on Knowledge, Equilibrium and Prices: Context and Impact", *Wirtschafispolitische Blatter*, 36(2), 201−213.

Bonaccorsi, Andrea, Pammolli, Fabio and Tani, Simone (1995), "On R&D and the Nature of the Firm", University of Pisa, mimeo.

Boulding, Kenneth E. (1950), *A Reconstruction of Economics*, New York: Wiley.

Boulding, Kenneth E. (1978), *Ecodynamics: A New Theory of Societal Evolution*, Beverly Hills: Sage.

Boulding, Kenneth E. (1981), *Evolutionary Economics*, Beverly Hills, CA: Sage Publications.

Boulding, Kenneth E. (1991), "What is Evolutionary Economics?", *Journal of Evolutionary Economics*, 1(1), January, 9−17.

Bowler, Peter J. (1983), *The Eclipse of Darwinism: Anti-Darwinian Evolution Theories in the Decades around 1900*, Baltimore: Johns Hopkins University Press.

Bowles, Samuel (1985), "The Production Process in a Competitive Economy: Walrasian, Neo-Hobbesian, and Marxian Models", *American Economic Review*, 75(1), March, 16−36.

Boyd, Robert and Richerson, Peter J. (1980), "Sociobiology, Culture and Economic Theory", *Journal of Economic Behavior and Organization*, 1(1), March, 97−121.

Reprinted in Witt (1993b).

Bradach, J. L. and Eccles, R. G. (1989), "Price, Authority and Trust: From Ideal Types to Plural Forms", *Annual Review of Sociology*, 15, 87－118.

Brandon, Robert N. and Burian, Richard M. (eds) (1984), *Genes, Organisms, Populations: Controversies Over the Units of Selection*, Cambridge, MA: MIT Press.

Braverman, Harry (1974), *Labor and Monopoly Capital: The Degradation of Work in the Twentieth Century*, New York: Monthly Review Press.

Bray, Margaret and Kreps, David M. (1987), "Rational Learning and Rational Expectations", in George R. Feiwel (ed.) (1987), *Arrow and the Ascent of Modern Economic Theory*, Macmillan, London, pp. 597－625.

Buchanan, James M. (1969), "Is Economics the Science of Choice?", in Erich Streissler (ed.) (1969), *Roads to Freedom: Essays in Honour of Friedrich A. von Hayek*, London: Roufledge and Kegan Paul, pp. 47－64.

Bucher, Carl (1901), *Industrial Evolution*, New York: Henry Holt.

Bukimrin, Nikolai (1972), *The Economic Theory of the Leisure Class*, translated from the Russian edition of 1917, New York: Monthly Review Press.

Burns, Arthur R. (1936), *The Decline of Competition: A Study of the Evolution of American Industry*, New York: McGraw-Hill.

Burrow, John W. (1966), *Evolution and Society: A Study of Victorian Social Theory*, Cambridge: Cambridge University Press.

Burt, Cyril (1962), "The Concept of Consciousness", *British Journal of Psychology*, 53, 229－242.

Burton, M. P. and Phimister, E. (1995), "Core Journals: A Reappraisal of the Diamond List", *Economic Journal*, 105(2), March, 361－373.

Bush, Paul Dale (1993), "The Methodology of Institutional Economics: A Pragmatic Instrumentalist Perspective" in Marc R. Tool (ed.) (1993), *Institutional Economics: Theory, Method, Policy*, Kluwer, Boston, pp. 59－107.

Caldwell, Bruce J. (1982), *Beyond Positivism: Economic Methodology in the Twentieth Century*, London: Allen and Unwin.

Camic, Charles (1986), "The Matter of Habit", *American Journal of Sociology*, 91(5), 1039－1087.

Campbell, Donald T. (1965), "Variation, Selection and Retention in Sociocultural Evolution", in Barringer, H. R., Blanksten, G. I. and Mack, R. W. (eds) (1965), *Social Change in Developing Areas: A Reinterpretation of Evolutionary Theory*, Cambridge, MA: Schenkman, pp. 19－49. Reprinted in *General Systems*, 14, 69－85; and

Hodgson (1998f).

Campbell, Donald T. (1974), "'Downward Causation' in Hierarchically Organized Biological Systems", in Ayala, Francisco J. and Dobzhansky, T. (eds) (1974), *Studies in the Philosophy of Biology*, Berkeley and Los Angeles: University of California Press, pp. 179-186.

Campbell, Donald T. (1994), "How Individual and Face-to-Face-Group Selection Undermine Firm Selection in Organizational Evolution", in Baum, Joel A. and Singh, Jitendra V. (eds) (1994), *Evolutionary Dynamics of Organizations*, Oxford: Oxford University Press, pp. 23-38.

Cannan, Edwin (1929), *A Review of Economic Theory*, New York: Augustus Kelley.

Cantwell, John (1989), *Technological Innovation and Multinational Corporations*, Oxford: Basil Blackwell.

Carlson, Mathieu J. (1997), "Mirowski's Thesis and the 'Integrability Problem' in Neoclassical Economics", *Journal of Economic Issues*, 31(3), September, 741-760.

Cartier, Kate (1994), "The Transaction Costs and Benefits of the Incomplete Contract of Employment", *Cambridge Journal of Economics*, 18(2), April, 181-196.

Chamberlain, Neil W. (1963), "The Institutional Economics of John R. Commons", in Dorfman, Joseph, Ayres, Clarence W., Chamberlain, Neil W., Kuznets, Simon, and Gordon, Robert A. (1963), *Institutional Economics: Veblen, Commons, and Mitchell Reconsidered*, Berkeley, CA: University of California Press, pp. 63-94.

Chandler, Alfred D. Jr (1962), *Strategy and Structure: Chapters in the History of the Industrial Enterprise*, New York: Doubleday.

Chandler, Alfred D. Jr (1977), *The Visible Hand: The Managerial Revolution in American Business*, Cambridge, MA: Harvard University Press.

Coase, Ronald H. (1984), "The New Institutional Economics", *Journal of Institutional and Theoretical Economics*, 140, 229-31.

Coase, Ronald H. (1988), "The Nature of the Firm: Origin, Meaning, Influence", *Journal of Law, Economics, and Organization*, 4(1), Spring, 3-47. Reprinted in Williamson and Winter (1991).

Coase, Ronald H. (1996), Personal Communication to G. Hodgson, dated 15 February.

Cobb, John C. (1926), "Quantitative Analysis and the Evolution of Economic Science", *American Economic Review*, 16(3), 426-33.

Cohen, Jack and Stewart, Ian (1994), *The Collapse of Chaos: Discovering Simplicity in a Complex World*, London and New York: Viking.

Cohen, Michael D. and Sproull, Lee S. (eds) (1996), *Organizational Learning*, London: Sage.

Cohen, Paul R. (1985), *Heuristic Reasoning: An Artificial Intelligence Approach*, Boston: Pitman Advanced Publishing.

Colander, David C. and Coats, A. W. (1989), *The Spread of Economic Ideas*, Cambridge: Cambridge University Press.

Colander, David C. and Landreth, Harry (eds) (1996): *The Coming of Keynesianism to America: Conversations with the Founders of Keynesian Economics*, Cheltenham, UK and Brookfield, US: Edward Elgar.

Coleman, James S. (1990), *Foundations of Social Theory*, Cambridge, MA: Harvard University Press.

Coleman, James S. and Fararo, Thomas (eds) (1990), *Rational Choice Theory: Advocacy and Critique*, Newbury Park: Sage.

Commons, John R. (1897), "Natural Selection, Social Selection, and Heredity", *The Arena*, 18, July, 90-97. Reprinted in Hodgson (1998f).

Commons, John R. (1924), *The Legal Foundations of Capitalism*, New York: Macmillan. Reprinted 1968 (Madison: University of Wisconsin Press) and 1974, New York: Augustus Kelley.

Commons, John R. (1934), *Institutional Economics-Its Place in Political Economy*, New York: Macmillan. Reprinted in 1990 with a new introduction by M. Rutherford, New Brunswick, NJ: Transaction.

Commons, John R. (1950), *The Economics of Collective Action*, edited by K. H. Parsons, New York: Macmillan.

Conlisk, John R. (1980), "Costly Optimizers versus Cheap Imitators", *Journal of Economic Behavior and Organization*, 1, 275-293.

Conlisk, John R. (1996), "Why Bounded Rationality?", *Journal of Economic Literature*, 34(2), June, 669-700.

Cooper, W. S. (1989), "How Evolutionary Biology Challenges the Classical Theory of Rational Choice", *Biology and Philosophy*, 4(4), October, 457-481.

Copeland, Morris A. (1931), "Economic Theory and the Natural Science Point of View", *American Economic Review*, 21(1), March, 67-79. Reprinted in Samuels

(1988) and Hodgson (1998f).

Copeland, Morris A. (1936), "Commons's Institutionalism in Relation to the Problem of Social Evolution and Economic Planning", *Quarterly Journal of Economics*, 50(2), 333-346.

Copeland, Morris A. (1958), "On the Scope and Method of Economics" in Dowd, Douglas F. (ed.) (1958), *Thorstein Veblen: A Critical Appraisal*, Ithica, NY: Cornell University Press, pp. 57-75. Reprinted in Hodgson (1995a).

Coricelli, Fabrizio and Dosi, Giovanni (1988), "Coordination and Order in Economic Change and the Interpretative Power of Economic Theory", in Dosi *et al* (1988, pp. 124-147). Reprinted in Hodgson (1993d).

Crozier, John Beattie (1906), *The Wheel of Wealth: Being a Reconstruction of the Science and Art of Political Economy on the Lines of Modern Evolution*, London: Longmans Green.

Crutchfield, James P., Farmer, J. Doyne and Huberman, B. A. (1982), "Fluctuations and Simple Chaotic Dynamics", *Physics Reports*, 92, 45-82.

Crutchfield, James P., Farmer, J. Doyne, Packard, Norman H., Shaw, Robert S. (1986), "Chaos", *Scientific American*, 255(6), December, 38-49.

Cunningham, William (1892), "The Perversion of Economic History", *Economic Journal*, 2, 491-506.

Currie, Martin and Stecdman, lan (1990), *Wrestling With Time: Problems in Economic Theory*, Manchester: Manchester University Press.

Cyert, Richard M. and March, James G. (1963), *A Behavioral Theory of the Firm*, Engelwood Cliffs, NJ: Prentice-Hall.

Dahlman, Carl J. (1979), "The Problem of Externality", *Journal of Law and Economics*, 22(1), April, 141-162.

Daniel, Glyn (1968), *The First Civilizations: The Archaeology of their Origins*, London: Thames and Hudson.

Darwin, Charles (1872), *On the Origin of Species by Means of Natural Selection*, last edn., London: John Murray.

David, Paul A. (1985), "Clio and the Economics of QWERTY", *American Economic Review (Papers and Proceedings)*, 75(2), May, 332-337. Reprinted in Freeman (1990) and Witt (1993b).

Davidson, Paul (1972), *Money and the Real World*, 1st. eon., London: Macmillan.

Davis, Randall and Lenat, Douglas B. (1982), *Knowledge-Based Systems in Arti-*

ficial Intelligence, New York: McGraw-Hill.

Dawkins, Richard (1976), *The Selfish Gene*, Oxford: Oxford University Press.

Day, Richard H. (1975), "Adaptive Processes and Economic Theory", in Richard H. Day and T. Groves (eds) (1975), *Adaptive Economic Models*, New York: Academic Press, pp. 1-38.

Day, Richard H. and Chen, Ping (eds) (1993), *Nonlinear Dynamics and Evolutionary Economics*, New York: Oxford University Press.

Debreu, Gerard (1959), *Theory of Value: An Axiomatic Analysis of Economic Equilibrium*, New Haven: Yale University Press.

Debren, Gerard (1974), "Excess Demand Functions", *Journal of Mathematical Economics*, 1(1), March, 15-21.

Degler, Carl N. (1991), *In Search of Human Nature: The Decline and Revival of Darwinism in American Social Thought*, Oxford and New York: Oxford University Press.

Delorme, Robert and Dopier, Kurt (eds) (1994), *The Political Economy of Diversity: Evolutionary Perspectives on Economic Order and Disorder*, Aldershot: Edward Elgar.

Demsetz, Harold (1988), "The Theory of the Firm Revisited", *Journal of Law, Economics, and Organization*, 4(1), Spring, 141-162. Reprinted in Williamson and Winter (1991).

Depew, David J. and Weber, Bruce H. (eds) (1985), *Evolution at a Crossroads: The New Biology and the New Philosophy of Science*, Cambridge, MA: MIT Press.

Dewey, John (1939), *Theory of Valuation*, Chicago: University of Chicago Press.

Diamond, Arthur M. Jr (1989), "The Core Journals of Economics", *Current Contents*, (1), January 2, 4-11.

Dierickx, Ingemar and Cool, Karel (1989), "Asset Stock Accumulation and Sustainability of Competitive Advantage", *Management Science*, 35, 1504-1511.

Dietrich, Michael (1991), "Firms, Markets and Transaction Cost Economics", *Scottish Journal of Political Economy*, 38(1), February, 41-57.

Dillard, Dudley (1948), *The Economics of John Maynard Keynes: The Theory of a Monetary Economy*, London: Crosby Lockwood.

Dobzhansky, Theodosius (1955), *Evolution, Genetics and Man*, London: Wiley.

Dobzhansky, Theodosius (1968), "On Some Fundamental Concepts of Darwinian

Biology", in Theodosius Dobzhansky, M. K. Hecht, M. K. and W. C. Steere (eds) (1968), *Evolutionary Biology*, Amsterdam: North Holland, pp. 1-34.

Doeringer, Peter B. and Piore, Michael J. (1971), *Internal Labor Markets and Manpower Analysis*, Lexington, MA: Heath.

Dore, Ronald (1983), "Goodwill and the Spirit of Market Capitalism", *Britsh Journal of Sociology*, 34(4), December, 459-482.

Dorfman, Joseph (1955), "The Role of the German Historical School in American Economic Thought", *American Economic Review (Papers and Proceedings)*, 45(2), May, 17-28.

Dosi, Giovanni (1988a), "Institutions and Markets in a Dynamic World", *The Manchester School*, 56(2), June, 119-146.

Dosi, Giovanni (1988b), "The Sources, Procedures, and Microeconomic Effects of Innovation", *Journal of Economic Literature*, 26(3), September, 1120-1171. Reprinted in Freeman (1990).

Dosi, Giovanni and Egidi, Massimo (1991), "Substantive and Procedural Uncertainty: An Exploration of Economic Behaviours in Complex and Changing Environments", *Journal of Evolutionary Economics*, 1(2), April, 145-168.

Dosi, Giovanni and Marengo, Luigi (1994), "Some Elements of an Evolutionary Theory of Organizational Competences", in England (1994, pp. 157-178).

Dosi, Giovanni and Metcalfe, J. Stanley (1991), "On Some Notions of Irreversibility in Economics", in Saviotti and Metcalfe (1991, pp. 133-159).

Dosi, Giovanni, Freeman, Christopher, Nelson, Richard, Silverberg, Gerald and Soete, Luc (eds) (1988), *Technical Change and Economic Theory*, London: Pinter.

Dosi, Giovannl, Pavitt, Keith and Soete, Luc (1990), *The Economics of Technical Change and International Trade*, Hemel Hempstead: Harvester Wheatsheaf.

Douglas, Mary (1990), "Converging on Autonomy: Anthropology and Institutional Economics", in Williamson (1990, pp. 98-115).

Dow, Gregory K. (1987), "The Function of Authority in Transaction Cost Economics", *Journal of Economic Behavior and Organization*, 8(1), March, 13-38.

Dow, Sheila C. (1997), "Methodological Pluralism and Pluralism of Method", in Salanti and Screpanti (1997, pp. 89-99).

Downle, Jack (1958), *The Competitive Process*, London: Duckworth.

Dracker, Peter (1955), *The Practice of Management*, London: Heinemann.

Duffle, Darrell and Sonnenschein, Hugo (1989), "Arrow and General Equilibrium Theory", *Journal of Economic Literature*, 27, 565-598.

Duménll, Gérard and Lévy, Dominique (1987), "The Dynamics of Competition: A Restoration of the Classical Analysis", *Cambridge Journal of Economics*, 11(2), June, 133–164.

Dupré, John A. (ed.) (1987), *The Latest on the Best: Essays on Evolution and Optimality*, Cambridge, MA: MIT Press.

Durkbeim, Emile (1984), *The Division of Labour in Society*, translated from the French edition of 1893 by W. D. Halls with an introduction by Lewis Coser, London: Macmillan.

Dyke, C. (1985), "Complexity and Closure", in Depew and Weber (1985, pp. 97–131).

Eaton, B. Curtis (1984), Review of *An Evolutionary Theory of Economic Change* by R. R. Nelson and S. G. Winter, *Canadian Journal of Economics*, 17(4), November, 868–871.

Eatwell, John (1979), *Theories of Value and Employment*, London: Thames Papers in Political Economy. Reprinted in Eatwell and Milgate (1983).

Eatwell, John (1983), "The Long-Period Theory of Employment", *Cambridge Journal of Economics*, 7(3/4), September-December, 269–285.

Eatwell, John and Milgate, Murray (eds) (1983), *Keynes' Economics and the Theory of Value and Distribution*, London: Duckworth.

Edwards, George W. (1938), *The Evolution of Finance Capitalism*, London: Longmans, Green.

Eldredge, Niles (1985), *Unfinished Synthesis: Biological Hierarchies and Modern Evolutionary Thought*, Oxford: Oxford University Press.

Eliasson, Gunnar (1991), "Deregulation, Innovative Entry and Structural Diversity as a Source of Stable and Rapid Economic Growth", *Journal of Evolutionary Economics*, 1(1), January, 49–63.

Ellerman, David P. (1982), *Economics, Accounting and Property Theory*, Lexington, MA: D. C. Heath.

Ellerman, David P. (1992), *Property and Contract in Economics: The Case for Economic Democracy*, Oxford: Blackwell.

Elster, Jon (1982), "Marxism, Functionalism and Game Theory", *Theory and Society*, 11(4), 453–482. Reprinted in Roemer, John E. (ed.) (1986), *Analytical Marxism*, Cambridge: Cambridge University Press.

Elster, Jon (1983), *Explaining Technical Change*, Cambridge: Cambridge University Press.

Ely, Richard T. (1903), *Studies in the Evolution of Industrial Society*, New York: Macmillan.

England, Richard W. (ed.) (1994), *Evolutionary Concepts in Contemporary Economics*, University of Michigan Press, Ann Arbor, MI.

Enke Stephen (1951), "On Maximizing Profits: A Distinction Between Chamberlin and Robinson", *American Economic Review*, 41(3), September, 566-578.

Etzioni, Amitai (1988), *The Moral Dimension: Toward a New Economics*, New York: Free Press.

Everett, Michael J. and Minkler, Alanson P. (1993), "Evolution and Organizational Choice in 19th Century Britain", *Cambridge Journal of Economics*, 17(1), March, 51-62.

Faber, Malte and Proops, John L. R. (1990), *Evolution, Time, Production and the Environment*, Berlin: Springer.

Fama, Eugene F. (1980), "Agency Problems and the Theory of the Firm", *Journal of Political Economy*, 88(2), April, 288-307.

Farrell, Michael J. (1970), "Some Elementary Selection Processes in Economics", *Review of Economic Studies*, 37, 305-319.

Fischer, Stanley (1977), "Long-Term Contracting, Sticky Prices, and Monetary Policy: A Comment", *Journal of Monetary Economics*, 3, 317-323.

Fleetwood, Steven (1995), *Hayek's Political Economy: The Socio-Economics of Order*, London: Routledge.

Ford, Henry, Jones (1915), *The Natural History of the State*, Princeton: Princeton University Press.

Foss, Nicolai Juul (1991), "The Suppression of Evolutionary Approaches in Economics: The Case of Marshall and Monopolistic Competition", *Methodus*, 3(2), December, 65-72. Reprinted in Hodgson (1995a).

Foss, Nicolai Juul (1993), "Theories of the Firm: Contractual and Competence Perspectives", *Journal of Evolutionary Economics*, 3(2), May, 127-144.

Foss, Nicolai Juul (1994a), "Realism and Evolutionary Economics", *Journal of Social and Evolutionary Systems*, 17(1), 21-40.

Foss, Nicolai Juul (1994b), "The Biological Analogy and the Theory of the Firm: Marshall and Monopolistic Competition", *Journal of Economic Issues*, 28(4), December, 1115-1136. Reprinted in Hodgson (1998f).

Foss, Nicolai Juul (1996), "The 'Alternative' Theories of Knight and Coase, and the Modern Theory of the Firm", *Journal of the History of Economic Thought*, 18

(1), Spring, 76–95.

Foss, Nicolai Juul and Knudsen, Christian (eds) (1996), *Towards a Competence Theory of the Firm*, London: Roufiedge.

Foster, John (1987), *Evolutionary Macroeconomics*, London: George Allen and Unwin.

Foufie, Frederick C. V. N. (1989), "The Nature of Firms and Markets: Do Transactions Approaches Help?", *South African Journal of Economics*, 57(2), 142–160.

Fox, Alan (1974), *Beyond Contract: Work, Power and Trust Relations*, London: Faber and Faber.

Fransman, Martin (1994), "Information, Knowledge, Vision and Theories of the Firm", *Industrial and Corporate Change*, 3(3), 713–757.

Freeden, Michael (ed.) (1988), *J. A. Hobson: A Reader*, London and Boston: Unwin Hyman.

Freeman, Christopher (ed.) (1990), *The Economics of Innovation*, Aldershot: Edward Elgar.

Freeman, Christopher and Soete, Luc L. G. (1997), *The Economics of Industrial Innovation*, 3rd edn., London: Pinter.

Frey, Bruno S. and Eichenberger, Reiner (1993), "American and European Economics and Economists", *Journal of Economic Perspectives*, 7(4), Fall, 185–193.

Friedman, Jeffrey (ed.) (1995), *The Rational Choice Controversy: Economic Models of Politics Reconsidered*, New Haven: Yale University Press.

Friedman, Milton (1953); "The Methodology of Positive Economics", in M. Friedman, *Essays in Positive Economics*, Chicago: University of Chicago Press. Reprinted in B. J. Caldwell (ed.) (1984), *Appraisal and Criticism In Economics: A Book of Readings*, Boston: Allen and Unwin.

Friedman, Milton (1991), "Old Wine in New Bottles", *Economic Journal*, 101(1), January, 33–40.

Furubotn, Eirik G. and Richter, Rudolph (1997), *Institutions in Economic Theory: The Contribution of the New Institutional Economics*, Ann Arbor: University of Michigan Press.

Garegnani, Piero (1966), "Switching of Techniques", *Quarterly Journal of Economics*, 80, 554–567.

Garegnani, Piero (1970), "Heterogeneous Capital, the Production Function and the Theory of Distribution", *Review of Economic Studies*, 37, 407–436. Reprinted in

Hunt and Schwartz (1972).

Garegnani, Piero (1978), "Notes on Consumption, Investment and Effective Demand: I", *Cambridge Journal of Economics*, 2(4), December, 335－353. Reprinted in Eatwell and Milgate (1983).

Garegnani, Piero (1979a), "Notes on Consumption, Investment and Effective Demand: II", *Cambridge Journal of Economics*, 3(1), March, 63－82. Reprinted in Eatwell and Milgate (1983).

Garegnani, Piero (1979b), "Notes on Consumption, Investment and Effective Demand: A Reply to Joan Robinson", *Cambridge Journal of Economics*, 3(2), June, 181－187. Reprinted in Eatwell and Milgate (1983).

Georgescu-Roegen, Nicholas (1971), *The Entropy Law and the Economic Process*, Cambridge, MA: Harvard University Press.

Gherardi, S. and Masiero, A. (1990), "Solidarity as a Networking Skill and a Trust Relation: Its Implications for Cooperative Development", *Economic and Industrial Democracy*, 11(4), November, 553－574.

Ghiselin, Michael T. (1974), *The Economy of Nature and the Evolution of Sex*, Berkeley: University of California Press.

Giddens, Anthony (1984), *The Constitution of Society: Outline of the Theory of Structuration*, Cambridge: Polity Press.

Giddings, Franklin A. (1896), *The Principles of Sociology*, New York: Macmillan.

Gleick, James (1988), *Chaos: Making a New Science*, London: Heinemann.

Goldberg, David E. (1989), *Genetic Algorithms in Search, Optimization, and Machine Learning*, Reading, MA: Addison-Wesley.

Goldberg, M. A. (1975), "On the Inefficiency of Being Efficient", *Environment and Planning*, 7(8), 921—939.

Goldberg, Victor P. (1980), "Relational Exchange: Economics and Complex Contracts", *American Behavioral Scientist*, 23(3), 337－352.

Goodenough, Ward H. (1981), *Culture; Language and Society*, Menlo Park, CA: Benjamin/Cummings.

Goodwin, Richard M. (1990), *Chaotic Economic Dynamics*, Oxford: Oxford University Press.

Gordon, Robert A. (1945), *Business Leadership in the Large Corporation*, Washington, DC: Brookings Institution.

Gordon, Robert A. (1948), "Short-Period Price Determination in Theory and

Practice", *American Economic Review*, 38, June, 265-288.

Gordon, Robert A. (1963), "Institutional Elements in Contemporary Economies", in Dorfman, Joseph, Ayres, Clarence W., Chamberlain, Neil W., Kuznets, Simon, and Gordon, Robert A. (1963), *Institutional Economics: Veblen, Commons, and Mitchell Reconsidered*, Berkeley, CA: University of California Press, pp. 123-147.

Gordon, Robert A. (1976), "Rigor and Relevance in a Changing Institutional Setting", *American Economic Review*, 66(1), March, 1-14. Reprinted in Samuels(1988).

Gordon. Wendell and Adams, John(1989), *Economics as a Social Science: An Evolutionary Approach*, Riverdale, MD: Riverdale.

Gould, Stephen Jay(1978), *Ever Since Darwin: Reflections in Natural History*, London: Burnett Books.

Gould, Stephen Jay(1980), *The Panda's Thumb*, New York: Norton.

Gould, Stephen Jay(1982), "The Meaning of Punctuated Equilibrium and its Role in Validating a Hierarchical Approach to Macroevolution", in Milkman, Roger(ed.) (1982), *Perspectives, on Evolution*, Sunderland, MA: Sinauer Associates, pp. 83-104.

Gould, Stephen Jay(1989), *Wonderful Life: The Burgess Shale and The Nature of History*, London: Hutchinson Radius.

Gould, Stephen Jay and Lewontin, Richard C. (1979), "The Spandrels of San Marco and the Panglossian Paradigm: A Critique of the Adaptationist Programme", *Proceedings of the Royal Society of London*, Series B, 205, pp. 581-598. Reprinted in Sober(1984b).

Gowdy, John M. (1985), "Evolutionary Theory and Economic Theory: Some-Methodological Issues", *Review of Social Economy*, 43, 316-324.

Gowdy, John M. (1987), "Bio-economics: Social Economy Versus the Chicago School", *International Journal of Social Economics*, 14(1), 32-42. Reprinted in Hodgson(1995a).

Grabher, Gernot(ed.)(1993), *The Embedded Firm: On the Socioeconomics of Industrial Networks*. London: Routledge.

Grandmont. Jean-Michel (1986), "Stabilizing Competitive Business Cycles", *Journal of Economic Theory*, 40(1), October, 57-76. Reprinted in Grandmont, Jean-Michel(ed.)(1987), *Nonlinear Economic Dynamics*, New York: Academic Press.

Grandmont, Jean-Michel and Malgrange, Pierre(1986), "Nonlinear Economic Dynamics: Introduction", *Journal of Economic Theory*, 40, 3-12.

Grant, Roben M. (1996), "Toward a Knowledge-Based Theory of the Firm", *Strategic Management Journal*, 17, Special Issue, pp. 109-122.

Green, Donald and Shapiro, Ian(1994), *Pathologies of Rational Choice Theory: A Critique of Applications in Political Science*, New Haven, CT: Yale University Press.

Greif, Avner(1996), "The Study of Organizations and Evolving Organizational Forms Through History: Reflections from the Late Medieval Family Firm", *Industrial and Corporate Change*, 5(2), 473-501.

Grossman Sanford J. and Hart, Oliver D. (1983), "An Analysis of the Principal Agent Problem", *Econometrica*, 51(1), 7-45.

Grossman, Sanford J. and Hart, Oliver D. (1986), "The Costs and Benefits of Ownership: A Theory of Vertical and Lateral Integration", *Journal of Political Economy*, 94(4), August, 691-719.

Gruchy, Allan G. (1948), "The Philosophical Basis of the New Keynesian Economics", *International Journal of Ethics*, 58(4), July, 235-244.

Gruchy, Allan G. (1972), *Contemporary Economic Thought: The Contribution of Neo-Institutional Economics*, London and New York: Macmillan.

Gulbenkian Commission on the Restructuring of the Social Sciences(1996), *Open the Social Sciences*, Stanford: Stanford University Press.

Haavelmo, Trygve(1954), *A Study in the Theory of Economic Evolution*, Amsterdam: North-Holland.

Hahn, Frank H. (1975), "Revival of Political Economy: The Wrong Issues and the Wrong Arguments", *Economic Record*, 51, September, 360-364.

Hahn, Frank H. (1980), "General Equilibrium Theory", *The Public Interest*, Special Issue, 123-138. Reprinted in Bell and Kristol(1981)and in Hahn(1984).

Hahn, Frank H. (1982), "The Neo-Ricardians", *Cambridge Journal of Economics*, 6(4), December, 353-374.

Hahn, Frank H. (1984), *Equilibrium and Macroeconomics*, Oxford: Blackwell.

Hahn, Frank H. (1988), "On Monetary Theory", *The Economic Journal*, 98(December): 957-973.

Hahn, Frank H, (1991), "The Next Handred Years", *Economic Journal*, 101(1), January, 47-50.

Hall, Roben L. and Hitch, Charles J. (1939), "Price Theory and Business Behaviour", *Oxford Economic Papers*, 2, 12 - 45. Reprinted in, T. Wilson and Philip W. S. Andrews(eds)(1951), *Oxfotd Studies in the Price Mechonism*, Oxford: Clarendon Press.

Haltiwanger, John and Waldman, Michael(1985), "Rational Expectations and the

Limits of Rationality: An Analysis of Heterogeneity", *American Economic Review*, 75, 159–173.

Haltiwanger, John and Waldman, Michael (1991), "Responders Versus Non-Responders: A New Perspective on Heterogeneity", *The Economic Journal*, 101, 1085–1102.

Hamilton. David B. (1991), *Evolutionary Economics: A Study in Change in Economic Thought*, 3rd edn., New Brunswick, NJ: Transaction.

Hammermesh, Daniel S. and Soss, Neal M. (1974), "An Economic Theory of Suicide", *Journal of Political Economy*, 82(1), January-February, 83–98.

Hannan, Michael T. and Freeman, John (1977), "The Population Ecology of Organizations", *American Journal of Sociology*, 82, 929–964.

Hannan, Michael T. and Freeman, John (1989), *Organizational Ecology*, Cambridge, MA: Harvard University Press.

Hansson, Ingemar and Stuart, Charles (1990), "Malthusian Selection of Preferences", *American Economic Review*, 80, 529–544.

Hanusch, Horst (ed.) (1988), *Evolutionary Economics; Applications of Schumpeter's, Ideas*, Cambridge: Cambridge University Press.

Harcourt Geoffrey C. (1969), "Some Cambridge Controversies in the Theory of Capital", *Journal of Economic Literature*, 7, 369–405.

Harcourt, Geoffrey C. (1972), *Some Cambridge Controversies in the Theory of Capital*, Cambridge: Cambridge University Press.

Harcourt, Geoffrey C. (ed.) (1977), *The Microeconomic Foundations of Macroeconomics*, Boulder, CO: Westview Press.

Harcourt, Geoffrey C. (1982a), "The Sraffian Contribution: An Evaluation", in Bradley, Ian and Howard, Michael (eds) (1982), *Classical and Marxian Political Economy; Essays in Honour of Ronald L. Meek*, London: Macmillan, pp. 255–275.

Harcourt, Geoffrey C. (1982b), *The Social Science Imperialists: Selected Essays*, ed. Prue Kerr, London: Routledge and Kegan Paul.

Harcourt, Geaffrey C. (1985), "On the Influence of Piero Sraffa on the Contributions of Joan Robinson to Economic Theory", *Economic Journal (Conference Papers)*, 96, 96–108.

Harcourt, Geoffrey C. (1994), "Capital Theory Controversies", in Arestis, Philip and Sawyer, Malcolm (eds) (1994), *The Elgar Companion to Radical Political Economy*, Aldershot: Edward Elgar, pp. 29–34.

Reprinted in Harcourt, Geoffrey C. (1995), *Capitalism, Socialism and Post-*

Keynesianism: *Selected Essays*, Aldershot: Edward Elgar.

Harcourt, Geoffrey C. and Laing, N. F. (eds)(1971), *Capital and Growth*, Harmondsworth: Penguin.

Harcourt Geoffrey C. and Massaro, Vincent G. (1964), "Mr Sraffa's *Production of Commodities by Means of Commodities*", *Economic Record*, 40, 442－454. Reprinted in Harcourt(1972, pp. 177－204).

Harcourt, Geoffrey C. and O'Shaughnessy, T. J. (1985), "Keynes Unemployment Equilibrium: Some Insights from Joan Robinson, Piero Sraffa and Richard Kahn", in Geoffrey C. Harcourt(ed.)(1985), *Keynes and His Contemporaries*, London: Macmillan.

Hargreaves Heap, Shaun P. and Varoufakis, Yanis(1995), *Game Theory*; *A Critical Introduction*, London: Routledge.

Harris, Abram L. (1934), "Economic Evolution: Dialectical and Darwinian", *Journal of Political Economy*, 42(1), February, 34－79. Reprinted in Hodgson (1998f).

Harris, Abram L. (1942), "Sombart and Germam(National) Socialism", *Journal of Political Economy*, 50(6), December, 805－835. Reprinted in Mark Blaug(ed.)(1992), *Gustav Schmoller*(1838－1917)*and Werner Sombart*(1863－1941), Aldershot: Edward Elgar.

Harris, Marvin(1971), *Culture, Man and Nature*, New York: Crowell.

Hart, Oliver D. (1988), "Incomplete Contracts and the Theory of the Firm", *Journal of Law, Economics, and Organization*, 4(1), Spring, 119－139.

Hart, Oliver D. (1995), *Firms, Contracts, and Financial Structures*, Oxford: Oxford University Press.

Hart, Oliver D. and Moore, John(1990), "Property Rights and the Nature of the Firm", *Journal of Political Economy*, 98(6), 1119－1158.

Hayek, Friedrich A. (1948), *Individualism and Economic Order*, Chicago: University of Chicago Press.

Hayek, Friedrich A. (1952a), *The Sensory Order*: *An, Inquiry into the Foundations of Theoretical Psychology*, London: Routledge and Kegan Paul.

Hayek, Friedrich A. (1952b), *The Counter-Revolution of Science*: *Studies on the Abuse of Reason*, lst edn., Glencoe, IL: Free Press.

Hayek, Friedrich A. (1967a), "Notes on the Evolution of Systems of Rules of-Conduct", from Hayek(1967b, pp. 66－81). Reprinted in Witt(1993b) and in Hodgson (1998f).

Hayek, Friedrich A. (1967b), *Studies in Philosophy, Politics and Economics*, London: Routledge and Kegan Paul.

Hayek, Friedrich A. (1982), *Law, Legislation and Liberty*, 3-volume combined edn., London: Routledge and Kegan Paul.

Hayek, Friedrich A. (1988), *The Fatal Conceit: The Errors of Socialism. The Collected Works of Friedrich August Hayek*, *Vol. I*, ed. William W. Bartley Ⅲ, London: Routledge.

Heertje, Arnold(1994), "Neo-Schumpeterians and Economic Theory", in Magnusson(1994, pp. 265–276).

Heertje, Arnold and Perlman, Mark(eds)(1990), *Evolving Technology and Market Structure: Studies in Schumpeterian Economics*, Ann Arbor, MI: University of Michigan Press.

Heiner, Ronald A. (1989), "The Origin of Predictable Dynamic Behaviour", *Journal of Economic Behaviour and Organization*, 12, 233–257.

Hej1, Peter M. (1995), "The Importance of the Concepts of 'Organism' and 'Evolution' in Emile Durkheim's *Division of Social Labor* and the Influence of Herbert Spencer", in Maasen, *et al* (1995, pp. 155–191).

Hennis, Wilhelm(1988), *Max Weber, Essays in Reconstruction*, London: George Allen and Unwin.

Herbst, Jurgen(1965), *The German Historical School in American Scholarship: A Study in the Transfer of Culture*, Ithaca, NY: Cornell University Press.

Hesse, Mary B. (1955), *Science and the Human Imagination*, New York: Philosophical Library.

Hesse, Mary B. (1966), *Models and Analogies in Science*, Notre Dame: University of Notre Dame Press.

Hesse, Maly B. (1980), *Revolutions and Reconstructions in the Philosophy of Science*, Brighton: Harvester Press.

Hey, John D. (1981), "Are Optimal Search Rules Reasonable? And Vice Versa?", *Journal of Economic Behavior and Organization*, 2(1), March, 47–70.

Hippel, Eric von (1987), "Cooperation Between Rivals: Informal Know-How Trading", *Research Policy*, 16, 291–302.

Hippel, Eric von(1988), *The Sources of Innovation*, Oxford: Oxford University Press.

Hirsch, Paul M. (1990), "Rational Choice Models for Sociology-Pro and Con: Introduction", *Rationality and Society*, 2(2), April, 137–141.

Hirschman, Albert O. (1985),"Against Parsimony: Three Ways of Complicating Some Categories of Economic Discourse", *Economics and Philosophy*, 1(1), March, 7-21.

Hirshleifer, Jack (1977), "Economics from a Biological Viewpoint", *Journal of Law and Economics*, 20(1), April, 1-52. Reprinted in Hodgson(1995a).

Hirshleifer, Jack (1978), "Natural Economy versus Political Economy", *Journal of Social and Biological Structures*, 1, 319-337.

Hirshleifer, Jack(1982), "Evolutionary Models in Economics and Law: Cooperation versus Conflict Strategies", in R. O. Zerbe Jr and P. H. Rubin(eds) (1982), *Research in Law and Economics*, 4, pp. 1-60. Reprinted in Witt(1993b).

Hirst Paul Q. and Woolley, Penny(1982), *Social Relations and Human Attributes*, London: Tavistock.

Hobson, John A. (1894), *The Evolution of Modern Capitalism: A Study of Machine Production*, lst edn., London: Walter Scott, and New York: Charles Scribner's.

Hobson, John A. (1914), *Work and Wealth: A Human Valuation*, London: Macmillan.

Hobson, John A. (1929), *Wealth and Life: A Study in Values*, London: Macmillan.

Hobson, John A. (1936), *Veblen*, London: Chapman and Hall. Reprinted 1991 by Augustus Kelley.

Hodgson, Geoffrey M. (1982a), "Marx Without the Labour Theory of Value", *Review of Radical Political Economics*, 14 (2), Summer, 59 - 67. Reprinted in J. C. Wood(ed.)(1987), *Karl Marx's Economics: Critical Assessments*, Croom Helm, Beckenham, and in Hodgson(1991c).

Hodgson, Geoffrey M. (1982b), *Capitalism, Value and Exploitation: A Radical Theory*, Oxford: Martin Robertson.

Hodgson, Geoffrey M. (1984), *The Democratic Economy: A New Look at Planning, Markets and Power*, Harmondsworth: Penguin.

Hodgson, Geoffrey M. (1988), *Economics and Institutions: A Manifesto for a Modern Institutional Economics*, Cambridge and Philadelphia: Polity Press and University of Pennsylvania Press.

Hodgson, Geoffrey M. (1989), "Post-Keynesianism and Institutionalism: The Missing Link", in Pheby, John(ed.)(1989), *New Directions in Post Keynesian Economics*, Aldershot: Edward Elgar, pp. 94-123. Reprinted in Hodgson(1991C).

Hodgson, Geoffrey M. (1991a), "Hayek's Theory of Cultural Evolution: An

Evaluation in the Light of Vanberg's Critique", *Economics and Philosophy*, 7, 67-82.

Hodgson, Geoffrey M. (1991b), "Economic Evolution: Intervention Contra Pangloss", *Journal of Economic Issues*, 25(2), June, 519-533.

Hodgson, Geoffrey M. (1991c), *After Marx and Sraffa*, Basingstoke: Macmillan.

Hodgson, Geoffrey M. (1992a), "Thorstein Veblen and Post-Darwinian Economics", *Cambridge Journal of Economics*, 16(3), September, 285-301. Reprinted in Hodgson(1998f).

Hodgson, Geoffrey M. (1992b), "The Reconstruction of Economics: Is There still a Place for Neoclassical Theory?", *Journal of Economic Issues*, 26(3), September, 749-767.

Hodgson, Geoffrey M. (1993a), "The Mecca of Alfred Marshall", *Economic Journal*, 103(2), March, 406-415. Reprinted in Hodgson(1998f).

Hodgson, Geoffrey M. (1993b), *Economics and Evolution: Bringing Life Back Into Economics*, Cambridge, UK and Ann Arbor, MI: Polity Press and University of Michigan Press.

Hodgson, Geoffrey M. (1993c), "Transaction Costs and the Evolution of the Firm", in Christos Pitelis(ed.)(1993), *Transaction Costs, Markets and Hierarchies: Critical Assessments*, Oxford: Basil Blackwell, 77-100.

Hodgson, Geoffrey M. (ed.)(1993d), *The Economics of Institutions*, Aldershot: Edward Elgar.

Hodgson, Geoffrey M. (1993e), "Commentary" [On the "Pragmatic Instrumentalist Perspective" of Paul Dale Bush] in Marc R. Tool(ed.)(1993), *Institutional Economics: Theory, Method, Policy*, Kluwer, Boston, pp. 108-118.

Hodgson, Geoffrey M. (1994a), "Optimisation and Evolution: Winter's Critique of Friedman Revisited", *Cambridge Journal of Economics*, 18(4), August, 413-430. Reprinted in Hodgson(1998f).

Hodgson, Geoffrey M. (1994b), "Capital Theory", in Hodgson *et al*(1994, vol. 1, pp. 33-38).

Hodgson, Geoffrey M. (ed.)(1995a), *Economics and Biology*, Aldershot: Edward Elgar.

Hodgson, Geoffrey M. (1995b), "The Evolution of Evolutionary Economics", *Scottish Journal of Political Economy*, 42(4), November, 469-488.

Hodgson, Geoffrey M. (1996a), "Varieties of Capitalism and Varieties of Economic Theory",*Review of Political Economy*,3(3),Autumn,381-434.

Hodgson,Geoffrey M. (1996b),"Richard Nelson and Sidney Winter",in Warren J. Samuels(ed.)(1996),*American Economists of the Late Twentieth Century*,Aldershot:Edward Elgar,PP. 194-215.

Hodgson,Geoffrey M. (1997a),"Metaphor and Pluralism in Economics:Mechanics and Biology",in Salanti and Screpanti(1997,pp. 131-154).

Hodgson,Geoffrey M. (1997b),"The Fate of the Cambridge Capital Controversy",in Philip Arestis and Malcolm C. Sawyer(eds)(1997),*Capital Controversy,Post Keynesian Economics and the History of Economic Theory:Essays in Honour of Geoff Harcourt*,London:Routledge,pp. 95-110.

Hodgson, Geoffrey M. (1997c). "The Evolutionary and Non-Darwinian Economics of Josech Schumpeter", *Journal of Evolutionary Economics*, 7(2), June, 131-145.

Hodgson, Geoffrey M. (1997d),"The Ubiquity of Habits and Rules",*Cambridge Journal of Economics*,21(6),November,663-684.

Hodgson,Geoffrey M. (1997e),"Economics and Evolution and the Evolution of Economics",in Reijnders(1997,pp. 9-40).

Hodgson,Geoffrey M. (1998a),"The Coasean Tangle:The Nature of the Firm and the Problem of Historical Specificity",in Steven G. Medema(ed.)(1998),*Coasean Economics:Law and Economics and the New Institutional Economics*,Boston:Kluwer,pp. 23-49.

Hodgson,Geoffrey M. (1998b). "The Approach of Evolutionary Economics", *Journal of Economic Literature*,36(1),March,166-192.

Hodgson,Geoffrey M. (1998c),"Evolutionary and Competence-Based Theories of the Firm",*Journal of Economic Studies*,25(1),25-56.

Hodgson,Geoffrey M. (1998d),"On the Evolution of Thorstein Veblen's Evolutionary Economics",*Cambridge Journal of Economics*,22(3),July, 415-431.

Hodgson,Geoffrey M. (1998e),*Economics and Utopia:Why the Learning Economy is not the End of History*,London:Routledge.

Hodgson,Geoffrey M. (ed.)(1998f),*The Foundations of Evolutionary Economics, 1890-1973*,Cheltenham,UK and Lyme,US:Edward Elgar.

Hodgson,Geoffrey M. (forthcoming),"Biological Metaphors in Economics from the 1880s to the 1980s",in Kurt Dopfer(ed.),*Evolutionary Principles of Economics*, Cambridge:Cambridge University Press(forthcoming).

Hodgson,Geoffrey M. and Rothman,Harry(1999),"The Editors and Authors of

Economic Journals: A Case of Institutional Oligopoly?", *Economic Journal*, February (forthcoming).

Hodgson, Geoffrey M. and Screpanti, Ernesto (eds) (1991), *Rethinking Economics: Markets, Technology and Economic Evolution*, Aldershot: Edward Elgar.

Hodgson, Geoffrey M., Samuels, Warren J. and Tool, Marc R. (eds) (1994), *The Elgar Companion to Institutional and Evolutionary Economics*, Aldershot: Edward Elgar.

Hofstadter, Richard (1959), *Social Darwinism in American Thought*, revised edn., New York: Braziller.

Holland, John H. (1986), "Escaping Brittleness: The Possibilities of General-Purpese Learning Algorithms Applied to Parallel Rule-Based Systems", in R. S. Michalski *et al*, 1986, ch. 20.

Hoover, Kevin D. (1995), "Why Does Methodology Matter for Economics?", *Economic Journal*, 105(3), May, 715-734.

Horwitz, Steven (1992), *Monetary Evolution, Free Banking, and Economic Order*, Boulder, CO: Westview Press.

Hrebeniak, Lawrence G. and Joyce, William F. (1985), "Organizational Adaptation, Strategic Choice and Environmental Determinism", *Administrative Science Quarterly*, 36-49.

Hull, David L. (1973), "Darwin and His Critics: The Reception of Darwin's Theory of Evolution by the Scientific Community", Cambridge, MA: Harvard University Press.

Hunt, E. K. and Schwartz, Jesse G. (eds) (1972), *A Critique of Economic Theory*, Harmondsworth: Penguin.

Hutchison, Terence W. (1992), *Changing Aims in, Economics*, Oxford: Basil Blackwell.

Hutter, Michael (1994), "Organism as a Metaphor in German Economic Thought", in Mirowski (1994, pp. 289-321). Reprinted in Hodgson (1998f).

Ingham, Geffrey (1996a), "Some Recent Changes in the Relationship Between Economics and Sociology", *Cambridge Journal of Economics*, 20(2), March, 243-275.

Ingham, Geoffrey (1996b), "Money is a Social Relation", *Review of Social Economy*, 54(4), Winter, pp. 507-529.

Ingrao, Bruna and Israel, Giorgio (1990), *The Invisible Hand: Economic Equilibrium in the History of Science*, Cambridge, MA: MIT Press.

Itami, H. (1987), *Mobilizing Invisible Assets*, Cambridge, MA: Harvard University Press.

Jackson, William A. (1995), "Naturalism in Economics", *Journal of Economic Issues*, 29(3), September, 761–780.

James, Philip S. (1966), *Introduction to English Law*, 6th edn., London: Butterworths.

James, William(1890), *The Principles of Psychology*, New York: Holt.

Jensen, Michael C. and Meckling, William H. (1976), "Theory of the Firm: Managerial Behavior, Agency Costs and Ownership Structure", *Journal of Financial Economics*, 3(4), October, 305–360.

Jolink, Albert(1996), *The Evolutionist Economics of Leon Walras*, London and New York: Routledge.

Joravsky, D. (1970), *The Lysenko Affair*, Cambridge, MA: Harvard University Press.

Kapp, K. William(1976), "The Nature and Significance of Institutional Economics", *Kyklos*, 29, Fasc. 2, 206–232. Reprinted in Samuels(1988).

Kauffman, Stuart A. (1988), "The Evolution of Economic Webs", in P. Anderson, K. J. Arrow and D. Pines(eds)(1988), *The Economy as an Evolving Complex System*, Reading, MA: Addison-Wesley, pp. 125–146.

Kaufman, W. (ed.)(1982), *The Portable Nietzsche*, Harmondsworth: Penguin.

Kay, Neil M. (1982), *The Evolving Firm: Strategy and Structure in Industrial Organization*, London: Macmillan.

Kay, Neil M. (1984), *The Emergent Firm: Knowledge, Ignorance and Surprise in Economic Organization*, London: Macmillan.

Kay, Neil M. (1995), "Alchian and 'The Alchian Thesis'", *Journal of Economic Methodology*, 2(2), December, 281–286.

Keizer, W. (1989), "Recent Reinterpretations of the Socialist Calculation Debate", *Journal of Economic Studies*, 16: 63–83.

Kelm, Matthias(1997), "Schumpeter's Theory of Economic Evolution: A Darwinian Interpretation", *Journal of Evolutionary Economics*, 7(2), June, 97–130.

Keppler, Jan Horst(1998), "The Genesis of 'Positive Economics' and the Rejection of Monopolistic Competition Theory: A Methodological Debate", *Cambridge Journal of Economics*, 22(3), May, 261–276.

Keynes, John Maynard(1913), *Indian Currency and Finance*, London: Macmillan.

Keynes, John Maynard(1922), *A Revision of the Treaty*, London: Macmillan.

Keynes, John Maynard (1936), *The General Theory of Employment, Interest and Money*, London: Macmillan.

Keynes, John Maynard (1973), *The Collected Writings of John, Maynard Keynes, Vol, XIV, "The General Theory and After: Defence and Development"*, London: Macmillan.

Khalil, Elias L. (1992), "Hayek's Spontaneous Order and Varela's Autopoiesis: A Comment", *Human Systems Management*, 11(2), 49–114.

Khalil, Elias L. (1993), "Neo-classical Economics and Neo-Darwinism: Clearing the Way for Historical Thinking", in Ron Blackwell, Jaspal Chatha and Edward J. Nell (eds), *Economics as Worldly Philosophy: Essays in Political and Historical Economics in Honour of Robert L. Heilbroner*, London: Macmillan, pp. 22–72. Reprinted in Hodgson(19995a).

Kingsland, Sharon E. (1994), "Economics and Evolution: Alfred James Lotka and the Economy of Nature", in Mirowski (1994, pp. 231–246). Reprinted in Hodgson (1998f).

Kirman, Alan P. (1989), "The Intrinsic Limits of Modern Economic Theory: The Emperor Has No Clothes", *Economic Journal (Conference Papers)*, 99, 126–139.

Kirman, Alan P. (1992), "Whom or, What Does the Representative Individual Represent?", *Journal of Economic Perspectives*, 6(2), Spring, 117–136.

Kirman Alan P. (1994), "Economic Research in Europe: Inputs and Outputs", *Royal Economic Society Newsletter*, no. 85, April, 11–13.

Klamer, Arjo and Colander, David (1990), *The Making of an Economist*, Boulder: Westview Press.

Klamer, Arjo and Leonard, Thomas C. (1994), "So What's an Economic Metaphor? ", in Mirowski (1994, pp. 20–51).

Knies, Karl (1853), *Politische Ökonomie vom Standpunkt der geshichtlichen Methode (Political Economy from the Perspective of the Historical Method)*, Braunschweig: Schwetschke.

Knight, Frank H. (1921), *Risk, Uncertainty and Profit*, New York: Houghton Mifflin.

Knight, Frank H. (1924), "The Limitations of Scientific Method in Economics", in Tugwell (1924, pp. 229–267). Reprinted in Knight, Frank H. (1935), *The Ethics of Competition and Other Essays*, New York: Harper.

Knight, Frank H. (1952), "Institutionalism and Empiricism in Economics", *American Economic Review (Papers and Proceedings)*, 42, May, 45–55.

Knight, Frank H. *et al*(1957), "A New Look at Institutionalism: Discussion", *American Economic Review*(*Supplement*), 47(2), May, 13－27.

Koestler, Arthur(1959), *The Sleepwalkers: A History of Man's, Changing Vision of the Universe*, London: Hutchinson.

Koestler, Arthur(1964), *The Act of Creation*, London: Hutchinson.

Koestler, Arthur(1967), *The Ghost in the Machine*, London: Hutchinson.

Kogut, Bruce(1991), "Country Capabilities and the Permeability of Borders", *Strategic Management Journal*, 12, Summer, 33－47.

Kogut, Bruce and Zander, Ugo (1992), "Knowledge of the Firm", Combinative Capabilities, and the Replication of Technology", *Organization Science*, 3, 383－397.

Kontopoulos, Kyriakos M. (1993), *The Logics of Social Structure*, Cambridge: Cambridge University Press.

Koopmans, Tjalling C. (1947), "Measurement Without Theory", *Review of Economics and Statistics*, 29, August, 161－172.

Koopmans, Tjalling C. (1957), *Three Essays on the State of Economic Science*, New York: Mc Graw Hill.

Koutsoyiannis, A. (1979), *Modern Microeconomics*, London: Macmillan.

Krueger, Anne O. *et al*(1991), "Report on the Commission on Graduate Education in Economics", *Journal of Economic Literature*, 29(3), September, 1035－1053.

Kuhn, Thomas S. (1970), *The Structure of Scientific Revolutions*, 2nd edn, Chicago: University of Chicago Press.

Kwasnicki, Witold(1996), *Knowledge, Innovation and Economy: An Evolutionary Exploration*, Cheltenham, UK and Brookfield, US: Edward Elgar.

La Vergala, Antonello(1995), "Herbert, Spencer: Biology, Sociology, and Cosmic Evolution", in Maasen *et al*(1995, pp. 193－229). Reprinted in Hodgson(1998f).

Lachmann, Ludwig M. (1969), "Methodological Individualism and the Market Economy", in Streissler E. W. (ed.)(1969), *Roads to Freedom: Essays in Honour of Friedrich A. von Hayek*, London: Routledge and Kegan Paul, pp. 89－103. Reprinted in Lachmann(1977).

Lachmann, Ludwig M. (1977), *Capital, Expectations and the Market Process*, edited with an introduction by W. E. Grinder, Kansas City: Sheed Andrews and McMeel.

Lamberton, Donald M. (ed.)(1996), *The Economics of Communication and Information*, Cheltenham, UK and Brookfield, US: Edward Elgar.

Lane, David A. (1993), "Artificial Worlds and Economics", Parts I and Ⅱ, *Journal of Evolutionary Economics*, 3(2), May, 89－107, and 3(3), August, 177－197.

Lane, Robert, E. (1991), *The Market Experience*, Cambridge: Cambridge University Press.

Lange, Oskar, R. and Taylor, Frederick M. (1938), *On the Economic Theory of Socialism*, ed. Benjamin E. Lippincot, Minneapolis: University of Minnesota Press.

Langlois, Richard N. (1984), "Internal Organization in a Dynamic Context: Some Theoretical Considerations", in M. Jussawalla and H. Ebenfield(eds) (1984), *Communication and Information Economics: New Perspectives*, Amsterdam: North-Holland, pp. 23–49.

Langlois, Richard N. (ed.)(1986), *Economics as a Process: Essays in the New Institutional Economics*, Cambridge: Cambridge University Press.

Langlois, Richard N. (1988), "Economic Change and the Boundaries of the Firm", *Journal of Institutional and Theoretical Economics*, 144(4), September, 635–657.

Langlois, Richard N. (1989), "What Was Wrong With the Old Institutional Economics (and What is Still Wrong With the New)?", *Review of Political Economy*, 1 (3), November, 270–298.

Langlois, Richard N. (1992), "Transaction Cost Economics in Real Time", *Industrial and Corporate Change*, 1(1), 99–127.

Langlois, Richard N. (1998), "Transaction Costs, Production Costs, and the Passage of Time", in Steven G. Medema (ed.) (1998), *Coasean Economics: Law and Economics and the New Institutional Economics*, Boston: Kluwer, 1–21.

Langlois, Richard N. and Everett, Michael J. (1994), "What is Evolutionary Economics?" in Magnusson (1994, pp. 11–47).

Langlois, Richard N. and Robertson, Paul L. (1995), *Firms, Markets and Economic Change: A Dynamic Theory of Business Institutions*, Routledge, London and New York.

Laudan, Larry (1977), *Progress and its Problems: Towards a Theory of Scientific Growth*, London: Routledge and Kegan Paul.

Laurent, John (1997), "Keynes and Darwin", Griffith University Working Papers in Economics, No. 18, August.

Lavoie, Donald (1985), *Rivalry and Central Planning: The Socialist Calculation Debate Reconsidered*, Cambridge: Cambridge University Press.

Lavoie, Marc (1992), *Foundations of Post-Keynesian Economic Analysis*, Aldershot: Edward Elgar.

Lawson, Clive (1996), "Holism and Collectivism in the Work of J. R. Commons", *Journal of Economic Issues*, 30(4), December, 967–984.

Lawson, Tony (1985), "Uncertainty and Economic Analysis", *Economic Journal*, 95(4), December, 909-927.

Lawson, Tony (1989a), "Abstraction, Tendencies and Stylised Facts: A Realist Approach to Economic Analysis", *Cambridge Journal of Economics*, 13(1), March, 59-78. Reprinted in Lawson, Tony, Palma, J. G. and Sender, J. (eds) (1989), *Kaldor's Political Economy*, London: Academic Press.

Lawson, Tony (1989b), "Realism and Instrumentalism in the Development of Econometrics", *Oxford Economic Papers*, 41 (1), 236-258. Reprinted in De Marchi, Neil and Gilbert, C. (eds) (1990), *The History and Methodology of Econometrics*, Oxford: Oxford University Press.

Lawson, Tony (1994a), "Hayek and Realism: A Case of Continuous Transformation", in Colonna, Marina, Hagemann, Harald and Hamouda, Omar F. (eds) (1994), *Capitalism, Socialism and Knowledge: The Economics of F. A. Hayek, Volume* 2, Aldershot: Edward Elgar, pp. 131-159.

Lawson, Tony (1994b), "Realism, Philosophical", in Hodgson *et al* (1994, vol. 2, pp. 219-225).

Lawson, Tony (1996), "Developments in Hayek's Social Theorising", in Stephen Frowen (ed.) (1996), *Hayek, the Economist and Social Philosopher: A Critical Retrospect*, London: Macmillan.

Lawson, Tony (1997), *Economics and Reality*, London: Routledge.

Lazonick, William (1990), *Competitive Advantage on the Shop Floor*, Harvard University Press, Cambridge, MA.

Lazonick, William (1994), "The Integration of Theory and History: Methodology and Ideology in Schumpeter's Economics", in Magnusson (1994, pp. 245-263).

Leathers, Charles G. (1990), "Veblen and Hayek on Instincts and Evolution", *Journal of the History of Economic Thought*, 12(2), June, 162-178. Reprinted in Hodgson (1998f).

Lee, Frederick S. and Harley, Sandra (1997), "Research Selectivity, Managerialism and the Academic Labor Process: The Future of Nonmainstream Economics in U. K. Universities", *Human Relations*, 50(Ⅱ), November, pp. 1427-1460.

Leontief, Wassily (1982), Letter in *Science*, No. 217, 9 July, 104, 107.

Levhari, David and Samuelson, Paul A. (1966), "The Nonswitching Theorem is False", *Quarterly Journal of Economics*, 80(4), November, 503-517.

Levine, David P. (1977), *Contributions to the Critique of Economic Theory*, London: Routledge and Kegan Paul.

Levine, David P. (1978), *Economic Theory: Volume One: The Elementary Relations of Economic Life*, London: Routledge and Kegan Paul.

Lewin, Roger (1993), *Complexity*, Phoenix: Orion Books.

Lewin, Shira B. (1996), "Economics and Psychology: Lessons for Our Own Day From the Early Twentieth Century", *Journal of Economic Literature*, 34(3), September, 1293-1323.

Lewis, Paul A. (1996), "Metaphor and Critical Realism", *Review of Social Economy*, 54(4), Winter, 487-506.

Lewontin, Richard C. (1974), *The Genetic Basis of Evolutionary Change*. New York: Columbia University Press.

Lilienfeld, Paul von (1873—1881), *Gedanken über zur Sozialwissenshaft der Zukunfi* (*Thoughts on the Social Science of the Future*), Hamburg.

List, Friedrich (1904), *The National System of Political Economy*, translated from the German edition of 1841 by Sampson S. Lloyd, with an introduction by J. Sheild Nicholson, Longmans Green, London.

Littleboy, Bruce (1990), *On Interpreting Keynes: A Study in Reconciliation*, London: Routledge.

Lloyd, Seth (1990), "The Calculus of Intricacy", *The Sciences*, 38-44.

Loasby, Brian J. (1976), *Choice, Complexity and Ignorance: An Enquiry into Economic Theory and the Practice of Decision Making*, Cambridge: Cambridge University Press.

Loasby, Brian J. (1989), *The Mind and Method of the Economist: A Critical Appraisal of Major Economists in the Twentieth Century*, Aldershot: Edward Elgar.

Loasby, Brian J. (1990), "The Firm", in John Creedy (ed.) (1990), *Foundations of Economic Thought*, Oxford: Basil Blackwell, pp. 212-233.

Loasby, Brian J. (1991), *Equilibrium and Evolution: An Exploration of Connecting Principles in Economics*, Manchester: Manchester University Press.

Loasby, Brian J. (1995), "Running a Business: An Appraisal of *Economics, Organization and Management* by Paul Milgrom and John Roberts", *Industrial and Corporate Change*, 4(2), 471-489.

Lotka, Alfred James (1925), *Elements of Physical Biology*, New York: Dover.

Louca, Francisco (1997), *Turbulence in Economics: An Evolutionary Appraisal of Cycles and Complexity in Historical Processes*, Aldershot: Edward Elgar.

Lowry, S. Todd (1976), "Bargain and Contract Theory in Law and Economics", *Journal of Economic Issues*, 10(1), March, 1-22.

Lucas, Robert E., Jr (1988), "On the Mechanics of Economic Development", *Journal of Monetary Economics*, 22, 3-42.

Lundvall, Bengt-Ake (ed.) (1992), *National Systems of Innovation: Towards a Theory of Innovation and Interactive Learning*, London: Pinter.

Lundvall, Bengt-Ake (1993), "Explaining Interfirm Cooperation and Innovation: Limits of the Transaction Cost Approach", in Grabher (1993, pp. 52-64).

Maasen, Sabine (1995), "Who is Afraid of Metaphors?" in Maasen *et al* (1995, pp. 11-35).

Maasen, Sabine, Mendelsohn, Everett and Weingart, Peter (eds) (1995), *Biology as Society, Society as Biology: Metaphors*, Sociology of the Sciences Yearbook, 18, 1994, Boston: Kluwer.

Machlup, Fritz (1946), "Marginal Analysis and Empirical Research", *American Economic Review*, 36(3), September, 519-554.

MacDonald, George (1916), *The Evolution of Coinage*, Cambridge: Cambridge University Press.

MacGregor, David H. (1910), *The Evolution of Industry*, London: Williams and Norgate.

Magill, Michael and Quinzii, Martine (1996), *Theory of Incomplete Markets*, 2 vols, Cambridge, MA: MIT Press.

Magnusson, Lars (ed.) (1994), *Evolutionary and Neo-Schumpeterian Approaches to Economics*, Kluwer, Boston.

Mäki, Uskali (1997), "The One World and Many Theories", in Salanti and Screpanti (1997, pp. 37-47).

Malmgren, H. B. (1961), "Information, Expectations, and the Theory of the Firm", *Quarterly Journal of Economics*, 75, 399-421.

Mani, G. S. (1991), "Is There a General Theory of Biological Evolution?" in Saviotti and Metcalfe (1991, pp. 31-57).

Manier, Edward (1978), *The Young Darwin and His Cultural Circle: A Study of Influences Which Helped Shape the Language and Logic of the First Drafts of the Theory of Natural Selection*, Dordrecht: Reidel.

Mantel, Rolf R. (1974), "On the Characterization of Aggregate Excess Demand", *Journal of Economic Theory*, 12(2), pp. 348-353.

Marsden, David (1986), *The End of Economic Man? Custom and Competition in*

Labour Markets, Brighton: Wheatsheaf Books.

Marshall, Alfred (1890), *Principles of Economics: An Introductory Volume*, 1st edn., London: Macmillan.

Marshall, Alfred (1949), *The Principles of Economics*, 8th (reset) edn. (lst edn. 1890), Macmillan, London.

Martin, Roderick (1993), "The New Behaviorism: A Critique of Economics and Organization", *Human Relations*, 46(9), 1085-1101.

Marx, Karl (1976), *Capital*, vol. 1, translated by B. Fowkes from the fourth German edition of 1890, Harmondsworth: Pelican.

Marx, Karl (1981), *Capital*, vol. 3, translated by David Fernbach from the German edition of 1894, Harmondsworth: Pelican.

Masten, Scott E. (1998), "The Three Great Puzzles of the Firm", in Steven G. Mcdema (cd.) (1998), *Coasean Economics: Law and Economics and the New Institutional Economics*, Boston: Kluwer, pp. 50-63.

Matson, Floyd W. (1964), *The Broken Image*, New York: Doubleday.

Matthews, Robin C. O. (1985), "Darwinism and Economic Change", in Collard, David *et al*, (eds) (1985), *Economic Theory and Hicksian Themes*, Oxford: Oxford University Press, pp. 91-117. Reprinted in Witt (1993b).

Mayer, Thomas (1993), *Truth versus Precision in Economics*, Aldershot: Edward Elgar.

Mayhew, Anne (1987), "The Beginnings of Institutionalism", *Journal of Economic Issues*, 21(3), September, 971-998.

Mayhew, Anne (1989), "Contrasting Origins of the Two Institutionalism: The Social Science Context", *Review of Political Economy*, 1(3), November, 319-333.

Maynard Smith, John (1976), "Group Selection", *Quarterly Review of Biology*, 51, 277-283. Reprinted in Clutton-Brock and Harvey (1978), and Brandon and Burian (1984).

Maynard Smith, John (1978), *The Evolution of Sex*, London: Cambridge University Press.

Maynard Smith, John (1980), "The Concepts of Sociobiology", in G. S. Stent (ed.) (1980), *Morality as a Biological Phenomenon*, Berkeley: University of California Press.

Maynard Smith, John (1982), *Evolutionary Game Theory*, Cambridge: Cambridge University Press.

Mayntz, Renate (1992), "The Influence of Natural Science Theories on Contemporary Social Science" in Dierkes, Meinolf, Bievert, Bernd (eds) (1992), *European Social Science in Transition: Assessment and Outlook*, Frankfurt an Main and Boulder, CO: Campus Verlag and Westview Press, pp. 27-79.

Mayr, Ernst (1960), "The Emergence of Evolutionary Novelties", in Tax, Sol (ed.) (1960), *Evolution after Darwin (I): The Evolution of Life*, Chicago: University of Chicago Press.

Mayr, Ernst (1980), "Prologue: Some Thoughts on the History of the Evolutionary Synthesis", in Mayr, Erast and Provine, William B. (eds) (1980), *The Evolutionary Synthesis: Perspectives on the Unification of Biology*, Cambridge, MA: Harvard University Press, pp. 1-48.

Mayr, Ernst (1985a), "How Biology Differs from the Physical Sciences", in Depew and Weber (1985, pp. 43-63).

Mayr, Ernst (1985b), "Darwin's Five Theories of Evolution", in D. Kohn (ed.), *The Darwinian Heritage*, Princeton: Princeton University Press, pp. 755-772.

McCloskey, Donald N. (1985), *The Rhetoric of Economics*, Madison: University of Wisconsin Press.

McCloskey, Donald N. (1991), "Economic Science: A Search Through the Hyperspace of Assumptions?", *Methodus*, 3(1), June, 6-16.

McDougall, William (1908), *An Introduction to Social Psychology*, London: Mothuen.

McDougall, William (1921), "The Use and Abuse of Instinct in Social Psychology", *Journal of Abnormal Psychology and Social Psychology*, 16, December.

McDougall, William (1929), *Modern Materialism and Emergent Evolution*, London: Methuen.

McFarland, Floyd B. (1985), "Thorstein Veblen Versus the Institutionalists", *Review of Radical Political Economics*, 17(4), Winter, 95-105.

McFarland, Floyd B. (1986), "Clarence Ayres and His Gospel of Technology", *History of Political Economy*, 18(4), Winter, 593-613.

McKelvoy, Maureen (1996), *Evolutionary Innovations: The Business of Biotechnology*, Oxford: Oxford University Press.

McKelvey, William (1982), *Organizational Systematics: Taxonomy, Evolution, Classification*, Berkeley, CA: University of California Press.

McNeill, W. H. (1980), *The Pursuit of Power: Technology, Armed Force, and Society Since A. D. 1 000*, Chicago: University of Chicago Press.

Meade, James E. (1971), *The Controlled Economy*, London: Macmillan.

Medvedev, Zhores (1969), *The Rise and Fall of T. D. Lysenko*, New York: Columbia University Press.

Meek, Ronald (1961), "Mr Sraffa's Rehabilitation of Classical Economics", published simultaneously in *Science and Society*, 25, Spring, 139－156 and *Scottish Journal of Political Economy*, 8, June, 119－136. Revised and reprinted in Meek, Ronald (1967), *Economics and Ideology and Other Essays*, London: Chapman and Hall.

Ménard, Claude (1990), "The Lausanne Tradition: Walras and Pareto", in Klaus Hennings and Warren Samuels (eds) (1990), *Neoclassical Economic Theory, 1870 to 1930*, Boston: Kluwer, pp. 95－136.

Menger, Carl (1981), *Principles of Economics*, edited by J. Dingwall and translated by B. F. Hoselitz from the German edition of l871, New York: New York University Press.

Menger, Carl (1985), *Investigations into the Method of the Social Sciences with Special Reference to Economics*, (published in 1963 as *Problems of Economics and Sociology*) translated by F. J. Nock from the German edition of 1883 with an 1963 introduction by Louis Schneider and a 1985 introduction by Lawrence H. White, New York: New York University Press.

Metcalfe, J. Stanley (1988), "Evolution and Economic Change", in Silberston, Aubrey (ed.) (1988), *Technology and Economic Progress*, Macmillan, Basingstoke, pp. 54－85. Reprinted in Witt (1993b).

Metcalfe, J. Stanley (1994), "Evolutionary Economics and Technology Policy", *Economic Journal*, 104(4), July, 931－944.

Metcalfe, J. Stanley (1995), "Technology Systems and Technology Policy in an Evolutionary Framework", *Cambridge Journal of Economics*, 19(1), February, 25－46.

Metcalfe, J. Stanley (1998), *Evolutionary Economics and Creative Destruction*, London: Routledge.

Metcalfe, J. Stanley and Gibbons, Michael (1989), "Technology, Variety and Organization: A Systematic Perspective on the Competitive Process", in Rosenbloom, R. S. and Burgelman, R. (eds) (1988), *Research on Technological Innovation, Management and Policy*, Vol. 4, Greenwich, CO: JAI Press.

Michalski, R. S., Carbonell, J. G. and Mitchell, T. M. (eds) (1986), *Machine Learning II*, Los Altos, CA: Morgan Kaufman.

Milgrom, Paul and Roberts, John (1992), *Economics, Organization, and Management*, Englewood Cliffs and London: Prentice-Hall.

Minsky, Hyman P. (1976), *John Maynard Keynes*, London: Macmillan.

Mirowski, Philip (1983), "An Evolutionary Theory of Economic Change: A Review Article", *Journal of Economic Issues*, 17(3), September, 757-768. Reprinted in Philip Mirowski (1988), *Against Mechanism: Protecting Economics from Science*, Totowa, NJ: Rowman and Littlefield.

Mirowski, Philip (ed.) (1986), *The Reconstruction of Economic Theory*, Boston: Kluwer-Nijhoff.

Mirowski, Philip (1987), "The Philosophical Bases of Institutional Economics", *Journal of Economic Issues*, 21(3), September, 1001-1038. Reprinted in Mirowski, Philip (1985), *Against Mechanism: Protecting Economics from Science*, Totowa, NJ: Rowman and Littlefield.

Mirowski, Philip (1989a), "The Probabilistic Counter-Revolution, or How Stochastic Concepts Came to Neoclassical Theory", *Oxford Economic Papers*, 41(2), April, 217-235.

Mirowski, Philip (1989b), *More Heat Than Light: Economics as Social Physics, Physics as Nature's Economics*, Cambridge: Cambridge University Press.

Mirowski, Philip (1990), "From Mandelbrot to Chaos in Economic Theory", *Sonthern Economic Journal*, 57(2), October, 289-307.

Mirowski, Philip (1991), "The When, the How and the Why of Mathematical Expression in tha History of Economic Analysis", *Journal of Economic Perspectives*, 5(1), Winter, 145-157.

Mirowski, Philip (ed.) (1994), *Natural Images in Economic Thought: Markets Read in Tooth and Claw*, Cambridge: Cambridge University Press.

Mises, Ludwig von (1920), "Die Wirtshaftsrechnung im sozialistischen Csemeinwesen", *Archiv für Sozialwissenschafien und Sozialpolitik*, 47(D. April. Translated and reprinted in Hayek, Friedrich A. (ed.) (1935), *Collectivist Economic Planning*, London: George Routledge, pp. 87-130. (Reprinted 1975 by Augustus Kelley).

Mises, Ludwig von (1957), *Theory and History: An Interpretation of Social and Economic Evolution*, New Haven: Yale University Press.

Mitchell, Wesley C. (1910), "The Rationality of Economic Activity", *Journal of Political Economy*, 18(2-3), parts I and II, February-March, 97-113; 197-216.

Mitchell, Wesley C. (1937), *The Backward Art of Spending Money and Other Essays*, New York: McGraw-Hill.

Moggridge, Donald E. (1992), *Maynard Keynes: An Economist's Biography*, London: Routledge.

Mokyr, Joel (1990), *The Lever of Riches: Technological Creativity and Economic Progress*, Oxford: Oxford University Press.

Mokyr, Joel (1991), "Evolutionary Biology, Technical Change and Economic History", *Bulletin of Economic Research*, 43 (2), April, 127 – 149. Reprinted in Hodgson (1995a).

Mongiovi, Gary (1992), "Piero Sraffa", in Arestis, Philip and Sawyer Malcolm (eds) (1992), *A Biographical Dictionary of Dissenting Economists*, Aldershot: Edward Elgar, pp. 536–545.

Montgomery, Cynthia A. (ed.) (1995), *Resource-Based and Evolutionary Theories of the Firm: Towards a Synthesis*, Boston: Kluwer.

Morgan, C. Lloyd (1896), *Habit and Instinct*, London and New York: Edward Arnold.

Morgan, C. Lloyd (1927), *Emergent Evolution*, 2nd edn. (lst edn. 1923), London: Williams and Norgate.

Morgan, C. Lloyd (1933), *The Emergence of Novelty*, London: Williams and Norgate.

Morgan, Lewis H. (1877), *Ancient Society*, Chicago: Charles Kerr Reprinted 1964 with an introduction by Leslie A. While, Cambridge, MA: Harvard University Press.

Morgan, Mary (1995), "Evolutionary Metaphors in Explanations of American Industrial Competition", in Maasen *et al* (1995, pp. 311–337).

Morishima, Michio (1966), "Refutation of the Nonswitching Theorem", *Quarterly Journal of Economics*, 80, 520–525.

Morroni, Marlo (1992), *Production Process and Technical Change*, Cambridge: Cambridge University Press.

Moschandreas, Maria (1997), "The Role of Opportunism in Transaction Cost Economics", *Journal of Economic Issues*, 31 (1), March, 39–57.

Moss, Scott J. (1984), "The History of the Theory of the Firm from Marshall to Robinson and Chamberlin: The Source of Positivism in Economics", *Economica*, 51, August, 307–318.

Moss, Scott J. (1990), "Winter's Fundamental Selection Theorem: A Disproof", *Quarterly Journal of Economics*, 105, 1071–1074.

Mumford, Lewis (1934), *Technics and Civilization*, New York: Harcourt,

Brace and World.

Murphy, James Bernard (1994), "The Kinds of Order in Society", in Mirowski (1994, pp. 536-582).

Murrell, Peter (1983), "Did the Theory of Market Socialism Answer the Challenge of Ludwig von Mises? A Reinterpretation of the Socialist Controversy", *History of Political Economy*, 15 (Spring): 92-105.

Murrell, Peter (1991), "Can Neoclassical Economics Underpin the Reform of Centrally Planned Economies?", *Journal of Economic Perspectives*, 5(4), Fall, 59-76.

Myrdal, Gunnar (1958), *Value in Social Theory*, New York: Harper.

Myrdal, Gunnar (1972), *Against the Stream: Critical Essays in Economics*, New York: Pantheon Books.

Nef, J. U. (1950), *War and Human Progress: An Essay on the Rise of Industrial Civilization*, Cambridge, MA: Harvard University Press.

Nelson, Julie A. (1996), *Feminism, Objectivity and Economics*, London: Routledge.

Nelson, Richard R. (1980), "Production Sets, Technological Knowledge and R&D: Fragile and Overworked Constructs for Analysis of Productivity Growth?", *American Economic Review (Papers and Proceedings)*, 70(2), May, 62-67.

Nelson, Richard R. (1981a), "Assessing Private Enterprise: An Exegesis of Tangled Doctrine", *Bell Journal of Economics*, 12(1), 93-111.

Nelson, Richard R. (1981b), "Research on Productivity Growth and Productivity Differences: Dead Ends and New Departures", *Journal of Economic Literature*, 29 (3), September, 1029-1064.

Nelson, Richard R. (1991), "Why Do Firms Differ, and How Does it Matter?", *Strategic Management Journal*, 12, Special Issue, Winter, 61-74.

Nelson, Richard R. (ed.) (1993), *National Innovation Systems: A Comparative Analysis*, Oxford: Oxford University Press.

Nelson, Richard R. (1994a), "The Coevolution of Technologies and Institutions", in England, Richard W. (ed.) (1994), *Evolutionary Concepts in Contemporary Economics*, Ann Arbor: University of Michigan Press, pp. 139-156.

Nelson, Richard R. (1994b), "The Role of Firm Difference in an Evolutionary Theory of Technical Advance", in Magnusson (1994, pp. 231-242).

Nelson, Richard R. (1994c), Personal communication to G. Hodgson, dated September 21, 1994.

Nelson, Richard R. (1995), "Recent Evolutionary Theorizing About Economic Change", *Journal of Economic Literature*, 33(1), March, 48-90.

Nelson, Richard R. (1996), Personal communication to G. Hodgson, dated March 6, 1996.

Nelson, Richard R. (1998), "The Agenda for Growth Theory: A Different Point of View", *Cambridge Journal of Economics*, 22(4), July, 497-520.

Nelson, Richard R. and Winter, Sidney G. (1973), "Towards an Evolutionary Theory of Economic Capabilities", *American Economic Review* (*Papers and Proceedings*), 63(2), May, 440-449.

Nelson, Richard R. and Winter, Sidney G. (1974), "Neoclassical vs. Evolutionary Theories of Economic Growth: Critique and Prospectus", *Economic Journal*, 84(4), December, 886-905. Reprinted in Freeman (1990).

Nelson, Richard R. and Winter, Sidney G. (1982), *An Evolutionary Theory of Economic Change*, Cambridge MA: Harvard University Press.

Neumann, John von and Morgenstern, Oskar (1953), *Theory of Games and Economic Behavior*, Princeton: Princeton University Press.

Nightingale, John (1993), "Solving Marshall's Problem With the Biological Analogy: Jack Downie's Competitive Process", *History of Economics Review*, 20, Summer, 75-94. Reprinted in Hodgson (1995a).

Niman, Neil B. (1991), "Biological Analogies in Marshall's Work", *Journal of the History of Economic Thought*, 13(1), Spring, 19-36. Reprinted in Hodgson (1995a).

Nooteboom, Bart (1992), "Towards a Dynamic Theory of Transactions", *Journal of Evolutionary Economics*, 2(4), December, 281-299.

Nooteboom, Bart (1995), "Towards a Cognitive Theory of the Firm", School of Management and Organisation, University of Groningen, mimeo.

Norgaard, Richard B. (1989), "The Case for Methodological Pluralism", *Ecological Economics*, 1(1), February, 37-57.

North, Douglass C. (1981), *Structure and Change in Economic History*, New York: Norton.

North, Douglass C. (1990), *Institutions, Institutional Change and Economic Performance*, Cambridge: Cambridge University Press.

Nove, Alexander (1983), *The Economics of Feasible Socialism*, London: George Allen and Unwin.

Nozick, Robert (1977), "On Austrian Methodology", *Synthese*, 36, 353-392.

Nutzinger, Hans (1982), "The Economics of Property Rights: A New Paradigm in Social Science?", in W. Stegmuller, W. Balzer and W. Spohn (eds) (1982), *Philosophy and Economics*, Berlin: Springer-Verlag, pp. 169–190.

Olson, Mancur, Jr. (1965), *The Logic of Collective Action*, Cambridge, MA: Harvard University Press.

Olson, Mancur, Jr. (1982), *The Rise and Decline of Nations*, New Haven: Yale University Press.

Orchard, Lionel and Stretton, Hugh (1997), "Public Choice", *Cambridge Journal of Economics*, 21(3), May, 409–430.

Ormerod, Paul (1994), *The Death of Economics*, London: Faber and Faber.

Oster, George F. and Wilson, Edward O. (1978), *Caste and Ecology in the Social Insects*, Princeton: Princeton University Press.

Pagano, Ugo (1991), "Property Rights, Asset Specificity, and the Division of Labour Under Alternative Capitalist Relations", *Cambridge Journal of Economics*, 15(3), September, 315–342. Reprinted in Hodgson (1993d).

Pagano, Ugo (1992), "Authority, Co-ordination and Disequilibrium: An Explanation of the Co-Existence of Markets and Firms", *Structural Change and Economic Dynamics*, 3(1), 53–77. Reprinted in Hodgson (1993d).

Pantzar, Mika (1991), *A Replicative Perspective on Evolutionary Dynamics*, Helsinki: Labour Institute for Economic Research, Research Report 37.

Pasinetti, Luigi L. (1966), "Changes in the Rate of Profit and Switches of Techniques", *Quarterly Journal of Economics*, 80(4), November, 503–517.

Pasinetti, Luigi L. (1969), "Switches of Technique and the 'Rate of Return' in Capital Theory", *Economic Journal*, 79, 508–525. Reprinted in Harcourt and Laing (1971).

Pasinetti, Luigi L. (1981), *Structural Change and Economic Growth: A Theoretical Essay on the Dynamics of the Wealth of Nations*, Cambridge: Cambridge University Press.

Pavitt, Keith (1988), "International Patterns of Technological Accumulation", in N. Hood and J. Vahine (eds) (1988), *Strategies in Global Competition*, Croom Helm, London.

Peirce, Charles Sanders (1934), *Collected Papers of Charles Sanders Peirce, Volume V, Pragmatism and Pragmaticism*, edited by C. Hartshorne and P. Weiss, Cambridge, MA: Harvard University Press.

Peirce, Charles Sanders (1958), *Collected Papers of Charles Sanders Peirce*,

Volume VII, *Science and Philosophy*, edited by A. W. Burks, Cambridge, MA: Harvard University Press.

Pelikan, Pavel (1989), "Evolution, Economic Competence, and Corporate Control", *Journal of Economic Behavior and Organization*, 12, 279–303.

Pencavel, John (1991), "Prospects for Economics", *Economic Journal*, 101(1), January, 81–87.

Penrose, Edith T. (1952), "Biological Analogies in the Theory of the Firm", *American Economic Review*, 42(4), December, 804–819. Reprinted in Hodgson (1995a, 1998f).

Penrose, Edith T. (1953), "Rejoinder", *American Economic Review*, 43(3), September, 603–607.

Penrose, Edith T. (1959), *The Theory of the Growth of the Finn*, Oxford: Basil Blackwell. Reprinted 1995, Oxford: Oxford University Press.

Penrose, Roger (1994), *Shadows of the Mind: A Search for the Missing Science of Consciousness*, Oxford: Oxford University Press.

Persons, S. (ed.) (1950), *Evolutionary Thought in America*, New Haven: Yale University Press.

Pettigrew, Andrew and Whipp, Richard (1991), *Managing Change for Corporate Success*, Oxford: Blackwell.

Pigou, Arthur C. (1922), "Empty Economic Boxes: A Reply", *Economic Journal*, 32(4), December, 458–465.

Pigou, Arthur C. (ed.) (1925), *Memorials of Alfred Marshall*, London: Macmillan.

Pigou, Arthur C. (1928), "An Analysis of Supply", *Economic Journal*, 38(3), September, 238–257.

Pingle, Mark (1992), "Costly Optimization: An Experiment", *Journal of Economic Behavior and Organization*, 17(1), January, 3–30.

Pinker, Steven (1994), *The Language Instinct: The New Science of Language and Mind*, London and New York: Allen Lane and Morrow.

Pitelis, Christos (1991), *Market and Non-Market Hierarchies: Theory of Institutional Failure*, Oxford: Basil Blackwell.

Plotkin, Henry C. (1994), *Darwin Machines and the Nature of Knowledge: Concerning Adaptations, Instinct and the Evolution of Intelligence*, Harmondsworth: Penguin.

Polanyi, Michael (1958), *Personal Knowledge: Towards a Post-Critical Philos-*

ophy, London: Routledge and Kegan Paul.

Polanyi, Michael (1967), *The Tacit Dimension*, London: Routledge and Kegan Paul.

Pollak, Robert A. (1985), "A Transaction Cost Approach to Families and Households", *Journal of Economic Literature*, 23, 581-608.

Popper, Sir Karl R. (1972), *Objective Knowledge: An Evolutionary Approach*, Oxford: Oxford University Press.

Popper, Sir Karl R. (1982), *The Open Universe: An Argument for Indeterminism*, from the *Postscript to the Logic of Scientific Discovery*, edited by W. W. Bartley, III, London: Hutchinson.

Popper, Sir Karl R. and Eccles, John C. (1977), *The Self and Its Brain*, Berlin: Springer International.

Porter, Michael E. (1980), *Competitive Strategy: Techniques for Analyzing Industries and Competitors*, New York: Free Press.

Porter, Michael E. (1990), "The Competitive Advantage of Nations", *Harvard Business Review*, 68, 73-93.

Porter, Michael E. and Linde, Claas van der (1995), "Towards a New Conception of the Environment Competitiveness Relationship", *Journal of Economic Perspectives*, 9(4), Fall, pp. 97-118.

Posner, Richard A. (1973), *Economic Analysis of Law*, Boston: Little, Brown.

Powell, Walter W. (1990), "Neither Market nor Hierarchy: Network Forms of Organization", *Research in Organizational Behavior*, 12, 295-336.

Powell, Walter W, and DiMaggio, Paul (eds) (1991), *The New Institutionalism in Organizational Analysis*, Chicago: University of Chicago Press.

Prahalad, C. K. and Hamel, Gary (1990), "The Core Competences of the Corporation", *Harvard Business Review*, May-June, 79-91.

Proctor, R. N. (1991), *Value-Free Science? Purity and Power in Modern Knowledge*, Cambridge, MA: Harvard University Press.

Putterman, Louis (1988), "The Firm as Association Vs. Firm as Commodity: Efficiency, Rights, and Ownership", *Economics and Philosophy*, 4(2), 243-266.

Quine, Willard van Orman (1953), *From a Logical Point of View*, Cambridge, MA: Harvard University Press.

Radner, Roy (1968), "Competitive Equilibrium Under Uncertainty", *Econometrica*, 36(1), January, 31-58.

Ramstad, Yngve (1990), "The Institutionalism of John R. Commons: Theoretical

Foundations of a Volitional Economics", *Research in the History of Economic Thought and Methodology*, 8, 53-104.

Rapport, David J. and Turner, James E. (1977), "Economic Models in Ecology", *Science*, 195, 367-373. Reprinted in Hodgson (1995a).

Reijnders, Jan (ed.) (1997), *Economics and Evolution*, Cheltenham, UK and Lyme, US: Edward Elgar.

Reinheimer, Herman (1913), *Evolution by Co-operation: A Study in Bioeconomics*, London: Kegan, Paul, Trench, Trubner.

Reynolds, Lloyd G. and Taft, Cynthia H. (1956), *The Evolution of Wage Structure*, Oxford: Oxford University Press.

Richardson, George B. (1972), "The Organisation of Industry", *Economic Journal*, 82, 883-896.

Rizvi, S. Abu Turab (1994a), "The Microfoundations Project in General Equilibrium Theory", *Cambridge Journal of Economics*, 18(4), August, 357-377.

Rizvi, S. Abu Turab (1994b), "Game Theory to the Rescue?", *Contributions to Political Economy*, 13, 1-28.

Robbins, Lionel (1932), *An Essay on the Nature and Significance of Economic Science*, lst edn., London: Macmillan.

Robertson, Dennis H. (1923), *The Control of Industry*, London: Nisbet.

Robinson, Joan (1942), *An Essay on Marxian Economics*, London: Macmillan.

Robinson, Joan (1953), "The Production Function and the Theory of Capital", *Review of Economic Studies*, 21(1), 81-106. Reprinted in Robinson (1960), and Harcourt and Laing (1971).

Robinson, Joan (1960), *Collected Economic Papers-Volume Two*, Oxford: Basil Blackwell.

Robinson, Joan (1961), "Prelude to a Critique of Economic Theory", *Oxford Economic Papers*, 13, 7-14. Reprinted in Robinson (1975) and Hunt and Schwartz (1972).

Robinson, Joan (1973a), "Ideology and Analysis", in *Sozialismus Geschichte und Wirtschaft. Festschrift für Eduard Marz*, Wien: Europaverlags AG. Reprinted in Robinson (1979a).

Robinson, Joan (1973b), *Collected Economic Papers-Volume Four*, Oxford: Basil Blackwell.

Robinson, Joan (1974), *History Versus Equilibrium*, London: Thames Papers in Political Economy.

Robinson, Joan (1975), *Collected Economic Papers-Volume Three*, 2nd. edn., Oxford: Basil Blackwell.

Robinson, Joan (1979a), *Collected Economic Papers-Volume Five*, Oxford: Basil Blackwell.

Robinson, Joan (1979b), "Garegnani on Effective Demand", *Cambridge Journal of Economics*, 3(2), June, 179–180. Reprinted in Eatwell and Milgate (1983).

Robinson, Joan (1980), *Further Contributions to Modern Economics*, Oxford: Basil Blackwell.

Robinson, Joan and Naqvi, Khaleeq A. (1967), "The Badly Behaved Production Function", *Quarterly Journal of Economics*, 81, 579–591.

Romer, Paul M. (1986), "Increasing Returns and Long-Run Growth", *Journal of Political Economy*, 94(5), October, 1002–1037.

Roncaglia, Alessandro (1991), "The Sraffa Schools", *Review of Political Economy*, 3(2), April, 187–219.

Roscher, Wilhelm (1854), *Das System der Volkswirtschaft* (*System of the Folk-Economy*), Stuttgart: Cotta.

Rose, Steven, Kamin, Leon J. and Lewontin, Richard C. (1984), *Not in Our Genes: Biology, Ideology and Human Nature*, Harmondsworth: Penguin.

Rosenberg, Alexander (1994), "Does Evolutionary Theory Give Comfort or Inspiration to Economics?", in Mirowski (1994, pp. 384–407).

Rosenberg, Nathan (1994), *Exploring the Black Box: Technology, Economics, and History*, Cambridge and New York: Cambridge University Press.

Ross, Dorothy (1991), *The Origins of American Social Science*, Cambridge: Cambridge University Press.

Rotemberg, Julio J. (1991), "A Theory of Inefficient Intrafirm Transactions", *American Economic Review*, 81(1), March, 191–209.

Roughgarden, Jonathan (1979), *Theory of Population Genetics and Evolutionary Ecology: An Introduction*, New York: Macmillan.

Roy, Subroto (1989), *Philosophy of Economics: On the Scope of Reason in Economic Enquiry*, London: Routledge.

Rumelt, Richard P. (1974), *Strategy, Structure, and Economic Performance*, Cambridge, MA: Harvard University Press.

Rumelt, Richard P. (1984), "Towards a Strategic Theory of the Firm", in Lamb, R. B. (ed.) (1984), *Competitive Strategic Management*, Englewood Cliffs, NJ: Prentice-Hall, pp. 56–70.

Rutherford, Malcolm C. (1983). J. R. Commons's Institutional Economics', *Journal of Economic Issues*, 17(3), September, 721－744. Reprinted in Samuels (1988).

Rutherford, Malcolm C. (1984), "Thorstein Veblen and the Processes of Institutional Change", *History of Political Economy*, 16(3), Fall, 331－348. Reprinted in M. Blaug (ed.) (1992), *Thorstein Veblen* (1857－1929), Aldershot: Edward Elgar. Reprinted in Hodgson (1998f).

Rutherford, Malcolm C. (1988), "Learning and Decision-Making in Economics and Psychology: A Methodological Perspective", in Earl, Peter E. (ed.) (1988), *Psychological Economics: Development, Tensions, Prospects*, Boston: Kluwer, pp. 35－54.

Rutherford, Malcolm C. (1989), "Some Issues in the Comparison of Austrian and Institutional Economics", *Research in the History of Economic Thought and Methodology*, Vol. 6, pp. 159－171.

Rutherford, Malcolm C. (1994), *Institutions in Economics: The Old and the New Institutionalism*, Cambridge: Cambridge University Press.

Sabel, Charles F. and Zeitlin, Jonathan (1985), "Historical Alternatives to Mass Production: Politics, Markets and Technology in Nineteenth Century Industrialization", *Past and Present*, No. 108, August, 132－176.

Sabel, Charles F. (1993), "Studied Trust: Building New Forms of Cooperation in a Volatile Economy", *Human Relations*, 46(9), 1133－1170.

Sako, Marl (1992), *Prices, Quality and Trust: Inter-Firm Relations in Britain and Japan*, Cambridge: Cambridge University Press.

Salanti, Andrea and Screpanti, Ernesto (eds) (1997), *Pluralism in Economics: New Perspectives in History and Methodology*, Aldershot: Edward Elgar.

Salter, Wilfred E. G. (1960), *Productivity and Technical Change*, 1st edn., Cambridge University Press, Cambridge.

Samuels, Warren J. (1977), "The Knight-Ayres Correspondence: The Grounds of Knowledge and Social Action", *Journal of Economic Issues*, 11(3), September, 485－525. Reprinted in Blaug, Mark (ed.) (1992), *Wesley Mitchell (1874—1948), John Commons (1862—1945), Clarence Ayres* (1891—1972), Aldershot: Edward Elgar.

Samuels, Warren J. (ed.) (1988), *Institutional Economics*, Aldershot: Edward Elgar.

Samuels, Warren J. (1989), "Austrian and Institutional Economics: Some Common Elements", *Research in the History of Economic Thought and Methodology*, Vol. 6, 53-71.

Samuels, Warren J. (ed.) (1990), *Economics as Discourse: An Analysis of the Language of Economists*, Boston: Kluwer.

Samuels, Warren J. (1997), "The Case for Methodological Pluralism", in Salanti and Screpanti (1997, pp. 67-79).

Samuelson, Paul A. (1938), "A Note on the Pure Theory of Consumer's Behavior", *Economica*, New Series, 5(17), February, 61-71.

Samuelson, Paul A. (1947), *Foundations of Economic Analysis*, Cambridge, MA: Harvard University Press.

Samuelson, Paul A. (1962), "Parable and Realism in Capital Theory: The Surrogate Production Function", *Review of Economic Studies*, 39, 193-206. Reprinted in Harcourt and Laing (1971).

Samuelson, Paul A. (1966), "A Summing Up", *Quarterly Journal of Economics*, 80, 568-583. Reprinted in Harcourt and Laing (1971).

Samuelson, Paul A. (1989), "Remembering Joan", in Feiwel, George R. (ed.) (1989), *Joan Robinson and Modern Economic Theory*, London: Macmillan, pp. 125-143.

Sanderson, Stephen K. (1990), *Social Evolutionism: A Critical History*, Oxford: Blackwell.

Saviotti, Pier Paolo (1996), *Technological Evolution, Variety and the Economy*, Cheltenham, UK and Brookfield, US: Edward Elgar.

Saviotti, Pier Paolo and Metcalfe, J. Stanley (eds) (1991), *Evolutionary Theories of Economic and Technological Change: Present Status and Future Prospects*, Reading: Harwood.

Schaffer, Mark E. (1989), "Are Profit-Maximisers the Best Survivors?: A Darwinian Model of Economic Natural Selection", *Journal of Economic Behavior and Organization*, 12(1), March, pp. 29-45. Reprinted in Hodgson (1995a).

Schäffle, Albert (1875—1881), *Bau und Leben des socialen Körpers*, 4 vols. (*Anatomy and Life of the Social Body*), Tübingen: Lapp.

Scheffler, Israel (1974), *Four Pragmatists: A Critical Introduction to Peirce, James, Mead, and Dewey*, London: Routledge and Kegan Paul.

Schelling, Thomas C. (1978), *Micromotives and Macrobehavior*, New York: Norton.

Schotter, Andrew R. (1981), *The Economic Theory of Social Institutions*, Cambridge: Cambridge University Press.

Schumpeter, Joseph A. (1934), *The Theory of Economic Development: An Inquiry into Profits, Capital, Credit, Interest, and the Business Cycle*, translated by Redvers Opie from the second German edition of 1926, first edition 1911, Cambridge, MA: Harvard University Press. Reprinted 1989 with a new introduction by John E. Elliott, New Brunswick, NJ: Transaction.

Schumpeter, Joseph A. (1954), *History of Economic Analysis*, New York: Oxford University Press.

Schumpeter, Joseph A. (1976), *Capitalism, Socialism and Democracy*, 5th edn., London: George Allen and Unwin.

Schutz, Alfred (1967), *The Phenomenology of the Social World*, Evanston: Northwestern University Press.

Screpanti, Emesto and Zamagni, Stefano (1993), *An Outline of the History of Economic Thought*, Oxford: Clarendon Press.

Sebba, Gregor (1953), "The Development of the Concepts of Mechanism and Model in Physical Science and Economic Thought", *American Economic Review (Papers and Proceedings)*, 43(2), May, 259-268. Reprinted in Hodgson (1995a).

Seckler, David (1975), *Thorstein Veblen and the Institutionalists: A Study in the Social Philosophy of Economics*, London: Macmillan.

Selznick, P. (1957), *Leadership in Administration: A Sociological Interpretation*, New York: Harper and Row.

Sen, Amartya K. (ed.) (1970), *Growth Economics*, Harmondsworth: Penguin.

Senge, Peter M. (1990), *The Fifth Discipline: The Art and Practice of the Learning Organization*, New York: Doubleday.

Shackle, George L. S. (1955), *Uncertainty in Economics*, Cambridge: Cambridge University Press.

Shackle, George L. S. (1967), *The Years of High Theory: Invention and Tradition in Economic Thought* 1926—1939, Cambridge: Cambridge University Press.

Shackle, George L. S. (1972), *Epistemics and Economics: A Critique of Economic Doctrines*, Cambridge: Cambridge University Press.

Shackle, George L. S. (1974), *Keynesian Kaleidics: The Evolution of a General Political Economy*, Edinburgh: Edinburgh University Press.

Shackle, George L. S. (1989), "What Did the 'General Theory' Do?", in Pheby, John (ed.) (1989), *New Directions in Post Keynesian Economics*, Aldershot: Edward Elgar, pp. 48-58.

Shafer, W. and Sonnenschein, Hugo (1982), "Market Demand and Excess Demand Functions", in Arrow, K. J. and Intriligator, M. D. (eds) (1982), *Handbook of Mathematical Economics*, 2, Amsterdam: North-Holland.

Shove, Gerald F. (1942), "The Place of Marshall's Principles in the Development of Economic Theory", *Economic Journal*, 52(4), December, 294-329. Reprinted in John Cunningham Wood (ed.) (1982), *Alfred Marshall: Critical Assessments*, London: Croom Helm.

Simon, Herbert A. (1951), "A Formal Theory of the Employment Relationship", *Econometrica*, 19, July, 293-305. Reprinted in Simon (1957).

Simon, Herbert A. (1957), *Models of Man: Social and Rational*, New York: Wiley.

Simon, Herbert A. (1959), "Theories of Decision-Making in Economic and Behavioral Sciences", *American Economic Review*, 49(2), June, 253-283.

Simon, Herbert A. (1968), *The Sciences of the Artificial*, Cambridge MA: MIT Press.

Simon, Herbert A. (1979), "Rational Decision Making in Business Organizations", *American Economic Review*, 69, 493-513.

Smelser, Neil J. and Swedberg, Richard (eds) (1994), *Handbook of Economic Sociology*, Princeton: Princeton University Press.

Smith, Adam (1869), *Essays of Adam Smith*, London: John Murray.

Smith, Adam (1970), *The Wealth of Nations*, edited with an introduction by Andrew Skinner (lst edn., 1776), Penguin, Harmondsworth.

Smith, Adam (1980), "The Principles Which Lead and Direct Philosophical Enquiries: Illustrated by the History of Astronomy", in *Essays on Philosophical Subjects*, edited by W. P. D. Wightman, Oxford: Clarendon.

Smith, M. R. (ed.) (1985), *Military Enterprise and Technological Change*, Cambridge, MA: MIT Press.

Sober, Elliott (1981), "Holism, Individualism and the Units of Selection", in Asquith, P. D. and Giere, R. N. (eds) (1981), *Philosophy of Science Association* 1980, Vol. 2, pp. 93-121, East Lansing, MI: Philosophy of Science Association. Reprinted in Sober (1984b) and Hodgson (1995a).

Sober, Elliott (1984a), *The Nature of Selection: Evolutionary Theory in Philosophical Focus*, Cambridge, MA: MIT Press.

Sober, Elliott (ed.) (1984b), *Conceptual Issues in Evolutionary Biology: An Anthology*, Cambridge, MA: MIT Press.

Sober, Elliott (1985), "Darwin on Natural Selection: A Philosophical Perspective", in D. Kohn (ed.) (1985), *The Darwinian Heritage*, Princeton: Princeton University Press, pp. 867-899.

Solow, Robert M. (1956), "A Contribution to the Theory of Economic Growth", *Quarterly Journal of Economics*, 70(1), February, 65-94. Reprinted in Sen (1970).

Solow, Robert M. (1957), "Technical Change and the Aggregate Production Function", *Review of Economics and Statistics*, 39, 312-320.

Solow, Robert M. (1965), *Capital Theory and the Rate of Return*, Chicago: Rand McNally.

Sonnenschein, Hugo (1972), "Market Excess Demand Functions", *Econometrica*, 40(3), 549-563.

Sonnenschein, Hugo (1973a), "Do Walras's Identity and Continuity Characterize the Class of Community Excess Demand Functions?", *Journal of Economic Theory*, 6(4), 345-354.

Sonnenschein, Hugo (1973b), "The Utility Hypothesis and Market Demand Theory", *Western Economic Journal*, 11(4), 404-410.

Sperry, Roger W. (1969), "A Modified Concept of Consciousness", *Psychological Review*, 76, 532-536.

Sraffa, Piero (1960), *Production of Commodities by Means of Commodities: Prelude to a Critique of Economic Theory*, Cambridge: Cambridge University Press.

Stata, Ray (1989), "Organizational Learning: The Key to Management Innovation", *Sloan Management Review*, 32, 63-74.

Steedman, Ian (1975), "Positive Profits With Negative Surplus Value", *Economic Journal*, 85(1), March, 114-123.

Steedman, Ian (1977), *Marx After Sraffa*, London: NLB.

Steedman, Ian (1984), "Natural Prices, Differential Profit Rates and the Classical Competitive Process", *Manchester School*, 52(2), June, 123-140. Reprinted in Steedman, I. (1989), *From Exploitation to Altruism*, Cambridge: Polity Press.

Steedman, Ian, Sweezy, Paul M. *et al* (1981), *The Value Controversy*, London: NLB.

Steindl, Joseph (1952), *Maturity and Stagnation in American Capitalism*, Blackwell, Oxford.

Stent, Gunther S. (1985), "Hermeneutics and the Analysis of Complex Biological Systems", in Depew and Weber (1985, pp. 209-225).

Stewart, Ian (1989), *Does God Play Dice? The Mathematics of Chaos*, Oxford: Basil Blackwell.

Stigler, George J. (1961), "The Economics of Information", *Journal of Political Economy*, 69(2), June, 213-225.

Stigler, George J., Stigler, Stephen M. and Friedland, Claire (1995), "The Journals of Economics", *Journal of Political Economy*, 105(2), 331-359.

Stiglitz, Joseph E. (1987), "The Causes and Consequences of the Dependence of Quality on Price", *Journal of Economic Literature*, 25(1), March, 1-48.

Stiglitz, Joseph E. (1994), *Whither Socialism?*, Cambridge, MA: MIT Press.

Stoneman, William (1979), *A History of the Economic Analysis of the Great Depression*, New York: Garland.

Streissler, Erich W. (1990), "The Influence of German Economics on the Work of Menger and Marshall", *History of Political Economy*, 22, Annual Supplement, 31-68.

Sugden, Robert (1986), *The Economics of Rights, Co-operation and Welfare*, Oxford: Blackwell.

Sugden, Robert (1990), "Convention, Creativity and Conflict", in Y. Varoufakis and D. Young, (eds) (1990), *Conflict in Economics*, Hemel Hempstead: Harvester Wheatsheaf, 1990, pp. 68-90.

Sugden, Robert (1991), "Rational Choice: A Survey of Contributions from Economics and Philosophy", *Economic Journal*, 101(4), July, 751-785.

Swan, T. W. (1956), "Economic Growth and Capital Accumulation", *Economic Record*, 32, 334-361.

Swedberg, Richard (ed.) (1993), *Explorations in Economic Sociology*, New York: Russell Sage.

Swedberg, Richard (ed.) (1996), *Economic Sociology*, Aldershot: Edward Elgar.

Tanimoto, S. L. (1987), *The Elements of Artificial Intelligence*, Rockville, Maryland: Computer Science Press.

Taylor, Frederick Winslow (1911), *The Principles of Scientific Management*, New York: Harper.

Teece, David J. (1982), "Towards an Economic Theory of the Multiproduct Firm", *Journal of Economic Behavior and Organization*, 3(1), 39-63.

Teece, David J. (ed.) (1987), *The Competitive Challenge*, Ballinger, Cambridge, MA.

Teece, David J. (1988), "Technological Change and the Nature of the Firm", in Dosi *et al* (1988, pp. 256–281).

Teece, David J. and Pisano, Gary (1994), "The Dynamic Capabilities of Firms: An Introduction", *Industrial and Corporate Change*, 3(3), 537–556.

Teece, David J., Rumelt, Richard, Dosi, Giovanni and Winter, Sidney G. (1994), "Understanding Corporate Coherence: Theory and Evidence", *Journal of Economic Behavior and Organization*, 23, 1–30.

Teece, David J. and Winter, Sidney G. (1984), "The Limits of Neoclassical Theory in Management Education", *American Economic Review (Papers and Proceedings)*, 74(2), May, 116–121.

Thoben, H. (1982), "Mechanistic and Organistic Analogies in Economics Reconsidered", *Kyklos*, 35, Fasc. 2, 292–306.

Thomas, Brinley (1991), "Alfred Marshall on Economic Biology", *Review of Political Economy*, 3(1), January, 1–14. Reprinted in Hodgson(1995a).

Thomas, Henk T. and Logan, Christopher (1982), *Mondragon: An Economic Analysis*, London: George Allen and Unwin.

Thorp, John (1980), *Free Will: A Defence Against Neurophysiological Determinism*, London: Routledge and Kegan Paul.

Tilman, Rick (1990), "New Light on John Dewey, Clarence Ayres, and the Development of Evolutionary Economics", *Journal of Economic Issues*, 24(4), December, 963–979.

Tilman, Rick (1992), *Thorstein Veblen and His Critics, 1891—1963: Conservative, Liberal, and Radical*, Princeton: Princeton University Press.

Tobin, James (1986), "The Future of Keynesian Economics", *Eastern Economic Journal*, 13(4).

Tomer, John F. (1987), *Organizational Capital: The Path to Higher Productivity and Well-Being*, Praeger, New York.

Tomlinson, James (1986), "Democracy Inside the Black Box? Neo-Classical Theories of the Firm and Industrial Democracy", *Economy and Society*, 15(2), May, 220–250.

Tool, Marc (1994), "Ayres, Clarence E." in Hodgson *et al* (1994, vol. 1, pp. 16–22).

Tugwell, Rexford G. (ed.) (1924), *The Trend of Economics*, New York: Alfred Knopf.

Tullock, Gordon (1979), "Sociobiology and Economics". *Atlantic Economic*

Journal, September, 1-10. Reprinted in Hodgson (1995a).

Tylor, Sir Edward Burnett (1871), *Primitive Culture*, 2 vols, London. Reprinted 1958, New York: Harper.

Udéhn, Lars (1987), *Methodological Individualism: A Critical Appraisal*, Uppsala: Uppsala University Reprographics Centre.

Udéhn, Lars (1996), *The Limits of Public Choice: A Sociological Critique of the Economic Theory of Politics*, London: Routledge.

Ullmann-Margalit, Edna (1978), "Invisible Hand Explanations", *Synthese*, 39, 282-286.

Ursprung, H. W., 1988, "Evolution and the Economic Approach to Human Behaviour", *Journal of Social and Biological Structure*, 11, 257-279.

Van Parijs, Philippe (1981), *Evolutionary Explanations in the Social Sciences: An Emerging Paradigm*, London: Tavistock.

Vanberg, Viktor J. (1986), "Spontaneous Market Order and Social Rules: A Critique of F. A. Hayek's Theory of Cultural Evolution", *Economics and Philosophy*, 2 (1), April, 75-100. Reprinted in Witt (1993b).

Vanberg, Viktor J. (1989), "Carl Menger's Evolutionary and John R. Commons'Collective Action Approach to Institutions: A Comparison", *Review of Political Economy*, 1(3), November, 334-360. Reprinted in Vanberg, Viktor J. (1994), *Rules and Choice in Economics*, London: Routledge.

Varoufakis, Yanis (1990), "Conflict in Equilibrium", in Varoufakis. Y. and Young, D. (eds) (1990), *Conflict in Economics*, Hemel Hempstead: Harvester Wheatsheaf, pp. 39-67.

Vaughn, Karen I. (1980), "Economic Calculation Under Socialism: The Austrian Contribution", *Economic Inquiry*, 18: 535-534.

Veblen, Thorstein B. (1884), "Kant's Critique of Judgement", *Journal of Speculative Philosophy*, 43, July, 260-274. Reprinted in Veblen (1934).

Veblen, Thorstein B. (1898a), "Why Is Economics Not an Evolutionary Science?", *Quarterly Journal of Economics*, 12(3), July, 373-397. Reprinted in Veblen (1919a) and in Hodgson (1998f).

Veblen, Thorstein B. (1898b), "The Instinct of Workmanship and the Irksomeness of Labor", *American Journal of Sociology*, 4, September, 187-201. Reprinted in Veblen (1934).

Veblen, Thorstein B. (1899), *The Theory of the Leisure Class: An Economic Study in the Evolution of Institutions*, New York: Macmillan.

Veblen, Thorstein B. (1904), *The Theory of Business Enterprise*, New York: Charles Scribners. Reprinted 1975 by Augustus Kelley.

Veblen, Thorstein B. (1908), "The Evolution of the Scientific Point of View", *University of California Chronicle*, 10(4), 396–416. Reprinted in Veblen (1919a).

Veblen, Thorstein B. (1914), *The Instinct of Workmanship, and the State of the Industrial Arts*, New York: Macmillan. Reprinted 1990 with a new introduction by M. G. Murphey and a 1964 introductory note by J. Dorfman, New Brunswick: Transaction Books.

Veblen, Thorstein B. (1919a), *The Place of Science in Modern Civilisation and Other Essays*, New York: Huebsch. Reprinted 1990 with a new introduction by W. J. Samuels, New Brunswick: Transaction Books.

Veblen, Thorstein B. (1919b), *The Vested Interests and the Common Man*, New York: Huebsch.

Veblen, Thorstein B. (1934), *Essays on Our Changing Order*, ed. Leon Ardzrooni, New York: The Viking Press.

Verspagen, Bart (1993), *Uneven Growth Between Interdependent Economies: An Evolutionary View on Technology Gaps, Trade and Growth*, Aldershot: Avebury.

Vining, Rutledge (1939), "Suggestions of Keynes in the Writings of Veblen", *Journal of Political Economy*, 47(5), October, 692–704.

Vining, Rutledge (1949), "Methological Issues in Quantitative Economics", *Review of Economics and Statistics*, 31, May, 77–86.

Vromen, Jack J. (1995), *Economic Evolution: An Enquiry into the Foundations of New Institutional Economics*, London: Routledge.

Waddington, Conrad H. (ed.) (1972), *Towards a Theoretical Biology*, 4 vols., Edinburgh: Edinburgh University Press.

Waddington, Conrad H. (1975), *The Evolution of an Evolutionist*, Ithaca: Cornell University Press.

Waldrop, M. Mitchell (1992), *Complexity: The Emerging Science at the Edge of Order and Chaos*, New York: Simon and Schuster.

Walker, Donald A. (1996), *Walras's Market Models*, Cambridge: Cambridge University Press.

Waller, Jr, William J. (1988), "Habit in Economic Analysis", *Journal of Economic Issues*, 22(1), March, 113–126. Reprinted in Hodgson (1993d).

Walras, Léon (1954), *Elements of Pure Economics, or The Theory of Social Wealth*, translated from the French edition of 1926 by W. Jaffé, New York: Augustus

Kelley.

Ward, Benjamin (1972), *What's Wrong With Economics*, London: Macmillan.

Ward, Lester Frank (1893), *The Psychic Factors of Civilization*, Boston.

Watson, John B. (1924), *Behaviorism*, New York: Norton.

Weber, Max(1949)., *Max Weber on the Methodology of the Social Sciences*, translated and edited by Edward A. Shils and Henry A. Finch Glencoe. IL: Free Press.

Weber, Max (1968). *Economy and Society: An Outline of Interpretive Sociology*. 2 vols. translated from the Germn edition of 1921 - 1922 by G. Roth and C. Wittich, Berkeley: University of California Press.

Wedderburn, Kenneth W. (1971), *The Worker and the Law*, 2nd edn., Harmondsworth: Penguin.

Weiner, Norbert (1954), *The Human Use of Human Beings*, 2nd edn., New York: Houghton Mifflin.

Weingart, Peter, Mitchell, Sandra D, Richerson, Peter J. and Maasen Sabine (eds) (1997), *Human By Nature: Between Biology and the Social Sciences*, Mahwah, NJ: Lawrence Erlbaum Associates.

Weintraub, E. Roy (1979), *Microfoundations*, Cambridge: Cambridge University Press.

Weintraub, E. Roy (1991), *Stabilizing Dynamics: Constructing Economic Knowledge*, Cambridge: Cambridge University Press.

Wellman, Barry and Berkowitz, S. D. (eds) (1988), *Social Structure: A Network Approach*, Cambridge, MA: Harvard University Press.

Wernerfelt, Birger (1984), "A Resource-Based View of the Firm", *Strategic Management Journal*, 5, 171-180.

Wernerfelt, Birger and Montgomery, Cynthia (1988), "Tobin's Q and the Importance of Focus in Firm Performance", *American Economic Review*, 78(1), March, 246-250.

White, Harrison C. (1981), "Where Do Markets Come From?", *American Journal of Sociology*, 87(3), 517-547. Reprinted in Swedberg (1996).

White, Harrison C. (1992), *Identity and Control: A Structural Theory of Social Action*, Princeton: Princeton University Press.

Whitehead, Alfred N. (1926), *Science and the Modern World*, Cambridge: Cambridge University Press.

Williams, George C. (1966), *Adaptation and Natural Selection*, Princeton, NJ;

Princeton University Press.

Williamson, Oliver E. (1975), *Markets and Hierarchies: Analysis and Anti-Trust Implications: A Study in the Economics of Internal Organization*, New York: Free Press.

Williamson, Oliver E. (1979), "Transaction-Cost Economics: The Governance of Contractual Relations", *Journal of Law and Economics*, 22(2), October, 233-261.

Williamson, Oliver E. (1985), *The Economic Institutions of Capitalism: Firms, Markets, Relational Contracting*, London: Macmillan.

Williamson, Oliver E. (ed.) (1990), *Organization Theory: From Chester Barnard to the Present and Beyond*, Oxford: Oxford University Press.

Williamson, Oliver E. and Winter, Sidney G. (eds) (1991), *The Nature of the Firm: Origins, Evolution, and Development*, Oxford and New York: Oxford University Press.

Wilson, David Sloan and Sober, Elliott (1989), "Reviving the Superorganism", *Journal of Theoretical Biology*, 136, 337-356.

Wilson, Edward O. (1975), *Sociobiology*, Cambridge, MA: Harvard University Press.

Wimsatt, William C. (1980), "Reductionist Research Strategies and Their Biases in the Units of Selection Controversy", in Nickles, T. (ed.) (1980), *Scientific Discovery, Volume II, Historical and Scientific Case Studies*, Dordrecht, Holland: Reidel, pp. 213-259. Reprinted in Sober (1984b).

Winslow, Edward A. (1989), "Organic Interdependence, Uncertainty and Economic Analysis", *Economic Journal*, 99(4), December, 1173-1182.

Winter, J. M. (ed.) (1975), *War and Economic Development*, Cambridge, MA: Harvard University Press.

Winter Jr, Sidney G. (1964), "Economic 'Natural Selection' and the Theory of the Firm", *Yale Economic Essays*, 4(1), 225-272. Reprinted in Hodgson (1998f).

Winter Jr, Sidney G. (1971), "Satisficing, Selection and the Innovating Remnant", *Quarterly Journal of Economics*, 85(2), May, 237-261. Reprinted in Witt (1993b).

Winter Jr, Sidney G. (1975), "Optimization and Evolution in the Theory of the Firm", in Richard H. Day and T. Groves (eds) (1975), *Adaptive Economic Models*, New York: Academic Press, pp. 73-118.

Winter Jr, Sidney G. (1982), "An Essay on the Theory of Production", in Saul H. Hymans (ed.) (1982), *Economics and the World Around It*, Ann Arbor, Michigan: University of Michigan Press, pp. 55–91.

Winter Jr, Sidney G. (1986a), "Comments on Arrow and Lucas", *Journal of Business*, 59 (4. 2), S427 — 434. Reprinted in C. Freeman (ed.) (1990), and in R. M. Hogarth and M. W. Reder (eds) (1987), *Rational Choice: The Contrast Between Economics and Psychology*, Chicago, University of Chicago Press.

Winter Jr, Sidney G. (1986b), "The Research Program of the Behavioral Theory of the Firm: Orthodox Critique and Evolutionary Perspective", in B. Gilad and S. Kaish (eds) (1986), *Handbook of Behavioral Economics, Vol. A, Behavioral Microeconomics*, Greenwich, CT: JAI Press, pp. 151–188.

Winter Jr, Sidney G. (1987a), "Knowledge and Competence as Strategic Assets", in Teece (1987, pp. 159–184).

Winter Jr, Sidney G. (1987b), "Competition and Selection", in J. Eatwell, M. Milgate and P. Newman, (eds) (1987), *The New Palgrave Dictionary of Economics*, London: Macmillan, vol. 1, pp. 545–548.

Winter Jr, Sidney G. (1988), "On Coase, Competence, and the Corporation", *Journal of Law, Economics, and Organization*, 4(1), Spring, 163–180. Reprinted in Williamson and Winter (1991).

Winter Jr, Sidney G. (1990a), "Survival, Selection, and Inheritance in Evolutionary Theories of Organization", in Singh, Jitendra V. (cd.) (1990), *Organizational Evolution: New Directions*, London: Sage, pp. 269–297.

Winter Jr, Sidney G. (1990b), "Reply"[to Moss, 1990], *Quarterly Journal of Economics*, 105, 1075–1077.

Wispé, Lauren G. and Thompson, James N. (1976), "The War Between the Words: Biological Versus Social Evolution and Some Related Issues", *American Psychologist*, 31, May.

Witt, Ulrich (1987), *Individualistiche Grundlagen der evolutorischen Ökonomie*, Tübingen: Mohr.

Witt, Ulrich (1991), "Reflections on the Present State of Evolutionary Economic Theory", in Hodgson and Screpanti (1991, pp. 83–102).

Witt, Ulrich (ed.) (1992), *Explaining Process and Change: Approaches to Evolutionary Economics*, Ann Arbor, MI: University of Michigan Press.

Witt, Ulrich (ed.)(1993a), *Evolution in Markets and Institutions*, Heidelberg: Physica-Verlag.

Witt, Ulrich (ed.) (1993b), *Evolutionary Economics*, Aldershot: Edward Elgar.

Wolfe, Albert B. (1924), "Functional Economics", in Tugwell (1924, pp.

443－482).

Wright, Sewall (1956), "Modes of Selection", *American Naturalist*, 90, 5－24.

Wunderlin, Clarence E., Jr (1992), *Visions of a New Industrial Order: Social Science and Labor Theory in America's Progressive Era*, New York: Columbia University Press.

Wynarczyk, Peter (1992), "Comparing Alleged Incommensurables: Institutional and Austrian Economics as Rivals and Possible Complements?", *Review of Political Economy*, 4(1), January, 18－36.

Yonay, Yuval P. (1997), "The Theory of Value and the Value of Theory: The Appeals to Practical Value by Conflicting Approaches in Economics, 1918—1939", *Social Science Information*, 36(2), 311－342.

Zelizer Viviana A. (1993), "Making Multiple Monies", in Swedberg (1993, pp. 193－212).

索　引

本索引所标页码为英文原书页码，为本书中边码

A

B

C

D

F

G

H

J

K

L

M

O

P

T

U

V

Y

Z

图书在版编目（CIP）数据

演化与制度：论演化经济学和经济学的演化/（英）霍奇逊著；任荣华等译. —北京：中国人民大学出版社，2017.10
（当代世界学术名著·经济学系列）
ISBN 978-7-300-22019-2

Ⅰ.①演… Ⅱ.①霍…②任… Ⅲ.①经济学-研究 Ⅳ.①F0

中国版本图书馆 CIP 数据核字（2015）第 241614 号

当代世界学术名著·经济学系列
演化与制度
——论演化经济学和经济学的演化
杰弗里·M. 霍奇逊　著
任荣华　等译
张林　孟捷　校
Yanhua yu Zhidu

出版发行	中国人民大学出版社		
社　　址	北京中关村大街 31 号	**邮政编码**	100080
电　　话	010－62511242（总编室）		010－62511770（质管部）
	010－82501766（邮购部）		010－62514148（门市部）
	010－62515195（发行公司）		010－62515275（盗版举报）
网　　址	http://www.crup.com.cn		
	http://www.ttrnet.com(人大教研网)		
经　　销	新华书店		
印　　刷	北京宏伟双华印刷有限公司		
规　　格	155 mm×235 mm　16 开本	**版　　次**	2017 年 10 月第 1 版
印　　张	23 插页 2	**印　　次**	2017 年 10 月第 1 次印刷
字　　数	357 000	**定　　价**	65.00 元